内部资料
注意保管

中国网信年鉴

2018

中国网络空间研究院 编

THE YEARBOOK OF CYBERSPACE AFFAIRS
IN CHINA 2018

人民出版社

责任编辑:李之美

图书在版编目(CIP)数据

中国网信年鉴 2018/中国网络空间研究院 编. —北京:人民出版社,2019.4
ISBN 978-7-01-020567-0

Ⅰ.①中… Ⅱ.①中… Ⅲ.①互联网络-高技术产业-产业发展-中国-2018-年鉴 Ⅳ.①F492.3-54

中国版本图书馆 CIP 数据核字(2019)第 052358 号

中国网信年鉴 2018
ZHONGGUO WANGXIN NIANJIAN 2018

中国网络空间研究院 编

人民出版社 出版发行
(100706 北京市东城区隆福寺街 99 号)

北京新华印刷有限公司印刷 新华书店经销

2019 年 4 月第 1 版 2019 年 4 月北京第 1 次印刷
开本:710 毫米×1000 毫米 1/16 印张:31.25
字数:500 千字

ISBN 978-7-01-020567-0 定价:135.00 元

邮购地址 100706 北京市东城区隆福寺街 99 号
人民东方图书销售中心 电话 (010)65250042 65289539

序

庄荣文

当今世界，以信息技术为核心的新一轮科技革命加速孕育兴起，互联网日益成为创新驱动发展的先导力量，有力推动着经济社会发展，深刻改变着人们的生产生活。党的十八大以来，以习近平同志为核心的党中央高度重视发展互联网、治理互联网、运用互联网，统筹协调涉及政治、经济、文化、社会、军事等领域的网络安全和信息化重大问题，作出一系列重大决策，提出一系列重大举措，推动网信事业取得历史性成就。习近平总书记从时代发展大势和国际国内发展大局出发，提出一系列新思想、新观点、新论断，系统回答了事关网信事业发展的一系列重大理论和实践问题，形成关于网络强国的重要思想，为建设网络强国指明了前进方向、提供了根本遵循。

全国网信系统在习近平新时代中国特色社会主义思想的指引下，扎实工作，奋力拼搏，全面推动网络安全和信息化事业发展，网信工作顶层设计和总体框架基本确立，网络空间正能量更加强劲、主旋律更加高昂，网络安全屏障进一步巩固，网信军民融合取得阶段性成效，信息化对经济社会发展的驱动引领作用愈发凸显，数字经济、共享经济蓬勃发展，信息领域核心技术创新取得积极进展，网络空间国际话语权和影响力显著提升，网络基础设施建设和信息化服务加快普及，人民群众有了更多获得感、幸福感、安全感。

鉴古以知今，彰往而察来。为回顾网信事业波澜壮阔的发展历程，更好地总结经验、把握规律、指导工作，我们组织编撰了《中国网信年鉴 2018》。该年鉴简要回顾了中国全功能接入国际互联网以来，特别是党的十八大以来网信事业的发展历程和历史性成就，全面、系统、客观地记录了过去一年网信事业的新发展、新变化、新成就、新经验，重点梳理了网络内容建设与管理、网络安全保障与建设、信息化发展、网络空间国际治理等方面的主要工作与成就，概述总结了网信领域重要法律法规、各地网信工作开展情况及亮点，择要收录了部分行业机构、网信企业情况和统计数据等。

“随时以举事，因资而立功，用万物之能而获利其上。”该年鉴作为中国网信领域的首部年鉴，图文并茂、内容翔实，覆盖广泛、体例完整，集权威性、资料性、工具性于一体，体现了对网信事业发展的忠实记录、对互联网发展规律的实践探索。把年鉴编纂好、学习好、运用好，是一项综合性、系统性、长期性的重要工程。相信在各方的共同努力和关心支持下，网信年鉴编纂工作一定会不断提升和完善，充分发挥存史资政的作用，真正成为全方位展现中国互联网发展成就的重要窗口，成为汇集网络安全和信息化各领域鲜活实践的百科全书，为全国网信系统各级领导干部和广大网信工作者、研究者提供重要参考和有益借鉴，为推动网络强国建设作出积极贡献。

2018 年 11 月 20 日

目　录

前　言

党的十八大以来，在习近平总书记关于网络强国的重要思想的指引下，我国网信事业把握机遇，乘势而上，创新发展，取得了巨大成就。网信工作顶层设计和总体架构基本确立，网上正能量更强劲、主旋律更高昂，国家网络安全屏障进一步巩固，信息化驱动引领经济社会发展作用进一步凸显，人民群众在共享互联网发展成果上有了更多获得感，网络空间国际话语权和影响力明显提升。

在这一大背景下，我们编写了《中国网信年鉴 2018》，力求真实系统地记录网信事业的发展状况，实事求是地反映网信领域改革发展取得的重要成果，叙述总体概况、总结实践经验、探索发展规律，为广大读者了解和研究网络安全和信息化工作提供丰富的信息、可靠的数据和翔实的资料。在编写工作中，我们着重把握以下几个方面：

一是注重年鉴的存史资政作用，突出权威性。《中国网信年鉴 2018》由中国网络空间研究院主持编撰，得到中央网络安全和信息化委员会办公室大力支持。为充分反映网信事业和网信工作中的新发展、新变化、新成就、新经验，编写组向中央网信办各局各单位和各地网信办广泛征集素材，并邀请了网信领域多家研究机构、多位知名专家学者共同参与编写工作。年鉴主要以政府部门和新闻媒体公开发表的资料为主，数据主要来源于中国互联网络信息中心（CNNIC）和国家计算机网络与信息安全管理中心披露数据，是网信领域工作内容、工作成果、重要事项和基础数据的集大成。

二是忠实记录网信事业发展历程，突出专业性。年鉴编写以中央网络安全和信息化委员会（原中央网络安全和信息化领导小组）及其办公室的工作为主线，广泛搜集网信系统信息数据和专题内容，详细记录网信各领域的主要工作与成就，概述总结各地互联网发展治理的鲜活实践（由于资料所限，涉港澳台地区网信内容暂无收录），择要收录部分行业机构、网信企业的基本情况。按照年鉴编纂通例，《中国网信年鉴 2018》收录 2017 年 1 月 1 日至 12 月 31 日期间的网信工作情况，鉴于这是网信工作首部年鉴，增加历史回顾章节，总结回溯我国全功能接入互联网以来，特别是党的十八大以来中国互联网波澜壮阔的发展历程，更好体现网信工作的继承性、创新性、实践性。

三是有效实现网信百科全书功能，突出系统性。年鉴坚持以内容完备、结构合理、方便检索、服务实际为原则，整体框架包括序、前言、十一章内容及附录和编后记，是网信事业一年工作的全面梳理，是汇集网络安全和信息化各领域实践的百科全书。序是对年鉴的统领概述；第一章为历史回顾，概述中国互联网自 1994 年全功能接入国际互联网以来的发展历程；第二章为网络强国战略，记述引领网信事业发展全局的顶层战略；第三章至第六章总结了 2017 年网络内容建设与管理、网络安全保障与建设、信息化建设、网络空间国际治理等方面的工作情况；第七章整理了网信领域重要法律法规；第八章概述各地网信工作情况；第九章至第十一章分别为行业机构、网信企业、统计数据，是网信领域的基本数据及信息；附录为大事记；编后记对年鉴编纂情况作了简要陈述。

四是创新表达方式和呈现手段，突出实用性。年鉴图表文数据并茂，形式多样、体例完整，文字言简意赅、叙述平实客观。年鉴主要以“综述 + 条目”的体例呈现，综述是对网信事业各领域宏观情况的整体介绍，条目是对各领域具体案例、数据的详细叙述。同时，为便于读者全面了解、深度研究相关资料，在法律法规简介、行业机构、网信企业等部分设置二维码和网址链接，读者可使用手机扫描并点击，迅速查询阅读原文，提升年鉴的实用性和参考价值。

作为全国网信系统组织编纂的第一部年鉴，《中国网信年鉴 2018》开网信工作之先河，对客观展现网信各领域发展情况和年度工作概貌具有重要意义，希望能为社会各界了解、研究网信工作提供有益的参考。

中国网络空间研究院

2018 年 11 月 20 日

第一章 历史回顾

当今时代，以信息技术为核心的新一轮科技革命正在兴起，互联网日益成为创新驱动发展的先导力量，深刻改变着人们的生产生活，有力推动着社会发展。自 1994 年全功能接入互联网以来，中国互联网把握历史机遇，应势而动，顺势而为，进入发展快车道，经过二十余年波澜壮阔的发展，已成为举世瞩目的网络大国，探索出了一条中国特色的互联网发展治理之路。回首过去，中国网信事业发展总体经历了基础初创期、产业形成期、快速发展期，目前正处于融合创新期。

一、基础初创期：开启中国互联网时代序幕

1994 年实现全功能接入互联网后的约六年时间，是中国互联网发展的基础初创期，也是互联网发展的启蒙阶段。这一时期，在积极发展、加强管理、趋利避害、为我所用的方针指引下，中国基础网络建设和关键资源部署步入正轨，网民规模达到千万量级，以门户网站为代表的应用服务拉开互联网创新、创业的序幕。互联网治理从计算机网络管理向互联网信息服务管理转变。

在相当长的一段时间内，国际互联网的大门对中国紧紧关闭。1987 年 9 月 20 日，中科院科研人员在德国互联网奠基人维纳·措恩教授的帮助下，成功发出了内容为“跨越长城，走向世界”的第一封电子邮件。此后，中科院又多次向美国国家科学基金会申请接入互联网。一直到 1994 年 4 月 20 日，中国使用一条 64K 的国际专线实现与互联网的全功能连接，

成为接入国际互联网的第 77 个国家，开启了与全球互联互通的新时代。

1994 年 5 月，中国科学院高能物理研究所设立了中国第一个 WEB 服务器，推出了中国第一套网页。1995 年 7 月，中国教育和科研计算机网第一条连接美国的 128Kbps 国际专线开通，同时开通了连接北京、上海、广州、南京、沈阳、西安、武汉、成都八个城市主干网的数字数据网（DDN）信道，并与中国国家计算机与网络设施（NCFC）互联。1996 年中国公用计算机互联网开通，启动了中国互联网快速普及的进程。1997 年，中国将互联网列入国家信息基础设施建设计划，逐步建成了具有国际出口能力的四大骨干网——中国教育和科研计算机网（CERNET）、中国公用计算机互联网（CHINANET）、中国科技网（CSTNET）、中国金桥信息网（CHINAGBN），并建立了中国国家顶级域名（.CN）运行管理体系，开始提供 .CN 域名注册和解析服务。中国互联网从此成为全球信息高速公路的重要组成部分。

互联网应用的广阔市场前景，激发了中国互联网发展的第一波热潮。一批互联网接入服务企业开始将互联网引入大众市场，从 1997 年 10 月到 2000 年 12 月，中国网民数量从 62 万人增加到 2250 万人。以网易、搜狐、新浪三大门户网站为代表的一批互联网企业相继成立，人民网、新华网等多家中央重点新闻网站陆续上线，通过网络新闻、电子邮件、互联网广告等服务为广大网民打开了一个前所未有的网络空间。1996 年，北京中关村竖起了一块广告牌“中国人离信息高速公路还有多远？向北 1500 米”，至今仍在互联网行业留下深刻印象。1999 年 7 月，中华网成为中国第一个在美国纳斯达克上市的互联网公司，随后新浪、网易、搜狐三大门户网站相继上市，开创了中国互联网企业融资创业的新进程。

中国互联网的发展推动了计算机网络管理向互联网信息服务管理的转变。1986 年 2 月，国务院批复成立国家经济信息中心负责建设国家经济信息系统。国家经济信息中心由原国家计委所属的计算中心、预测中心和信息管理办公室合并组建，1988 年更名为国家信息中心。1993 年 12 月 10 日，国务院批准成立国家经济信息化联席会议，办公室设在原国家计委（国家信息中心）。1994 年 5 月，国家信息化专家组成立，作为国家信息化建设的决策参谋机构。1996 年 1 月 13 日，在原国家经济信息化联席会议的基础上，国务院信息化工作领导小组及其办公室成立。1998 年 3 月 31 日，新组建的信息产业部正式挂牌。同年 8 月，公安部成立公共信息网络安全监察局，负责组织实施维护计算机网络安全，打击网上犯罪，对计算机信息系统安全保护情况进行监督管理。1999 年 12 月 23 日，国家信息化工作领导小组成立，国务院信息化工作领导小组办公室改名为国家信息化推进工作办公室。2000 年 3 月，国务院新闻办公室增设网络新闻宣传管理局，以加强互联网新闻宣传工作。中国在不断解决新问题的过程中，开启了探索依法治理互联网的征程。国务院颁布的《中华人民共和国计算机信息网络国际联网管理暂行规定》是中国互联网发展初期依法管理互联网的重要探索，《中华人民共和国电信条例》将互联网信息服务界定为电信增值业务，《互联网信息服务管理办法》明确了互联网信息服务的管理规则，《互联网站从事登载新闻业务管理暂行规定》依法规范互联网站登载新闻的业务。

二、产业形成期：走上中国特色互联网发展道路

进入 21 世纪的五年来，是中国互联网发展的产业形成期。这一时期，中国互联网信息服务业体系逐步建立，网民数量实现翻两番，初步形成互联网服务市场的用户规模效应。伴随网民规模的扩大，以搜索引擎、电子商务、即时通信、社交网络、游戏娱乐等为主要业务的互联网企业迅速崛起。各相关政府部门建章立制，行业组织相继建立并开始发挥积极作用。

2000 年 8 月 21 日，第十六届世界计算机大会在北京举行，会上我国政府提出了制定国际互联网公约，共同加强信息安全管理，充分发挥互联网积极作用的主张。2000 年 10 月 11 日，党的十五届五中全会明确指出，大力推进国民经济和社会信息化，是覆盖现代化建设全局的战略举措，以信息化带动工业化，发挥后发优势，实现社会生产力的跨越式发展。2001 年 8 月 23 日，国家信息化领导小组重新组建，成立国务院信息化工作办公室，同时还成立了国家信息化专家咨询委员会。2002 年 11 月 8 日，党

的十六大提出以信息化带动工业化，以工业化促进信息化，走出一条科技含量高、经济效益好、资源消耗低、环境污染少、人力资源优势得到充分发挥的新型工业化路子。

2005 年，中国网民数量突破 1 亿人，跃居世界第二位，固定宽带成为用户接入互联网的主要方式。立足广大网民的实际需求，网络接入、网络营销、电子商务、网络游戏等主要领域的商业模式初步形成，各领域有代表性的互联网企业快速成长，全产业链共同发展的产业格局基本建立。在搜索引擎领域，百度成为全球领先的中文搜索引擎企业。在电子商务领域，阿里巴巴创造性地建立了第三方支付工具——支付宝，推动了以淘宝网为代表的电子商务服务的发展。在即时通信和社交网络服务领域，腾讯实现了用户规模的快速增长，获得网民普遍接受。

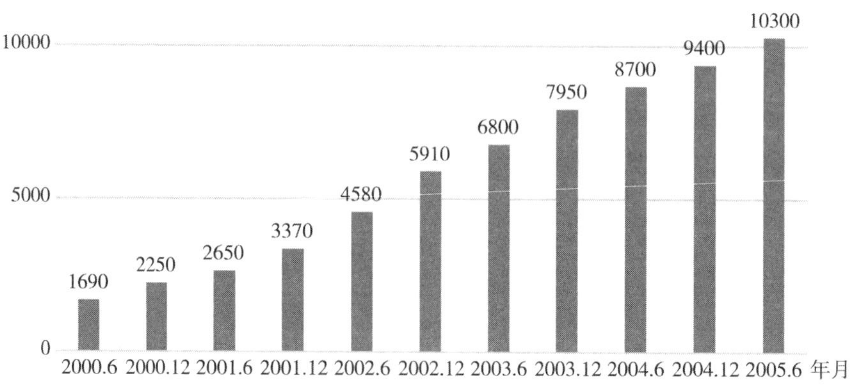

图 1–1　2000 年 6 月—2005 年 6 月中国网民规模

数据来源：CNNIC

伴随互联网的发展，依法治理互联网同步推进。2004 年 8 月，国务院颁布的《中华人民共和国电子签名法》成为中国互联网领域的第一部单行法律。中国还相继出台了《互联网文化管理暂行规定》《电子认证服务管理办法》《互联网等信息网络传播视听节目管理办法》等多项规章。行业自律开始在中国互联网治理中发挥积极作用。2001 年 5 月，由网络运营商、服务提供商、设备制造商、系统集成商以及科研、教育机构等 70 多家单位共同发起成立的首个互联网行业组织——中国互联网协会正式揭牌。2002 年 3 月，中国互联网协会组织 130 余家单位签署了中国第一部互联网行业自律公约。

三、快速发展期：铸就世界互联网大国地位

从 2005 年网民规模突破 1 亿后的八年时间，是中国互联网的快速发展期。这一时期，宽带网络建设上升为国家战略，网民数量保持快速增长，网络零售与社交网络服务成为产业发展亮点，移动互联网的兴起带动互联网发展进入新阶段，互联网治理体系在探索中逐步完善。

2006 年 5 月，《2006—2020 年国家信息化发展战略》发布，对中国信息化发展作出重要部署。2007 年 10 月 15 日，党的十七大报告提出，发展现代产业体系，大力推进信息化与工业化融合。加强网络文化建设和管理，营造良好网络环境。2007 年 12 月，《国民经济和社会发展信息化“十一五”规划》发布，明确了“十一五”时期国家信息化发展总体目标、主要任务、重大工程和保障措施。2012 年 5 月，国务院常务会议审议通过《关于大力推进信息化发展和切实保障信息安全的若干意见》，对信息化发展和信息安全工作作出全面部署。2012 年 11 月，党的十八大报告提出，坚持走中国特色新型工业化、信息化、城镇化、农业现代化道路，推动信息化和工业化深度融合，促进工业化、信息化、城镇化、农业现代化同步发展。加强和改进网络内容建设，唱响网上主旋律，加强网络社会管理，推进网络规范有序运行。

2008 年 3 月，根据国务院机构改革方案，设立工业和信息化部为国务院组成部门，承担原信息产业部和原国务院信息化工作办公室的职责，成为中国互联网的行业主管部门。2011 年 5 月，国家互联网信息办公室正式成立，进一步加强互联网建设、发展和管理，提高网络管理水平。

网民规模的迅速扩大，为这一时期互联网大发展、大繁荣奠定了坚实

的用户基础。2009 年年末，中国网民规模达到 3.84 亿，位居全球第一，互联网普及率达 28.9%，超过全球 25.5% 的平均水平。截至 2013 年年底，中国网民总数已突破 6 亿。

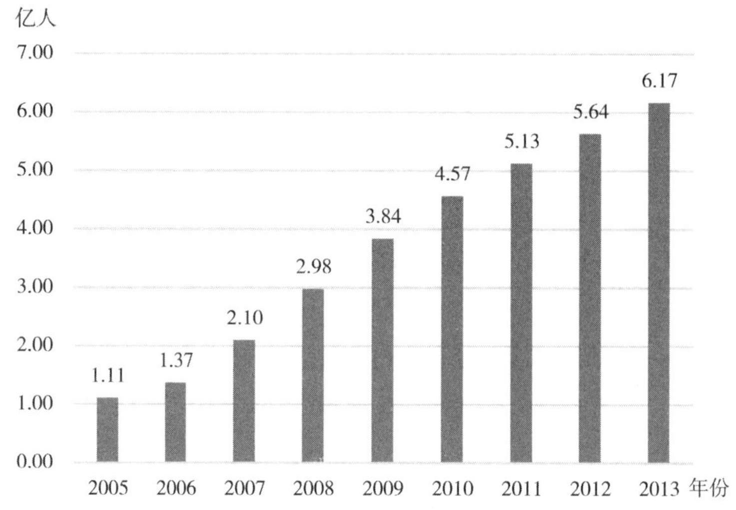

图 1–2　2005—2013 年中国网民规模

数据来源：CNNIC

电子商务成为极具代表性的互联网应用。中国网络零售交易额持续高速增长，2013 年位列世界之首，网购活跃用户数、网购商品数及配送支付的快捷程度达到国际领先水平。从早期的人人网、开心网到微博客、微信，社交网络服务日益融入人们的日常生活，“无社交，不生活”成为中国网民生活的新常态。

为了满足日益增长的网络服务需求，固定和移动宽带建设多次增速提质。2013 年，宽带网络首次列入国家战略性公共基础设施，云计算等新型信息基础设施建设起步，为互联网应用的不断丰富和用户体验的持续改善奠定了重要基础。智能终端和移动互联网的快速普及，推动互联网“泛在化”，促进线上线下融合，拉动了信息消费。2012 年，手机首度超越台式电脑成为中国网民接入互联网的首选终端。2013 年年末，中国主要第三方应用商店提供的应用软件累计近 400 万个，累计下载规模约 3000 亿次。

随着互联网在国民经济和社会中的影响与日俱增，中国将互联网治理提升了新的高度，互联网治理体系建设不断取得重要进展。2010 年 6 月 8 日，国务院新闻办公室首次发表了《中国互联网状况》白皮书，提出中国政府关于互联网的基本政策——“积极利用、科学发展、依法管理、确保安全”。2012 年 12 月，全国人大常委会出台《全国人民代表大会常务委员会关于加强网络信息保护的决定》，实行网络身份管理制度，为个人信息保护提供了法律基础。

四、融合创新期：吹响建设网络强国号角

融合创新期是现在进行时。党的十八大以来，以习近平同志为核心的党中央高度重视网络安全和信息化工作，成立了中央网络安全和信息化领导小组，开启了网络安全和信息化发展新征程。五年来，网信工作顶层设计和总体架构基本确立，网络空间日渐清朗，信息核心技术取得突破，网络安全保障能力显著提升，数字经济蓬勃发展，信息服务惠及人民，网络空间国际话语权和影响力明显提升，走出了一条中国特色互联网发展治理之道。互联网创新成果与经济社会各领域的融合深度展开，互联网发展迈入融合创新的新时期。

2014 年 2 月，中央网络安全和信息化领导小组第一次会议召开。中共中央总书记、国家主席、中央军委主席习近平亲自担任组长，李克强、刘云山任副组长。习近平总书记强调，建设网络强国，要有自己的技术，有过硬的技术；要有丰富全面的信息服务，繁荣发展的网络文化；要有良好的信息基础设施，形成实力雄厚的信息经济；要有高素质的网络安全和信息化人才队伍；要积极开展双边、多边的互联网国际交流合作。2014 年 11 月，第一届世界互联网大会在浙江乌镇举办，搭建了中国与世界互联互通的国际平台和国际互联网共享共治的中国平台。2015 年 3 月，“互联网 +”写入《政府工作报告》，成为国家层面的重大举措，对于加快体制机制改革、实施创新驱动战略，打造大众创业、万众创新和增加公共产品、公共服务“双引擎”具有重要意义。2015 年 10 月，党的十八届五

中全会审议通过的《中共中央关于制定国民经济和社会发展第十三个五年规划的建议》，明确提出实施网络强国战略，实施“互联网 +”行动计划，发展分享经济，实施国家大数据战略。2015 年 12 月，习近平总书记出席第二届世界互联网大会开幕式并发表主旨演讲，站在人类前途与命运的战略高度提出推进全球互联网治理体系变革的“四项原则”、构建网络空间命运共同体的“五点主张”，成为构建网络空间命运共同体的中国方案。2016 年 4 月，习近平总书记主持召开网络安全和信息化工作座谈会，强调按照创新、协调、绿色、开放、共享的发展理念推动我国经济社会发展，是当前和今后一个时期我国发展的总要求和大趋势，推进网络强国建设，推动我国网信事业发展，让互联网更好造福国家和人民。2016 年 10 月，中共中央政治局就实施网络强国战略进行第三十六次集体学习。习近平总书记强调，要加快推进网络信息技术的自主创新，加快数字经济对经济发展的推动，加快提高网络管理水平，加快增强网络空间安全防御能力，加快用网络信息技术推进社会治理，加快提升我国对网络空间的国际话语权和规则制定权，朝着建设网络强国目标不懈努力。2016 年 11 月，第十二届全国人民代表大会常务委员会第二十四次会议表决通过了《中华人民共和国网络安全法》（以下简称《网络安全法》），并于 2017 年 6 月 1 日正式施行。这是我国第一部全面规范网络空间安全管理问题的基础性法律，是我国网络空间法治建设的重要里程碑。

截至 2017 年 12 月，我国网民规模达 7.72 亿，互联网普及率为 55.8%。手机网民规模达 7.53 亿，占比达 97.5%，移动支付使用不断深入，互联网理财用户规模增长明显。国际出口带宽达 7320，180Mbps，光缆、互联网接入端口、移动电话基站和互联网数据中心等基础设施建设稳步推进。在线政务服务用户规模达到 4.85 亿，六成网民使用线上政务服务，政务新媒体助力政务服务智能化。我国境内外上市互联网企业数量达到 102 家，总体市值为 8.97 万亿人民币。数字经济繁荣发展，电子商务、网络游戏、网络广告收入水平持续快速增长。网络安全相关法律法规逐步完善、信息化服务快速普及、网络扶贫大力开展、公共服务水平显著提升，让广大人民群众在共享互联网发展成果上拥有了更多获得感。

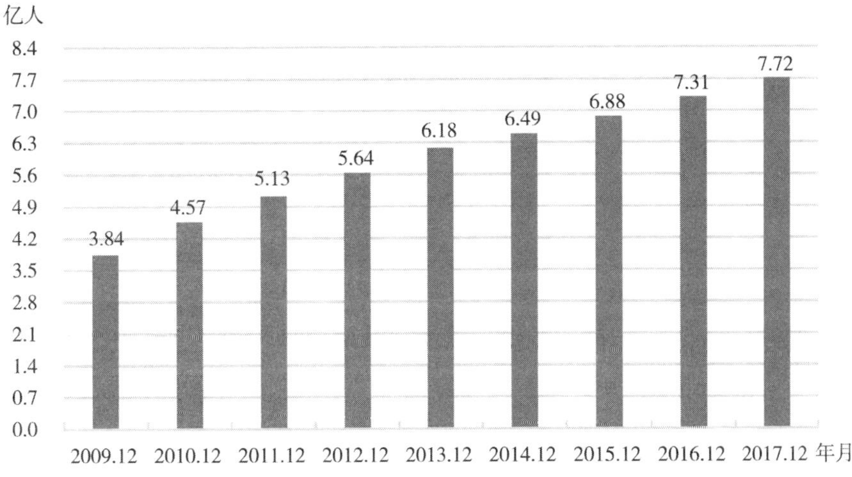

图 1-3 2009 年 12 月—2017 年 12 月中国网民规模

数据来源：CNNIC

新时代网信事业将在习近平总书记关于网络强国的重要论述指引下，着眼国家安全和长远发展，进一步加强顶层设计，建立完善网络综合治理体系，深入推进依法治网，全面加强网络安全保障，努力营造清朗网络空间，促进中国互联网持续健康繁荣发展。

第二章　网络强国战略

党的十八大以来，以习近平同志为核心的党中央重视互联网、发展互联网、治理互联网，统筹协调涉及政治、经济、文化、社会、军事等领域网络安全和信息化重大问题，作出一系列重大决策、提出一系列重大举措，推动网信事业取得历史性成就。

——党中央把完善互联网管理领导体制作为党的十八届三中全会确立的 60 项改革任务之一，并成立中央网络安全和信息化领导小组，统筹协调各个领域的网络安全和信息化重大问题。

——2014 年 2 月 27 日，习近平总书记在中央网络安全和信息化领导小组第一次会议上提出了建设网络强国的愿景目标，并系统阐释了时代背景、形势任务、内涵要求，指出“建设网络强国的战略部署要与‘两个一百年’奋斗目标同步推进”。

——2015 年 10 月，党的十八届五中全会正式将“网络强国战略”写进《中共中央关于制定国民经济和社会发展第十三个五年规划的建议》。

——2016 年 3 月 17 日，《中华人民共和国国民经济和社会发展第十三个五年规划纲要》指出，牢牢把握信息技术变革趋势，实施网络强国战略，加快建设数字中国，推动信息技术与经济社会发展深度融合，加快推动信息经济发展壮大。

——2016 年 4 月 19 日，习近平总书记主持召开网络安全和信息化工作座谈会并发表重要讲话，强调按照创新、协调、绿色、开放、共享的发展理念推动我国经济社会发展，是当前和今后一个时期我国发展的总要求和大趋势，我国网信事业发展要适应这个大趋势，在践行新发展理念上先行一步，推进网络强国建设，推动我国网信事业发展，让互联网更好造福国家和人民。

——2017 年 10 月，“网络强国”被写入党的十九大报告。报告提出，加强应用基础研究，拓展实施国家重大科技项目，突出关键共性技术、前沿引领技术、现代工程技术、颠覆性技术创新，为建设科技强国、质量强国、航天强国、网络强国、交通强国、数字中国、智慧社会提供有力支撑。

一、网络空间安全战略

2016 年 12 月 27 日，经中央网络安全和信息化领导小组批准，国家互联网信息办公室发布《国家网络空间安全战略》，阐明了中国关于网络空间发展和安全的重大立场，是指导国家网络安全工作的纲领性文件。

（一）《国家网络空间安全战略》的出台背景

1. 我国信息化发展与网络安全形势的必然要求

1994 年接入国际互联网以来，中国社会信息化飞速发展，从网民规模、网站数量、网络应用普及、互联网产业等情况看，中国已经成为一个网络大国。《第 41 次中国互联网络发展状况统计报告》指出，截至 2017 年 12 月，我国网民规模达 7.72 亿，互联网普及率为 55.8%，网站总数为 533 万个，即时通信用户达 7.2 亿。2017 年第四届世界互联网大会上发布的《中国互联网发展报告 2017》指出，2016 年中国数字经济规模总量达 22.58 万亿元，跃居全球第二，占国内生产总值（GDP）比重达 30.3%。全球知名咨询公司麦肯锡 2017 年发布的《数字中国：提升经济全球竞争力》报告称，当前中国拥有全球最大电子商务市场，2016 年中国电商交易额占全球电商交易总额比重超过 40%；中国是全球最大移动支付市场，2016 年移动支付交易额相当于美国的 11 倍。全球市值前十位的互联网企业中，中国占据四强。与此同时，中国在大数据、人工智能等战略新兴产业的创新和发展方面展现了强劲的“中国速度”，全球 260 多家估值超过

10 亿美元的“独角兽”初创企业中，中国企业约占 1/3。总之，信息革命彻底改变了人们的生产生活方式，深刻影响了中国社会的历史发展进程。

伴随着中国社会快速步入信息化、网络化和智能化时代，信息技术的“双刃剑”效应日益凸显。《国家网络空间安全战略》开篇指出，信息技术广泛应用和网络空间兴起发展，极大促进了经济社会繁荣进步，同时也带来了新的安全风险和挑战。当前我国网络安全形势日益严峻，国家政治、经济、文化、社会、国防安全及公民在网络空间的合法权益面临严峻风险与挑战。随着网络基础设施普及以及新技术新应用不断涌现，网络安全威胁日益增多。能源、金融、交通等事关国计民生的关键信息基础设施容易成为网络攻击目标，一旦瘫痪，将面临灾难性后果。此外，还存在网络有害信息泛滥、网络舆论生态失衡、网络恐怖增多、优秀传统文化和主流价值观被腐蚀等问题。

习近平总书记指出，没有网络安全就没有国家安全，没有信息化就没有现代化。在 2016 年 4 月 19 日网络安全与信息化工作座谈会上，习近平总书记再次强调网络安全和信息化是相辅相成的。安全是发展的前提，发展是安全的保障，安全和发展要同步推进。网络安全和信息化是一体之两翼、驱动之双轮，必须统一谋划、统一部署、统一推进、统一实施。要处理好安全和发展的关系，做到协调一致、齐头并进，以安全保发展、以发展促安全，努力建久安之势、成长治之业。党的十九大报告提出，“贯彻新发展理念，建设现代化经济体系”，加快建设创新型国家，建设科技强国、网络强国、数字中国，没有安全保障，发展无从谈起。

2. 顺应国际潮流的必然选择

网络与信息技术的飞速发展，加快现实世界与网络空间深度融合，催生产业革命，推动社会变革。一方面，世界主要国家都把互联网作为经济发展、技术创新的重点，把互联网作为谋求竞争新优势的战略方向；另一方面，数字化、信息化、网络化和智能化背景下，机遇与挑战叠加，新旧问题交织成为全球普遍现象，网络安全不再是单纯的技术问题、产业问题，而成为涉及政治、经济、科技、军事、外交、文化等各层面的综合性问题。21 世纪初，美国率先认识到网络空间及网络空间安全的战略地位，加强顶层设计，在国际掀起了网络安全“战略潮”，目前已有60多个国家发布了网络安全战略，力图从国家层面加强统筹、协调和指导，摸索、总结网络空间的规律，摆脱管理滞后的困境，维护网络空间的安全和利益，牢牢把握新一轮网络空间竞争主动权。

2003年2月，美国公布《保护网络空间国家安全战略》，“网络空间”（cyberspace）首次出现在国家战略中。文件把网络空间比喻成承载能源、供水、卫生、交通、金融等关键基础设施的“神经系统”，是国家的“控制系统”，把保护网络空间的安全视为“战略挑战”，全社会有责，并据此提出了五大优先领域。该战略是全球第一份有关保护网络空间安全的国家战略。2009年，美国先后发布了《网络政策评估报告》《网络空间国际战略》《网络行动战略》等多份战略性文件，把网络空间视为“国家的战略资产”，视为事关经济繁荣与国家安全的头等要务。此后，德国、英国、荷兰、澳大利亚、日本、印度、新加坡、乌克兰等众多国家先后发表了类似战略，一些国家根据技术和网络安全形势发展的需要，持续更新国家网络空间战略。英国于2009年、2011年、2016年先后发布三版战略文件，并对战略执行进行了全面评估。澳大利亚于2009年、2016年先后发表了两版战略。总体上看，各国推出网络安全战略的主要目的均要阐明政府对网络空间和平与发展、开放与治理、安全与自由的态度和立场，塑造网络安全人人有责的网络安全文化，从战略视角提出目标，澄清原则，描绘蓝图，部署工作。

3. 新时代国家安全工作新要求

2013年，党的十八届三中全会提出设立国家安全委员会，完善国家安全体制和国家安全战略，确保国家安全。2014年1月，中央国家安全委员会正式成立，4月，习近平总书记在中央国家安全委员会第一次会议上提出了“总体国家安全观”。2015年1月23日，中共中央政治局审议通过《国家安全战略纲要》，要求必须坚持以总体国家安全观为指导，坚决维护国家核心和重大利益，以人民安全为宗旨，在发展和改革开放中促安全，走中国特色国家安全道路，实现全面、共同、合作、可持续安全。同年7月1日，《国家安全法》出台，其第二十五条规定：“国家建设网络与信息安全保障体系，提升网络与信息安全保护能力，加强网络和信息技术的创新研究和开发应用，实现网络和信息核心技术、关键基础设施和重要领域信息系统及数据的安全可控；加强网络管理，防范、制止和依法惩治网络攻击、网络入侵、网络窃密、散布违法有害信息等网络违法犯罪行为，维护国家网络空间主权，安全和发展利益”。

作为国家安全工作的重要部分，网络安全工作迅速推进。《网络安全法》及《国家网络空间安全战略》相继制定。一是把网络安全纳入国家安全体系，作为国家安全的重要组成部分。“网络信息技术日新月异，全面融入社会生产生活，深刻改变着全球经济格局、利益格局、安全格局。”网络安全威胁和风险日益突出，并不断向政治、经济、文化、社会、生态、国防等领域传导渗透。网络安全与其他领域的国家安全息息相关，牵一发而动全身。二是贯彻国家安全工作根本指导思想，科学处理五方面关系，即：既重视外部安全，又重视内部安全；既重视国土安全，又重视国民安全；既重视传统安全，又重视非传统安全；既重视发展问题，又重视安全问题；既重视自身安全，又重视共同安全。《国家网络空间安全战略》以总体国家安全观为指导，体现了统筹把握国家安全与网络安全、网络安全与信息化发展、国内治理与国际合作等关系，体现了整体、动态、开放、相对、共同的网络安全观，为新时期网络安全工作指明了方向。

（二）《国家网络空间安全战略》的主要内容

《国家网络空间安全战略》以捍卫我国在网络空间的主权、安全和发展利益为根本出发点，明确网络空间安全的内涵和我国在网络空间的重大利益。为实现和平、安全、开放、合作、有序的网络空间，实现网络强国的战略目标，《国家网络空间安全战略》对当前及今后网络安全工作进行布局，成为国家维护网络空间安全的纲领与指南。“举一纲而万目张，解一卷而众篇明。”

1. 明确网络空间和网络安全的本质与内涵

《国家网络空间安全战略》指出，网络空间由“互联网、通信网、计算机系统、自动化控制系统、数字设备及其承载的应用、服务和数据等组成”。网络空间是涵盖了广义信息与广义网络的虚拟与实体空间的集合。《国家网络空间安全战略》将网络空间界定为信息传播的新渠道、生产生活的新空间、经济发展的新引擎、文化繁荣的新载体、社会治理的新平台、交流合作的新纽带和国家主权的新疆域。涉及上述领域的安全保障问题，都要纳入网络空间安全范畴考虑。

网络空间安全不是技术问题，也不是某个政府部门、某个行业、某个领域的问题，而是关系国家政治、经济、文化、社会、国防安全及公民在网络空间合法权益的全局性议题。《国家网络空间安全战略》指出我国网络空间面临的五个方面的严峻挑战：网络渗透危害国家的政治稳定；针对网络和信息系统的网络攻击威胁经济安全；网络有害信息侵蚀文化安全、动摇社会主义核心价值观；网络恐怖和违法犯罪破坏社会安全；网络空间的军备竞赛和规则博弈直接影响网络空间战略资源与战略制高点、战略主动权的争夺。

2. 明确五大战略目标

《国家网络空间安全战略》回答了中国想要一个什么样的网络空间的问题，指出要“统筹国内国际两个大局，统筹发展安全两件大事，积极防御、有效应对，推进网络空间和平、安全、开放、合作、有序”。所谓“和平”，主要指和平利用网络技术，要从造福世界、造福全人类和造福中国人民的角度来看待、利用和开发信息通信技术，而不是把网络空间作为国家间冲突甚至是战争的新空间，反对网络空间军事化、武器化。所谓“安全”，一方面体现在国家的保障能力上，能有效控制、及时应对网络空间的各种威胁与风险，体现在国家网络安全保障体系健全完善，核心技术装备安全可控，网络和信息系统运行稳定可靠上；另一方面也体现在全社会对网络空间的安全感和信心。所谓“开放”，既要推动信息技术标准、政策和市场的开放和透明，使产品和服务的流通、信息的传播更顺畅，通过全球互联互通，最大限度地发挥数据与信息的价值；又要通过打开大门来提升我国网络安全能力，充分汲取和借鉴先进的信息技术成果、治理理念和安全保障的成功做法。发展和进步需要开放的技术体系和开放的环境，封闭只能越来越落后。过度的自我保护、低水平国产化，并不能解决安全问题。所谓“合作”，网络空间的特性决定了面对网络威胁，所有国家都难以独善其身，合作是唯一路径，以共享、共治、共赢为核心的网络空间命运共同体是未来发展的必然。中国始终积极参与国际合作，承担国际义务，提供国际公共产品，贡献中国智慧。所谓“有序”，强调的是网络空间非法外之地，在充分保障公众在网络空间的知情权、参与权、表达权、监督权等合法权益，保障个人隐私和人权的同时，还需以事实为依据，以法律为准绳，制定和完善网络空间的国内和国际法律体系，实现依法有效治理、信息自由流动与维护国家安全、公共利益的有机统一。

2011 年，美国《网络空间国际战略》提出要建立一个“开放、互通、安全和可靠”的网络空间。英国、荷兰、德国、澳大利亚等则一再强调网络空间的“开放、自由和安全”。2015 年，联合国信息安全政府专家组（GGE）报告提出，要构建一个“开放、安全、稳定、无障碍、和平的信通技术环境”。中国《国家网络空间安全战略》提出的五大目标很符合国际网络安全与网络空间治理的发展大势。

3. 明确四大主要原则

“主权原则”是当代国际关系的基本准则，但这一原则如何具体应用到网络空间，即国家应享有什么权力，国际上莫衷一是。《国家网络空间安全战略》系统阐述了中国对网络空间主权的理解。各国有权自主选择发展道路、网络管理模式、互联网公共政策；各国主权范围内的网络事务由各国人民自己做主，各国有权根据本国国情制定有关网络空间的法律法规，依法采取必要措施，管理本国信息系统及本国疆域上的网络活动，保护本国信息系统和信息资源免受侵入、干扰、攻击和破坏，保障公民在网络空间的合法权益，防范、阻止和惩治危害国家安全和利益的有害信息在本国网络传播；国家不论大小都应有权平等参与国际网络空间治理，任何国家都不搞网络霸权、不搞双重标准，不利用网络干涉他国内政，不从事、纵容或支持危害他国国家安全的网络活动。

《国家网络空间安全战略》秉承了中国“和平利用网络空间”“依法治理网络空间”的一贯立场，明确“反对以国家安全为借口，利用技术优势控制他国网络和信息系统、收集和窃取他国数据，更不能以牺牲别国安全谋求自身所谓绝对安全”，强调无论是国内治理还是国际治理，都要推进网络空间法治化，让互联网在法治轨道上健康运行。

“没有网络安全就没有国家安全，没有信息化就没有现代化。”安全与发展如“一体之两翼、驱动之双轮”，要统筹部署，互相促进。发展是安全的基础，不发展是最大的不安全。没有信息化发展，网络安全也没有保障，已有的安全甚至会丧失。但安全并不应该是国家追求的最终目的，而是让信息化在安全环境保障下健康发展，为信息革命保驾护航，让包括中国人民在内的全世界人民能充分享受到信息革命带来的红利。

4. 明确九大重点领域

网络空间安全涵盖面广，不能眉毛胡子一把抓，而要聚焦重点、协同推进。应对网络安全威胁、治理网络空间是一项系统工程，各国的网络安全战略都突出主要矛盾，抓住要害。如英国 2011 版战略确立了八大重心、十方面工作及 54 项具体举措；澳大利亚 2016 年战略提出了未来四年五大网络安全重点任务；新加坡提出了构建网络安全的四大支柱。《国家网络空间安全战略》提出了坚定捍卫网络空间主权、坚决维护国家安全、保护关键信息基础设施、加强网络文化建设、打击网络恐怖和违法犯罪、完善网络治理体系、夯实网络安全基础、提升网络空间防护能力以及强化网络空间国际合作九大核心任务。

（三）《国家网络空间安全战略》的重要意义

1. 完善了网络安全工作的顶层设计

进入 21 世纪以来，国家有关部门先后出台了系列指导性文件和发展战略纲要。如 2003 年的《国家信息化领导小组关于加强信息安全保障工作的意见》，在明确总体要求和主要原则的基础上，提出了九大工作部署，涉及信息安全等级保护、信息保护和网络信任体系、信息安全监控体系、应急处理工作、信息安全技术研发与产业发展、信息安全法制和标准化建设、人才培养和提升全民意识、资金保证及加强领导、建立健全信息安全管理责任制。《2006—2020 年国家信息化发展战略》指出了我国在信息安全领域存在的突出挑战，如信息技术自主创新能力不足、信息安全问题仍比较突出等，提出要“高度重视信息安全，正确处理安全与发展之间的关系，以安全保发展，在发展中求安全”。该战略把“建设国家信息安全保障体系”列为我国信息化发展的九大战略重点之一，具体工作涵盖等级保护制度、密码技术的开发与利用、网络信任体系建设、信息安全风险评估、灾害备份建设、信息技术产品漏洞、后门的发现研究、核心安全技术、信息安全技术和产业的自主发展、信息安全法律保障能力、基础支撑能力、网络舆论宣传的驾驭能力和我国在国际信息安全领域的影响力、维护国家信息安全的长效机制等多个方面。

2. 构建和完善国家网络安全体系

（1）加强统筹规划与综合治理，全面推进网络安全工作。突出“全网一盘棋”，打破“九龙治水”的困境，挣脱部门利益的藩篱，打破不同领域、不同方面间的隔阂和局限，解决头痛医头、脚痛医脚、各自为政等问题。

（2）因势而动，顺势而为，确保政策与时俱进。信息通信技术领域是思想和创新最活跃的领域，技术、应用和服务更新换代快，信息系统、网络应用的复杂程度远超想象，政府决策与管理常常滞后于技术发展，网络空间遍布“灰色地带”。一方面，要扎实做好基础工作。加强对网络技术发展方向的把握、对网络威胁发展脉络的掌握、对其他网络强国战略的观察与研判、对国际治理大方向的了解；另一方面，要适时更新《国家网络空间安全战略》，体现和顺应时代要求，调整工作重点。“明者因时而变，智者随事而制。”其中变的是阶段性的突出要求和主要矛盾，不变的是建设网络强国和网络空间命运共同体的根本目标。

（3）立足国内，放眼全球。《国家网络空间安全战略》提出“网络空间安全事关人类共同利益，事关世界和平与发展，事关各国国家安全”，充分展现了一个负责任大国的情怀。从这一立场出发，《国家网络空间安全战略》对网络空间国家主权思想、反对网络霸权、共享信息革命福祉、反对网络空间军事化以及构建多边、民主、透明的国际互联网治理体制等主张进行了全面、深刻和系统的阐述，同时也表达了中国对外界的郑重承诺，不当网络霸主、不搞双重标准、不干预他国内政、不侵犯他国主权等，通篇贯穿新的义利观和安全观。

二、信息化发展战略

网络安全和信息化工作是“十三五”时期的重头戏，要在信息化发展上大有作为。2016 年 7 月，中共中央办公厅、国务院办公厅印发《国家信息化发展战略纲要》，要求将信息化贯穿我国现代化进程始终，加快释放信息化发展的巨大潜能，以信息化驱动现代化，加快建设网络强国。2016 年 12 月 7 日，国务院常务会议审议通过了《“十三五”国家信息化规划》。《国家信息化发展战略纲要》是规范和指导未来十年国家信息化发展的纲领性文件，是国家中长期战略规划的重要组成部分；《“十三五”国家信息化规划》主要是指导未来五年各地区、各部门信息化工作具体的行动指南，是“十三五”规划纲要和《国家信息化发展战略纲要》关于信息化任务的细化落实。两个文件共同构成了我国“十三五”阶段信息化领域的发展战略。

（一）《国家信息化发展战略纲要》和《“十三五”国家信息化规划》的出台背景

1. 以互联网为代表的信息技术迅速发展，推动人类社会进入信息时代

一是信息技术创新及推广应用成为社会主要发展趋势。信息技术的快速进步和广泛应用，促使世界各国致力于信息化，而信息化的巨大需求又驱使信息技术高速发展。当前信息技术发展的总趋势是以互联网技术的发展和应用为中心，从典型的技术驱动发展模式向技术驱动与应用驱动相结合的模式转变。

二是数字经济成为带动经济增长的新动能。随着信息化在全球的快速进展，世界对信息的需求快速增长，信息产品和信息服务对于各个国家、地区、企业、单位、家庭、个人都不可缺少。信息技术已成为支撑当今经济活动和社会生活的基石。在这种情况下，信息产业成为世界各国，特别是发达国家竞相投资、重点发展的战略性产业。在过去的十年中，全世界信息设备制造业和服务业的增长率是相应的国民生产总值增长率的两倍，成为带动经济增长的关键产业。

三是信息技术推动传统产业的技术升级。信息技术代表着当今先进生产力的发展方向，信息技术的广泛应用使信息的重要生产要素和战略资源的作用得以发挥，使人们能更高效地进行资源优化配置，从而推动传统产业不断升级，提高社会劳动生产率和社会运行效率。

四是信息技术促进人类文明的进步。信息技术在全球的广泛使用，不仅深刻地影响着经济结构与经济效率，而且作为先进生产力的代表，对社会文化和精神文明产生深刻的影响。

2. 党的十八大以来我国在信息化领域取得的重大成就

一是加快构建新一代信息基础设施。信息通信网络是重要基础设施，是网络强国的"基石"。党的十八大以来，高速、移动、安全、泛在的新一代信息基础设施建设不断加快。2015—2017 年累计投资超过 1.2 万亿元用于光纤建设改造和 4G 网络建设。我国建成全球规模最大的 4G 网络，全国地市基本建成光网城市，实现了移动宽带从 3G 到 4G 的跨越发展。

二是现代互联网经济加速崛起。随着网络提速降费和"互联网 +"行动的深入推进，互联网与经济社会各领域跨界融合和深度应用，云计算、大数据、移动互联网、物联网以及电子商务、移动支付、分享经济等新业态新模式快速发展。

三是新一代信息技术产业体系不断完善。积极研究编制核心信息技术发展路线图，重点突破高端芯片、基础软件、网络体系结构和关键设备等领域，集中优势力量构建技术先进、安全可靠、自主可控的产业体系。具有自主知识产权的时分同步码分多址长期演进技术（TD-LTEAdvanced）成为 4G 国际主流标准之一，获得 2016 年国家科技进步奖特等奖。我国于 2013 年率先启动 5G 研发推进工作，基本完成第二阶段技术方案试验，5G 网络架构、灵活系统设计、编码方案等技术被国际标准采纳，有望形成全球领先优势。"神威 · 太湖之光"成为世界上首台峰值运算速度超过 10 亿亿次的超级计算机。集成电路系统级芯片（SoC）设计能力接近国际先进水平，16/14 纳米工艺研发取得重要进展，32/28 纳米制造工艺实现规模量产。高世代液晶面板生产迈向 10.5 代线。量子点电视、OLED 电视、激光电视等新技术新产品加速涌现。国产 YunOS 系统开始从手机操作系统向万物互联操作系统转变，完成了大到汽车、家居，小到手机、手表的产品覆盖。

四是网络安全保障体系逐步健全。一方面，不断完善以互联网为核心的行业监管体系。全力配合做好《网络安全法》立法和实施工作，制定出台《电信和互联网用户个人信息保护规定》《电信和互联网行业网络安全工作指导意见》《工业控制系统信息安全防护指南》等部门规章和规范性文件。修订出台《电信业务分类目录》，将云服务、内容分发网络（CDN）等新业务纳入监管范畴。狠抓互联网基础资源、网站备案、用户个人信息保护等管理。另一方面，持续推进技术支撑能力建设。初步建成国家互联网金融风险分析技术平台；全面实现了电话用户实名登记；建设完成全国 31 个省（区、市）诈骗电话防范系统，基本实现对境内外诈骗电话检测拦截的广泛覆盖。网络安全试点示范覆盖全行业，新技术新业务跨部门安全评估体系进一步健全。

3. 构筑信息时代的国家竞争新优势，面临众多挑战

一是随着信息化进程的加快，标准规范制定脱离和难以跟上实际应用需求的问题日益突出。比如，工业领域亟须制定物联网、云计算、信息系统集成、智能制造等行业性的信息化标准规范。特别是新一代信息技术发展和应用带来新业态、新模式和新产业，电子商务、数据开放、信息安全、个人隐私、互联网金融等新业务健康发展亟待更加完善的标准规范。

二是当前人类在网络空间的活动大量开展，网络空间的活动正深入影响现实空间的活动，但是我国目前尚未清晰界定网络空间行为主体的责权利，网络空间的很多新行为亟待法律和制度认可。网络空间的治理和监管本身也亟须规范化、制度化和法治化。

三是信息化管理模式难以适应经济社会快速发展的要求。当前，我国电子政务建设正向集中管理和集成应用方向发展，需要跨部门整合信息资源并实现互联互通，但是受传统管理体制的约束，大量需要互联互通的党政业务系统不能互联互通，需要整合的无法整合，需要共享的无法共享，

整体成效尚难发挥。

（二）《国家信息化发展战略纲要》和《“十三五”国家信息化规划》的主要内容

1.《国家信息化发展战略纲要》

《国家信息化发展战略纲要》要求将信息化贯穿我国现代化进程始终，加快释放信息化发展的巨大潜能，以信息化驱动现代化，加快建设网络强国。

《国家信息化发展战略纲要》指出，当今世界，信息技术创新日新月异，以数字化、网络化、智能化为特征的信息化浪潮蓬勃兴起。全球信息化进入全面渗透、跨界融合、加速创新、引领发展的新阶段。谁在信息化上占据制高点，谁就能够掌握先机、赢得优势、赢得安全、赢得未来。

《国家信息化发展战略纲要》强调，要围绕“五位一体”总体布局和“四个全面”战略布局，牢固树立创新、协调、绿色、开放、共享的发展理念，贯彻以人民为中心的发展思想，以信息化驱动现代化为主线，以建设网络强国为目标，着力增强国家信息化发展能力，着力提高信息化应用水平，着力优化信息化发展环境，让信息化造福社会、造福人民，为实现中华民族伟大复兴的中国梦奠定坚实基础。

《国家信息化发展战略纲要》要求，坚持“统筹推进、创新引领、驱动发展、惠及民生、合作共赢、确保安全”的基本方针，提出网络强国“三步走”的战略目标，主要是：到 2020 年，核心关键技术部分领域达到国际先进水平，信息产业国际竞争力大幅提升，信息化成为驱动现代化建设的先导力量；到 2025 年，建成国际领先的移动通信网络，根本改变核心关键技术受制于人的局面，实现技术先进、产业发达、应用领先、网络安全坚不可摧的战略目标，涌现一批具有强大国际竞争力的大型跨国网信企业；到本世纪中叶，信息化全面支撑富强民主文明和谐的社会主义现代化国家建设，网络强国地位日益巩固，在引领全球信息化发展方面有更大作为。

《国家信息化发展战略纲要》指出，增强发展能力、提升应用水平、优化发展环境，是国家信息化发展的三大战略任务，包括14项具体工作内容。增强发展能力，重点是发展核心技术、夯实基础设施、开发信息资源、优化人才队伍、深化合作交流。提升应用水平，主要是落实“五位一体”总体布局，对培育信息经济、深化电子政务、繁荣网络文化、创新公共服务、服务生态文明建设作出了安排，并首次将信息强军的内容纳入信息化战略。优化发展环境，强调要保障信息化有序健康安全发展，明确了信息化法治建设、网络生态治理和维护网络空间安全的主要任务。

《国家信息化发展战略纲要》强调，必须坚持中央网络安全和信息化领导小组对国家信息化发展的集中统一领导，信息化领域重大政策和事项须经领导小组审定。要求各地区各部门强化组织领导、健全工作机制、完善配套政策、加强督促落实，将各项战略任务落到实处，确保战略目标如期实现。

2.《“十三五”国家信息化规划》

《“十三五”国家信息化规划》顺应时代发展需要和广大人民群众的期盼，明确了六大主攻方向、十大任务、十六项工程、十二项优先行动和六大政策措施。主要内容包括：

第一，《“十三五”国家信息化规划》提出了“十三五”信息化发展的总体要求。明确指出要着力补齐核心技术短板，全面增强信息化发展能力；着力发挥信息化的驱动引领作用，全面提升信息化应用水平；着力满足广大人民的新期待，重点突破，推动信息技术更好服务经济升级和民生改善；着力深化改革，全面优化信息化发展环境。坚持以惠民为宗旨，坚持全面深化改革，坚持服务国家战略，坚持全球视野发展，坚持安全与发展并重。同时，《“十三五”国家信息化规划》还对核心技术、基础设施、信息经济、信息化发展环境等方面制定了具体的发展目标。

第二，《“十三五”国家信息化规划》围绕贯彻落实新发展理念和“网络安全和信息化是一体之两翼、驱动之双轮”的总要求，提出了六大主攻方向：一是引领创新驱动，培育发展新动能；二是促进均衡协调，优化发展新格局；三是支撑绿色低碳，构建发展新模式；四是深化开放合作，拓展发展新空间；五是推动共建共享，释放发展新红利；六是防范安全风险，夯实发展新基石。目的是发挥信息化引领创新和驱动发展的先导力量作用，以信息化培育新动能、推动新发展。

第三，《“十三五”国家信息化规划》围绕《国家信息化发展战略纲要》明确的增强发展能力、提高应用水平、优化发展环境三大战略方向，部署了十大任务，包括：构建现代信息技术和产业生态体系、建设泛在先进的信息基础设施体系、建立统一开放的大数据体系、构筑融合创新的信息经济体系、支持善治高效的国家治理体系构建、形成普惠便捷的信息惠民体系、打造网信军民深度融合发展体系、拓展网信企业全球化发展服务体系、完善网络空间治理体系和健全网络安全保障体系。同时，明确了十六项重点工程，作为落实任务的重要抓手。

第四，《“十三五”国家信息化规划》聚焦补齐短板和布局前沿，把现代信息基础设施建设、农村人口脱贫、社会事业发展、生态环境保护、人民生活改善等领域信息化摆在优先位置，部署开展新一代信息网络技术超前部署行动、北斗系统建设应用行动、应用基础设施建设行动、数据资源共享开放行动、“互联网 + 政务服务”行动、美丽中国信息化专项行动、网络扶贫行动、新型智慧城市建设行动、网上丝绸之路建设行动、繁荣网络文化行动、在线教育普惠行动、健康中国信息服务行动等 12 项优先行动，明确了行动目标、时间要求和实现路径，推动各项目标任务落实到位。

第五，为推动重大任务落地实施，《“十三五”国家信息化规划》提出了完善法律法规、创新制度机制、开拓投融资渠道、加大财税支持、着力队伍建设、优化基础环境六个方面政策措施，并对加强《“十三五”国家信息化规划》的组织实施提出了要求。

3. 二者关系

《国家信息化发展战略纲要》和《“十三五”国家信息化规划》两个文件的衔接和联系，可以从两方面看：

在发展目标上，《“十三五”国家信息化规划》与《国家信息化发展战略纲要》明确地将 2020 年目标进行了衔接，使目标更加具体、更加细化，从信息化总体发展水平、信息技术与产业、信息基础设施、信息经济、信息服务五个方面确定了17项量化指标，重新构建了我国信息化发展的量化指标体系。

在任务部署上，《“十三五”国家信息化规划》围绕《国家信息化发展战略纲要》明确的增强发展能力、提升应用水平、优化发展环境三大战略方向，提出了着力增强以信息基础设施体系为支撑、信息技术产业生态体系为牵引、数据资源体系为核心的国家信息化发展能力，着力提高信息化在驱动经济转型升级、推进国家治理体系和治理能力现代化、推动信息惠民、促进军民深度融合发展等重点领域的应用水平，着力优化支持网信企业全球化发展、网络空间治理、网络安全保障等的发展环境，力求体系化推进信息化发展。

（三）《国家信息化发展战略纲要》和《“十三五”国家信息化规划》的重要意义

抢抓信息革命的历史机遇，构筑国际竞争新优势的战略抉择。通览当今世界发展格局，应该说谁占领信息化战略制高点，谁就能掌握先机赢得未来、赢得优势。我国曾经是世界上的经济强国，但是在工业革命时期我们错失了机遇。这次信息革命也为我们实现跨越发展、赶超发展提供了难得的历史机遇，所以我们要因势而为、乘势而上，决不能在新一轮的国际竞争中掉队。

引领经济增长的新常态，增强发展新动力。当前我国经济已经进入新常态，处于速度换挡、结构优化、动力转换的关键节点，我们面临着稳增长、调结构、防风险、惠民生等多重挑战。新常态要有新动力，网信事业代表新的生产力和新的发展方向，要充分发挥信息化的引领和驱动作用，促进供给侧结构性改革，培育经济发展新动力，提高经济发展的质量和效益。

坚持贯彻以人民为中心的发展思想，让信息化造福社会、造福人民。我们要适应人民的期待和需求，加快信息化的服务普及，降低应用成本，为老百姓提供用得上、用得起、用得好的信息服务，让亿万人民在共享信息化的成果上有更多更实在的获得感。

三、网络空间国际合作战略

2015年12月16日，习近平总书记在第二届世界互联网大会上指出："网络空间是人类共同的活动空间，网络空间前途命运应由世界各国共同掌握。各国应该加强沟通、扩大共识、深化合作，共同构建网络空间命运共同体。"2017年3月1日，经中央网络安全和信息化领导小组批准，外交部和国家互联网信息办公室共同发布《网络空间国际合作战略》。《网络空间国际合作战略》以和平发展、合作共赢为主题，以构建网络空间命运共同体为目标，就推动网络空间国际交流合作首次全面系统提出中国主张，为破解全球网络空间治理难题贡献中国方案，是指导中国参与网络空间国际交流与合作的战略性文件。

（一）《网络空间国际合作战略》的出台背景

严格意义上的互联网国际治理出现在20世纪90年代，标志性事件是一系列专注于互联网技术维护与标准制定的治理机构的涌现，尤其是美国政府商务部决定成立互联网名称与数字地址分配机构（ICANN）来负责互联网基础资源的分配与管理。当时国际社会对于互联网的认知主要集中在"技术"方面，因此，此阶段治理大致呈现如下特点：一是私营部门发挥主导作用；二是以技术协调与管理为主；三是采取"自下而上、非集中化"的决策程序。这种理念与认知在互联网发展初期，对于全球互联网的繁荣和发展起到十分积极的推动作用。

随着中国互联网的全国性普及与国际接入，中国开始逐步参与到互联网治理进程之中。鉴于当时处于发展初期，重点是拓展接入与安全运行，当时的治理实践无论是从国内来看还是从国际来看，都主要集中在技术领域，即所谓的"物理层"（互联网物理架构）与"逻辑层"（互联网传输协议等），目的是实现联结与确保运转。

21世纪头十年，全球互联网发展进入快速发展期，尤其是社会化与商业化进程全面推进，使互联网国际治理的理念与实践也出现转变。标志性的事件是 2003 年、2005 年联合国主导下的“信息社会世界峰会(WSIS)”日内瓦、突尼斯阶段会议的召开。2005 年 6 月，联合国互联网治理工作组（WGIG）在工作报告中对互联网治理的工作定义（work definition）为：“互联网治理是各国政府、私营部门和民间社会根据各自的作用制定和实施旨在规范互联网发展和使用的共同原则、准则、规则、决策程序和方案”。互联网治理工作组在工作报告中确定了“多利益相关方”共同参与治理进程的原则，并特别强调各国政府应在与互联网发展相关的公共政策制定中扮演“最关键角色”。更多的治理机制与平台应运而生，不断丰富治理机制。

此阶段国际治理整体呈现如下特点：一是治理主体的“多元化”；二是治理内容的“综合性”；三是治理决策的“公共政策”性更加凸显。总体而言，互联网相关的任何政策都需要各方共同参与制定。

与此发展相一致，21 世纪初，中国互联网亦开始进入快速全面发展期。在国际上，除了继续参与互联网名称与数字地址分配机构的工作外，中国还积极参与了联合国框架下的“信息社会世界峰会”进程。中国互联网的发展状况和治理主张得到展示，中国互联网社群其他利益相关方就大家关切的问题进行了深入交流，中国在垃圾邮件治理、行业自律、信息无障碍、文化多样性等方面取得的成绩和主张得到认可。

2013 年“斯诺登事件”的曝光成为网络空间国际治理转型的重要“触发点”。国际社会各方采取积极行动，以推进互联网名称与数字地址分配机构国际化进程，此阶段国际社会对于网络空间治理的关注主要集中在以下三个方面：一是治理的新目标与主方向；二是解决重要治理机构的合法性问题，最典型的代表就是互联网名称与数字地址分配机构的合法性问题；三是重点关注网络空间行为规范制定。

随着中国网络实力与国际影响力的提升，尤其是习近平总书记提出建设网络强国、构建网络空间命运共同体的战略构想以来，我国一方面继续参与和跟进重要治理机制和平台的构建和完善；另一方面主动构建中国倡导的议程与平台，推动并引领国际社会各方构建网络空间命运共同体、共同维护网络空间的稳定与发展。自 2014 年起，中国连续成功举办世界互联网大会，使其成为国际社会探讨治理议题、寻求合作的重要综合性治理平台。2017 年 3 月 1 日，中国外交部与国家网信办共同发布《网络空间国际合作战略》，以和平发展、合作共赢为主题，以构建网络空间命运共同体为目标，就推动网络空间国际合作首次全面系统提出中国主张，为破解全球网络空间治理难题贡献中国方案。

（二）《网络空间国际合作战略》的主要内容

《网络空间国际合作战略》全面宣示中国在网络空间相关国际问题上的政策立场，系统阐释中国开展网络领域对外工作的基本原则、战略目标和行动要点，旨在指导中国今后一个时期参与网络空间国际交流与合作，推动国际社会携手努力，加强对话合作，共同构建和平、安全、开放、合作、有序的网络空间，建立多边、民主、透明的全球互联网治理体系。

《网络空间国际合作战略》展示中国胸怀，凝聚合作力量，既为中国谋，更为世界谋，目的是通过“和平发展、合作共赢、主权平等、普惠共享、共建共治”，构建网络空间命运共同体，体现出了“撸起袖子加油干”的务实作风。

1. 明晰构建网络空间命运共同体的共同基础

“网络空间是人类共同的活动空间，网络空间前途命运应由世界各国共同掌握。各国应该加强沟通、扩大共识、深化合作，共同构建网络空间命运共同体。”引言部分开宗明义的论述，涵盖了“三个认识”。一是对网络空间本质的认识：“当今世界，以互联网为代表的信息技术日新月异，引领了社会生产新变革，创造了人类生活新空间，拓展了国家治理新领域，极大提高了人类认识世界、改造世界的能力。”二是对网络空间作用的认识：“作为人类社会的共同财富，互联网让世界变成了‘地球村’。各国在网络空间互联互通，利益交融，休戚与共。”三是对网络空间合作的认识：“维护网络空间和平与安全，促进开放与合作，共同构建网络空间命运共同体，符合国际社会的共同利益，也是国际社会的共同责任。”在此基础上，顺理成章地推出构建网络空间命运共同体的中国方案。

2. 阐明中国态度，面对机遇与挑战谁也不能置身事外

在世界多极化、经济全球化、文化多样化深入发展，全球治理体系深刻变革的背景下，我们面临的机遇与挑战，首先取决于是否充分认识信息网络革命。网络空间作为人类社会生产生活的新空间，日益成为信息传播的新渠道、经济发展的新引擎、文化繁荣的新载体、社会治理的新平台、交流合作的新纽带、国家主权的新疆域。

网络空间的安全与稳定攸关各国主权，从安全和发展利益这一全球关切的视角审视面临的“七大挑战”，我们可以发现：互联网领域发展不平衡、规则不健全、秩序不合理等问题日益凸显；国家和地区间的“数字鸿沟”不断拉大；关键信息基础设施存在较大风险隐患；全球互联网基础资源管理体系难以反映大多数国家意愿和利益；网络恐怖主义成为全球公害，网络犯罪呈蔓延之势；滥用信息通信技术干涉别国内政、从事大规模网络监控等活动时有发生；网络空间缺乏普遍有效规范各方行为的国际规则，自身发展受到制约。《网络空间国际合作战略》在最后部分表明了中国态度：“面对问题和挑战，任何国家都难以独善其身，国际社会应本着相互尊重、互谅互让的精神，开展对话与合作，以规则为基础实现网络空间全球治理。”

3. 合作至关重要，始终坚持“和平、主权、共治、普惠”

《网络空间国际合作战略》基于“三个基础”，提出了“和平、主权、共治、普惠”作为网络空间国际交流与合作的基本原则。这“三个基础”就是，中国始终是世界和平的建设者、全球发展的贡献者、国际秩序的维护者；中国坚定不移走和平发展道路，坚持正确义利观，推动建立合作共赢的新型国际关系，中国网络空间国际合作以和平发展为主题，以合作共赢为核心。

“三个基础”是一个层层递进的有机整体，体现网络空间国际合作总原则。和平原则，从坚守稳定繁荣、遵守已有成果、明确基本准则、摒弃固有弊端、应对新的威胁等层面表述；主权原则，从《联合国宪章》确立的主权平等、国家网络空间治理的自主等方面阐释；共治原则，从多国共建共治、多方参与治理、形成机制规则、实现公平合作四个层面表述；普

惠原则，表述网络效益悄然发生的普惠效果，强调国际合作的普惠潜力，善于利用已有合作的普惠价值。这些总原则中，和平是美好愿景，主权是坚守底线，共治是基本方式，普惠是基本目标，共同构成网络空间国际合作的中国模式。

4. 聚焦“六大战略目标”，让互联网发展成果惠及全球

在第二届世界互联网大会上，我们曾强调目标就是要让互联网发展成果惠及13亿多中国人民，更好造福各国人民。这一目标具体可以分解为维护主权与安全、构建国际规则体系、促进互联网公平治理、保护公民合法权益、促进数字经济合作、打造网上文化交流平台等“六大战略目标”，描绘出通过国际合作构建未来网络空间命运共同体的科学路径，即世界各国以网络空间国防力量维护主权安全，建立各方普遍接受的网络空间国际规则，形成公平公正的网络治理体系，进而保护公民合法网络权益、促进数字经济繁荣，进行网上文明交流借鉴。只有实现这些目标，网络空间才可以真正成为人类社会的福祉和精神家园。尤为重要的是，在维护主权与安全的目标中，《网络空间国际合作战略》特别表述了维护主权与安全的国防力量，为国防建设提出了明确的战略任务。

5. 强调网络空间国际规则，推动“九大行动计划”

《网络空间国际合作战略》行动计划部分，表明了中国积极参与网络领域相关国际进程，加强双边、地区及国际对话与合作，增进国际互信，谋求共同发展，携手应对威胁的具体计划：倡导和促进网络空间和平与稳定、推动构建以规则为基础的网络空间秩序、不断拓展网络空间伙伴关系、积极推进全球互联网治理体系改革、深化打击网络恐怖主义和网络犯罪国际合作、倡导对隐私权等公民权益的保护、推动数字经济发展和数字红利普惠共享、加强全球信息基础设施建设和保护、促进网络文化交流互鉴。

推出“九大行动计划”，关键在于多层次、多角度、多方面推动国际合作，“以期最终达成各方普遍接受的网络空间国际规则，构建公正合理的全球网络空间治理体系”。“九大行动计划”是原则、目标的具体化，在“六大战略目标”的基础上，增加了“不断拓展网络空间伙伴关系、深化

打击网络恐怖主义和网络犯罪国际合作、加强全球信息基础设施建设和保护”这三项关键行动计划，相对其他几点更加接地气。立足中国底线、抓住规则关键、联络合作伙伴、明确合作目标、打击恐怖犯罪、坚持以人为本、聚焦经济繁荣、保护基础设施、扎根文化交流，共同构成了中国网络空间国际合作的行动计划。

6. 为全球网络空间治理作出更大贡献，同心打造人类命运共同体

《网络空间国际合作战略》特别强调了网络空间国际合作的中国愿望，实现这个愿景则包括“三个背景”：一是时代背景，网络空间国际合作起步于 21 世纪这个网络和信息化时代，最重要的特征就是网络安全和信息化；二是历史背景，中国网络强国宏伟目标根植于新的历史起点，这就是中国“五位一体”总体布局、“四个全面”战略布局、“两个一百年”奋斗目标和中华民族伟大复兴中国梦；三是角色背景，中国始终是网络空间的建设者、维护者和贡献者。中国网信事业的发展不仅将造福中国人民，也将是对全球互联网安全和发展的贡献。

在“三个背景”之下，实现网络空间国际合作的中国愿望，必须兼顾网络强国的国内部署和国际合作，也就是兼顾国际国内两个大局的具体化，即“在推进建设网络强国战略部署的同时，将秉持以合作共赢为核心的新型国际关系理念，致力于与国际社会携起手来，加强沟通交流，深化互利合作，构建合作新伙伴”，进而实现“同心打造人类命运共同体，为建设一个安全、稳定、繁荣的网络空间作出更大贡献”的美好愿景。

（三）《网络空间国际合作战略》的重要意义

《网络空间国际合作战略》既有国际视野，又有务实精神，不仅是对国际社会关注的系统回应，也为国内各方今后开展网络空间国际合作提供了行动指南，具有很强的指导意义。

1. 深入辨析维护主权和安全

在现实世界与网络空间水乳交融的状况下，现实世界的主权原则向网络空间延伸也就顺理成章了。而且，主权与安全的关系十分密切，各国维护本国网络安全都是建立在国家主权基础上的。《网络空间国际合作战略》

站在网络空间的视角，对主权、安全及两者的关系进行了全面阐释，是对习近平总书记相关论述的丰富和延伸。

网络主权原则的国际共识正在增强。联合国信息安全政府专家组会议聚焦网络空间国家行为规范及国际法在网络空间的适用、信任措施等问题，越来越多的国家强调尊重各国平等参与全球互联网治理的权利，认为应在尊重主权和不干涉他国内政原则基础上加强合作，构建和平、安全、开放、合作的网络空间治理新秩序。

2. 平衡阐述多边参与和多方参与

《网络空间国际合作战略》提出，网络空间国际治理应坚持多边参与和多方参与。各国及多边机制目前在全球互联网治理方面发挥的作用整体比较有限，甚至是被有意弱化。这在互联网成为全球通用基础设施的今天显得很不合理。况且，维护网络安全、打击网络犯罪、确保网络空间公共利益等是不可能绕开国家政府单干的。《网络空间国际合作战略》由此掷地有声地提出坚持多边参与的主张。

互联网的生态圈中有着形形色色的利益主体以及由这些利益主体构成的社群。网络空间治理不能仅由政府说了算，不同的利益主体之间要进行交流、协商，共同拿出可行的解决方案。《网络空间国际合作战略》强调多方参与，不但顺应全球大势，而且有利于调动中国及各利益攸关方积极参与互联网国际事务。

3. 坚定维护公民合法权益

《网络空间国际合作战略》将保护公民合法权益作为一项重要的战略目标，有关表述展现了开放的态度、开明的作风。《网络空间国际合作战略》将我国宪法中“尊重和保障人权”的原则延伸至网络空间，与《世界人权宣言》相契合，有力传达了中国坚定保障公众在网络空间的权利和基本自由。

《网络空间国际合作战略》提出保护网络空间个人隐私，体现了对这一问题的重视。互联网技术发展日新月异，个人隐私保护面临巨大挑战。收集用户数据、分析挖掘数据进而提升和改善服务、创造利润，是互联网企业普遍采用的业务逻辑。我们使用的手机、可穿戴设备、网络服务随时随地都在采集表征我们健康、工作、生活的数据。我们享受云计算、大数据带来的便利，但如果隐私保护的规则缺失，每个人几乎是透明的，没有任何隐私可言。

《网络空间国际合作战略》所提原则和主张可浓缩为“一个中心，两个基本点”，即以网络造福人类、构建网络空间命运共同体为中心，坚持多边参与和多方参与相结合的方法，坚持维护网络主权与安全。

四、国家大数据战略

2015 年 9 月 5 日，《国务院关于印发促进大数据发展行动纲要的通知》正式发布。这是我国促进大数据发展的第一份权威性、系统性文件，从国家大数据发展战略全局的高度，提出了大数据发展的顶层设计，是指导我国未来大数据发展的纲领性文件。《中共中央关于制定国民经济和社会发展第十三个五年规划的建议》提出：“实施国家大数据战略，推进数据资源开放共享。”

2017 年 12 月 8 日，中共中央政治局就实施国家大数据战略进行第二次集体学习。习近平总书记在主持学习时强调，大数据发展日新月异，我们应该审时度势、精心谋划、超前布局、力争主动，深入了解大数据发展现状和趋势及其对经济社会发展的影响，分析我国大数据发展取得的成绩和存在的问题，推动实施国家大数据战略，加快完善数字基础设施，推进数据资源整合和开放共享，保障数据安全，加快建设数字中国，更好服务我国经济社会发展和人民生活改善。

（一）国家大数据战略实施背景

大数据（big data）是指在有限的时间内借用一定的工具对大量的信息进行挖掘、管理、分析和处理的数据集合。大数据通过运用高端科学技术处理，能让决策力度更强、洞悉发现事物的力度更敏锐以及让信息资产处理更加流程化。从生产资料上来说，大数据的发展衍生了其他稀有的新兴产业链。每个行业和领域所产生的数据都有其存在价值，挖掘、收集、处理、分析这些数据能够带来巨大的经济收益。作为一种新兴事物，大数据具有“4V”的特征，即 Variety（多种类）、Value（高价值）、Volume（存量大）、Velocity（快速），可以迅速地收集到公共部门、企业以及私人组织等多个领域的数据资源，在政治、经济、文化、生态、社会等领域发挥十分重要的功能和作用。

随着 2008 年“智慧地球”这一重大课题的提出，全世界都在构想怎样才能变得更加智慧。2009 年，为了推动数据挖掘和管理方式的创新，联合国秘书长执行办公室宣布开启“全球脉动”倡议计划。2012 年，联合国向外发布了《大数据促发展：挑战与机遇》的白皮书，对网络数据推动世界发展的作用进行了深入探讨。大数据的巨大魅力使其受到全世界各个国家的极力追捧，“智慧国家”的建设也在不断向前深入发展。作为一种新兴的战略资源，大数据以其独特的魅力和对社会的巨大推动作用，被世界各国政府、企业和私人组织重视，“智慧政府”“智慧企业”“智慧城市”被不同类型的组织确立为组织发展目标。

在信息技术时代，大数据作为一个新兴产业，不仅影响整个社会经济的发展，为社会经济活动提供数据支撑，有利于政府转变职能，实现国家的经济转型；而且其所衍生出来的新产业链，还能与物联网、云计算等进行联动，对于时代的发展具有促进作用。麦肯锡全球研究所的分析估计，开放数据有可能在教育、交通、消费品、电力、石油和天然气、医疗保健和消费金融七个关键领域实现每年超过 3 万亿美元的额外价值。现在，大数据在产业竞争中所体现的作用越来越明显，西方一些发达国家已经开始利用大数据制定新一轮信息战略，各国之间的竞争将会更加激烈。由于在商业领域的广泛应用和流行，大数据的技术红利迅速释放，也惠及国家治理和政府管理的实践，尤其是在政府科学决策、政务公开、精准管理、公民参与等关键领域的价值非常明显。2011 年 3 月 22 日，美国总统科学技术顾问委员会（PCAST）的报告提出了每个联邦机构都需要有一个“大数据战略”。大数据的广泛应用对实现“数据治国”产生了深远影响，大数据能够形成用数据分析、用数据决策、用数据创新的治理思维，从而引领智慧型国家建设。

（二）国家大数据战略的实践框架

大数据战略实践框架至少分为政府治理、经济发展、社会服务及其他领域四个层面，这一框架为大数据战略实施提供了实践纲领。①

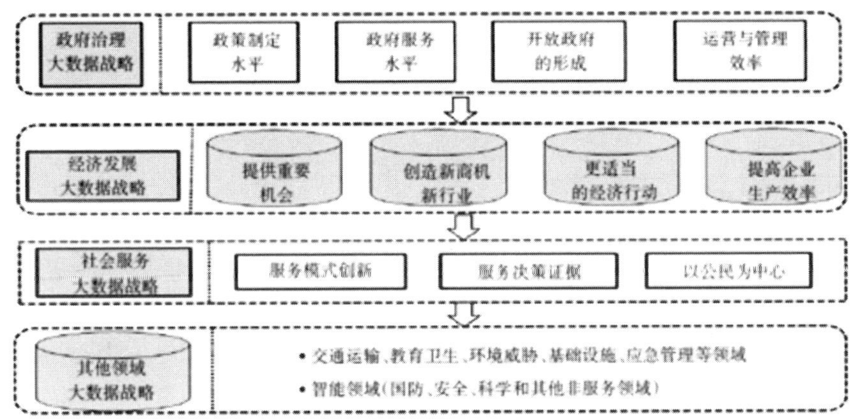

图 2–1　大数据战略实践框架

1. 政府治理大数据战略

大数据驱动政府制定相关政策开发及利用巨量数据，并结合大数据实时分析优势，更快地对政策进行有效评估及改进。具体来说，它在政府治理领域的作用表现为四个方面：第一，大数据战略能更好帮助政府提高政策制定与服务水平。通过汇集不同来源的数据库，利用大数据分析技术，有效提高政策预测分析能力。同时，随着情况变化实时调整政策实施程序，最大限度缩短反馈循环和提高政策程序的有效性。通过对巨量数据流进行分析，为政策制定提供接近“实时”见解，发挥大数据的“临近功能”。第二，有利于促进“开放政府”的形成。公共部门信息是一种国家资源，社区和民众都应该能够方便获取和使用。信息共享不仅能使社区和民众为政策制定作出独特贡献，还能协助监管政府、参与计划管理、提供决策制定的证据及评估服务绩效，它允许公民以一种个性化和无缝对接方

① 参见陈潭：《大数据战略实施的实践逻辑与行动框架》，《中共中央党校学报》2017 年第 2 期。

式与政府互动。第三，有利于提高政府运营与管理效率。大数据战略需要整体政府管理方法，以此加强不同政府部门的数据分析能力，从而为改进服务提供支持。通过分析和挖掘社会媒体上公民对政府管理、公共政策和公共服务的负面态度和不满，判定学校、医院、公益组织等公共服务机构功能失范的原因，进而服务于公共决策。这不仅使得政府具有了更好地预测分析功能和风险评估能力，同时也使政府具有了更好地发现欺诈和纠正治理错误的能力。决策者利用大数据能够建构不同政策模式，在这些政策模式实施之前更准确预测实施效果。

2. 经济发展大数据战略

自从麦肯锡全球研究所在 2011 年推广“大数据”这一术语以来，大数据已经成为经济领域新的推动力。它促进企业、政府和个人进行协作，不仅能提高企业竞争力，而且有利于推动企业创新。首先，大数据战略能为企业在经济全球化趋势中提供重要机会。在日益数字化的社会中，大数据已经成为企业的关键性资源，云计算、低成本传感器、移动性、大数据及企业分析能力的融合，不仅提高了企业生产效率，降低了企业生产成本，而且有助于企业把握全球化竞争面临的重要商机。需要指出的是，虽然只有约 5% 的大数据能为企业正确决策提供支持，但并不妨碍有效运用巨量数据带来的潜在及丰富的机会。其次，有利于创造全新的商业机会及形成新行业。基于巨量数据基础上形成的“经济想象力”，可以为企业发展提供意想不到的机遇，这一想象力是建立在大数据分析所具有的特征之上。传统数据分析先从研究假设开始，然后再收集相关数据加以验证。大数据分析则相反，从巨量的已有数据开始，进而分析及揭示数据之间的关系及规律。相关研究表明，这些意想不到的相关性分析可能提供重要的经济规律及发现前所未有的经济发展机遇。再次，大数据分析融进企业业务运营及管理决策中，能为企业采取更具洞察力及适当的经济行动提供重要基础，使得企业采取不同方式进行管理与运营，在面对发展变化时能及时响应与更快行动。最后，大数据能够极大提高企业创新能力与生产效率。大数据分析为节约企业成本和提高生产效率提供了机遇，这又进一步鼓励了企业创新。因为大数据驱动的企业决策流程对传统直观决策模式的替代，不仅为企业提供了有别于传统的发展思路，而且为消费者和公民创造了“新”价值。

3. 社会服务大数据战略

大数据能有效确定当前服务质量与状况，及时发现社会服务局限及差距，帮助社会组织更好向民众提供服务。这是因为：第一，大数据能够促进社会服务模式创新。通过改进服务目标（根据保护隐私及其他相关立法），有助于加强社会服务管理，防止“过度服务”，提供个人化的定制服务，确保民众不会错过任何可能获得的社会服务，如适当的卫生和福利服务、主要基础设施服务、个性化社会保障福利及应急服务等。通过分析和使用巨量数据，也有利于创建新的业务模型和服务模式，进一步开发与创新社会服务。第二，大数据分析能为社会组织提供科学的决策证据。通过使用先进的大数据平台及分析工具，能够定制反映特定个人与社区需求的社会服务。大数据使民众能更简单、更容易获得个性化服务，更好地将社会组织、个人及社区需求整合，进而降低服务成本和提高服务效率。第三，大数据有利于促进以“个人或群体为中心”向“以公民为中心”服务模式的转变，能更好为低收入家庭及残疾人等困难群体提供针对性服务。例如，大数据能有效确定个人或团体获得社会服务的资格，而不需要他们意识到或提出明确申请。

4. 其他领域的大数据战略

大数据战略不仅能在政治、经济和社会服务领域发挥重要作用，而且也能促进其他领域服务模式及治理范式变革，如交通运输、教育卫生、环境威胁、基础设施、应急管理领域和智能领域（国防、安全、科学和其他非服务领域）等。

（三）国家大数据战略的行动路径

2015 年 9 月 5 日发布的《促进大数据发展行动纲要》，系统部署了大数据发展战略和工作任务，成为国家大数据战略实施的政策指南和行动纲领。《促进大数据发展行动纲要》的核心内容可以概括为“三个着力、五大目标、三方面任务、十项工程及七项措施”。

“三个着力”就是要着力推动政府数据开放共享利用，提升政府治理能力；着力推进大数据技术研发、产业发展和人才培养，促进大数据产业健康发展；着力规范利用大数据，保障数据安全。

“五大目标”就是要通过推动大数据发展应用，在未来五年至十年打造精准治理、多方协作的社会治理新模式；建立运行平稳、安全高效的经济运行新机制；构建以人为本、惠及全民的民生服务新体系；开启大众创业、万众创新的创新驱动新格局；培育高端智能、新兴繁荣的产业发展新生态。

“三方面任务”，一要加快政府数据开放共享，推动资源整合，提升治理能力。重点是大力推动政府部门数据共享，稳步推动公共数据资源开放，统筹规划大数据基础设施建设，支持宏观调控科学化，推动政府治理精准化，推进商事服务便捷化，促进安全保障高效化，加快民生服务普惠化。二要推动产业创新发展，培育新兴业态，助力经济转型。重点是发展大数据在工业、新兴产业、农业农村等行业领域应用，推动大数据发展与科研创新有机结合，推进基础研究和核心技术攻关，形成大数据产品体系，完善大数据产业链。三要强化安全保障，提高管理水平，促进健康发展。重点是健全大数据安全保障体系，强化安全支撑。

“十项工程”主要包括政府数据资源共享开放工程、国家大数据资源统筹发展工程、政府治理大数据工程、公共服务大数据工程等。每一项工程都是围绕解决“三方面任务”中存在的主要问题而进行的专项部署，进一步细化明确了工作目标、实施路径和进度安排。

“七项措施”主要包括完善组织实施机制、加快法规制度建设、健全市场发展机制、建立标准规范体系、加大财政金融支持、加强专业人才培养、促进国际交流合作七个方面的政策措施。

习近平总书记在中共中央政治局第二次集体学习时指出，大数据是信息化发展的新阶段。随着信息技术和人类生产生活交汇融合，互联网快速普及，全球数据呈现爆发增长、海量集聚的特点，对经济发展、社会治理、国家管理、人民生活都产生了重大影响。世界各国都把推进经济数字化作为实现创新发展的重要动能，在前沿技术研发、数据开放共享、隐私安全保护、人才培养等方面作了前瞻性布局。

要推动大数据技术产业创新发展，构建以数据为关键要素的数字经济，运用大数据提升国家治理现代化水平，运用大数据促进保障和改善民生，切实保障国家数据安全，善于获取数据、分析数据、运用数据，已经成为领导干部做好工作的基本功。

五、“互联网 +”行动计划

2015 年 3 月 5 日十二届全国人大三次会议上，李克强总理在《政府工作报告》中首次提出“互联网 +”行动计划。2015 年 6 月 24 日，国务院常务会议通过了《国务院关于积极推进“互联网 +”行动的指导意见》，这是实施“互联网 +”行动计划的纲领性文件，标志着“互联网 +”这一新兴产业模式正式成为中国的国家行动计划。文件明确了推进“互联网 +”，促进创业创新、协同制造、现代农业、智慧能源、普惠金融、公共服务、高效物流、电子商务、便捷交通、绿色生态、人工智能等若干能形成新产业模式的重点领域发展目标任务，并确定了相关支持措施。

2015 年 12 月，为进一步贯彻落实《国务院关于积极推进“互联网 +”行动的指导意见》（以下简称《指导意见》），加快推进两化深度融合，全面支撑《中国制造 2025》实施和制造强国、网络强国建设，工业和信息化部制定了《工业和信息化部关于贯彻落实〈国务院关于积极推进“互联网 +”行动的指导意见〉的行动计划（2015—2018 年）》（以下简称《行动计划》）。

（一）《指导意见》的出台背景

我国互联网处于大发展、大融合、大变革的历史阶段，不仅是战略性新兴产业的关键领域，也是大众创业、万众创新的网络基础和支撑，还是优化经济结构、转变增长方式、推动社会发展、促进改革创新的重要力量。

1. 顺应互联网演进规律的客观要求

《指导意见》立足发展实践，突出时代特征。作为通用目的技术（GPT），互联网技术创新活跃，学科交叉密集，跨界渗透广泛，融合变革深刻。新一代深度感知、高速传输、海量存储和智能处理等技术不断取得突破性进展并广泛应用。移动互联网、物联网快速发展，万物互联蓄势兴起，网络数据爆炸性增长，涵盖人民生活、企业生产、公共服务和政府管理等方方面面。互联网由浅层次的工具产品转向连接一切的国家关键基础设施，融合创新的物理效应、化学效应、放大效应迸发释放，异彩纷呈。技术进步对经济增长的贡献率不断提高，如同百年前的电力革命，互联网正深刻改变着传统的生产方式、消费方式、商业模式和管理模式。基于互联网的规模经济、范围经济、长尾经济蓬勃兴起，气势宏伟。《指导意见》体现了认识与实践的统一、量变与质变的统一。

2. 抢占全球竞争制高点的战略选择

《指导意见》紧随变革大势，着眼世界大局。当前，围绕数字竞争力的全球战略布局全面升级，塑造国家线上线下融合发展的综合新优势，掌握全球经济竞争主导权的国际竞争加剧，这一轮产业革命的实质是抢占以互联网为载体的产业新生态。美国发布《先进制造战略》，在交通、能源、航空、铁路、医疗、安全等领域强化工业互联网技术应用。继工业 4.0 战略后，德国推出《2014—2017 年数字议程》，意在打造具有持久竞争力的数字强国。我国颁布《中国制造 2025》，明确指出互联网是实施制造强国战略的关键要素。《指导意见》提出“互联网 + 协同制造”，彰显“制造业是立国之本、兴国之器、强国之基”的重要地位。通过“互联网 +”电子商务、高效物流等行动，促进现代生产性服务健康发展，为工业转型提供保障。

3. 引领经济发展新常态的现实需要

《指导意见》着力创新驱动，适合中国国情。中国经济进入新常态，平稳度过新旧产业和动能转换期，需要强劲有力和恒久持续的支撑力量。抢占经济制高点，促进大众创业、万众创新，提升公共服务水平，必须走互联网融合创新之路。党中央、国务院高度重视以互联网为代表的新一代信息通信技术的发展运用，近几年相继出台了宽带中国、信息消费、物联网、云计算、集成电路等战略指导性文件，产业环境不断优化。以互联网为主导的信息经济市场规模大、增长速度快、发展质量好、就业渠道广。中国信息通信研究院理论测算结果表明，2014 年我国信息经济总量达 16.2 万亿元，同比增长 21%，占 GDP 比重超过 26%，已成为拉动 GDP 增长的主要力量。但与发达国家相比，我国信息经济占 GDP 比重依然较低，未来增长的空间大、后劲足。《指导意见》将进一步激发市场蕴藏的巨大活力，大幅提升我国信息经济发展水平。

（二）《指导意见》和《行动计划》的主要内容

1.《指导意见》

《指导意见》提出，到 2018 年，互联网与经济社会各领域的融合发展进一步深化，基于互联网的新业态成为新的经济增长动力，互联网支撑大众创业、万众创新的作用进一步增强，互联网成为提供公共服务的重要手段，网络经济与实体经济协同互动的发展格局基本形成。到 2025 年，“互联网 +”新经济形态初步形成，“互联网 +”成为我国经济社会创新发展的重要驱动力量。

《指导意见》围绕转型升级任务迫切、融合创新特点明显、人民群众最关心的领域，提出了十一项具体行动：一是“互联网 +”创业创新，充分发挥互联网对创业创新的支撑作用，推动各类要素资源集聚、开放和共享，形成大众创业、万众创新的浓厚氛围。二是“互联网 +”协同制造，积极发展智能制造和大规模个性化定制，提升网络化协同制造水平，加速制造业服务化转型。三是“互联网 +”现代农业，构建依托互联网的新型农业生产经营体系，发展精准化生产方式，培育多样化网络化服务模式。四是“互联网 +”智慧能源，推进能源生产和消费智能化，建设分布式能源网络，发展基于电网的通信设施和新型业务。五是“互联网 +”普惠金融，探索推进互联网金融云服务平台建设，鼓励金融机构利用互联网拓宽服务覆盖面，拓展互联网金融服务创新的深度和广度。六是“互联网 +”益民服务，创新政府网络化管理和服务，大力发展线上线下新兴消费和基于互联网的医疗、健康、养老、教育、旅游、社会保障等新兴服务。七是“互联网 +”高效物流，构建物流信息共享互通体系，建设智能仓储系统，完善智能物流配送调配体系。八是“互联网 +”电子商务，大力发展农村电商、行业电商和跨境电商，推动电子商务应用创新。九是“互联网 +”便捷交通，提升交通基础设施、运输工具、运行信息的互联网化水平，创新便捷化交通运输服务。十是“互联网 +”绿色生态，推动互联网与生态文明建设深度融合，加强资源环境动态监测，实现生态环境数据互联互通和开放共享。十一是“互联网 +”人工智能，加快人工智能核心技术突破，培育发展人工智能新兴产业，推进智能产品创新，提升终端产品智能化水平。

《指导意见》提出了推进“互联网 +”的七方面保障措施：一是夯实发展基础，二是强化创新驱动，三是营造宽松环境，四是拓展海外合作，五是加强智力建设，六是加强引导支持，七是做好组织实施。

2.《行动计划》

《行动计划》的总体要求包括，全面贯彻落实党的十八大和十八届三中、四中、五中全会精神，深刻把握“互联网 +”时代大融合、大变革趋势，充分发挥我国互联网规模应用综合优势，以加快新一代信息通信技术与工业深度融合为主线，以实施“互联网 +”制造业和“互联网 +”小微企业为重点，以高速宽带网络基础设施和信息技术产业为支撑，不断打造新形势下产业竞争新优势。坚持创新引领，坚持两化融合，坚持开放共享，坚持安全有序。到 2018 年，互联网与制造业融合进一步深化，制造业数字化、网络化、智能化水平显著提高。

《行动计划》的主要行动包括：两化融合管理体系和标准建设推广行动，智能制造培育推广行动，新型生产模式培育行动，系统解决方案能力提升行动，小微企业创业创新培育行动，网络基础设施升级行动，信息技术产业支撑能力提升行动等。保障措施包括：强化组织保障，改革体制机制，创新财税支持，创新人才培养，加强国际合作等。

（三）《指导意见》的重要意义

十八大以来，党中央、国务院先后提出创新驱动发展、网络强国和制造强国等重大战略。《指导意见》是从互联网视角对经济社会重要领域的融合发展进行的战略部署，是推动这些战略协同发展的关联纽带，更是推进“五位一体”总体布局、“四个全面”战略布局、实现“两个一百年”宏伟目标的关键驱动力量，利在当前、功在长远。

1.《指导意见》与网络强国战略相辅相成

习近平总书记在中共中央网络安全和信息化领导小组第一次会议上明确提出网络强国战略，这是新时期统筹推进网络安全和信息化工作的顶层设计。网络强国战略包括核心信息技术研发及应用、提升信息服务水平、完善信息基础设施、建设高端人才队伍、拓展全球治理合作等重大任务。《指导意见》提出巩固网络基础、做实产业基础、保障安全基础、拓展海外合作、加强智力建设等保障支撑措施，是网络强国战略的具体落实。《指导意见》对网络提出更高要求，如工业互联网要具备高可靠、低时延、大容量、广覆盖等新性能；自主技术设备要支撑“互联网+”各项应用；安全保障手段要覆盖产品全生命周期、嵌入生产全流程等。《指导意见》的实施将全方位提升我国信息通信业基础设施、技术产业和应用水平，必将加快网络强国建设进程。

2.《指导意见》与制造强国战略交织并进

《中国制造2025》是我国实施制造强国战略的第一个十年行动纲领，以加快新一代信息技术与制造业深度融合为主线，以推进智能制造为主攻方向，目标是推动我国从制造业大国向制造业强国转变。《中国制造2025》的核心内容是五大工程和十大重点突破领域，智能制造是《中国制造2025》和《指导意见》的战略制高点，基于互联网、物联网构建信息数据链，是实现智能制造的关键基础和支撑。《指导意见》提出的“互联网+协同制造”，与《中国制造2025》紧密呼应，突出强调并细化了互联网在制造业的融合和变革作用，提出发展智能制造、大规模个性化定制、提升网络化制造水平、加速制造业服务化转型四大方向，加强工业互联网建设布局。

3.《指导意见》与创新驱动战略同源共长

党的十八大提出实施创新驱动发展战略，推动发展更多依靠创新驱动。国务院发布《中共中央国务院关于深化体制机制改革加快实施创新驱动发展战略的若干意见》，强调要破除一切制约创新的思想障碍和制度藩篱，营造大众创业、万众创新的政策环境，激发全社会创新活力和创造潜能。互联网不仅是创新驱动的典范，还是带动其他领域创新发展的基础支撑和突破口。《指导意见》提出了“创业创新”专项行动。其他十个行动都明确提出融合型新技术、新产品、新模式和新业态的发展方向，鼓励支持创新驱动，促进互联网平台新经济成长壮大。《指导意见》着力突破融合发展面临的法律、监管、体制机制约束，将为创新驱动发展战略的实施奠定良好的基础。

第三章　网络内容建设与管理

一、综　述

习近平总书记指出，网络空间是亿万民众共同的精神家园。网络空间天朗气清、生态良好，符合人民利益。网络空间乌烟瘴气、生态恶化，不符合人民利益。我们要本着对社会负责、对人民负责的态度，依法加强网络空间治理，加强网络内容建设，做强网上正面宣传，培育积极健康、向上向善的网络文化，用社会主义核心价值观和人类优秀文明成果滋养人心、滋养社会，做到正能量充沛、主旋律高昂，为广大网民特别是青少年营造一个风清气正的网络空间。党的十九大提出要加强互联网内容建设，建立网络综合治理体系，营造清朗的网络空间，为做好网络内容建设和管理工作指明了努力方向，提供了行动指南。

2017 年，在习近平新时代中国特色社会主义思想的正确指引下，在以习近平同志为核心的党中央坚强领导下，在各地各部门的通力协作和大力支持下，网信部门紧紧围绕迎接宣传贯彻党的十九大这条主线，坚持防范风险、凝聚共识、争取人心，着力维护网络意识形态安全，着力提高网络舆论传播力引导力影响力公信力，着力提升治网用网水平，着力构筑网上网下“同心圆”，为党和国家事业发展营造了良好的网上舆论氛围。

（一）以迎接宣传贯彻党的十九大为主线，做好习近平新时代中国特色社会主义思想网上宣传工作

2017 年，中央网信办按照中央要求和中宣部工作部署，紧紧围绕迎

接宣传贯彻党的十九大这条主线，用习近平新时代中国特色社会主义思想引领网上舆论，组织全国网信系统全力以赴做好网上宣传工作。

大会开幕前，积极营造氛围，引导舆论方向；大会期间，全方位报道会议进程和各项成果，推动全网掀起学习高潮；大会闭幕后，统筹推进党的十九大精神线上线下传播和解读，报道参会代表以及广大干部群众学习贯彻党的十九大精神的典型事例和整体风貌。

在组织习近平新时代中国特色社会主义思想和党的十九大宣传报道工作中，中央网信办调动各方力量，在内容形式、宣传手段以及传播渠道等方面大胆创新。内容形式方面，部署开设网络专题专栏，十九大召开前推出“领航中国”等系列专题，召开期间部署全网开设“领航新征程”等重点栏目，闭幕后开办“十九大代表回基层”等主题专栏。宣传手段方面，注重网上直播、微视频等移动端传播方式，大会前联合国家民族事务委员会、人民日报社策划了“56 个民族儿女寄语十九大”体现民族团结的系列微视频，大会期间组织全网直播习近平总书记作十九大报告，大会后指导推出短视频、动漫、图解等信息可视化产品，策划“你好，新时代”网络直播。传播渠道方面，积极发挥商业网站的作用，新浪微博、腾讯网等网站推出中国好网民喜迎十九大“五年发展·点滴印记”大型分享展示活动。

（二）牢牢掌握网络意识形态工作领导权，切实做到“两个巩固”

2017 年，中央网信办高举旗帜、围绕大局、把握规律，坚持立破并举，有效维护了网络意识形态安全，进一步巩固了马克思主义在网络意识形态领域的指导地位，巩固了全党全国人民团结奋斗的共同思想基础。

加大网络意识形态工作统筹力度。2017 年，中央网信办统筹组织各大网站开设“领航新征程”“十九大代表回基层”等重点栏目，开展“十九大精神‘七进’”等重要活动，组织重点理论网站共同策划开设“十九大·理论新视野”等宣传专题，形成了以重点新闻网站为主力，各类社会力量广泛参与的工作格局。

提升网络意识形态工作水平。一方面积极管理和反击错误思想，另一方面强化正面宣传，让全国网民充分认识到应该旗帜鲜明地反对什么，支持什么，使全体网民在理想信念、价值理念与道德观念上更加紧密地团结在一起。人民网、中国社会科学网等网站围绕批判历史虚无主义等发布一系列文章，搜狐网等商业网站纷纷转发，增进网民对历史的共识和对民族国家的认同。

通过总结经验，提升了对网络意识形态工作整体性、一体化认知水平，采取密切联动线上线下两个平台的工作机制，把握重要时机，通过深入实践、深入基层、深入生活的方式，拓展网络意识形态工作空间。中央网信办组织网络媒体围绕党的十八大以来以习近平同志为核心的党中央治国理政新理念新思想新战略，开展新春走基层“温暖中国”主题采访活动，以线上线下相结合的方式，书写弘扬社会主义核心价值观的真情故事。

（三）加强综合治理，不断提升管网治网能力水平

2017 年，中央网信办坚持“重双基强双责”的工作思路，注重基本规范、注重基础管理，强化主管部门的属地管理责任、强化网站的主体责任，依法加强网络综合治理。一方面深入开展互联网新闻信息单位管理工作，修订完成《互联网新闻信息服务管理规定》，制定出台《互联网新闻信息服务许可管理实施细则》，下发《关于加强移动新闻客户端规范管理的通知》《关于规范管理移动新闻客户端公众账号的通知》，督促网站落实主体责任；另一方面加强专项治理和内容督查，对具有媒体属性和社会动员功能的应用程序进行动态跟踪，对涉政治谣言、非法传教、淫秽色情等内容的移动应用程序多次开展整治，针对重点突出问题开展“剑网行动”“净网行动”“护苗行动”等专项行动。加强对新闻客户端等平台网络直播、算法推荐等功能的规范管理，加大违法违规行为处置力度。

舆论生态建设呈现党委领导、政府主导、多方参与、良性互动、协同治理新格局。中央网信办加强网络素养教育，充分发挥不同主体在网络舆论生态建设中的积极作用，积极构建多主体参与、多手段并用的网络社会协同治理体系。2017 年，全国各地网络社会组织“同心圆”工程正式启

动，该工程将全国与网信事业相关的各领域、各类型网络社会组织团结起来，形成网络强国建设强大合力。同时，中央网信办发动群团系统和教育系统，推动争做中国好网民、“全国网信普法进校园”、第十一届全国百家网站微信公众号法律知识竞赛、全国法治动漫微电影征集展播、第三届网络诚信宣传日、“网络名人微访谈”等专题活动在全国范围内展开，网民网络素养不断提高、法治理念进一步普及、诚信意识显著增强，全民学法治、全民讲诚信，正能量更加充沛、主旋律更加高昂的网络舆论生态日渐显现。

（四）把握网络传播规律，切实增强宣传效果

2017 年，结合网络传播分众化、个性化、差异化、圈层化特点，中央网信办创新网络内容建设形式、手段和方法，增强议题设置能力，加大理论宣传力度，强化新闻宣传规范性。

全国网信系统充分学习研究网络传播规律，把握当前媒介生态与传播环境的变化，针对网民的网络使用习惯和心理特征，增强议题设置的主动性和表达方式的多样化。中央网信办积极落实重大网络宣传工作要求，组织和引导各级各类网站和宣传平台，通过开设专栏、话题以及制作沙画、动漫、H5 等新媒体产品等形式进行主题宣传和理论宣讲等。

理论宣传工作力度显著增强。理论宣传工作全面发展，理论传播的主体越来越丰富，越来越多的媒体、学者以及各行各业的实践者以不同的形式参与到理论宣传工作中。

新闻宣传规范性有效提升。强化网络新闻业务管理工作，通过管理、培训、惩罚、激励等多种方式，推动网络新闻业务水平不断提升，纪律更加严明，发展更加规范。

牢牢把握网络文化的发展方向。积极弘扬社会主义核心价值观，通过多种方式繁荣网络文化。中央网信办组织多家网络平台在春节期间举办“回家·过年”系列直播活动和“新春阖家欢喜迎十九大”网络春晚、端午节期间举办“端午·中国风”系列直播活动等，促进传统文化的网上传播弘扬；同时，中央网信办与文化部共同开展“文脉颂中华”主题活动，组织 200 余名网络媒体采编骨干实地走访报道，同步实施新媒体传播项目，进一步激发中华优秀传统文化的生机和活力。

（五）促进媒体融合发展，加快网络传播阵地与队伍建设

2017 年，网络传播阵地建设加快推进。一方面，把推进媒体深度融合，打造一批具有强大影响力、竞争力的新型主流媒体作为年度网络阵地建设的工作目标；另一方面，强化对商业网站和社会力量的管理，通过抓组织、抓典型，发展和壮大网信事业队伍。以《人民日报》和新华网为代表的“中央厨房”全媒体报道平台、以《光明日报》为代表的“两微一端”新媒体产品等，是探索新型新闻生产发布模式、汇聚分发其他媒体资源、壮大扩展主流媒体主流声音传播渠道的建设典型。由国家网信办主办，开展面向互联网企业党员和团员青年的“网界青年成长计划”主题活动、“两学一做”第二届微党课创作评选等，深入社会组织、互联网龙头企业，以打造点面结合的宣传教育、思想传播、交流分享平台为发力点，探索创新互联网企业党员教育模式，提升互联网企业党群活动吸引力、凝聚力。

二、习近平新时代中国特色社会主义思想和党的十九大精神网上宣传

（一）重大主题宣传活动

1.“砥砺奋进的五年”主题宣传系列活动

2017 年 9 月，中央网信办、国家发展改革委、教育部等中央和国家机关联合宣传解读“砥砺奋进的五年”大型成就展，在全网推出“砥砺奋进的五年”主题宣传系列活动，于党的十九大召开前夕阐释党中央治国理政新理念新思想新战略。

“砥砺奋进的五年”大型成就展于 2017 年 9 月 25 日开展，展馆分为“践行新发展理念引领经济发展新常态”“坚持中国特色社会主义政治发展道路推进国家治理体系和治理能力现代化”等十个展区，累计参观人数达

266 万人次。

各大网站设置专题宣传“砥砺奋进的五年大型成就展”，共撰写图文解读 60 余篇。新华网推出“‘砥砺奋进的五年’大型成就展”专题专栏，设置“砥砺奋进的五年”“最新消息”“相关专题”等板块，并发表《“砥砺奋进的五年”大型成就展上的机器人之“最”》《不忘初心不负时代——党的十九大代表参观“砥砺奋进的五年”大型成就展》《向着梦想，奋进！——来自“砥砺奋进的五年”大型成就展现场的报道》等相关专题报道。人民网推出“砥砺奋进的五年”专题报道栏目，设置“要闻”“为了总书记的嘱托”“喜迎十九大”等系列板块，并发表《十九大时光：明天的日子一定会更好——各地群众深情寄语党的十九大》《十九大时光：建设现代化强国，靠实干！——各地干部群众热议党的十九大报告》《解码十九大：中国进入“十九大时间”》等一系列专题文章。央视网推出“砥砺奋进的五年大型成就展网上展馆”，采用 360 度全景观展技术，对位于北京展览馆的同名展览内容进行了全方位的数字化呈现，使广大网民足不出户、随时随地都能参观数字展馆。截至 2017 年 12 月 31 日，线下展览落幕，网上展馆参观量已达 2283 万，点赞献花量达 1212 万。

2. 全网开设十九大专题专栏直播

2017 年 10 月 18 日至 24 日党的十九大召开期间，全网开设专题专栏，全方位报道开幕情况。各大网站首页更改为红色主题，对习近平总书记作党的十九大报告进行网上直播，并对习近平总书记和其他中央领导同志参加代表团讨论、十九大闭幕会、新一届中央政治局常委见面会等作了大会程序性报道，同时推出了“党代表通道”“十九大时光”等配套宣传。

首次设立的“党代表通道”，为世界打开了一个更近距离了解中国执政党、观察党代表履职情况的新窗口。百米通道上，19 名十九大代表直面中外媒体、回应社会关切；新华网、人民网、央视网纷纷开设“十九大时光”等专题专栏，发布了如《锐意进取，埋头苦干，向着伟大目标奋力前行——来自基层蹲点现场的报道》《实现伟大复兴的行动指南——习近平新时代中国特色社会主义思想产生强烈共鸣》《[视频]【十九大时光】实干新征程奋进新时代》等大量文章进行配套宣传。中央网信办还组织中央、地方新闻网站民族语频道、外语频道宣传十九大，反映境内外对十九大的反响和评价。习近平总书记作党的十九大报告的直播在主要平台播放量达 11 亿次，全网掀起了党的十九大观看热潮。

3.“喜迎十九大・文脉颂中华”主题活动

2017 年 9 月 15 日至 29 日，按照中共中央办公厅、国务院办公厅《关于实施中华优秀传统文化传承发展工程的意见》要求，中央网信办与文化部共同组织开展“喜迎十九大・文脉颂中华”网络宣传活动。活动共组织了近百家中央新闻网站、地方新闻网站和商业网站，以及部分传统媒体的 200 余名网络媒体采编骨干，走进贵州、山西、福建、湖北等省开展实地采访报道，通过报纸、广播、电视、网络等媒介全面立体地呈现传统文化的独特魅力。活动开展一个月，全网重要位置累计推送作品 130 余篇，网上媒体报道量 51.6 万篇。如 2017 年 9 月 17 日光明网发布《【喜迎十九大・文脉颂中华】“非遗周末聚”，串起散落的文化遗珠》《【喜迎十九大・文脉颂中华】侗族音画歌舞〈醉美肇兴〉惊艳“歪果仁”》，9 月 19 日新华网发布《【喜迎十九大・文脉颂中华】发扬工匠精神　感受惠和影雕精湛技艺》《【喜迎十九大・文脉颂中华】厦门非遗宝藏：闽南传统工艺蔡氏漆线雕》，9 月 21 日央视网发布《【喜迎十九大・文脉颂中华】古韵泉州・薪火相传》，9 月 29 日中国经济网发布《【喜迎十九大・文脉颂中华】“天下第一团”带你感受纯正雁北要孩儿古韵》等等。网易网、腾讯网等重点商业网站也纷纷设立专题转发相关文章，网民讨论量 189.5 万条，网络总点击量过亿。

（二）重大策划、重点栏目

1.“习总书记的新春足迹”系列主题作品

2017 年 1 月，央视网、中国军网等中央新闻网站推出“习总书记的新春足迹”系列主题作品，以习近平总书记 2017 年新年贺词为主线、以习近平总书记历次春节前夕访贫问苦为主题，用沙画、条漫、H5 等表达形式展现出来。

1 月 23 日，央视网推出新春视频《【习总书记的新春足迹】最是牵挂

暖人心》，视频描述从 2013 年起的四年来，习近平总书记走访全国最偏僻的地方、最困难的地方全力为群众排忧解难，不落下一个贫困家庭，不丢下一个贫困群众的新春足迹。1 月 24 日，推出《条漫 | 习近平年关都惦记着哪些事儿》，作品根据慰问场景“暖心”设计，画面清晰、元素丰富。1 月 25 日，中国军网推出《沙画 | 习近平年关都牵挂着哪些人》，主体再现了习近平总书记慰问困难群众的感人瞬间。该系列网评产品上线 3 天点击量已超过 5000 万次。

2. 贯彻落实习近平总书记“2・19”讲话一周年系列宣传活动

2017 年 2 月，中央网信办组织全网推出贯彻落实习近平总书记“2・19”讲话一周年系列宣传活动，在习近平总书记“2・19”重要讲话发表一周年之际，各大网站纷纷开设专题专栏，发布相关宣传文章。

新华网 2017 年 2 月 19 日发布《“平语”近人——总书记关于新闻舆论工作的这些论述，你还记得吗?》《激发团结奋斗圆梦中国的强大力量——写在习近平总书记“2・19”重要讲话发表一周年之际》《习近平“2・19”讲话发表一周年　唱响民族复兴的时代强音》等文章；人民网推出“习近平总书记‘2・19’重要讲话发表一周年”专题专栏，于 2 月 18 日发布《唱响民族复兴的时代强音》、2 月 19 日发布《人民日报：永远牢记肩负的使命》、2 月 20 日发布《坚守新闻理想牢记职责使命》等文章；2 月 19 日中国经济网发布文章《写在习近平总书记“2・19”重要讲话发表一周年之际》；央视网发布文章《新闻舆论战线贯彻落实习近平总书记“2・19”讲话一周年》；中国社会科学网开设“习近平总书记‘2・19’重要讲话发表一周年”专题专栏，专栏分为“一周年・行动指南”“一周年・媒体实践”“一周年・专家观点”等板块，转载了《锤炼丹心妙笔　共著时代华章》《总书记和新闻工作者在一起》等相关文章。腾讯网、搜狐网等重点商业网站也纷纷转发了习近平总书记“2・19”讲话一周年系列宣传文章。

3. “4・19”讲话一周年宣传报道

2017 年 4 月 19 日，中央网信办组织网站设立“4・19”讲话一周年宣传报道，着力宣传习近平总书记“4・19”重要讲话发表一周年。

新华网设置“网络强国之路”专题，专题下设“聚焦”“数据·视频”“图片”“网信事业成就”等板块，并发布《十八大以来，习近平网络“古今谈”》《让互联网更好造福人民——写在习近平总书记“4·19”重要讲话发表一周年之际》《新华社评论员：发展网信事业建设网络强国》等专题文章。人民网设置“网络强国之路”专题，专题下设“独家网评”“重温重要讲话”“实时解读”“强国访谈”等板块，并发布《习近平“4·19”讲话一周年特稿：吹响迈向网络强国的号角》《人民网评：“以人民为中心”，让网信事业造福人民》《习总书记“4·19”讲话开启网络安全战略规划全新时代》等专题文章。中国新闻网、正义网等中央新闻网站，以及长春新闻网、北方网、柳州新闻网等地方新闻网站也纷纷设置“网络强国之路”专题。环球网、中国网等中央新闻网站也纷纷发布相关专题文章，如《与世界同进步实现民族伟大复兴》《“4·19”讲话一周年，网络强国交出靓丽答卷》等。腾讯网、新浪网、凤凰网等商业网站也响应号召，分别设置相关专题专栏，并转发相关文章。

4.“治国理政进行时”专题专栏

2017年，中央网信办组织中央新闻网站开设“治国理政进行时”专题专栏。新华网开设“以习近平同志为核心的党中央治国理政进行时”专题专栏，发布《十八大以来，习近平大力推进共享发展》《习近平等参观“砥砺奋进的五年”大型成就展》《不忘奋斗初心 跨越新的征程——纪念中国共产党成立96周年》等相关专题文章。央视网开设的专栏发布相关文章949篇，文章《反腐路上：民心是最大的政治》《民生改善是全面小康的“原动力”》等诠释了新时代的治国理政新精神新风貌，文章《【治国理政新实践·江苏篇】“大联动”重塑社会治理生态系统》《【治国理政新实践·黑龙江篇】优化发展环境渐显“洼地效应”》等对全国各地的发展新面貌作了全面报道。人民网开设“治国理政进行时”公共议题库，发布《人民日报治理之道：充分发挥审计监督防风险作用》《人民日报治理之道：在“四个伟大”实践中提高政治能力》等相关文章171篇。光明网开设“以习近平同志为核心的党中央治国理政进行时”专题专栏，发布《〈习近平谈治国理政〉第二卷中英文版亮相基多国际书展》《把底线思维贯穿于各项工作中》等相关专题文章。环球网、中国经济网等中央新闻网站也纷纷设立“治国理政进行时”专题专栏。

5. 中国好网民喜迎十九大“五年发展·点滴印记”大型分享展示活动

2017 年 8 月 21 日，中国好网民“五年发展·点滴印记”大型分享展示活动正式启动，该活动由中央网信办会同教育、工青妇等系统组织开展，新浪微博、腾讯网、一下科技、哔哩哔哩弹幕视频网、AcFun 弹幕视频网、中国网络游戏公会联盟、映客直播、中国大学生在线、易班网等多家网站和平台参与了活动。

活动中，妇联、共青团、工会等系统推出“家庭幸福篇”“青春成长篇”和“工作成就篇”主题宣传周，活动进行一个月，共收到网民优秀投稿作品 2000 余条。工会系统推出的主题系列稿件“重大工程有我参与”“户外劳动”“笑脸”“美丽时刻”“创新工作室”“这五年，我当上了劳模”“感受关怀”等，回顾了全国亿万职工的五年精彩瞬间，获国内多家媒体关注转发。中国大学生在线制作“五年秀变化”H5 互动页面，发动各高校学生参与分享，吸引上万学子传播转发。易班网设置专题，号召学生展示五年来可喜变化，专题上线一个月，页面浏览量达 40 万人次，近千名师生参与互动留言。一直播发起活动主题直播 360 余场，总观看人数达 9300 万余人次。哔哩哔哩弹幕视频网上线专栏，以纪录片和征稿的形式展现国家综合实力发展所带来的底气和自信。新浪微博话题 # 五年发展点滴印记 # 晋升为超级话题，阅读量达 10 亿余次，8000 余人关注话题，6000 余人参与讨论。

6.“理上网来”十九大宣传解读专题

2017 年 8 月，中央网信办部署全网推出“理上网来”十九大宣传解读专题，系统解读十八大以来党和国家事业的历史性变革，宣传阐释习近平新时代中国特色社会主义思想。

各大网站组织逾百名海内外权威专家解读，设置“理上网来·喜迎十九大”“理上网来·辉煌十九大”等权威理论解读专题页面，页面内容包括“名家讲坛”“国际政要点赞十九大”“中国方案国际魅力”等专栏。该系列中，宣传习近平总书记“7·26”重要讲话精神的“理上网来·喜迎十九大”专题影响最大，全网发布各类作品数百篇，浏览量超过2亿。各专题专栏在中央、地方新闻网站和主要商业网站首页显著位置持续展示。

7.“领航中国”特别策划

2017年10月，中央网信办围绕迎接宣传贯彻党的十九大这一主线，在全网推出“领航中国”特别策划，各大网站总计推送重点作品35个，总阅读量超过20亿次。

2017年10月9日，党的十九大召开前夕，新华社发布文章《领航中国：党的十八大以来习近平总书记国内考察全纪实》（以下简称《领航中国》）；10月16日，新华网发布《书写伟大复兴的时代画卷——以习近平同志为核心的党中央领航中国纪实》（以下简称《书写伟大复兴的时代画卷》）一文，总结党的十八大以来中国取得的辉煌成就，书写对即将到来的新时代的展望。《领航中国》《书写伟大复兴的时代画卷》被人民网、央广网、中国网中央新闻网站纷纷转发。2017年10月18日，党的十九大开幕当天，新华网发布《综合消息：缔造发展奇迹领航中国奋进——国际社会高度评价中国共产党领导中国取得的巨大成就》一文，人民网发布《领航中国号巨轮破浪前行》一文，两篇文章被央视网、中国军网等中央新闻网站，天津网、扬州网、台海网等地方网站，以及搜狐网、网易网等商业网站积极转发。此外，新华网、人民网、央广网等中央新闻网站还推送了大量“领航中国”系列文章，10月23日人民网发布文章《人民网评：领航中国，朝着新目标奋进!》，10月28日央视新闻发布文章《领航中国：〈你我的新时代〉》等等。除了网站发布文章，特别策划中还包括新浪微博等社交平台的互动交流。#领航中国#新浪微话题阅读量达到19亿次，微视频《领航》全网播放量达到2.3亿次。

8.“十九大回声”重点栏目

2017年10月，全网以“十九大回声”为主题开展网评引导，集中推出漫评、网评文章、微视频等系列网评产品。

2017年10月19日至26日，央视网发布《“十九大回声|漫评”①：为新时代中国特色社会主义指方向绘蓝图》《“十九大回声|漫评”②：深

刻领会十九大报告续写发展新篇章》《“十九大回声 | 漫评”③：照亮全党砥砺前行的新灯塔》《“十九大回声 | 漫评”④：开启新时代的壮阔征程》等系列漫评文章。同时，人民网、央广网、国际在线、中国青年网、中国网、中国西藏网等中央新闻网站推出“十九大回声”之“专家谈”“老外谈”“网民说”系列栏目，发布《【十九大回声 | 专家谈】如何认识我国新时代社会的主要矛盾》《【十九大回声 | 老外谈】印度记者：强大、负责、有影响力成为中国三大关键词》《【十九大回声 | 网民说】中国共产党为什么能持续保持先进性》等系列文章。

9.“领航新征程”重点栏目

2017 年 10 月，中央网信办组织全网开设“领航新征程”重点栏目。10 月 21 日，新华网发布文章《新华网评：新思想领航新征程》引发全网关注、转载。此后，新华网各地频道、各大新闻网站纷纷响应，发布相关文章、设立相关专题栏目。如新华网重庆频道发布文章《【领航新征程】我来比划你来“听” 宣讲无声胜有声》《【领航新征程】军民融合重庆“试验田”开出创新之花》，安徽频道发布文章《【领航新征程】千名高校辅导员“双巡”报告会走进安徽》《【领航新征程】合肥全面推进农村“厕所革命”》，浙江频道发布文章《【领航新征程】十一月暖心月历 | 不忘初心，献身事业！他们为理想而奋斗》等。央广网开设“领航新征程”专题栏目，设置“习近平新时代中国特色社会主义思想”“新时代新气象新作为”等板块；中国经济网开设“领航新征程——学习贯彻党的十九大精神”专题栏目，设置“习近平新时代中国特色社会主义思想”“十九大代表回基层”等板块；中国日报网开设“领航新征程”专题栏目，设置“习近平新时代中国特色社会主义思想”“焦点新闻”“一日一课”等栏目。重点商业网站也积极开设专题栏目，如新浪网开设“领航新征程”专题栏目，网易网开设“领航新征程——学习贯彻党的十九大”专题栏目。

10.“梦想中国 · 我学十九大”多媒体系列评论产品的策划

2017 年党的十九大召开前后，中央网信办策划了“梦想中国 · 我学十九大”多媒体系列评论产品，各大网站创作了 20 期十九大代表采访实录，通过十九大代表讲述个人故事、解读会议精神，同时全方位集纳网民评论、专家解读。其中中国青年网 10 月 20 日的拍摄街采视频《@ 所有人：谈谈感想和期待》引发网民关注热潮，在腾讯视频平台的点击量超过 7.7 亿次。

11.“十九大·理论新视野”解读专题

2017 年 10 月，中央网信办组织求是网、人民论坛网、中国社会科学网等 11 家全国重点理论网站共同策划开设网上“十九大·理论新视野”宣传专题，对党的十九大精神进行网上宣传解读。专题于 2017 年 10 月 17 日正式上线。求是网的“十九大·理论新视野”专题专栏分为“名家解读”“经济思想”“指尖点读”“视说”“图解”等板块。专栏上线后，求是网陆续发布了《【十九大·理论新视野】树立新思想　开启新征程》《【十九大·理论新视野】坚持走中国特色强军之路》《【十九大·理论新视野】正确认识新时代的深刻内涵和重大意义》等文章。中国社会科学网“十九大·理论新视野”专题专栏分为“本网特稿”“视说习语”“学习原著”“传习原声”等板块。专栏上线后，中国社会科学网陆续发布了《【十九大·理论新视野】最突出的亮点是提出了新时代中国特色社会主义思想》《【十九大·理论新视野】新时代培育和践行社会主义核心价值观的重要遵循》《【十九大·理论新视野】拓展新时代的文艺科学研究的战略部署和根本指针》等文章。人民论坛网“十九大·理论新视野”专题专栏发布了《【十九大·理论新视野】马怀德：健全党和国家监督体系》《【十九大·理论新视野】郑琦：突出政治功能，加强党的基层组织建设》等，央广网发布文章《【十九大·理论新视野】周弘：如何实现人民向往的美好生活?》等，党建网发布文章《【十九大·理论新视野】严书翰：全面增强执政本领担负起新时代党的历史使命》《【十九大·理论新视野】颜晓峰：新时代如何推进理论武装》等文章。

截至 2017 年年底，全网“十九大·理论新视野”等专题专栏共刊发原创稿件 2.06 万件，其中 PC 端刊发原创解读文章 1487 篇，图解、漫评、H5、微视频等融媒体产品 1.91 万件，专题总点击量达 1.1 亿次，新浪微博话题阅读量达 3.1 亿次。

12.“十九大代表回基层”重点栏目

自 2017 年 10 月 25 日起，中央网信办组织各大网站开设“十九大代表回基层”重点栏目，报道十九大代表会后积极宣传十九大精神，把十九大精神落实到各自实际工作中的事例。

央视网 10 月 26 日发布《十九大代表回基层：宣讲会议精神共谋发展大计》，10 月 28 日发布《聚焦十九大·十九大代表回基层：开启新征程激发新作为》，11 月 2 日发布《十九大代表回基层：把党的最新声音尽快传达到每名官兵》等系列视频新闻。新华网 10 月 31 日发布《十九大代表回基层 | “时代楷模”王锐：永做党的好战士》，11 月 2 日发布《十九大代表回基层 | “村官”李晨：美丽千佛崖迎新希望》等系列文章。人民网 11 月 8 日发布《十九大代表回基层：把党中央声音送到百姓心坎上》，中青在线 11 月 6 日发布《【十九大代表回基层】党代表下飞机直奔大学教室：把总书记的话带给青年》，中国经济网 11 月 2 日发布《【十九大代表回基层】范振喜：农业农村现代化是干出来的》，经济日报网 11 月 3 日发布《【十九大代表回基层】颜柏青：把城市装扮得像花儿一样美》等系列文章。地方新闻网站齐鲁网 11 月 14 日发布《十九大代表回基层 | 杨守伟：当好十九大精神的宣传者、践行者、推进者》，龙虎网 11 月 5 日发布《【领航新征程】十九大代表回基层 | 王南石：创新让重复的工作不再乏味》，等等。

13.“十九大精神‘七进’”重要活动

2017 年 11 月起，中央网信办组织中央新闻网站开展“十九大精神‘七进’”重要活动。

各大网站推出的“十九大精神‘七进’”活动专题专栏全面推进党的十九大精神“进企业、进农村、进机关、进校园、进社区、进军营、进网络”。人民网推出“十九大精神‘七进’”专题栏目，发布新闻报道 86 篇，如 11 月 18 日发布《践行十九大精神“七进”活动起热潮》，11 月 21 日发布《认真学习宣传贯彻党的十九大精神校园宣讲放飞青春梦想》，11 月 22 日发布《十九大精神宣讲进民企》，11 月 16 日转发《解放军报》的《十九大代表张爱英：让党的声音传遍雪山哨卡》，11 月 17 日转发《海南日报》的《海南政法职业学院通过知识测试巩固学习成果让十九大精神入脑入心》，11 月 20 日转发《中国青年报》的《河南团组织掀起学习宣传贯彻党的十九大精神热潮》等。新华网也于 11 月 2 日发布《十九大精神“七进”的重要宣教材料》，并转发《贵州日报》的《道真“七进七强”学习贯彻党的十九大精神》《白云区：做好十九大精神“七进”工作》等文章。央视网也于 10 月 27 日发布《央视多部门深入学习贯彻党的十九大精神》，11 月 8 日发布《【郑州大民生】践行十九大精神“七进”活动启动》等新闻文章。

14.“学思践悟·十九大”系列解读产品

2017 年 10 月至 12 月，全网推出“学思践悟·十九大”系列解读，人民网、中国青年网、中国经济网等组织刊发了《四个方面读懂十九大报告中的“人民美好生活”》等系列网评文章。

图片解读方面，央视网推出《图解十九大报告 健康中国战略知多少》动漫图解，中国青年网推出《学思践悟十九大 | 互联网普惠共享》动漫图解，人民网、中国日报网、光明网均推出“从严治党”动漫图解，中国政府网推出《图解：国务院关于统筹推进县域内城乡义务教育一体化改革发展的若干意见》等。多媒体视频解读方面，中国青年网推出《新时代和你在一起》微视频，仅在中青网官方微博上阅读量就达 35.5 万人次。中央纪委监察部网站推出七讲《十九大党章公开课》系列视频。文章解读方面，求是网发布《【十九大精神百问】如何深化标本兼治，夺取反腐败斗争压倒性胜利?》《【十九大精神百问】如何满足人民日益增长的优美生态环境需要?》。党的十九大期间，《十九大知识问答》小程序首次上线，多家中央和国家机关、国有企业等同步推送。小程序选取党的十九大报告核心内容，由权威专家编制专门题库，选编提问要点和答题选项，以知识问答、积分挑战的游戏模式，调动网民参与；上线一周点击量达 150 万人次，网民参与答题的比例超过 95%。各地网信办还以“学思践悟十九大”为主题，策划了“新时代有话说”“学思践悟十九大·扶贫干部篇”“学思践悟十九大·第一书记篇”等评论作品并推动广泛传播，制作并发布《新思想引领新时代，筑梦征程有力量》《擘画网络强国新时代蓝图》《跟着总书记一起重温入党誓词》《遵循自然之道，建设美丽中国》等 H5 作品、

评论文章 700 余个。

15.“新时代 @ 所有人”议题活动

为引导广大群众和网民学习党的十九大报告，响应夺取新时代中国特色社会主义伟大胜利的号召，主动设置议题 # 新时代 @ 所有人 #，用网上流行的“@ 所有人”的网络符号与网言网语，向网民发出号召，一起见证、共同建设新时代中国特色社会主义。议题主要从网民赞、网民看、网民读、网民解、网民学、网民用六个方面紧紧围绕党的十九大，以宣传推广、学习贯彻、指导实践为重点，以网民视角表达和宣传广大群众的好声音。环球网、中国青年网、海外网等分别开设“新时代 @ 所有人”专题页面，集纳并持续推送系列评论文章，《新时代 @ 所有人》一文被广泛转载转发。广大网民积极响应，创作图片、段子、表情包、诗歌、动漫、音乐、视频等作品，以自己的身边事身边人讲述如何学习党的十九大报告，新浪微博话题 # 新时代 @ 所有人 #，阅读量持续攀升，网民参与热情高涨。

16.“网络名人进军营·舷边共话新时代”主题活动

2017 年 12 月 15 日至 17 日，中央网信办联合海军政治工作部在浙江舟山举办了“网络名人进军营·舷边共话新时代”主题活动，组织网络正能量人士与一线官兵座谈交流十九大精神学习心得体会，感受舰队官兵练兵备战的火热场景，宣传展示习近平强军思想指引下海军建设取得的辉煌成就，传播新时代水兵崭新风采和昂扬的精神风貌。近 40 名网上活跃的网络正能量人士与一线官兵对话，中国军网、军视网、中青网等网络媒体代表共同参与。活动过程中，网上发表转发报道、评论、图片、视频、微博等近 400 篇，《走进东海舰队：与深蓝梦想的一次相遇》刷屏网络；短短两天，新浪微博话题 # 舷边共话新时代 # 阅读量 1170 万余次，引发网民强烈反响。

17. 网络名人“学习践行十九大　助力决胜全面小康”系列国情考察活动

2017 年 12 月，为决战脱贫攻坚、决胜全面建成小康社会营造良好的舆论氛围，中央网信办组织推出了“学习践行十九大　助力决胜全面小康”系列国情考察活动。

12 月 18 日，“学习践行十九大　助力决胜全面小康”系列国情考察活动之“学习践行十九大　助力决胜全面小康——网络名人看贵州”活动在遵义市启动。该活动由中央网信办、贵州省委网信办主办，当代贵州期刊传媒集团（当代先锋网）承办。考察活动邀请了来自全国各地的十余位网络名人代表参加。在为期五天的活动中，网络名人深入播州区采访“大发渠”，到黔西县采访“脱贫攻坚讲习所”，到平坝县采访“塘约经验”，到盘县采访“人民小酒”，到平塘采访“FAST”，到贵阳采访大数据。考察采访完成后，活动代表通过网络名人的独特视角，将所见所感通过新媒体平台展示给广大网民。

（三）线上线下宣传活动

1.“习近平的两会时间”专题专栏

2017 年 3 月，新华网、人民网等中央新闻网站推出了“习近平的两会时间”专题专栏。新华网发布《金句纵览习近平 2013—2017 两会时间》《习近平的 10 个妙喻》《习近平来到我们中间》等专题文章，并发布独家图文记录《习近平的两会时间｜独家图文记录习近平代表的一天》及《高清相册｜习近平的两会时间》。人民网也同时发布专题文章《图解：习近平的两会时间》。央视网、中国经济网等网站纷纷转发了相关专题文章，使广大网友近距离了解到习近平总书记和来自全国各地的近 3000 名全国人大代表、34 个界别的 2000 多名全国政协委员共商国是的具体日程安排。

2.《习声回响》音频特色栏目

2017 年 3 月起，央广网推出《习声回响》音频特色栏目，将习近平总书记精彩讲话进行摘编，以多样化传播形式，展现习近平总书记历年两会的经典声音。如 2017 年 3 月 5 日央广网发布《【习声回响】习总书记两会时刻——城市管理应该像绣花一样精细》，3 月 11 日央广网发布《【习声回响】习近平：扶贫关键是要精准发力》，3 月 15 日央广网发布《【习声回响】春天里的最强音》，6 月 29 日央广网发布《习声回响 | 听总书记讲“党课”：坚持“老虎”“苍蝇”一起打》，7 月 30 日央广网发布《【习声回

响】习近平：我们的英雄军队有信心、有能力打败一切来犯之敌!》，9月4日央广网发布《【习声回响】习近平：深化金砖伙伴关系开辟更加光明未来》等。

人民网、央视网、未来网等中央新闻网站纷纷转发《习声回响》栏目稿件，新浪微博#习声回响#微话题阅读量达70余万次。

3.《56个民族儿女寄语十九大》系列微视频

2017年10月，以中央网信办、国家民委、人民日报社作为指导单位，人民网出品了“56个民族儿女寄语十九大”系列微视频，向党的十九大献礼。人民网组织17支摄制团队，历时31天，走遍全国20个省区，行程逾10万公里，采访56个民族的56位代表，录制时长达300小时。后期用15天制作成56集正片和1集宣传片。系列视频共6期，分别为“亲切的关怀记心上”“心里的话儿对党说”“我们都出彩祖国更精彩”“五十六个民族五十六枝花”“携手奔向小康路”“欢歌载舞颂党恩”。10月12日至18日，系列视频在人民网首播并在全网推送，总访问量超5亿次；在十九大新闻中心官方大屏，北京、上海474部机场电视，北京4000余台人民日报电子阅报栏等线下渠道投放。新浪微博#56个民族儿女寄语十九大#微话题阅读量达9600余万，其中热门精华视频点赞近万次，转载600余次。

系列视频通过讲述56位各民族代表的故事，表达了各民族儿女对以习近平同志为核心的党中央的拥护和爱戴之情，展示各民族和衷共济、和睦相处、和谐发展的良好局面。

4.《习近平的运动手环》《为习近平鼓掌》等融媒体产品

2017年10月15日，党的十九大召开前夕，央广网中国之声推出H5产品《习近平的运动手环》，通过“时间+空间”梳理十八大以来习近平总书记国内考察调研、国外出访的数据和细节。

《习近平的运动手环》通过中国之声微信公众号、中国之声官方微博及腾讯新闻客户端发布，以轻松、直观的方式将习近平总书记五年来改革攻坚和开创大国外交的“路线图”呈现给用户。产品从大数据方向概述十八大以来习近平总书记国内考察调研以及国外出访的数据，将习近平总书记原声、考察调研图片以及视频等内容，按照时下流行的运动手环的表现形式进行梳理和总结，对习近平历年出行数据进行分类，包括出行的里程数、去往的省市区及国家、地区等，以及历年出行过程中发生的温情故事、精彩细节。产品设计中交互性极强的点赞、速度分享等设计，满足了年轻受众的需求，易于网友接受和传播。产品上线 24 小时累计访问总量 124.4 万次，访问人数 94.7 万人，获取网友点赞 479.5 万次。

《习近平的运动手环》产品通过运动手环这一时尚概念，将严肃的时政报道进行形象化、亲近性表达，从时间和空间两个数据维度让网友比较全面直观地了解十八大以来习近平总书记的国内考察和国外出访，将枯燥的数据生动化，进一步挖掘数据背后之砥砺奋进的五年足迹，通过“运动里程”凸显十八大以来以习近平同志为核心的党中央带领中国开创改革发展、内政外交新局面的“里程碑”。

2017 年 10 月，党的十九大期间，腾讯新闻 H5 融媒体产品《为习近平鼓掌》，收获网民掌声超 13 亿次。

H5 融媒体产品《为习近平鼓掌》使用了新颖的互动形式，选取习近平总书记所作报告中的重要内容播放，播放结束后出现交互设计“我要鼓掌”，网友可以点击手机屏幕“鼓掌”，进行“鼓掌”小游戏。游戏结束后将统计出“鼓掌”次数，不但能比较数据得出该次“鼓掌”超越的网友比例，还能通过转发进行二次传播。H5 融媒体产品《为习近平鼓掌》既可以学习报告，又将游戏的创意植入其中，产品设计以简单交互获取了大量的转发。

5.“你好，新时代”网络直播

2017 年 11 月，中央网信办指导武汉斗鱼网络科技有限公司推出了“你好，新时代”系列网络直播活动。

活动通过 @ 斗鱼直播平台、@ 斗鱼正能量官方微博以及官方微信公众号进行预热，还制作系列主题曲、拍摄 MV、配合主题曲制作了交互 H5 页面等进行预热宣传，并在新浪微博设置 # 你好，新时代 # 微话题。“你好，新时代”的首站“直击新兵成人礼”直播活动于 2017 年 11 月完成，直播向广大网友细致展现了军营的风采和风貌，“喜欢部队”“想从军”的社会效应在直播后空前高涨。该直播仅在斗鱼直播平台就收获了超过1.24亿的观看量和4536.49万条弹幕。12月进行的“最美巾帼社工”“城管聊天室”“我是玩咖”系列直播，累计观看量上千万。直播活动从党建、民生、环保、文化、创新、扶贫六个方面全方位展示各行各业在十九大后的新时代新风貌，带动全国网友一起点赞新时代，向社会传递了正能量。

6.“走好新时代的长征路”中外青年学者交流活动

2017年11月21日至24日，由中央网信办指导，贵州省委网信办和中国日报网联合人民网、中国网、国际在线、央视网、中国青年网、中青在线、央广网、法制网、多彩贵州网、贵阳市委网信办、遵义市委网信办、黔南州委网信办，在贵州组织开展了“走好新时代的长征路”中外青年学者交流活动。

来自中央党校、中国社会科学院等单位的专家和英国、俄罗斯、印度等国家的青年学者，以及中央和地方重点新闻网站的编辑记者参观了遵义会议会址、花茂村、“中国天眼”、贵阳国家大数据综合试验区等。活动参与人员从过去五年贵州发生的巨变和网民广泛关注的热点入手，用文字、图片和视频展示出“醉美贵州”脱贫致富、美丽乡村建设的成果和经验。活动期间，举办方共组织开发文字、图片、音频等原创作品162篇，如人民网发布《【学思践悟·十九大】从花茂村“乡愁”看脱贫攻坚的中国样本》，中国日报网发布《“走好新时代的长征路”中外青年学者贵州行圆满落幕》，中国网发布《【学思践悟·十九大】乡村振兴战略与贵州花茂村的经验》等文章；新浪微话题#走好新时代的长征路#上线四天，点击量达711万次，讨论量7000余次，位列政务榜前五；“秒拍”视频如“打铁真的需要自身硬”“宇宙视角看太空穿梭”等累计播放535万次；“一直播”累计观看量达35.5万次，点赞50.3万次。

7.春节时政微视频

2017年1月春节期间，新华社、人民日报推出了《心中的牵挂》等三个时政视频。

1月7日，新华社推出微纪录片《心中的牵挂》，视频记录了习近平总书记在繁忙之中，依旧时时牵挂着困难群众，四年来，从革命老区到民族地区，从黄土高原到偏远边陲，走基层、访民情、听民声、暖民心的足迹。1 月 28 日，新华社推出微纪录片《小账本连着大情怀》，视频以贫困农户们手中的红色“小账本”为线索，以习近平总书记一系列访贫问苦的新闻照片为素材，讲述了习近平总书记为农户家庭算致富“小账”、为国家脱贫攻坚算决策“大账”的生动故事，展现了他心系人民的深厚情怀。1 月 29 日人民日报客户端推出时政微视频《最牵挂的人》，视频回溯 48 年前年轻的习近平来到陕西延川县插队的往事，而 40 多年后，贫困群众仍始终是习近平总书记最牵挂的人，扶贫始终是总书记花精力最多的工作。

8.“新春阖家欢　喜迎十九大”网络春晚

2017 年年初，中央网信办指导央视网围绕“新春阖家欢　喜迎十九大”主题推出 2017 年网络春晚，中央电视台三套（综艺频道）和央视网同时播出。

2017 年央视升级春节这一重点节庆期的节目编排，结合国家和百姓的重大事件，以“新起点、新征程”为总基调，突出“新春阖家欢　喜迎十九大”的宣传主题，以 CCTV 网络春晚为开端，打造了欢乐、祥和、年味儿十足的春节播出季。在这一跨度长达 20 天的播出季期间，由 CCTV 网络春晚开始，观众陆续观赏到了《欢乐中国人》《我要上春晚》和除夕春晚、元宵节晚会等重量级晚会节目。2017 年网络春晚以“网络共新年、幸福正直播”为理念，首次尝试了直播概念，打通晚会场内与场外的空间界限与时间界限，实现实时的同步互动；元宵晚会也实现首次直播。春节播出季既是一种内容上的加法，也是技术运用和创新上的加法。“网络春晚”继续了“手机大联欢 APP 送年货”活动，除了自有产品央视影音外，还联合了必胜客、途牛、饿了么、百度外卖等主流 APP 展开了送年货的大行动。此次网络春晚打造了小年夜“现象级”节目，相关话题阅读量超 1 亿次。

三、正面宣传与舆论引导

（一）围绕中央重要会议开展主题宣传

1.“2017 全国两会”专题专栏

2017 年 2 月至 3 月，为迎接全国两会的召开，中央网信办组织中央新闻网站和重点商业网站开设“2017 全国两会”专题专栏，对两会进行了全方位细致报道。

新华网、人民网、央视网、环球网、中国新闻网、中国经济网等纷纷设立“2017 全国两会”专题专栏，对两会现场新闻、图片进行直播式报道。新华网开设“撸起袖子加油干——新华网 2017 两会融媒体专题”专栏，专栏分为“两会日历”“现场新闻”“聚焦”“部长之声”“高清大图”等板块，发布了《透视政府工作报告起草背后》《从人民中汲取治国理政的智慧和力量——习近平总书记同十二届全国人大代表、全国政协委员共商国是全纪实》《总理答记者问（浓缩版）》等相关专题文章。人民网开设“2017 全国两会”专题专栏，专栏设计为日历效果，整理了从 3 月 1 日到 15 日每天两会现场新闻，发布了创意动画短剧《120 秒 AR 特效“剧透”2017 全国两会》、文章《全国政协十二届五次会议新闻发布会》《习近平看望参加政协会议的民进农工党九三学社委员》等等。央视网开设“凝心聚力谋发展　撸起袖子加油干”专题专栏，专栏分为“获得感”“新视角”“报告会”等板块，发布了《【V 观】十二届全国人大五次会议闭幕会习近平等党和国家领导人步入会场》《国务院总理李克强回答中外记者提问》《不一样的精彩——央视网这样报道两会》等相关专题文章。同时，腾讯网、网易网等重点商业网站也组织开设了“2017 全国两会”专题专栏。

2.“一带一路”系列主题作品

2017 年 5 月，“一带一路”国际合作高峰论坛召开前夕，中央网信办策划推出了“一带一路”系列主题作品。

各大网站根据习近平总书记关于“一带一路”倡议系列讲话主题，策划制作了系列微视频，如5月11日人民网推出微视频《世界舞台上的习近平》，5月13日新华网发布“一带一路”微视频《大道之行》，央视网发布微视频《领航“一带一路”》。系列视频播放量达2.15亿次。同时，央视网、光明网、中国网选取乌兹别克斯坦卡姆奇克隧道等项目，策划制作了系列微视频，如5月9日央视网推出微视频《“一带一路”上的奇迹——中亚第一隧》，5月10日光明网推出Rap动漫《“一带一路”上的中国名片——中欧班列》，5月13日中国网推出纸片视频《“一带一路”上的明珠——比雷埃夫斯港》，展示“一带一路”建设成果、解读合作理念。系列视频被新浪、腾讯等主要商业网站纷纷转载，点击量超过2000万次。中央网信办还组织各地开展“‘一带一路’地方篇”主题活动，安排与“一带一路”战略相关的20余个省区市组织专家创作、发布“‘一带一路’地方篇”系列网评文章252篇，微视频、H5、图集等作品50个，如《【“一带一路”辽宁篇】盘锦：在“一带一路”中“扬帆起航”》《【“一带一路”内蒙古篇】“一带一路”，内蒙古迎来新机遇》等。地方作品均统一添加【“一带一路”地方篇】标识。

3.“‘一带一路’国际合作高峰论坛特别报道”专题专栏

2017年5月14日至15日“一带一路”高峰论坛在北京举行，中央网信办组织网站开设了“‘一带一路’国际合作高峰论坛特别报道”专题专栏。

新华网开设“‘一带一路’国际合作高峰论坛”专题，发布《“一起飞向辽阔的蓝天”——习近平主席出席“一带一路”国际合作高峰论坛纪实》《习近平对推动“一带一路”建设提出五点意见》《“一带一路”国际合作高峰论坛圆桌峰会联合公报（全文）》等文章，更有“直播”“视频”“大图”等新媒体多形式栏目，并进一步开设了英语频道；人民网开设“习近平主席出席‘一带一路’国际合作高峰论坛”专题专栏，发布《习近平主席出席“一带一路”国际合作高峰论坛纪实》《习近平“一带一路”论坛讲话十大高频词》《习近平演讲为“一带一路”勾画新蓝图》等系列文章；央视网开设“共奏合作共赢新乐章”专题专栏，发布《“一带一路”：习近平绘就美丽丝路长卷》《在“一带一路”建设中优化对外投资》《中俄致力通道建设打造亚欧贸易“新丝路”》等系列专题文章。重点商业网站如腾讯网、网易网以及地方网站如东莞阳光网也纷纷转发相关文章。

（二）围绕中央重要活动精心设置议题

1.“庆祝香港回归 20 周年”专题专栏

2017 年 6 月至 7 月，为迎接香港回归祖国及中华人民共和国香港特别行政区成立 20 周年，中央网信办组织设立“庆祝香港回归 20 周年”专题专栏，为香港回归 20 周年营造网上良好的舆论环境。

新华网开设“庆祝香港回归祖国 20 周年”专题专栏，发布《习近平主席视察香港特别行政区纪实》《理解和贯彻“一国两制”方针，习近平说要“全面准确”》《港澳各界人士高度评价习近平主席七一讲话》等相关文章；人民网开设“庆祝香港回归祖国 20 周年”专题专栏，发布《庆祝香港回归祖国 20 周年大会暨香港特别行政区第五届政府就职典礼隆重举行 习近平出席并发表重要讲话（全文）》《特稿：习近平对香港的殷切瞩望》《香港舆论和各界热议习主席重要讲话》等相关文章报道；央视网开设“紫荆花开 20 年”专题专栏，发布《香港发展一直牵动着我的心——习近平香港行纪实》《条漫丨香港明天更美好——手绘长卷再现习近平的“香江瞬间”》《习近平深情寄语香港特别行政区“成年礼”》等宣传文章；紫荆网发布《回归 20 周年庆祝活动的四大重点》专题文章。重点商业网站纷纷转发专题文章，新浪网开设《直击：庆祝香港回归 20 周年文艺晚会》专题直播进行报道。数量众多的专题文章生动讲述了共和国的特区与祖国同舟共济 20 年的“香港故事”。

2.“庆祝建军 90 周年”专题专栏

2017 年 7 月至 8 月，中央网信办组织中央新闻网站对建军 90 周年及同时举行的“朱日和阅兵”进行了积极报道。

新华网开设专栏“庆祝中国人民解放军建军 90 周年”，于 2017 年 7 月 30 日发布《沙场点兵——庆祝中国人民解放军建军 90 周年阅兵全景纪实》，8 月 1 日发布《习近平：在庆祝中国人民解放军建军 90 周年大会上的讲话》，8 月 2 日发布《辛识平：倾听习近平的和平正义之声》等系列文章。央视网制作发布“庆祝中国人民解放军建军 90 周年大会”专题节目，摘录 21 个电视节目精彩片段供广大群众回看。人民网于 7 月 31 日发布文章《在庆祝中国人民解放军建军九十周年阅兵时的讲话》。商业网站也积极响应号召，开设专题专栏进行宣传，纷纷转发“庆祝建军 90 周年”的系列文章和视频。

2017 年 7 月 31 日，中国军网发布朱日和阅兵 MV《生来倔强》。在 MV 中，铿锵有力的旋律配合热血沸腾的画面、热血激荡的歌词，为中国人民解放军建军 90 周年大阅兵献上了最诚挚的赞美。新华网、人民网等中央新闻网站纷纷转载中国军网文章《朱日和阅兵 MV 震撼发布》；同时，搜狐网、腾讯网、凤凰网商业网站也积极转发朱日和阅兵 MV《生来倔强》。新浪微博官方认证号 @ 共青团中央、@ 新华视点、@ 新浪军事、@ 澎湃新闻、@ 头条新闻、@ 环球时报等也纷纷转发视频，引发了网络敬军的空前热潮。其中 @ 新浪军事转发的视频微博转发量达 4300 余次，评论量达 3400 余条，点赞数达 15300 余个；@ 共青团中央转发的视频微博转发量达 1300 余次，评论数达 1000 余条，点赞量达 3100 余个。网友们纷纷表示：“此生不悔入华夏!”“一种热血沸腾自豪感油然而生!”“来世还做中国人来世还当中国兵!”

2017 年 5 月 4 日，中国军网发布 2017 年征兵宣传片《中国力量》，为 8 月 1 日至 9 月 30 日的全国征兵做宣传。2017 年征兵宣传片《中国力量》中，拍摄了此前未与公众谋面的实战化训练和许多未曾公布过的大国利器。《中国力量》宣传片被新华网、人民网、央视网等中央新闻网站以及凤凰网、搜狐网、新浪网等商业网站大量转载。在新浪微博上，@ 人民日报、@ 环球时报、@ 环球网等官方微博账号转发宣传片，收到了网友的一致好评，为全国征兵起到了良好的宣传效果。

3. 内蒙古自治区成立 70 周年宣传报道

2017 年 8 月，为迎接内蒙古自治区成立 70 周年，中央网信办组织全国各大网站开设“内蒙古自治区成立 70 周年”专题专栏进行正面宣传。

新华网开设专题“守望相助 70 载　壮美亮丽内蒙古”专题，并于 8 月 6 日、8 月 8 日、8 月 12 日发布了《以习近平同志为核心的党中央关心内蒙古发展纪实》《内蒙古各族各界隆重庆祝自治区成立70周年》《感恩·鼓舞·再出发——中央代表团赴内蒙古庆祝和慰问活动引起热烈反响》等专题文章。人民网开设专题“内蒙古辉煌70年”，并于8月8日、8月13日发布《内蒙古自治区成立70周年庆祝大会在呼和浩特举行》《奔腾吧，蒙古马!》《团结奋进共圆梦想——中央代表团赴内蒙古庆祝和慰问活动引起热烈反响》等专题文章。央视网设置“赞歌——庆祝内蒙古自治区成立70周年文艺晚会”节目专栏，并于8月8日发布《中央电视台积极预热宣传内蒙古自治区成立70周年》《内蒙古自治区成立70周年庆祝大会今天下午4点举行》等文章。

央广网、环球网等中央新闻网站以及内蒙古新闻网等地方新闻网站也纷纷设立专题进行宣传报道，齐心展现了一个繁荣昌盛、生机勃勃的全方位、立体化、现代化的今日内蒙古。

（三）围绕中央重大决策部署做好宣传报道和舆论引导

1. 振兴东北网上宣传报道

2017年，振兴东北网累计发布新闻文章170余篇，包括转载自《辽宁日报》的《辽宁三大“蓝色产业”助力海洋经济扬帆远航》《沈阳打造无人机产业基地九大项目集中签约》、转自《黑龙江日报》的《黑龙江省企业实现融资129.8亿元》、转自新华社的《吉林全力打造“长白山人参”品牌新形象》等文章。策划“一图读懂 | 幸福沈阳共同缔造专项资金怎么用?”“透视‘大连之变’”“【图解】辽宁持续抓好‘创新发展六项行动’”等专题20余个。另外，新华网、人民网、中国青年网等中央新闻网站也积极发布或转发振兴东北的相关文章，如中国青年网2017年1月9日发布《中青网：振兴东北已经在路上》，新华社11月27日发布《2017东北振兴论坛抚顺专题论坛举行》、10月11日发布《东北振兴的脊梁——透视东北“新铁人”精神》，人民网12月15日转发《恒力股份重组顺利过会　振兴东北崛起石化增长极》等。

2. 雾霾治理网上宣传报道

针对2017年热点话题“雾霾治理”，各大网站在全网开展了多次积极报道。新华网3月5日发布文章《李克强：全社会不懈努力　蓝天必定会一年比一年多起来》，4月12日发布文章《“京津冀环境综合治理重大工程”将启动　治理雾霾是重要内容》；1月13日转载文章《治理雾霾要打一场全民持久战》，2月14日转载文章《治理雾霾应主动作为》，4月25日转载文章《治理雾霾力抓四大攻坚》等等。人民网3月14日发布《治雾霾“人努力”是根本》，4月1日发布《人民日报生态论苑：雾霾中还藏着多少秘密》，9月29日发布《中国雾霾治理取得初步成效　仍面临六大挑战》等相关专题文章。另有中国网发布文章《外媒：中国治理雾霾的努力不会停　直到天空再次变蓝》，中国青年网发布文章《【治霾京津冀在行动】向雾霾亮剑　北京2017年将出十个“重拳”治理大气污染》，光明网发布文章《雾霾治理没有局外人》，经济参考网发布文章《科学治理雾霾需处理好多重关系》等等。各大网站发布文章，破除雾霾相关谣言，传达政府治理雾霾决心，报道最新雾霾治理效果，为打赢雾霾治理保卫战创造了积极的网上舆论环境。

3. 脱贫攻坚网上宣传报道

2017年全年，中央新闻网站对脱贫攻坚进行了积极正面的宣传报道。新华网3月9日发布《新华社评论员：坚定不移打赢脱贫攻坚战》，8月29日发布《新华网评：以创新思维汇聚脱贫攻坚合力》，10月21日发布《坚决打赢脱贫攻坚战》《决战贫困，时不我待——十九大代表聚焦脱贫攻坚战》等等。人民网2月27日发布《人民日报评论员：精准发力打好脱贫攻坚战》，10月17日发布《脱贫攻坚砥砺奋进的五年》，11月3日发布《习近平：坚决打赢脱贫攻坚战》《打赢脱贫攻坚战关键在基层》等等。央视网2月28日发布《习近平“精准扶贫”擎起脱贫攻坚指路明灯》，6月24日发布《习近平在深度贫困地区脱贫攻坚座谈会上强调：强化支撑体系加大政策倾斜聚焦精准发力攻克坚中之坚》，10月10日发布《国务院扶贫办：加大力度推动深度贫困地区脱贫攻坚》等等。其他中央新闻网站也积极进行脱贫攻坚宣传报道，如环球网发布《习近平概括脱贫攻坚五大经验》，光明网发布《坚决打赢脱贫攻坚战》，中国青年网发布《脱贫攻坚中的“一改革八到户”工作法》等。

4.“中国扶贫映像”重点栏目

中国网策划推出“中国扶贫映像”重点栏目，举办“镜头中的脱贫故事”网上拍客大赛，推送“外国人眼中的中国扶贫”系列作品，记录中国各地的扶贫行动。共创作发表图文报道、评论文章、人物访谈、微视频、图解、微评论作品754件，其中英文作品85件。

中国网·中国扶贫在线开设专栏，设立“影记扶贫”“相证扶贫”“图解扶贫”“文论扶贫”等板块，发布了《习近平精准扶贫思想指引中国打赢脱贫攻坚战》《“农村”首现国务院机构名称　乡村振兴必将强化》《打好精准脱贫攻坚战必须完成三大重点任务》等专题文章。中国网·中国扶贫在线还开设了“外国人眼中的中国扶贫”专题专栏，发布了《联合国秘书长：中国减贫经验为发展中国家提供有益借鉴》《多位联合国官员：中国的扶贫成就令世界瞩目》《发展中国家官员和专家：中国式扶贫启迪世界》等专题文章。“镜头中的脱贫故事”拍客大赛由中国互联网新闻中心旗下中国网·中国扶贫在线、中国发展门户网承办，经过作品征集、专家评选、网友投票、评委终审、获奖作品公示等环节，于2017年10月23日选出14组图片获奖作品、13个微视频获奖作品、9家组织奖获得单位。

5. 网上大力宣传推介《将改革进行到底》专题片

2017年7月，中宣部、中央全面深化改革领导小组办公室组织指导中央电视台制作了十集政论专题片《将改革进行到底》。新华网、央视网、共产党员网等中央新闻网站纷纷推出专题专栏进行报道宣传。新华网推出“十集大型政论专题片《将改革进行到底》”，并整理概括了专题片每集的主要内容。央视网推出“纪录片《将改革进行到底》”节目专栏，并介绍分集剧情。共产党员网推出“大型政论专题片《将改革进行到底》”专题，中国政府网推出“十集大型政论专题片《将改革进行到底》”专题专栏，等等。搜狐网、网易网、腾讯网、凤凰网等也纷纷转发宣传文章和专题片视频，视频网站爱奇艺、哔哩哔哩弹幕视频网等也转发推出了《将改革进行到底》视频专辑。

6.“年代记忆”“改革·印记”专题专栏

2017年9月，中青在线推出“年代记忆”“改革·印记”专题专栏，专栏下发布了《【年代记忆】一位“恢复高考”见证者的回忆》《【年代记忆】跨越半个北京城的那条路》《【年代记忆】月饼编年史》《【年代记忆】世界那么大，不过是“你”和“我”》。2017 年 9 月底到 12 月底，全网以“改革·印记”为主题推出系列网评产品，人民网、新华网、央视网以及地方重点新闻网站陆续推出了《【改革·印记】改革印记在庙堂，也在江湖》《【改革·印记——看中国发展】从八分钱邮票、摇把电话到视频聊天，时代发展让距离不再遥远》《【改革·印记——看中国发展】长江南北变通途，回家的路不再遥远》等系列网评文章。中央新闻网站以及搜狐网、网易网、新浪网等商业网站纷纷转载了相关文章。新浪微博微话题 #改革·印记 # 阅读量达 280 余万，讨论量 4800 余条，凝聚了全面深化改革的共识。

7.“时代楷模”典型人物网上宣传

“时代楷模”是由中宣部集中组织宣传的全国重大先进典型。2017 年中宣部发布“时代楷模”廖俊波、王锐、南仁东、曲建武等的先进事迹，中央网信办组织全网对“时代楷模”进行了大力宣传。

央视网设立“时代楷模发布厅”，2017 年 6 月 20 日中宣部发布廖俊波的先进事迹当天即推出了视频新闻；8 月 16 日中宣部发布王锐的先进事迹当天也推出了视频新闻，等等；中国文明网设立“时代楷模”专题专栏，专栏分为“简介”“在线访谈”“时代楷模人物故事”等板块，发布了《中国航天员身上的重与轻　为祖国出征是种幸福》《曲建武：助大学生扣好人生的扣子　学生是生命的延续》《南仁东先进事迹报告会发言摘登　只想踏踏实实做点事》等专题文章；共产党员网设立“时代楷模表彰频道”专题专栏，发布了《中宣部授予陆军某部“大功三连”“时代楷模”荣誉称号》《中宣部授予徐立平“时代楷模”荣誉称号》《中宣部授予“当代愚公”黄大发“时代楷模”荣誉称号》等专题文章；新华网、人民网等中央新闻网站发布了《黄大年：生命，为祖国澎湃!》《中宣部追授南仁东“时代楷模”荣誉称号》等系列文章；河北省等地方网站设立“时代楷模网”作为先进典型宣传的网络窗口等。各网站推出的“时代楷模”专题专栏在网络空间中营造了尊重时代楷模、学习时代楷模的良好氛围。

8.“家国网事”重点栏目

2017 年 9 月至 10 月，中央网信办策划推出“家国网事”专题栏目，引发全网转发关注。2017 年 10 月 2 日至 4 日，中国网、中国青年网推出“家国网事”系列微视频，中国网发布 4 分钟时长秒拍视频《家国网事：小康路上不让一个人掉队》，观看量达 50 余万；中国青年网发布 3 分钟时长秒拍视频《家国网事：和你在一起》，观看量达 400 余万。9 月 30 日，中国经济网由国家统计局提供支持，发布 3 分钟时长视频《【家国网事】数说这五年》，从具体数据解读五年来中国经济的巨大变化和发展。“家国网事”系列文章、视频对五年来经济社会发展成就进行了全方位总结，被新华网、人民网、中国青年网等中央新闻网站，搜狐网、网易网、腾讯网等商业网站大量转发。2017 年 10 月 1 日，贵阳网发布视频《【家国网事】互联网改变生活惠及百姓：数据的故事》，视频时长 5 分钟，从“云上扶贫”“云上工地”“云上执法”“云上诚信”等方面生动讲述了大数据如何影响改变了人们的生活；随后 10 月 3 日发布《【家国网事】和国旗约会为中国点赞有你有我!》；10 月 5 日发布《【家国网事】凌晓明：书写一抹最亮丽的“中国风景”》等一系列文章。

9.“改革在身边”手机摄影大赛

2017 年 8 月 28 日至 9 月 24 日，由中央网信办指导、中国新闻社图片网络中心（中国新闻图片网）主办的“改革在身边”手机摄影大赛如期开展。

在为期 4 周的作品征集中，来自 20 多个省市的摄影爱好者踊跃参赛，参与人数超过 13 万人次，累计点击量 380 余万次。大赛以手机终端 H5 为平台，设置周奖、人气奖和终评奖，进行 4 期征稿和评选。期间，每周对征集的图片进行评选、公示和奖励，评选优秀作品 10 名。大赛征稿结束后将评选一、二、三等奖和优秀奖。同时，根据大众投票结果并综合评委意见，票数排名前 40 名获得人气奖。2017 年 11 月 24 日，“改革在身边”手机摄影大赛在国家图书馆举行颁奖仪式。参赛者用图片形象生动地展示了我国在多个方面取得的巨大成就。

10. 网络媒体“走转改”系列活动

2017 年，为贯彻落实中宣部等五部委《关于在新闻战线广泛深入开展“走基层、转作风、改文风”活动的意见》，中央网信办组织了一系列活动，推动网络媒体“走转改”。

2017 年 1 月 9 日至 2 月下旬，中央网信办组织开展新春走基层“温暖中国”主题采访活动，网络媒体采编人员围绕党的十八大以来以习近平同志为核心的党中央治国理政新理念新思想新战略主题宣传，深入基层一线，弘扬社会主义核心价值观。活动开设专题专栏 1400 多个，原创作品 8600 篇，全网发布各类新闻信息 6.9 万条（篇）。

2017 年 5 月 3 日至 9 日，中央网信办和北京市网络媒体协会组织光明网、中国新闻网等中央新闻网站和新浪网等重点商业网站，赴北京平谷、河南“南水北调”工程、江西江铜集团进行采访报道，实地考察基层情况，反映基层发展成就，为促进当地经济社会更好更快发展提供支持和服务。

2017 年 7 月 17 日至 8 月初，中央网信办会同中央军委政治工作部，组织开展“同心共筑强军梦”网络媒体国防行活动。组织网络媒体采编人员深入陆军、海军和武警部队 19 个基层单位及边海防一线部队实地体验、宣传党的十八大以来全军和武警部队学习习近平强军思想的实践成果。活动原创稿件 1065 篇，全网发布信息 23.6 万条（篇）。

（四）培育积极健康向上向善的网络文化

1. 讲好中国故事系列宣传项目

（1）“梦想进行时”系列宣传项目。2017 年推出了“梦想进行时”系列宣传项目。媒体网站制作推出动漫《数说这五年》、轻 VR《最美乡村》、H5《最美内蒙古》和微视频《“飞龙”复兴号》《“穿山甲”盾构机》《“中国芯”船用曲轴》共 6 期多媒体形式网评作品，组织中央新闻网站评论员参与“‘一带一路’港口行”“走进新国企 · 改革新动能”“最美高铁”等多项线下活动。

（2）“中国梦”践行者故事网络传播工程。2017 年全年，中央网信办组织中央新闻网站开展了“中国梦”践行者故事网络传播工程。央视网开设“中国梦实践者”专题专栏，发布《【守望相助 70 载】雷丙旺：以“痴狂”铸就万吨级装备制造的中国奇迹》《朱林荣：用“三个罩子”的精神开创国产移动式钢轨闪光焊机先河》等文章 120 余篇；中国青年网开设“中国梦践行者：青春励志故事”专题专栏，中国新闻网发布文章《中国梦践行者一线故事：超级建设者》等。中央新闻网站纷纷发表相关文章，全网发稿点击量超过 16 亿次。

(3)“中国人的故事”品牌项目。2017 年，中青网推出“中国人的故事”品牌项目，含“逐梦人”“最美”“中国度”等子系列作品，讲述党的十八大以来各行各业群众逐梦圆梦的故事，记录感人细节和瞬间。该项目推出 H5、图文、动漫、沙画、微视频等多种形式作品 80 余期，新浪微博 # 中国人的故事 # 微话题阅读量超过 3 亿，讨论量达 6.9 万条。

(4)“实干兴邦——奋进的中国精神”重点宣传项目。2017 年 3 月至 12 月，中央网信办策划推出了“实干兴邦——奋进的中国精神”重点宣传项目。根据习近平总书记关于“空谈误国实干兴邦”系列重要讲话，“实干兴邦——奋进的中国精神”重点宣传项目选取“铁人精神”“红旗渠精神”“延安精神”“青藏铁路精神”和“特区精神”等，先后制作《微电影：想一拳砸出一口井网红时代他又火了》《微电影：00 后看了也要流泪的好书记》《微电影：点火升空那一刻升腾的是满满自豪》等 8 期网络产品。

2.“五个一百”网络正能量精品评选活动

2017 年年初，由中央网信办指导，中国互联网发展基金会主办，人民网、央视网、中国新闻网、中国青年网、环球网五家中央重点新闻网站承办的第二届“五个一百”网络正能量精品评选活动正式启动。本次活动主题是“网聚正能量，共绘同心圆”，旨在评选和集中展示 2016—2017 年重大政策、重大主题、重大活动、重大事件、热点问题和突发事件中发挥网上正面引导作用的优秀人物和作品，倡导广大网民自觉传播和弘扬正能量。活动具体包括“百名网络正能量榜样”“百篇网络正能量文字作品”“百幅网络正能量图片”“百部网络正能量动漫音视频作品”“百项网络正能量专题活动”五个评选项目。活动共收到有效推荐和自荐榜样

1300余个、作品7300余件。经过网上征集、初评、网络展示投票和终评，最终评选出五个项目100个榜样或作品，评选结果于2017年9月30日正式揭晓，人民网、央视网、中国青年网、中国新闻网、环球网同步公布。活动期间，各承办网站重点推送网评文章及深度报道100余篇，新浪微博相关话题阅读量超7.4亿。

2017年9月23日，由中央网信办、中央电视台和中国互联网发展基金会联合主办，人民网、央视网、中国青年网、中国新闻网、环球网五家中央新闻网站协办的《点赞中国——2016—2017“五个一百”网络正能量精品展播特别节目》在中央电视台播出。节目聚焦习近平总书记系列重要讲话精神，紧扣红军长征胜利80周年、中国共产党成立95周年、G20杭州峰会、里约奥运女排夺冠等重大主题主线内容，集中展示2016—2017年涌现出来的优秀榜样及精品佳作。特别节目相关报道及评论解读文章1万余篇，央视网多终端覆盖人数超1.1亿，新浪微博#点赞中国#、#五个一百正能量#等话题阅读量累计达15亿。

3.“走进新时代·文化新传承”主题传播活动

2017年12月，光明网文艺评论频道特别推出“走进新时代　文化新传承”主题传播活动，对党的十九大报告中提出的“坚定文化自信，推动社会主义文化繁荣兴盛”进行了全方位剖析解读。

2017年12月18日起，光明网相继发布《【走进新时代　文化新传承】增强文化自信，文艺大有可为》《【走进新时代　文化新传承】新时代文艺创作要坚守“人民性”》《【走进新时代　文化新传承】激发文化创新创造活力推动新时代文化繁荣》《【走进新时代　文化新传承】讲好中国故事需要更多元的中国面孔》《【走进新时代　文化新传承】优秀传统文化是文化复兴的不竭源泉》等系列文章。央广网、中国西藏网、中国广播网等中央新闻网站，北方网、东莞阳光网、福建新闻网等地方新闻网站，以及搜狐网、凤凰网、网易网等商业网站均纷纷转发光明网发布的系列文章。“走进新时代·文化新传承”系列文章从“坚定文化自信”“继承与弘扬中华优秀传统文化”“培育和践行社会主义核心价值观”“繁荣发展社会主义文艺”“重视传播手段，讲好中国故事”“推动文艺创新”“加强文艺队伍建设”等不同角度，对党的十九大报告进行相关解读。

4. 传统节日系列直播活动

2017 年，中央网信办组织多家直播平台在传统节日期间举办直播活动，在全网营造了良好的节日氛围。

2017 年春节期间，中央网信办组织 14 家直播平台，举办了“回家·过年”系列直播活动。活动分为“回家·旅途”“除夕·团圆”“新春·拜年”“民俗·传承”四个主题，通过直播呈现出百姓春节期间最真实的幸福状态，连接各地不同节日景象，构建文化认同，为节日增添“年味儿”。活动期间，直播平台“映客”的数名主播邀请大家赏除夕烟花、品江浙年夜饭，通过年夜饭的变迁体现人们生活的变化；直播平台“斗鱼”邀请不同地区的百位主播，晒百家年夜饭，展现不同地方的饮食文化差异与不同的民间传统习俗；直播平台“一直播”策划“星拜年”主题，直播平台“YY”广电组织主持人齐拜年；直播平台“爱 KK& 棒”直播策划“三声三事十里桃花”直播项目，等等。活动将“回家·过年”这一具有仪式感的内容，通过直播的形式展现在人们眼前，将春节文化更多样化、立体化地呈现在公众面前，深化了民族文化认同感，将传承和发扬传统文化的价值观和使命感传递给社会。

2017 年 5 月 30 日，为了鼓励青年网民用直播的形式发掘和体验古典美，歌颂美好生活，中央网信办指导中国青年报·中青在线联合映客、花椒、一直播等直播平台，在端午节期间开展“端午·中国风”系列直播活动，来自全国各地的近 2 万名主播参与。本次网络直播活动持续 12 小时，为广大网友呈现端午节传统文化中的多个主题，其中，“逍遥游”为登高主题，“霓裳曲”为汉服主题，“风雅颂”为古诗主题等。各平台直播共计 25596 场次，参与网民数达 2.6 亿人次，点赞量 5054 万次，打赏额超 250 万元。

5.“清明祭英烈　共铸中华魂”主题宣传教育活动

2017 年 4 月，“清明祭英烈　共铸中华魂”主题宣传教育活动在全国线上线下广泛展开。活动由共青团中央、中央网信办联合主办，共青团中央网络影视中心、中国青年网承办。

2017年4月2日，共青团中央书记处全体同志连续第三年参与网上祭奠活动，并在各自的朋友圈和“青年之友”微信群中与青年互动，倡导传承英烈精神。4月4日，团中央宣传部与中央军委政治工作部组织局联合在全网推出《岁月静好　如你所愿》视频，视频讲述了2016年以来牺牲的中国人民解放军烈士的感人事迹。中国青年网开设“清明祭英烈　共铸中华魂——第十六届青少年爱国主义网络宣传教育”专题专栏对活动进行全方位宣传报道，专题专栏分为“捍卫民族魂”“永远的丰碑”“献花留言”“各地活动”等板块。截至4月5日18时，活动主页吸引了1.31亿人次访问浏览，243万人献花祭奠并写下留言寄语。活动手机页面阅读量超过930万人次，超过600万人参与在线传递。在微博平台，“清明祭英烈”“今日中国如你所愿”成为热门话题，相关微博阅读量累计超过3.1亿次，180万名网友通过评论表达了对烈士的敬仰和爱国之情。“清明祭英烈　共铸中华魂”主题宣传教育活动缅怀先烈、铭记历史，传承了民族精神，激发了奋斗的主旋律。

6.“网络中国节”系列网络文化活动

为进一步贯彻落实习近平总书记关于“继承和发扬中华民族优秀传统文化”的重要指示精神，充分发挥网络文化凝聚力量、滋养人心的积极作用，中央网信办部署开展“网络中国节”系列网络文化活动，有效推动中华优秀传统文化的网上传播。

2017年1月，中央网信办下发通知，指导各地各网站在春节、元宵、清明、端午等传统节日期间开设节日主题专题专栏，集纳展示相关新闻报道和图文稿件，营造积极热烈的节日氛围；围绕传统节日主题，深入挖掘中华优秀传统文化蕴含的思想观念、人文精神、道德规范，创作推出H5、动漫、视频等形式多样、内容丰富的网络文化作品；积极统筹网上网下资源，在PC端、微博、微信、客户端等平台多角度发力，吸引网民指尖转发，全方位展示中华优秀传统文化魅力；策划开展互动游戏、节日作品征集等系列网络文化活动，吸引网民在互动参与中传承中华优秀传统文化。#网络中国节#等相关话题阅读量达6890万次。

7.《百姓说新年》微电影

该系列微电影重点围绕亲情、团圆、梦想，讲述不同行业、不同地区人们回家过年，为团圆奔忙，为梦想起航的故事，展现中国人强烈的家国情怀，诠释家国理念。春节前后，各大网站积极推送该系列影片，高铁动车组也循环播放，覆盖高铁乘客2亿多人次。

8. 首届全国“两微一端”百佳评选活动

2017年全国“两微一端”百佳评选活动首次拉开序幕。“两微一端”是指微博、微信及新闻客户端，全国“两微一端”百佳评选范围覆盖国内所有传统媒体和新媒体。

本届评选由中央网信办、教育部、工信部、文化部、国家新闻出版广电总局指导，由中国互联网发展基金会主办，人民网舆情监测室承办，旨在鼓励移动互联网“发出好声音，提升正能量”，激发新媒体创新、创造的能力，推动移动互联网更好地服务社会、服务大众。评选通过客观数据筛选、网民投票、专家评选、指导评审四个阶段完成。各阶段评选相互独立，从不同角度对所选账号和APP进行多角度全方位的考察，四个阶段的评分按照相应权重记录得分，产生百佳获奖名单。中央网信办召开的政务新媒体建设发展经验交流会指出，中国政务微博账号达24万，政务微信账号已逾10万，政务客户端发展迅猛，“两微一端”成为政务新媒体发展新模式。“两微一端”账号以弘扬主旋律，传递正能量的内容定位，致力于打造网络正能量的“风向标”，网络评论品牌阵地，旨在树立“旗帜鲜明、风清气正”的导向，倡导广大网民自觉传播和弘扬正能量。2017年度“两微一端”百佳评选榜单于2018年2月揭晓。

9. 汉藏双语应用程序开发大赛

2017年1月，中国互联网发展基金会与西藏大学联合主办，小米应用商店承办了汉藏双语应用程序开发大赛。大赛旨在提升国产汉藏双语系统手机竞争力，丰富藏族群众精神文化生活，为藏区群众提供生产生活服务便利。

活动收到参赛应用近两百款，内容涉及电商、生活服务、系统工具、输入法、翻译等多个类别。2017年7月31日，汉藏双语应用程序开发大赛颁奖仪式在京举行。经专家评审组从定位、内容、功能、原创性和可持续性等方面进行多轮综合评审，大赛共评选出一等奖两项，二等奖八项，优秀奖七项，推出了一批符合藏族群众生活习惯、解决生产生活实际问题的优秀汉藏双语应用程序。“哎玛虎翻译”“美隆”两款应用程序获得此次大赛一等奖：“哎玛虎翻译”是在线翻译系统，依托海量的藏文信息数据资源和领先的自然语言处理技术优势，帮助用户跨越语言障碍，促进藏汉双语之间的信息传递；“美隆”是一款采用云计算的方式，集实体商店、外卖、小区信息广告于一体的电子商务平台，同时也是一款藏汉双语版电子商务平台。不懂汉语的藏族群众可以通过这款APP及时找到离自己最近的特色产品、农畜产品、电子产品、超市、宾馆酒店、饭店等销售、购买及预订渠道。

10.“中国网事·感动2016”年度网络人物评选

2017年1月21日，中国互联网发展基金会与新华网、新华社“中国网事”栏目联合承办的“中国网事·感动2016”颁奖典礼在中国传媒大学举行。

经过媒体、专家评审、网友投票，从来自山西、广东、重庆、湖南、新疆、福建、贵州、四川、海南等地的候选人中，选出十位感动2016网络代表人物，他们是：“80后”村医贺星龙、“公益达人”刘天明、“好姐姐”刘美、“胶鞋书记”庞启渊、“倔牛”蒋传春、“守边老人”魏德友、“熊猫爸爸”陈玉村、“最美睡姿”李金龙、跨越世纪的“碑林长征”张崇鱼、南海岛礁上的“筑梦人”王春。“中国网事·感动人物”评选活动自2010年起已连续举办七届，是国内首个以基层人物为报道和评选对象、由网友通过互联网新媒体评选并传播的品牌公益活动。本届颁奖典礼由中国社会福利基金会新华善举基金、壹基金和“爱的分贝”公益支持，乐视视频独家直播。

11.“网络大讲堂”原创系列公开课

2017年1月4日，由中央网信办指导、央视网中国公开课频道策划制作的“网络大讲堂”系列原创公开课正式上线发布。该节目主要面向以青少年为主的互联网活跃用户群体，聚焦网络安全、网络法制、网络道德、网络文化和网络创新五大方面，通过政府主导、媒体推行、名人感召等方式，以点及面，点面结合，倡导网络文明，规范网络行为，培育网络素养。“网络大讲堂”借助央视网一云多屏跨平台、多终端传播优势，充分发挥了国家级新媒体传播平台的影响力和公信力，深度融合台网资源，将精彩内容进行多终端、立体化传播。

2017 年，“网络大讲堂”共制作发布了五部系列讲座，1 月 16 日发布《拒绝盲从：走出网络“羊群效应”的怪圈》，2 月 27 日发布《识破互联网金融中的陷阱》，6 月 12 日发布《网络安全离我们有多远》，7 月 5 日发布《我们到底需要什么样的“网红”》，11 月 23 日发布《你有一笔“财产”需要精心打理》。节目充分利用微博、微信等 SNS 类社交平台，抛出互动话题，收集网友关注问题，并与现场观众积极互动，引导网民养崇德向善的网络行为习惯，筑牢文明守法的网络行为底线。

12.“档案君”系列文章

2017 年，中央档案馆指导中国青年网创作“档案君”系列文章23 篇。

用档案史实说话，讲述党史国史军史故事，反映英雄模范光辉事迹。中国青年网2017 年5 月5 日发布文章《今日风云际会　他年关山纵横——【档案君】中国青年“敢死队”在这天诞生》，7 月 1 日发布文章《档案君 | 大风起兮旗飞扬　69 岁始定妆》，8 月 1 日发布文章《档案君 | 共产党领导的人民军队，就是不一样!》，8 月 4 日发布文章《档案君 | “军装照”刷屏的背后：人民军队名称在改　初心不变》，9 月 10 日发布文章《档案君 | 教师节的来历》，10 月 25 日发布《档案君 | 历史上的今天：一场重大的外交胜利》，12 月 11 日发布文章《档案君 | 现存最早中译本〈共产党宣言〉背后的故事》，等等。人民网、中国网、中青在线、法制网等中央新闻网站，以及搜狐网、网易网等重点商业网站纷纷转发了“档案君”系列文章，有力反击了网上历史虚无主义的错误言论。

（五）对外讲好中国故事、传播中国声音

1. 中英文评论节目《中国 3 分钟》

《中国 3 分钟》（China Mosaic）是一档由中国网全力打造的 3 分

钟英语短评节目。自2015年5月开播以来，已推出百余期节目，利用Facebook（账号：ChinaMosaic）、Twitter、YouTube等平台传播，总阅读量达4.5亿，其中在Facebook上总阅读量超过3.9亿次，为世界了解中国打开了一扇新的窗口。

2017年，《中国3分钟》共制作并发布了视频节目54期，如1月6日发布第88期视频《美〈反宣传法〉："超级大国"正在展露恐慌和迷茫》，2月13日发布第94期视频《"一带一路"助力中国与中亚五国关系发展》，4月7日发布第102期视频《习特会：结束过渡期　规划新关系》，6月30日发布第114期视频《回归20载"一国两制"为香港插上双翼》，10月21日发布第132期视频《为什么中国选择了一党领导、多党合作的制度?》等等。

2017年12月27日，视频新版栏目页正式上线，正式启用独立域名http：//chinamosaic.china.com.cn/，新版栏目页和栏目logo也正式亮相，强化了栏目品牌性。在内容上，新版栏目页对《中国3分钟》已播出的140余期节目进行了重新整合，可按播出时间查找单期节目，并设置"海外热播"板块，方便受众了解节目海外传播效果和海外关注热点。同时，刚刚成立的首批专家顾问团也在新版栏目页"专家团队"板块闪亮登场。在设计上，新版栏目页、logo与《中国3分钟》英文名China Mosaic（译：中国马赛克）相互呼应，运用马赛克元素体现栏目的初心——每一期节目都是一片小小的马赛克，期待通过一期期节目拼成完整的中国形象。

2. 推出"学习三谈一漫评"品牌矩阵

2017年全年，中央新闻网站围绕党和国家重要会议、重大活动、重大主题，约请相关领域中外专家学者、资深网评员评论文章近三千篇。如2017年3月国际在线发布文章《【老外谈】德国学者：中国政府关切每个公民福祉》，中国日报网发布文章《【老外谈】英国学者：政府工作报告提振中国与世界经济信心》，聚焦外国专家学者对中国的解读；2017年8月央视网发布文章《【大家谈】"网络社会"不虚拟，跟帖评论要自律》，12月新华网发布文章《【大家谈】在数字经济大潮中"破浪前行"》，聚焦广大群众关注的网络社会、网络经济等热点话题；2017年10月人民网发布文章《【专家谈】优化发展环境　弘扬企业家精神　加快创新发展》，12月中国经济网发布文章《【专家谈】全球互联网治理　国际社会期待“中国方案”》，聚焦国内外重大改革、发展主题等。在漫评方面，光明网设置“学习时刻——打造网上学习第一视频专栏”栏目，制作发布“学习时刻”微视频25期；央视网开设“习近平总书记国内外重要活动漫评”栏目，制作发布集中英文评论、GIF漫画于一体的“漫评”“条漫”“漫记”60余期，如2017年5月27日发布《条漫丨习近平总书记眼中，领导干部要这样过节》，12月2日发布《“习总书记出席中国共产党与世界政党高层对话会”漫评：与世界携手共建人类命运共同体》等。

3.“老外看中国”系列栏目

2017年，全网推出“老外看中国”系列栏目，通过主要网站的海外现有资源和平台，采访国际政要、知名学者、重要社会人士等，阐释习近平总书记系列重要讲话精神和治国理政新理念新思想新战略在国际社会的影响，展示中国理念、中国主张、中国方案赢得的理解和支持。“老外看中国”系列栏目共组织全网推送微视频、融媒体产品24期。如两会期间，中国日报推出了《老外看中国，英国小哥细数历年两会关键词》短视频，视频使用了电影抠图特效，时长4分钟，视频主角英国小哥不断穿越时空，用历年两会热词解读中国的发展状况，视觉效果非常出彩，赢得了网友的广泛好评。参考消息网在党的十九大前后发布《老外看中国|中国这五年的发展有多了不起？日本前首相这样说——》《老外看中国|佩里：十九大是见证建设中国特色社会主义的历史性时刻》《老外看中国|亚洲国家将受益于中国领导人的远见》《老外看中国|这五年引领中国巨变的国家领导人》等系列微视频。中国日报网9月29日发布《老外看中国：中国为我们指引未来》等系列文章。向网民展示了境外人士对十九大精神的解读，对十八大以来我国经济社会发展历史性变革的切身感受。

四、网络综合治理

（一）以“重双基、强双责”强化管理

2017 年，全国网信系统坚持“重双基、强双责”的工作思路，注重基本规范、注重基础管理，强化主管部门的属地管理责任、强化网站的主体责任，依法加强网络综合治理。

1. 扎实推动互联网新闻信息服务许可工作

积极推进中央重点新闻网站建设管理工作，推动互联网新闻信息服务分级分类许可管理工作，修订完成《互联网新闻信息服务管理规定》，制定出台《互联网新闻信息服务许可管理实施细则》，依法开展许可证换发和新申请单位许可审批工作，推动互联网新闻信息服务分级分类许可管理。截至 2017 年年底，国家网信办及各省、自治区、直辖市网信办共批准 271 家单位从事互联网新闻信息服务，总计 1426 个服务项，包括互联网站、应用程序、论坛、博客、微博客、公众账号、即时通信工具、网络直播等。许可管理中，严格贯彻国务院“放管服”总体工作部署，积极推进许可标准化建设，进一步提升管理效能。加强许可管理工作统筹协调，建立健全联审联评机制。全面加强网络新闻从业人员管理工作，加强教育培训，推进分级分类管理。

2. 加大生态巡查力度，加强属地管理

印发《关于加强移动新闻客户端规范管理的通知》，明确各地网信办管理责任，要求各新闻客户端落实主体责任，印发《关于规范管理移动新闻客户端公众账号的通知》，将全国主要新闻客户端公众账号（含自媒体）纳入属地管理。

3. 深入开展“重双基、强双责”月月有检查

为督促网站切实落实企业主体责任，2017 年，国家网信办组织赴北京、上海、广东、江苏、湖南等十余省市，对移动新闻客户端、主要商业网站、社交平台、搜索引擎、论坛贴吧、直播平台、短视频平台、知识付费平台、地方重点新闻网站等共四十余家网站平台开展了专项检查，督促

网站平台完善内容审核机制，全面排查清理违法违规信息，积极传播网上正能量，取得了预期效果。

4. 启动互联网应用商店备案工作

为促进移动互联网健康有序发展，规范移动互联网应用程序信息服务，依据《移动互联网应用程序信息服务管理规定》有关要求，2017 年 1 月，国家互联网信息办公室向各省（区、市）互联网信息办公室下发《关于开展互联网应用商店备案工作的通知》，要求于 1 月 16 日正式启动互联网应用商店备案工作。互联网应用商店是移动应用程序主要入口，分发渠道作用凸显。与此同时，部分应用商店基本规范不健全，基础管理不到位，对上架程序审核不严，导致一些传播违法违规信息、侵害用户合法权益、存在安全隐患的程序上架分发，社会反映强烈。为此，国家网信办开展互联网应用商店备案工作，督促应用商店落实主体责任，加强程序上架审核，及时申请业务运营备案、信息变更备案、业务注销备案。2017 年，全国 25 个省（区、市）共 267 家应用商店完成业务运营备案。互联网应用商店备案工作是坚持依法治网、依法管网，落实《移动互联网应用程序信息服务管理规定》有关要求，夯实移动互联网管理工作基础、规范应用商店行业秩序的重要举措和关键环节。

（二）开展系列专项行动

1. “净网 2017” 专项行动

2017 年，在“净网 2017”专项行动中，各地“扫黄打非”部门集中时间、集中力量组织开展违法违规网络直播平台专项整治，加大对违法违规网络直播平台线索的核查、处置力度，行政处罚、关闭了一批涉嫌传播淫秽色情信息的网络直播平台，对涉嫌犯罪的直播平台、主播及相关利益人，依法追究刑事责任。

2017 年 4 月 2 日，全国“扫黄打非”办公室对外公布 2017 年查办的北京“夜魅社区”传播淫秽色情信息案、江苏常州“微笑直播”平台传播淫秽色情信息案等八起网络传播淫秽色情信息案件以及审结的江苏浙江台州陈某犟等人微信传播淫秽物品牟利案等两起案件。另有广东、北京、江苏、浙江、山东等省市分别对多个传播淫秽色情信息的网络直播平台立案侦查，并已刑事拘留多人。对外公布的八起案件分别是：北京“夜魅社区”传播淫秽色情信息案、江苏常州“微笑直播”平台传播淫秽色情信息案、山西太原“歪歪视频”“歪歪影院”非法传播视听节目案、浙江丽水宁某某等利用云盘传播淫秽物品牟利案、山东青岛郭某某利用网络传播淫秽物品牟利案、山东胶州“1.05”利用云盘贩卖淫秽物品牟利案、浙江台州陈某翚等人微信传播淫秽物品牟利案、江苏徐州“中国夜莺”QQ群传播淫秽物品案。

2.“剑网2017”专项行动

2017年7月25日，国家版权局、国家网信办、工信部、公安部等四部委在北京联合召开“剑网2017”专项行动通气会，宣布启动“剑网2017”专项行动。

“剑网2017”专项行动利用四个多月的时间开展重点作品版权、APP领域版权、电子商务平台版权等三项重点整治，严厉打击各类网站、移动客户端、“自媒体”传播侵权盗版作品行为，集中整治电子商务平台、APP商店版权秩序，巩固网络文学、网络音乐、网络云存储空间、网络广告联盟版权治理成果。截至2017年11月，已巡查网站5.5万家（次），关闭侵权盗版网站1655个，立案调查网络侵权案314件，删除侵权盗版链接27.48万条，收缴侵权盗版制品151万件，会同公安部门查办刑事案件37起，涉案金额6900万元。

3.“秋风2017”专项行动

2017年3月，全国“扫黄打非”办公室作出部署，要求各地“扫黄打非”部门从3月至11月，认真组织开展“秋风2017”专项行动，重点打击新闻敲诈、假新闻、假记者等，严厉惩治网站非法采编、网络非法转载新闻作品及电商平台销售非法出版物等行为，切实维护新闻出版传播秩序。

4.“护苗2017”行动

2017年3月至11月，各地“扫黄打非”部门认真组织开展“护苗2017”行动，一手抓中小学校园周边文化市场及涉未成年人网络环境整治，一手抓“绿书签 2017”正面宣传引导。开展中小学校园周边文化市场环境专项整治，重点清查含有淫秽色情、恐怖残酷、血腥暴力、校园霸凌、自杀自残等妨害未成年人健康成长内容的出版物，打击相关违法企业和个人。开展涉未成年人网络有害信息专项整治，重点整治网络文学、网络游戏、网络动漫、网络直播、微博、微信等未成年人经常使用的网站和应用，坚决清理涉未成年人的网络淫秽色情、恐怖暴力等有害信息；重点打击故意向未成年人传播有害信息或制作传播涉未成年人有害信息行为。深入推动“绿书签”系列宣传活动进校园，以“远离有害出版物，爱读书读好书善读书”为主题开展“绿书签 2017”系列宣传活动，丰富活动内容，加强宣传引导。

截至 2017 年 8 月底，全国共处置淫秽色情等有害信息 300 万余条，查缴各类非法有害少儿出版物 21 万余件，有力震慑了违法犯罪活动，取得了较好社会效果。安徽、江西、湖南、湖北、河南等地“扫黄打非”部门加强暑期“扫黄打非”部署，收缴涉少儿非法有害出版物、侵权盗版教辅教材等非法出版物。7 月至 8 月，安徽六安、宣城、蚌埠等地开展学校周边出版物市场专项治理，重点检查各类文具店搭售教辅教材现象，收缴非法出版物 5400 余件。江西省出动执法力量 4250 人次，收缴非法少儿出版物、盗版教辅教材 6800 余件。湖南株洲“扫黄打非”部门针对暑期培训学校开展专项检查，严查多起擅自编印中小学教辅材料行为。

（三）网信行政执法力度不断加大

2017 年，国家网信办制定实施《互联网信息内容管理行政执法程序规定》，全国网信系统加大行政执法力度、规范行政执法行为，坚决依法查处典型案件，取得明显成效。据统计，全国网信系统全年依法约谈网站 2003 家，暂停更新网站 1370 家，会同电信主管部门取消违法网站许可或备案、关停违法网站 22587 家，移送司法机关相关案件线索 2045 件。有关网站依据服务协议关闭各类违法违规账号群组 317 万余个。

各级网信部门会同有关部门，严厉查处危害国家安全类违法信息和网上违法行为，依法关停“九千网”“西柚网”“悠悠网”“邢台社区网”等一批传播危害国家安全信息的违法网站；相关网站按照服务协议关闭、禁言“澎湃观察”“魔都家”等一批发布反对宪法确定的基本原则的违法账号。针对其他各类违法违规行为，各地网信部门依法关闭“人民风采网”“中国资讯网”“中国上海网”等一批违规从事互联网新闻信息服务网站；关闭“中国论文库”“教育论文网”“教育期刊网”等一批违规从事经营性互联网信息服务网站；关闭“少年禅医轻松”“飞扬网”“名人网”等一批传播虚假信息网站；关闭“红杏直播”“蜜桃秀”“福利猫导航”“宅男福利社”等一批传播淫秽色情信息的直播网站和APP；关闭“天天电玩城”“优胜国际”“千金娱乐”“乐彩网”等一批聚众赌博违法网站；关闭假冒“人民网”“中国日报网”“国家铁路新闻网”“凤凰通讯社”“青海新闻网”等一批侵权网站。

1. 依法下架并关停18款违规直播应用

2017年4月2日，网民举报“红杏直播”“蜜桃秀”等18款直播类应用存在违法违规行为。核查发现，被举报的直播类应用未能落实主体责任，缺乏内容安全审核机制，一些主播利用这些平台大肆传播违法违规内容。有的网络主播身着军队、警察制服，佩戴军衔、警衔臂章等符号；有的衣着暴露、行为极具挑逗性；有的直播时发布私人微信、QQ，诱导粉丝至社交平台进行色情交易等。这些网络主播的行为违反《互联网信息服务管理办法》《互联网直播服务管理规定》等法律法规，违背社会主义核心价值观，对青少年健康成长带来恶劣影响，网民反映强烈。取证后，国家网信办会同有关部门依法依规在应用商店下架并关停服务。下架并关停违法违规直播类应用有“红杏直播”“蜜桃秀”“蜂直播”“压寨直播”“蜜桃约”“默默直播”“ZANK”“蜜播”“假装情侣吧”“一起秀直播”“酸果直播”“嗨播”“桃花直播”“BlueSky”“觅蜜直播”“悦橙直播”“乐秀直播”“蜜豆直播”。这是国家网信办2016年11月公布《互联网直播服务管理规定》后，首次关停直播平台。

2. 查处新浪微博、腾讯微信、百度贴吧违反《网络安全法》案件

2017年8月11日，国家网信办指导北京市、广东省网信办分别对新浪微博、腾讯微信、百度贴吧立案，依法展开调查。2017年9月25日，

两地网信办认定三家网站平台“对用户发布的暴力恐怖、虚假谣言、淫秽色情等危害国家安全、公共安全、社会秩序的信息未尽到管理义务”，违法事实成立，根据《网络安全法》第六十八条规定，分别对新浪微博、腾讯微信作出最高罚款的处罚决定，对百度贴吧作出从重罚款的处罚决定。腾讯微信、新浪微博、百度贴吧均回应称，将配合地方网信办的调查，对自身存在的问题积极整改；将采取切实措施对暴力恐怖、虚假谣言、淫秽色情等网络不良信息进行坚决打击；为给用户带来的困扰深表歉意。案件受到社会广泛关注。

3. 运用行政管理措施责令今日头条等对违法行为进行整改

2017 年 12 月 29 日，国家网信办指导北京市网信办针对今日头条、凤凰新闻手机客户端持续传播色情低俗信息、违规提供互联网新闻信息服务等问题，分别约谈两家企业负责人，责令企业立即停止违法行为，进行全面整改。

今日头条和凤凰新闻手机客户端违反国家有关互联网法律法规和管理要求，传播色情低俗信息，存在严重导向问题，对网上舆论生态造成恶劣影响。在尚未获得互联网新闻信息服务资质的情况下，今日头条手机客户端违规转载新闻信息，且“标题党”问题突出，严重干扰了网上传播秩序；凤凰新闻手机客户端违规自采和转载新闻信息，扰乱了网上传播秩序。北京市网信办责令两家企业深入自查自纠，全面清理网上违规内容，杜绝类似情况再次发生。两天之后，今日头条平台宣布关闭社会频道，将新时代频道设置为默认频道，集中清理了涉嫌违规的含低质内容的自媒体账号，共封禁、禁言账号 1101 个。自 2017 年 12 月 29 日 18 时至 12 月 30 日 18 时，今日头条手机客户端的“推荐”“热点”“社会”“图片”“问答”“财经”六个频道暂停更新 24 小时；自 2017 年 12 月 29 日 18 时至 12 月 30 日 6 时，凤凰新闻手机客户端“头条”“推荐”两个频道暂停更新 12 小时。

（四）稳步推进网络空间法治化

1. 最高人民检察院发布第九批指导性案例打击计算机网络犯罪

2017 年 10 月 16 日，最高人民检察院围绕打击计算机网络犯罪主题发布第九批指导性案例，旨在向社会进行以案释法，进一步加大对计算机网络犯罪的预防和打击力度。检察机关针对计算机网络犯罪中常见的、具有典型性和代表性的几类犯罪，尤其是近年来“互联网 +”经济中出现的犯罪类型选取了相应案例。最高检第九批指导性案例六件案件，其中有三起关于破坏计算机信息系统案，还包括非法获取计算机信息系统数据、盗窃被害人域名或者利用网约车平台进行诈骗的新型网络犯罪案件。这六大案件具体是：李丙龙破坏计算机信息系统案，李骏杰等破坏计算机信息系统案，曾兴亮、王玉生破坏计算机信息系统案，卫梦龙、龚旭、薛东东非法获取计算机信息系统数据案，张四毛盗窃案，董亮等四人诈骗案。

2016 年以来，全国检察机关适用涉嫌非法侵入计算机信息系统罪等 7 个涉及计算机犯罪罪名，向人民法院提起公诉 727 件 1568 人，其中 2017 年 1 月至 9 月提起公诉 334 件 710 人，同比分别上升 82.5% 和 80.7%；对网络电信侵财犯罪案件提起公诉 15671 件 41169 人，其中 2017 年 1 月至 9 月提起公诉 8257 件 22268 人，同比分别上升 88.6% 和 118.6%。

2. “全国网信普法进校园”活动

2017 年 9 月至 11 月，“全国网信普法进校园”活动在北京、乌鲁木齐、长春、重庆、合肥、海口六座城市的十二所高校全面展开。国家网信办邀请专家学者为高校师生举办网信普法课堂、网信法治论坛等活动，在全国范围内掀起学习网信法律法规的热潮，带动和促进了全国网信普法工作的开展和落实。

9 月 14 日，“全国网信普法进校园”活动启动仪式暨首场“全国校园网信普法大课堂”在清华大学举行，随后合肥、长春、重庆、海口、乌鲁木齐等地高校举办普法讲座、专题论坛等系列活动。“全国网信普法进校园”活动先后走进清华大学、吉林大学、中国科技大学、中国政法大学等十二所高校。专家学者在活动中深入探讨网信政策和法律前沿问题，解读《网络安全法》，解析网络安全形势，为同学们普及网信法律知识，警示网络安全风险，提供日常网络安全的提示和建议。活动还通过模拟法庭、招募普法志愿者、举办网信法律知识竞赛、设立网络法律研究基地等形式，促进线上线下互动，吸引了上万名学生直接参与，覆盖近 400 万师生，掀起了一场全国性的网信普法热潮。

3. 第十一届全国百家网站、微信公众号法律知识竞赛活动

2017 年 4 月至 12 月，司法部、国家网信办、全国普法办公室联合下发通知，部署开展第十一届全国百家网站、微信公众号法律知识竞赛活动。

活动由司法部、国家网信办、全国普法办公室主办，司法部法制宣传司、国家网信办网络社会工作局、法制日报社承办。旨在全面贯彻落实党的十八大和十八届三中、四中、五中全会精神，深入学习贯彻习近平总书记系列重要讲话精神，提升广大网民法律素养，营造“尊法、学法、守法、用法”的良好氛围。知识竞赛活动的内容为宪法及宪法相关法、国家安全法、中国共产党廉洁自律准则、中国共产党纪律处分条例等党内法规、网络安全法等 2017 年颁布、修订、施行的法律法规，以及与人民群众生产生活紧密相关的法律法规等。参与网站有各地普法网站、中央和地方重点新闻网站、政府网站、商业门户网站等百余家网站。

4. 全国法治动漫微电影征集展播活动

全国法治动漫微电影征集展播（映）活动由司法部、国家网信办、全国普法办主办，司法部法制宣传司、国家网信办网络社会工作局、浙江省司法厅、浙江省网信办、浙江省普法办承办，中国普法网、中国网信网、浙江传媒学院、浙江法制报协办。作品形式为平面作品（漫画、宣传画）及视频（动画、微电影、微视频、宣传片、公益广告）。获奖作品在司法部官方网站、中国普法网、中国网信网和腾讯网等知名视频网站、中国普法两微一端及全国普法新媒体矩阵、有关电视台等媒体和大型普法活动中集中展播宣传。

2017 年 5 月 16 日，第十三届全国法治动漫微电影征集活动颁奖展映仪式和交流研讨在浙江传媒学院举行。《12348 法润千万家》获最佳法治动画奖，《市里的扶贫牛拨下来了!》获最佳法治漫画奖，《尖锋十二时》

等5件作品获微电影类一等奖，《反恐维稳 人人有责》获公益广告一等奖。2017年6月6日，第十四届全国法治动漫微电影征集展播（映）活动正式上线。该活动主题为“尊法学法守法用法 喜迎党的十九大胜利召开”。

（五）加强互联网行业自律

中央网信办引导网络社会组织加强互联网行业自律建设，推动形成政府、企业、网民等多元主体参与的网络治理工作格局。

国家网信办网络社会工作局指导中国网络空间安全协会开展网络安全社会评议工作。中国网络空间安全协会成立了“网络安全社会评议工作专家组”，制定了《网络安全社会评议观测指标体系》，设计了《网络安全社会评议调查问卷》。问卷设计了调查者背景、上网环境、上网习惯、核心网络安全问题等16个问题，通过线上线下等渠道共回收有效问卷1.5万余份，并在浙江、天津、贵州、黑龙江等地进行了线下调查。专家组在对问卷进行分析的基础上，形成了《全国网络安全社会评议报告》《青少年群体网络安全社会评议报告》，为政府主管部门开展网络空间治理发挥了参谋助手作用。

2017年11月24日，由中央网信办网络社会工作局指导、中国互联网协会主办的“2017（第四届）中国互联网企业社会责任论坛”在北京召开。论坛主题是“新时代互联网企业的责任与使命”，京东、360、菜鸟、今日头条等企业分享了互联网企业社会责任工作案例。会议发布了“2017年中国互联网企业社会责任实践案例”名单，“头条寻人”公益项目、“寻找你身边的抗战老兵”公益项目等18个优秀案例。圆桌会议环节，快手、一下科技、花椒直播等围绕“视频直播与企业社会责任”话题进行了探讨；天融信、启明星辰、安天科技等围绕“数据安全与企业社会责任”话题进行了交流。中央网信办、工信部等政府部门，北京大学、北京师范大学、中国政法大学、中国传媒大学等高校和50余家互联网企业参加论坛。

（六）加强违法和不良信息举报

2017 年，中央网信办举报中心直接受理公众举报 184 万余件次，指导各地各网站举报部门受理公众举报 5157 万余件次，统筹各级网信办举报机构指导、督促属地网站健全举报机构，积极受理处置网民举报，组织近 1400 家网站开通举报电话并公布举报方式。

根据全国网络举报受理情况，中央网信办举报中心完善网络举报信息汇总分析、研判通报机制，梳理分析全国网上有害信息举报受理情况，从举报受理主体、举报群体、举报渠道等方面，对全国网上有害信息举报受理基本情况、主要特点、问题不足等进行系统梳理和分析。统计显示，政治类、色情低俗类、侵权类、诈骗类、赌博类、谣言类是受到网民举报较多的几种主要有害信息类型，参与举报的网民趋于青年化、高知化。目前，各地各网站受理网民举报的主要渠道已实现网站、电话、电子邮件、客户端、微信等全平台覆盖。由于实现对网上有害信息或不良账号“一键举报”，通过微信、QQ、客户端举报的有害信息数量较大，反映出有害信息呈现向移动端和即时通信工具加速转移的新趋势。

2017 年，中央网信办举报中心有效开展政治类有害信息举报受理处置专项工作。建立专兼结合的专项举报队伍，全年共指导 900 多家网站开设了“网上有害信息举报专区”，日均举报政治类有害信息近 3000 条。有害信息处置效率进一步提升，初步实现了举报线索共同研判、共同处置。发挥约谈、曝光等工作机制的作用，梳理低俗百度贴吧、恶意营销微信公众号、色情微博账号等 100 余个违法违规账号，对新浪微博、苹果应用商店进行了约谈，要求百度、腾讯等网站对公众举报的问题进行自查自纠。

五、网络社会工作

（一）互联网企业党建、团建和青年工作

为进一步加强和推进互联网企业党建、团建和青年工作，2017 年，中央网信办围绕“迎接宣传贯彻十九大”主线，着眼互联网企业特点和党员青年需要，突出五四、七一等重要时间节点，线上线下相结合，创新开

展互联网企业党团建系列主题活动。组织互联网企业党团组织开展了“两学一做”第二届微党课创作评选、“初心在线·砥砺奋进”党建党史知识挑战赛、“党建专家@互联网党员”座谈交流、“青春喜迎十九大·共筑网络强国梦”青年演讲、团建工作片区督导推进培训班等活动，面向互联网企业党员和团员青年推出“两学一做”专家辅导微党课、第二期“网界青年成长计划”系列主题活动，指导举办第三季“情愫互联·青春同行”互联网企业青年“单身周末”联谊活动。

1.“两学一做”第二届互联网企业微党课创作评选活动

2016年10月“两学一做”第二届互联网企业微党课创作评选活动正式启动，2017年5月，由中央网信办主办、光明网承办的“两学一做”第二届互联网企业微党课创作评选活动颁奖研讨会在北京召开。该活动探索创新式、开放式、分享式、互动式的党员教育模式，引导互联网企业党员坚定理想信念，提高党性觉悟，调动互联网企业发挥主观性、创造性，进一步推进互联网企业“两学一做”学习教育落到实处的一次活动。本次活动自启动以来，中央和各地网站，以及互联网企业积极参与并创作参评作品达240余部。经过组织推荐，作品初选，网络投票和专家评审等环节，最终评选出涵盖微视频、H5、动漫图解等不同类型的21部获奖作品，其中一等奖2部，二等奖作品5部，三等奖作品9部，最佳创意作品5部，另评选出最佳组织奖5个。其中，人民网、央视网推荐的《“不忘初心”成热词　为啥这么火?》《初心》两部作品荣获一等奖。获奖作品从党建知识、党史故事、入党心路历程、反腐倡廉等多个角度出发、旗帜鲜明、风格鲜活、制作优良、传播力强，为互联网企业党建、党课教育注入了新鲜血液和活力。

2.“网界青年成长计划”主题活动

由中央网信办主办、新华网承办的“网界青年成长计划”主题活动是专门面向互联网行业青年开展的系列主题活动，旨在贴近行业发展特点和青年现实需求，采取线上线下相融合的方式，通过开设“网界青年成长计划”专题网页、“网界青年”微信公众号、微博号等线上传播平台，邀请行业精英、青年新锐围绕行业青年关心关注的热点话题开展“青咖说”互动讲堂、推出系列专题文章等，服务行业青年创新创业、成长成才、身心健康需要，培育积极向上的企业文化，打造点面结合的行业内宣传教育平台、青年网络名人的思想传播平台、广大互联网企业和行业青年共建共享的交流分享平台，进一步提升互联网企业党群活动吸引力、凝聚力。

2017 年 5 月 25 日，由中央网信办主办、新华网承办的“网界青年成长计划”之“青咖说”心理健康专场活动在北京举行。活动邀请了多名嘉宾共同探讨互联网从业青年的心理问题及疏解方式。中央重点新闻网站、北京属地商业网站以及其他互联网从业者青年代表现场参与。本次活动还同时在新华网和一直播开通视频直播，20 余万名网友在线观看。2017 年 9 月 25 日，“网界青年成长计划”之“青咖说：共享经济未来发展的机遇与责任”活动在北京举行。活动嘉宾进行了圆桌对话，并与现场观众展开互动，帮助互联网从业青年更好地理解共享经济的内涵，了解共享经济给社会带来的变化和未来发展的机遇，并通过对当前共享经济发展存在问题的解析，探讨在保障共享经济健康发展进程中个人、企业、政府的责任。

（二）构筑网上网下“同心圆”

1. 网络社会组织“同心圆”工程

网络社会组织作为党和政府联系互联网行业和广大网民的桥梁和纽带，是参与网络社会协同治理的重要主体之一。加强网络社会组织建设，发挥网络社会组织作用，是网信事业发展的迫切需要和网络强国建设的必然要求。2017 年 6 月，中央网信办在江苏镇江召开全国网络社会组织工作推进会，向各地网信部门印发《网络社会组织“同心圆”工程实施方案》，在全国启动实施网络社会组织“同心圆”工程。实施网络社会组织“同心圆”工程，就是要紧紧围绕网络强国建设中心任务，将与网信事业相关的各个领域、各个类型、各个地方的网络社会组织团结起来、发展起来、行动起来，通过“团结一批、凝聚一批、建设一批、影响一批”，团结凝聚一大批互联网从业人员、专家学者、志愿者和广大网民，形成共建网络强国强大合力。通过工程实施，进一步夯实网络社会组织工作基础，增强网络社会组织活力，确保网络社会组织持续健康有序发展。

工程实施以来，全国各地网信部门高度重视，纷纷结合方案要求，立足属地工作实际，研究工作举措，部署工程实施。在加强组织培育、规范组织管理、强化党的领导、完善扶持保障等方面进行了积极实践，总体取得了较好成效。如吉林等地成立省级联合会并积极发挥统筹协调作用；浙江在全省推广实施网络社会组织建设“三个一”工程和“一县一品”工程，推动全省 11 市、89 县（市、区）实现网络社会组织全覆盖；江苏在全省宣传推广镇江经验，实现网络社会组织数量较快增长。据统计，截至 2017 年 12 月底，全国网络社会组织 1950 家，比 2015 年 12 月增加 614 家，增长 46%。

各地网信部门积极引导各级网络社会组织参与网上正能量宣传、网络生态治理、网络文化建设、网络公益事业、信息化和数字经济发展、网络安全、互联网行业自律、网络统战和国际交流合作等工作，在广泛凝聚社会共识、参与网络社会综合治理、构建网上网下“同心圆”等方面发挥了重要作用，为网络强国建设汇聚起强大社会力量。

2.“网络名人微访谈”专题活动

为进一步发挥网络名人影响力，加强网上正面宣传。2017 年，国家网信办结合“党的十九大”“2017 年全国两会”等国家重大宣传主题和网民关注的热点话题，指导开展 21 期“网络名人微访谈”活动，邀请经济社、社会、时政等领域具较大影响力的网络名人与网友通过微博在线互动交流，回应网民关切，阐释国家方针政策，构建清朗的网络空间，# 网络名人微访谈 # 话题阅读量累计突破 1.7 亿次。11 月，网络名人微访谈围绕“新思想引领新征程——深入学习习近平新时代中国特色社会主义思想”，邀请党建领域的专家和网络名人，解析、阐释习近平新时代中国特色社会主义思想的具体内容和重要意义，为学习宣传贯彻党的十九大精神营造积极的网络舆论氛围。

3. 开展网络人士革命传统教育和沙龙活动

2017 年 7 月，中央统战部和中央网信办共同主办“弘扬正能量　喜迎十九大”革命传统教育和沙龙活动，邀请来自全国的 30 余名网络人士先后赴梁家河村、宝塔山、杨家岭革命旧址、延安学习书院、瓦窑堡革命旧址等处参观学习。通过学习教育，引导网络人士进一步坚定理想信念，传承革命精神，不忘初心使命，自觉践行社会主义核心价值观。

4.“中国好网民”工程

2017 年 1 月，中央网信办召开 2017 年争做中国好网民工程专题部署视频会，指导各地开展属地争做中国好网民主题活动，推动争做中国好网民工程在全国范围内展开。

在线下，中央网信办发动群团系统和教育系统，与全国总工会、团中央、全国妇联、全国少工委等群团部门合作，相继启动“网聚职工正能量，争做中国好公民”“争做中国青年好网民”“争做巾帼好网民”“从小争做中国好网民”等主题活动；与教育部联合开展“传递网络正能量，争做校园好网民”第二届大学生网络文化节及全国高校网络宣传思想教育优秀作品推选展示活动。

在线上，中国好网民互动传播矩阵初步建立，在国家重大活动、重要会议等时间节点，中央网信办指导中国好网民互动平台开设 # 跟着习主席去出访 #、# 好网民看两会 # 等品牌话题，相关微博话题阅读量达 12.5 亿次，其中 # 中国好网民 # 超级话题阅读量达 4.3 亿；中国好网民互动传播矩阵“两微”平台，初步建成由 @ 中国好网民、@ 共青团中央、@ 中国大学生在线等 40 余个账号组成的中国好网民微博互动传播矩阵。

为深入推进网民网络素养教育，中央网信办联合教育部启动《大学生网络素养教育指南》编制工作；在 2017 年国家网络安全宣传周期间，举办“提升网民网络素养共建清朗网络空间”分论坛，引导社会各方共同参与网民网络素质教育工作；以“网络安全离你有多远”“打破沉默的螺旋”等为主题推出 15 期“网络大讲堂”原创系列公开课，累计用户访问量 1 亿人次；指导中国好网民“两微”平台围绕网络素养知识普及等内容推出“好网民素养课”系列栏目；推出中国好网民系列动漫短视频和首套动漫形象表情包，视频累计播放量达 1200 万次。

（三）网络公益和网络诚信工作

1. 网络公益工程

2017 年，中央网信办大力组织实施“网络公益工程”，目的是贯彻“网信事业要以人民为中心”的发展思想，立足于“使网络公益更好地成为弘扬社会主义核心价值观的重要载体，让公益正能量助推网络空间更清朗”的总体要求，整合线上线下公益资源，动员网络媒体、网络公益平台、公益组织、网络名人以及广大网民共同参与，推动“全网公益”“全民公益”的形成。

2017 年 1 月 12 日，为对 2016 年以来网络公益工程进行系统总结，“因爱同行”2016 年网络公益年度总结发布活动在京举行。活动由中央网信办指导，中国互联网发展基金会主办，光明网承办。会上发布了 4 大类共 18 个网络公益年度优秀典型，集中体现了一年来网络公益的丰硕成果。经过专家委员会审议，首都互联网协会“互联网公益联盟”、宁波市北仑区综合行政执法局“橘子地图”等 18 个网络公益案例分别获得“2016 网络公益年度项目”“2016 网络公益年度机构”“2016 网络公益年度传播力”“2016 网络公益年度创新”荣誉称号。此外，主办方还颁发了“2016 网络公益工程组织奖”和“2016 网络公益特别贡献奖”，以表彰在实施网络公益工程中表现突出的地方网信部门、新闻网站和公益组织。

2.“共铸诚信清朗网络”第三届网络诚信宣传日

2017 年 7 月 5 日，由中央网信办主办的第三届全国网络诚信宣传日活动在全国范围内启动。第三届网络诚信宣传日活动旨在深入贯彻落实中央关于社会信用体系建设和网络诚信建设制度化重要指示精神，集中宣传网络诚信理念，进一步凝聚全网全社会共识，营造网站依法办网、网民诚信用网的浓厚氛围。

第三届网络诚信宣传日主题论坛围绕网络诚信制度设计、行业诚信自律、网站诚信实践以及网民权益保护等子议题进行，中央和地方新闻网站、主要商业网站、有关行业网站、新闻媒体以及社会组织近 100 人参加主题论坛。国家发展改革委财政金融司有关负责人就完善诚信联合激励和失信联合惩戒机制作了主题发言。新华网、阿里巴巴、腾讯公司、58 同城等网站分别结合网络媒体领域、电子商务领域、网络社交领域和生活服务领域的诚信建设实践进行发言。在论坛的“诚信为民——网民权益保护”嘉宾对话环节，中国互联网违法和不良信息举报中心与互联网公司、地方重点新闻网站围绕落实网站诚信责任、更好地服务人民群众进行了深入研讨，提出了系列改进措施。第三届全国网络诚信宣传日活动期间，中央网信办还发布了网络诚信公益广告，联合新华网举办了网络诚信专家系列访谈活动。各地各网站都结合自身工作，同步开展了形式多样的网上网下诚信宣传活动，广泛动员社会各界力量参与到“共铸诚信、清朗网络”的行动中。

3. 第三届中国网络正能量—江山论坛

2017 年 8 月 11 日至 13 日，第三届中国网络正能量—江山论坛在浙江台州举办。此次论坛由中央网信办指导，中国互联网发展基金会和浙江省网络文化协会主办，台州市网络文化协会承办。本届论坛以“正能量充沛　主旋律高昂”为主题，旨在深入学习贯彻习近平总书记系列重要讲话精神，持续建设有影响力的网络正能量人士线下交流平台，为党的十九大胜利召开营造浓厚网上舆论氛围。论坛主要包括一个主论坛和两个分论坛，安排了 10 场演讲报告以及对话互动。中国互联网发展基金会理事长马利出席论坛并致辞，复旦大学中国研究院院长张维为、中国人民大学国际关系学院教授王义桅、文汇报高级记者郑若麟等专家学者，以及中央政法委、国家卫计委、共青团中央等地方和部门相关工作负责人作了交流发言。论坛邀请长期自觉自发传递正能量的行业专家学者、新媒体人士、网站负责人及网信干部等代表近 120 人参会。

第四章　网络安全保障与建设

一、综　述

2017 年 10 月，党的十九大报告提出，坚持和平发展道路，推动构建人类命运共同体，并指出网络安全是人类面临的许多共同挑战之一。党的十八大以来，习近平总书记高度重视网络安全工作，就如何做好国家网络安全工作提出明确要求、作出重要指示，明确提出“没有网络安全就没有国家安全”，强调“树立正确的网络安全观”，明确要求“全面贯彻落实总体国家安全观”，提出事关网络安全的一系列重要论述和重大理论，立意高远，内涵丰富，思想深邃，把我们党对网络安全的认识提升到了新的高度和境界，为筑牢国家网络安全屏障、推进网络强国建设，提供了根本遵循，使网络安全机制体制建设、产业与技术发展、网络防护能力提升等方面发生了历史性变革，网络安全保障能力建设得到加强，国家网络安全屏障进一步巩固。

（一）网络安全体制机制建设逐渐完善，网络空间安全法治进程迈入新时代

网络安全战略规划引领发展。党的十八大以来，我国出台《国家网络空间安全战略》等涉及网络安全领域的多个战略规划，为网络安全工作指明了方向。

网络安全法律法规体系不断健全。2017 年 6 月 1 日，《网络安全法》正式实施，将网络安全各项工作带入法治化轨道，相关配套法律法规、规

范性文件和标准相继出台，标志着我国网络安全管理的综合法律体系建设加速开展，网络空间法治进程迈入新时代。

网络安全工作机制逐渐完善。数据安全管理、网络安全审查、关键信息基础设施保护等制度逐渐建立和完善。2017 年，《国家网络安全事件应急预案》《网络产品和服务安全审查办法（试行）》《网络关键设备和网络安全专用产品目录（第一批）》《公共互联网网络安全威胁监测与处置办法》《公共互联网网络安全突发事件应急预案》等规范性文件相继出台。国家网信办多次组织开展针对中央和国家机关各部委、各人民团体以及重点行业重要信息系统的网络安全大检查，覆盖全国 31 个省（区、市）90% 县级以上行政区域的 5.4 万余个信息系统，涵盖 11 个大类 49 个领域的关键信息基础设施。公安部不断推动建立健全信息安全等级保护工作机制。各地、各行业纷纷建立维护网络安全工作机制和相关制度，加大投入、建立健全应急保障机制和国家通报机制，推进综合防控、主动防范工作。各行业加强与网络安全机构的沟通合作，全面提升自身安全保障能力和综合防护水平。

（二）网络安全产业与技术加速突破

网络安全技术取得突破。我国加强新技术研究和安全标准制定，研发和部署一系列安全产品和系统平台，攻克了一批网络安全技术难题，自主研发加密强度与国际主流密码算法相当的祖冲之密码算法，安全可靠基础软硬件联合攻关取得较大进展。

网络安全产业快速发展。国家在科研和产业方面部署系列规划，有效带动网络空间安全技术与产业的发展。科技部“网络空间安全”重点专项和“国家科技支撑计划”、国家发展改革委“信息安全专项”、工信部“电子信息产业发展基金项目”等一系列支撑计划有力推进了网络安全产业化发展。2017 年，我国网络安全产业规模逐步发展壮大，企业自主创新、自主突破水平提升。网络安全产品和服务基本覆盖安全防护生命周期各个阶段，重点领域安全技术优势逐渐显现，但与网络安全保障需求、与国际网络安全企业实力相比，仍有较大差距。

网络安全标准建设取得重要进展。我国网络安全标准体系基本构建形成，推动标准化工作常态化、持续性发展。全国信息安全标准化技术委员会（以下简称“信安标委”）对网信安全国家标准进行统一技术归口，统一组织申报、送审和报批。截至 2017 年 12 月，发布网络安全国家标准 215 项，在研国家标准制修订项目 154 项，推进网络安全产品与服务、关键信息基础设施保护、个人信息保护等一批重点国家标准的研制，事件分类分级、SM2、SM3 和 SM9 等 4 项国家标准被 ISO/IEC 国际标准采纳。

（三）网络安全攻击事件频发，网络安全问题日益严峻

随着互联网应用的深化、网络空间战略地位的日益提升，网络空间已经成为国家或地区安全博弈的新战场，我国面临的网络安全问题日益复杂，勒索病毒频发，分布式拒绝服务攻击事件峰值流量持续突破新高，联网智能设备面临的安全威胁加剧，关键信息基础设施面临的安全问题严峻，工业控制系统安全风险在加大，“网络武器库”泄露给网络空间造成严重的潜在安全威胁，APT 攻击依然活跃等问题，对我国实现建成网络强国目标不断提出新的挑战。

关键信息基础设施面临的网络安全形势与挑战日益严峻复杂。据国家互联网应急中心（CNCERT）监测，2017 年全年发现超过 245 万起（较上年增长了 178.4%）境外针对我国联网工控系统和设备的恶意嗅探事件，我国境内 4772 个联网工控系统或设备型号、参数等数据信息遭泄露。同时，2017 年，在国家信息安全漏洞共享平台（CNVD）工业控制系统子漏洞库中，新增的高危漏洞有 207 个，占该子漏洞库新增数量的 55.1%。

移动互联网、物联网领域爆发的安全问题越来越多。移动互联网技术的快速发展和普及，促使智能可穿戴设备、智能家居、智能路由器等终端设备和网络设备的迅速发展和普及利用，针对移动端设备和物联网智能设备的网络攻击事件比例呈上升趋势。

“网络武器库”泄露后风险威胁加剧。2017 年 5 月爆发的全球性 WannaCry 勒索病毒攻击事件是“网络武器库”遭泄露引发的重大网络安全事件典型代表。据俄罗斯卡巴斯基实验室分析，这次网络攻击所用的黑

客工具“永恒之蓝”，来源于美国国家安全局的网络武器库。

信息和数据泄露频发。2017 年 9 月，Equifax 被曝泄露超过 1.45 亿的美国公民个人隐私信息，这是美国历史上最大规模和影响的数据安全事件。2017 年 10 月，雅虎公司证实，其所有 30 亿个用户账号可能全部受到了黑客攻击影响，包括用户名、邮箱地址、电话、生日等，这其中包括了至少几千万中国用户。在中国，公安部破获的京东前员工郑某利用职务之便盗贩 50 亿条公民信息案，以及被央视“焦点访谈”披露的南方多地家庭摄像头侵犯个人隐私事件同样引起了各界的强烈反响。

勒索病毒和“挖矿”等牟利恶意攻击事件增多。2017 年，网络安全防线多次面临勒索病毒事件的冲击，先后出现 WannaCry、Petya、Bad Rabbit 等一系列勒索软件，已经危及了包括教育、IT/ 通信、娱乐 / 媒体、金融、建筑、制造业、交通、医疗在内的诸多行业。此外，随着比特币等数字货币市场的爆发式发展，针对数字货币交易平台的网络攻击事件增加，Bithumb、YouBit 等多家比特币交易所遭黑客入侵，导致大量客户个人信息泄露、客户财产受到严重损失。为了赚取加密数字货币牟取暴利，不法分子还利用“挖矿”恶意程序感染企业和个人用户，占用大量系统资源和网络资源。赛门铁克第 23 期《互联网安全威胁报告》显示，2017 年，在全球终端计算机上所检测到的恶意挖矿程序暴增 8500%。

二、网络安全态势

（一）全球网络空间安全威胁加剧

1. 针对关键信息基础设施的攻击不断增长

全球范围针对关键信息基础设施的网络攻击事件持续攀升。2017 年 2 月，超过 140 家美国、南美、欧洲和非洲的银行、通信企业和政府机构感染了一种几乎无法被检测到的极为复杂的无文件恶意程序。针对关键信息基础设施的网络攻击，已严重影响受攻击的电信、金融、电力、交通、军队等信息系统的正常运转，造成巨大经济损失。

2. 利用物联网设备实施的网络攻击事件频发

俄罗斯卡巴斯基实验室称，2017 年以来监测到的超过 200 万次的攻击中，超过 63% 的攻击来自数字视频录像机和 IP 摄像机，近 20% 的攻击来自路由器和其他网络设备。随着物联网的快速发展，物联网设备由于较低的安全性，越来越频繁地被劫持，用于实施大规模网络攻击。

3. 勒索软件病毒呈现爆发性增长态势

近一年来勒索软件病毒呈全球性传播态势。2017 年 5 月，Wannacry 勒索软件攻击全球网络，150 多个国家和地区遭受攻击，包括政府部门、教育、医疗、能源、通信、制造业等多个行业和领域的数十万台电脑受到攻击感染。俄罗斯卡巴斯基实验室《2016—2017 年勒索软件报告》称，2017 年第一季度手机勒索软件攻击数量激增，与 2016 年同期相比增长了 3.5 倍。

4. 电子邮件所导致的安全危害愈发严重

电子邮件由于具有应用广泛、违法成本低的特点，越来越多地被用作违法工具，各类垃圾邮件、钓鱼邮件、病毒邮件被用来实施商业推广、情报劫取、系统破坏和经济欺诈等目的。2016 年，美国民主党邮箱服务器被入侵以及希拉里本人的“邮件门”事件，使得总统竞选“遭受劫难”。此外，雅虎、时代华纳等多家知名企业也因邮件泄露遭遇运营危机，损失惨重。

5. 高级持续性威胁常态化

近年来，随着越来越多的高级持续性威胁（APT）研究报告发布，越来越多的高级持续性威胁组织也随之被公开。“白象行动”“蔓灵花攻击”等高级持续性威胁攻击事件陆续被曝光，我国教育、能源、军事和科研领域被作为主要攻击目标。从攻击实现方式来看，更多高级持续性威胁攻击采用工程化方式，即依托商业攻击平台和互联网黑色产业链数据等成熟资源实现高级持续性威胁攻击。这类攻击不仅降低了发起高级持续性威胁攻击的技术和资源门槛，而且加大了受害方溯源分析的难度。

6. 网站数据和个人信息泄露屡见不鲜

由于传统行业和互联网行业的边界在消失，各种数据遍布终端、网络、手机和云上，加上互联网黑色产业链的利益驱动，数据泄露威胁日益加剧。在国外，雅虎披露曾经发生过两起严重的账户信息泄露事件，涉及约 15 亿的个人账户，美国信用机构 Equifax 遭攻击，大约 1.4 亿用户数据遭泄露。在国内，2017 年 3 月，公安部公布破获一起盗卖我国公民信息的特大案件，涉及重要信息 50 亿条。国内外网站数据和个人信息泄露事件频发，对政治、经济、社会的影响逐步加深，甚至个人生命安全也受到侵犯。

（二）我国互联网网络安全监测数据分析

1. 计算机和移动互联网恶意程序

2017 年我国境内感染计算机恶意程序的主机数量约 1256 万台，同比下降 26.1%。位于境外的约 3.2 万个计算机恶意程序控制服务器控制了我国境内约 1101 万台主机。我国境内感染远程控制木马、僵尸网络木马和流量劫持木马的主机数量分列前三位，分别达 843 万、239 万和 30 万台主机。在监测发现的因感染计算机恶意程序而形成的僵尸网络中，规模在 100 台主机以上的僵尸网络数量达 3143 个，规模在 10 万台以上的僵尸网络数量达 32 个。

2017 年，移动互联网恶意程序数量达 253 万余个，同比增长 23.4%，增长比率为近年来最低，但仍保持高速增长趋势。通过对恶意程序的恶意行为统计发现，排名前三的分别为流氓行为类、恶意扣费类和资费消耗类，占比分别为 35.9%、34.3% 和 10.4%。

2. 联网智能设备安全漏洞

2017 年，国家信息安全漏洞共享平台收录的安全漏洞中关于联网智能设备安全漏洞有 2440 个，同比增长 118.4%。这些安全漏洞涉及的类型主要包括设备权限绕过、远程代码执行、弱口令等；涉及的设备类型主要包括家用路由器、网络摄像头、会议系统等；涉及的厂商主要是 Google、Cisco、Huawei、D-Link 等。弱口令漏洞是联网智能摄像头的一个威胁高且极易被利用的漏洞类型，国家互联网应急中心持续关注此类漏洞修复情况。2017 年 12 月底，国家互联网应急中心对互联网上暴露的部分品牌智能摄像头弱口令漏洞情况进行监测发现，重庆市、四川省以及福建省比例相对较高。

3. 拒绝服务攻击

2017 年我国遭受 DDoS 攻击依然严重，攻击峰值流量持续攀升。分析发现，大流量攻击事件的主要攻击方式为 TCP SYN Flood、NTP 反射放大攻击和 SSDP 反射放大攻击。从攻击流量来看，反射放大攻击中的伪造流量来自境外的超过 85%。国家互联网应急中心对 DDoS 攻击资源跟踪分析，发现攻击资源（如控制端、被控端、反射服务器等）发起攻击的次数呈现幂律分布的特点，即大部分攻击资源发起的攻击次数只有寥寥数次，少量攻击资源被长期、反复利用，并发起了大量攻击事件。其中发现，21 个控制端全年连续 6 个月发起攻击，271 个被控端全年连续 8 个月发起攻击，101 个反射服务器全年连续 8 个月连续被利用发起攻击。

4. 网站安全

2017 年，国家互联网应急中心监测发现，约有 4.9 万个针对我国境内网站的仿冒页面，页面数量较 2016 年的 17.8 万个有大幅下降。从仿冒类型来看，实名认证和积分兑换仿冒页面最多，分别占处置总数的 30.9% 和 20.8%。境内外约 2.4 万个 IP 地址对我国境内 2.9 万余个网站植入后门，被植入后门的网站数量较 2016 年的 8.2 万个有大幅下降。2017 年我国境内约 2 万个网站被篡改，较 2016 年增长 20.0%，其中被篡改的政府网站有 618 个，较 2016 年增长 32.3%。从网页被篡改的方式来看，被植入暗链的网站占全部被篡改网站的比例为 68.0%，仍是我国境内网站被篡改的主要方式，但占比较前两年有所下降。

5. 工业互联网安全

2017 年，在对电力、燃气、供暖、煤炭、水务、智能楼宇六个重点行业的境内联网工控系统或平台开展安全检测过程中，发现存在严重漏洞隐患案例超过 200 例，这些漏洞若被黑客恶意利用，可能造成相关系统生产停摆或大量生产、用户数据泄露。例如，通过对全国联网电梯云平台开展网络安全专项检查发现，30 个平台存在严重安全隐患，影响到包括党政军等敏感涉密单位在内的全国 7333 家单位的电梯监控及视频采集系统。

6. 互联网金融安全

近年来，依托大数据、云计算等互联网技术和工具，互联网金融实现了多样化的资金融通、支付、交易、信息中介等业务。互联网金融系统承载了大量的用户身份信息、信用信息、资金信息等敏感隐私数据，在存储、传输等过程中一旦发生泄漏、被盗取或被篡改等，都会使各方蒙受巨大损失，甚至影响经济和社会稳定。由于黑客攻击的趋利性，互联网金融成为黑客的重要目标，但大量互联网金融平台网络安全意识淡薄，防护能力不足，进一步加剧了互联网金融面临的网络安全威胁。2017 年，国家互联网应急中心抽取 1000 余家互联网金融网站进行安全评估检测，发现包括跨站脚本漏洞、SQL 注入漏洞等网站高危漏洞 400 余个，存在严重的用户隐私数据泄露风险；对互联网金融相关的移动 APP 抽样检测，发现安全漏洞 1000 余个，严重威胁互联网金融的数据安全、传输安全等。

（三）我国互联网网络安全状况

1. 网络反诈工作推进，仿冒页面数量剧减并向境外转移

随着我国互联网技术的快速发展和普及，通过互联网实施经济诈骗的事件多有发生，诈骗方式也多种多样。其中，仿冒页面作为网络诈骗主要方式之一，给我国网民经济安全带来严重威胁。国家互联网应急中心持续开展仿冒页面处置工作，在 2017 年协调处置的仿冒页面中，域名在境外注册的比例为 43.9%，同比上升了 14.2%，承载仿冒页面的 IP 地址 88.2% 位于境外，同比上升了 7.8%，仿冒我国境内网站的仿冒页面域名注册和 IP 地址均表现出向境外迁移趋势。对所处置的仿冒页面所属域名注册商分析发现，所属注册商占比最高的为 GoDaddy，而在 2016 年，GoDaddy 未进入前十名。为有效加强仿冒页面的处置工作，国家互联网应急中心通过建立广泛国际合作途径，积极向国外计算机安全应急响应组织、域名注册商等通报仿冒页面信息，协调国际合作伙伴尽快对仿冒我国境内网站页面的行为进行处置。2017 年，国家互联网应急中心向国际合作伙伴投诉

仿冒页面事件达 1.7 万余次，其中向位于中国香港、美国、印度的机构投诉次数最多，分别为 7684 次、6719 次、1180 次。

2.“网络武器库”泄露后风险威胁凸显

近年来，黑客组织的工具库或文件泄露事件引发大家普遍关注。2017 年 3 月，维基解密声称美国中情局（CIA）用于网络攻击的大量病毒木马、远程控制、0day 漏洞以及相关文档已被泄露，并将其获得的一部分文档分七批次（并称“Vault7”）在其官方网站公开发布。这些资料在被公开之初，因相关的防范措施还未及时提出，相关的网络安全防护技术还未落实，若被滥用可能引发重大网络安全事件，给网络空间安全带来严重威胁。2017 年 4 月 14 日晚，“影子经纪人”在互联网上公布了“方程式”使用的包含针对微软操作系统以及其他办公、邮件软件的多个高危漏洞攻击工具包，这些工具集成化程度高、部分攻击利用方式较为高效。2017 年 5 月 12 日，WannaCry 蠕虫病毒事件爆发，并随后迅速出现了多款变种，我国教育卫生等领域也多有遭受攻击。该系列病毒就是利用了“影子经纪人”公开的微软操作系统“永恒之蓝”漏洞进行快速传播，给全球网络空间安全造成了严重影响。

3. 敲诈勒索和“挖矿”等牟利恶意攻击事件数量大幅增长

2017 年出现的 Petya、NotPetya、BadRabbit 等危害严重的恶意程序再度掀起敲诈勒索软件的热度。2017 年，国家互联网应急中心捕获新增勒索软件近 4 万个，呈现快速增长趋势。到 2017 年下半年，随着比特币、以太币、门罗币等数字货币的价值暴涨，导致针对数字货币交易平台的网络攻击越发频繁，同时引发了更多利用勒索软件向用户勒索数字货币的网络攻击事件和用于“挖矿”的恶意程序数量大幅上升，并推动了区块链技术的大热。“挖矿”恶意程序大量占用和消耗计算机的 CPU 等资源，会使得计算机性能变低，运行速度变慢，其非破坏性和隐蔽性使得用户难以发现。我们也注意到，勒索或“挖矿”恶意程序综合利用多种网络攻击手段，实现短期内大规模地感染用户计算机，如 Petya 利用了微软 Windows SMB 服务漏洞大规模传播，BadRabbit 恶意代码伪装成 Adobe Flash 升级更新弹窗诱导用户主动点击下载并运行。

4. 应用软件供应链安全问题触发连锁反应

2017 年，应用软件供应链安全问题集中爆发。2017 年 8 月，NetSarang 公司旗下的 Xshell、Xmanager 等多款产品被曝存在后门问题。Xshell 是一款应用广泛的终端模拟软件，被用于服务器运维和管理，此次的后门问题可导致敏感信息被泄露。据国家互联网应急中心监测结果，我国网络空间运行 Xshell 等相关软件的 IP 地址有 3.1 万余个。2017 年还曝出的惠普笔记本音频驱动内置键盘记录后门、CCleaner 后门等，均对我国网络空间安全带来巨大隐患，对我国互联网的稳定运行和信息数据的安全构成严重威胁。

三、网络空间安全法治建设

（一）《网络安全法》实施情况

1. 开展“一法一决定”贯彻实施情况检查

2017 年 8 月 25 日，全国人大常委会启动《网络安全法》《关于加强网络信息保护的决定》执法检查，将“一法一决定”贯彻实施情况检查作为 2017 年的一项重要监督工作。① 执法检查组重点对以下内容进行检查：开展“一法一决定”宣传教育情况；制定“一法一决定”配套法规规章情况；强化关键信息基础设施保护及落实网络安全等级保护制度情况；治理网络违法有害信息，维护网络空间良好生态情况；落实公民个人信息保护制度，查处侵犯公民个人信息及相关违法犯罪情况等。

2017 年 12 月 24 日，全国人大常委会就《网络安全法》《关于加强网络信息保护的决定》的执法检查报告② 提请十二届全国人大常委会第

① 参见《全国人大常委会启动〈网络安全法〉、〈关于加强网络信息保护的决定〉执法检查》，新华网，http：//www.xinhuanet.com/2017-08/25/c_1121544563.htm。

② 参见《全国人民代表大会常务委员会执法检查组关于检查〈中华人民共和国网络安全法〉〈全国人民代表大会常务委员会关于加强网络信息保护的决定〉实施情况的报告》，中国人大网，http：//www.npc.gov.cn/npc/xinwen/2017-12/24/content_2034836.htm。

三十一次会议审议。报告总结了执法检查的工作情况以及贯彻实施“一法一决定”的做法和成效。

2.《网络安全法》执法案例

(1) 腾讯、新浪微博、百度贴吧违反《网络安全法》被处罚。

2017 年 8 月 11 日，广东省网信办对腾讯公司微信公众号平台存在用户传播暴力恐怖、虚假信息、淫秽色情等危害国家安全、公共安全、社会秩序的信息问题依法展开立案调查。经查，腾讯公司对其微信公众号平台用户发布的有关法律法规禁止发布的信息未尽到管理义务，其行为违反《网络安全法》第四十七条之规定。根据《网络安全法》第六十八条规定，广东省网信办于 9 月 25 日对腾讯公司作出最高罚款的处罚决定。①

2017 年 9 月，北京市网信办依据《网络安全法》就新浪微博对其用户发布传播“淫秽色情信息、宣扬民族仇恨信息及相关评论信息”未尽到管理义务以及百度贴吧对其用户发布传播“淫秽色情信息、暴力恐怖信息帖文及相关评论信息”未尽到管理义务的违法行为，对新浪微博作出最高罚款的处罚决定，对百度贴吧作出从重罚款的处罚决定。②

(2) 58同城、赶集网等因违法违规发布“大棚房”租售信息被约谈。③

2017 年 8 月 17 日，北京市网信办、北京市规划国土委就违法违规发布“大棚房”租售信息一事，联合依法约谈 58 同城、赶集网、百度等网站。根据《网络安全法》第四十七条及《互联网新闻信息服务管理规定》第十六条相关规定，网站不得发布、传播法律、行政法规禁止的信息内容，网站在提供服务过程中发现法律、行政法规禁止发布或者传输的信息的，应当立即停止传输该信息，采取措施防止信息扩散。北京市网信办相

① 参见《广东网信办对腾讯公司违反〈网络安全法〉有关规定处以最高罚款　腾讯回应：深入整改》，新华网，http：//m.xinhuanet.com/gd/2017-09/26/c_1121722779.htm。

② 参见《北京市网信办依据〈网络安全法〉对新浪微博、百度贴吧作出行政处罚》，网信北京，https：//mp.weixin.qq.com/s/eNkQl9JCf3kz96gAhozuEw。

③ 参见《58 同城、赶集网等因违法违规发布“大棚房”租售信息被约谈》，新华网，http：//www.xinhuanet.com/legal/2017-08/17/c_1121500789.htm。

关负责人表示，对于 58 同城、赶集网、百度等存在违法违规发布“大棚房”租售信息的网站，北京市网信办下达了行政执法检查记录，责令网站落实整改。

（3）广东省依法查处阿里云等互联网企业。①

2017 年 9 月，广东省通信管理局连续依法查处了广州荔支网络技术有限公司、深圳市三人网络科技有限公司、广州市动景计算机科技有限公司、阿里云计算有限公司四家互联网企业违反《网络安全法》案件，率先开启了通信行业主管部门依据《网络安全法》行政执法新的一页。四家企业所涉及的问题如下：

广州荔支网络技术有限公司发现用户利用其荔枝 FM 网络平台发布和传播违法有害信息未做到立即停止传输、防止信息扩散、保存有关记录并向主管部门报告，因此依据《网络安全法》第四十七条、第六十八条，以及《互联网信息服务管理办法》第十六条、第二十三条等规定，责令该公司立即整改，并给予警告处罚，要求该公司切实落实信息服务管理责任。

深圳市三人网络科技有限公司提供网络电话服务时，未要求用户提供真实身份信息，存在被利用从事信息通信诈骗活动的安全隐患，依据《网络安全法》第二十四条、第六十一条以及《电话用户真实身份信息登记规定》第十七条，责令该公司立即整改，罚款 5 万元，并责令停业整顿，关闭网站。

广州市动景计算机科技有限公司提供的 UC 浏览器智能云加速产品服务存在安全缺陷和漏洞风险，未能及时全面检测和修补，已被用于传播违法有害信息，造成不良影响，依据《网络安全法》第二十二条，责令该公司立即整改，采取补救措施，并要求其开展通信网络安全防护风险评估，建立新业务上线前安全评估机制和已上线业务定期核查机制，对已上线网络产品服务进行全面检查，排除安全风险隐患，避免类似事件再次发生。

① 参见《广东省通信管理局根据〈网络安全法〉依法查处四家互联网企业》，工信部官方网站，http：//www.miit.gov.cn/n1146285/n1146352/n3054355/n3057724/n3057733/c5805433/content.html。

阿里云计算有限公司为用户提供网络接入服务时，未落实真实身份信息登记和网站备案相关要求，导致用户假冒其他机构名义获取网站备案主体资格，依据《网络安全法》第二十四条、第六十一条，责令该公司立即整改，切实落实网站备案真实性核验要求。

（二）网络安全配套规范性文件

1. 发布《网络产品和服务安全审查办法（试行）》

2017 年 5 月 2 日，国家网信办正式发布了《网络产品和服务安全审查办法（试行）》，并于 2017 年 6 月 1 日与《网络安全法》同日正式实施。①

该办法要求关系国家安全的网络和信息系统采购的重要网络产品和服务，应当经过网络安全审查。

关于审查重点，明确审查网络产品和服务的安全性、可控性，包括自身安全风险以及被非法控制、干扰和中断运行的风险；供应链风险；非法收集、存储、处理、使用用户信息的风险；利用用户对产品和服务的依赖，损害网络安全和用户利益的风险等。

2. 发布《网络关键设备和网络安全专用产品目录（第一批）》

2017 年 6 月 9 日，国家网信办会同工业和信息化部、公安部、国家认证认可监督管理委员会等部门制定了《网络关键设备和网络安全专用产品目录（第一批）》。②

列入《网络关键设备和网络安全专用产品目录（第一批）》（以下简称《目录》）的设备和产品，应当按照相关国家标准的强制性要求，由具备资格的机构安全认证合格或者安全检测符合要求后方可销售或者提供。

《目录》对网络关键设备和网络安全专用产品作出了具体规定。首

① 参见《网络产品和服务安全审查办法（试行）》，网信网，http：//www.cac.gov.cn/2017-05/02/c_1120904567.htm。

② 参见国家互联网信息办公室、工业和信息化部、公安部、国家认证认可监督管理委员会：《关于发布〈网络关键设备和网络安全专用产品目录（第一批）〉的公告》，网信网，http：//www.cac.gov.cn/2017-06/09/c_1121113591.htm。

批《目录》中，网络关键设备 4 类，包括路由器、交换机、服务器（机架式）、可编程逻辑控制器（PLC 设备）；网络安全专用产品 15 类，包括数据备份一体机、防火墙（硬件）、WEB 应用防火墙（WAF）、入侵检测系统（IDS）、入侵防御系统（IPS）、安全隔离与信息交换产品（网闸）、反垃圾邮件产品、网络综合审计系统、网络脆弱性扫描产品、安全数据库系统和网站恢复产品（硬件）。

3. 发布《国家网络安全事件应急预案》

2017 年 6 月 27 日，为落实国家《突发事件应对法》和《网络安全法》，中央网信办发布《国家网络安全事件应急预案》，以推动建立健全国家网络安全事件应急工作机制，提高应对网络安全事件能力，预防和减少网络安全事件造成的损失和危害，保护公众利益，维护国家安全、公共安全和社会秩序。

《国家网络安全事件应急预案》明确了国家网络安全事件应急工作的组织机构、监测预警、应急处置、调查评估、预防工作、保障措施。① 在组织机构方面，坚持谁主管谁负责、谁运行谁负责，充分发挥各方面力量共同做好网络安全事件的预防和处置工作。中央网信办统筹协调组织国家网络安全事件应对工作，建立健全跨部门联动处置机制，工信部、公安部、国家保密局等相关部门按照职责分工负责相关网络安全事件应对工作。在监测预警方面，明确了预警分级、预警监测、预警研判和发布、预警响应、预警解除。②

此外，《国家网络安全事件应急预案》从机构和人员、技术支撑队伍、专家队伍、社会资源、基础平台、技术研发和产业促进、国际合作、物资保障、经费保障、责任与奖惩等方面，提出了应急响应保障措施。③

---

① 参见《中央网信办关于印发〈国家网络安全事件应急预案〉的通知》，网信网，http：//www.cac.gov.cn/2017-06/27/c_1121220113.htm。

② 参见《工业和信息化部关于印发〈公共互联网网络安全突发事件应急预案〉的通知》，网信网，http：//www.cac.gov.cn/2017-11/25/c_1122007444.htm。

③ 参见《个人信息和重要数据出境安全评估办法（征求意见稿）》，网信网，http：//www.cac.gov.cn/2017-04/11/c_1120785691.htm。

4. 发布《公共互联网网络安全突发事件应急预案》

2017年11月14日，工信部公布实施《公共互联网网络安全突发事件应急预案》，适用于面向社会提供服务的基础电信企业、域名注册管理和服务机构、互联网企业（含工业互联网平台企业）发生网络安全突发事件的应对工作。

该预案以《国家网络安全事件应急预案》为基础，明确了事件分级、监测预警、应急处置、预防与应急准备、保障措施等内容，建立健全公共互联网网络安全突发事件应急组织体系和工作机制，提高公共互联网网络安全突发事件综合应对能力。

5. 起草《个人信息和重要数据出境安全评估方法（征求意见稿）》

2017年4月11日，国家网信办向社会公开征求《个人信息和重要数据出境安全评估办法（征求意见稿）》意见。该办法是为了落实《网络安全法》关于数据出境的要求，适用于个人信息和重要数据，以促进网络信息依法有序自由流动。

四、网络安全工作机制建设

（一）建立实施网络安全工作责任制

2017年8月，为进一步加强网络安全工作，明确和落实党委（党组）领导班子、领导干部网络安全责任，中共中央办公厅印发了《党委（党组）网络安全工作责任制实施办法》。该办法明确了各级党委（党组）主要承担的网络安全责任。按照谁主管谁负责、属地管理的原则，各级党委（党组）对本地区本部门网络安全工作负主体责任，领导班子主要负责人是第一责任人，主管网络安全的领导班子成员是直接责任人。各级党委（党组）违反或者未能正确履行本办法所列职责，将按照有关规定追究其相关责任。该办法为做好网络安全工作指明了方向，明确了要求。同时还要求各级党委（党组）应当建立网络安全责任制检查考核制度。

（二）网络安全监测预警和信息通报制度

2016 年 4 月 19 日，习近平总书记在网络安全和信息化座谈会上明确指出：加快构建关键信息基础设施安全保障体系，全天候全方位感知网络安全态势，增强网络安全防御能力和威慑能力。

2017 年 6 月 1 日，《网络安全法》正式施行，从加强战略部署、构建网络安全综合治理体系以有效应对攻击，构建关键信息基础设施安全保障体系等方面作出规定，并设专门章节明确对监测预警与应急处置的要求，提出建立国家、行业、领域的网络安全监测预警和信息通报制度，建立健全网络安全风险评估和应急工作机制，制定网络安全事件应急预案，并定期组织演练，以降低突发网络安全事件对公民、组织、国家利益的影响。

6 月 27 日，中央网信办依据《网络安全法》，发布了《国家网络安全事件应急预案》的通知①，要求各地区、各部门加强网络安全应急基础平台和管理平台建设，做到早发现、早预警、早响应，提高应急处置能力；明确组织机构与职责，指出各单位按照“谁主管谁负责、谁运行谁负责”的要求，组织对本单位建设运行的网络和信息系统开展网络安全监测工作。重点行业主管或监管部门组织指导做好本行业网络安全监测工作。各省（区、市）网信部门结合本地区实际，统筹组织开展对本地区网络和信息系统的安全监测工作。各省（区、市）、各部门将重要监测信息报应急办，应急办组织开展跨省（区、市）、跨部门的网络安全信息共享。该预案还确定了网络安全事件的四级划分与对应的预警级别，并对日常的事件监测、预防与事发后的应急响应作出要求。

11月，工信部出台了《公共互联网网络安全突发事件应急预案》②，明确了事件分级、监测预警、应急处置、预防与应急准备、保障措施等内容，从而进一步健全公共互联网网络安全突发事件应急机制，提升应对能力。

---

① 参见《中央网信办关于印发〈国家网络安全事件应急预案〉的通知》，网信网，http：//www.cac.gov.cn/2017-06/27/c_1121220113.htm。

② 参见《工业和信息化部关于印发〈公共互联网网络安全突发事件应急预案〉的通知》，网信网，http：//www.cac.gov.cn/2017-11/25/c_1122007444.htm。

上述法律法规的出台，体现了我国政府对网络安全监测预警领域的重视，明确了各级机构在监测预警体系中的职责，为网络安全监测预警能力提升提供了纲领性的指导。

（三）网络安全标准化工作

1. 完善网络安全标准体系

信安标委是在信息安全技术专业领域内，从事信息安全标准化工作的技术工作组织，负责组织开展国内信息安全有关的标准化技术工作。截至2017年年底，信安标委委员81名，成员666家，涉及单位322家，含外企24家；发布网络安全国家标准215项，在研国家标准制修订项目154项，为国家网络安全审查、网络安全等级保护、信息安全产品检测和认证、信息安全风险评估、信息系统灾难恢复、网络信任体系和《电子签名法》实施等国家网络安全保障工作提供了强有力的技术支撑。

2. 2017年发布网络安全国家标准43项

2017年信安标委归口的《信息技术　安全技术　实体鉴别　第1部分：总则》等43项国家标准正式发布。

包括实体鉴别、信息安全事件管理、个人信息安全规范、大数据服务安全能力要求、SM2密码算法加密签名消息语法规范和使用规范、防病毒网关安全技术要求和测试评价方法、移动终端安全保护技术要求、云计算安全参考架构、信息技术产品安全检测机构条件和行为准则、移动互联网应用服务器安全技术要求、电子政务移动办公系统安全技术规范、计算机终端核心配置基线结构规范、网站身份和系统安全要求与评估方法、公钥基础设施基于数字证书的可靠电子签名生成及验证技术要求、低速无线个域网空口安全测试规范、网站可信标识技术指南、电子认证服务机构从业人员岗位技能规范、电子认证服务机构服务质量规范、射频识别（RFID）系统通用安全技术要求、智能密码钥匙应用接口规范、云计算服务安全能力评估方法、匿名实体鉴别总则、移动智能终端应用软件安全技术要求和测试评价方法、移动智能终端操作系统安全技术要求和测试评价方法、移动智能终端数据存储安全技术要求与测试评价方法、移动智能终端个人信息保护技术要求、信息系统安全管理平台技术要求和测试评价方法、智能卡读写机具安全技术要求（EAL4 增强）、近场通信（NFC）安全技术要求、用于电子支付的基于近距离无线通信的移动终端安全技术要求、基于互联网电子政务信息安全实施指南、SM2 椭圆曲线公钥密码算法、密码应用标识规范、安全漏洞分类、安全域名系统实施指南、无线局域网客户端安全技术要求、无线局域网接入系统安全技术要求相关内容。

3. 2017 年新立项网络安全国家标准 40 项

《网络安全法》从网络产品和服务、关键信息基础设施保护、个人信息和重要数据出境安全评估、个人信息保护等方面对标准化工作提出明确需求。为此，信安标委 2017 年新立项标准 40 项。

在网络产品和服务方面：2017 年新立项了《网络产品和服务安全通用要求》，研究提出了网络产品和服务及其提供商应满足的通用安全要求。

在关键信息基础设施保护方面：建立了初步的体系框架，明确了关键信息基础设施安全保护的环节；规范了关键信息基础设施运营者开展网络安全保护工作的最低要求，提出相应的控制措施；根据基本要求明确关键信息基础设施检查评估的目的、流程、内容和结果；对关键信息基础设施安全保障状况进行定量评价。

在个人信息和重要数据保护方面：2017 年新立项的相关标准有《数据出境安全评估指南》《个人信息安全影响评估指南》《个人信息去标识化指南》等。

新立项标准紧跟新技术新应用需求，覆盖范围更加广泛。为推动车载信息安全产业发展，《汽车电子系统网络安全指南》立项。

在大数据安全领域，2017 年 4 月在武汉召开的信安标委工作组“会议周”上发布了《大数据安全标准化白皮书（2017）》，同时大力推进大数据相关标准的研制进度。此外，云计算服务安全标准逐步完备，2017 年新发布两项标准《云计算安全参考架构》《云计算服务安全能力评估方法》，对云服务安全建设、管理和测评等工作提供了有力支撑。

4. 召开两次信安标委工作组“会议周”

2017 年 4 月 8 日上午，信安标委 2017 年第一次工作组“会议周”全体会议在武汉召开，中央国家机关、武汉市相关部门以及来自 200 多家信安标委成员单位的共 600 多位代表参加了会议。[①] 会议围绕《网络安全法》的要点进行了解读，对网络安全标准化工作提出了要求：一是要深入贯彻习近平总书记系列重要讲话精神；二是要紧密围绕落实《网络安全法》确立的关键信息基础设施保护、网络安全审查、信息共享等重要制度的紧迫需求，加快开展网络安全标准研制工作；三是着力提升标准质量，实质参与国际标准化工作规划部署新技术新应用安全标准。此次“会议周”时间为 4 月 8 日至 12 日，会议研究完善了各工作标准体系，讨论审议了 74 项 2017 年立项项目建议，并对 100 余项在研标准项目进行了推进。

2017 年 10 月 15 日至 19 日，信安标委 2017 年第二次工作组“会议周”在厦门召开。[②] 来自 180 多家信安标委成员单位的 500 多位代表参加了会议。会议研究完善了各工作组标准体系、梳理了标准路线图；对大数据安全、关键信息基础设施安全保护、个人信息保护等 87 项标准制修订项目和 28 项标准研究项目进行了推进；并对 2016 年复审结论为“废止”的标准项目进行结题验收。

5. 推动网络安全国际标准提案

近年来，我国积极参与国际标准化工作，提升我国的影响力。除采纳转化国际标准外，我国代表团从多个技术领域提出国际标准提案，形成多项国际标准。

2017 年 4 月 18 日至 25 日，国际标准化组织 ISO/IEC JTC1 SC27（信

① 参见《全国信息安全标准化技术委员会 2017 年第一次工作组“会议周”召开》，全国信息安全标准化技术委员会官方网站，https：//www.tc260.org.cn/front/postDetail.html?id=20170408155255。

② 参见《全国信息安全标准化技术委员会 2017 年第二次工作组“会议周”召开》，全国信息安全标准化技术委员会官方网站，https：//www.tc260.org.cn/front/postDetail.html?id=20171017201848。

息安全分技术委员会）工作组会议和全体会议在新西兰哈密尔顿召开。① 信安标委组织中国代表团一行 35 人参加了会议。这次会议我国代表团重点推动了以下国际标准提案或贡献的进展：包含我国三元对等实体鉴别技术提案内容的 ISO/IEC 9798-3《实体鉴别　第 3 部分：使用数字签名技术的机制》进入 DIS 阶段；包含我国 SM2 和 SM9 算法的 ISO/IEC 14888-3/AMD1《带附录的数字签名　第 3 部分：基于离散对数的机制》进入第一版补篇草案 DAM 阶段以及虚拟化服务器设计安全、大数据安全能力成熟度模型、生物特征识别认证等多个项目。

2017 年 10 月 30 日至 11 月 3 日，国际标准化组织 ISO/IEC JTC1 SC27（信息安全分技术委员会）工作组会议在德国柏林召开。② 信安标委组织中国代表团一行 40 人参加了会议。这次会议我国代表团重点推动了以下国际标准提案或贡献的进展：包括我国密码算法 SM2 和 SM9 的 ISO/IEC 14888-3 补篇《带附录的数字签名　第 3 部分：基于离散对数的机制　补篇 1》获得一致通过，成为 ISO/IEC 国际标准，进入正式发布阶段；包括我国密码算法 SM4 的 ISO/IEC 18033-3 的补篇 2《加密算法　第 3 部分：分组密码　补篇 2》顺利进入第一版补篇草案（PDAM）阶段；以及量子密钥分发、大数据安全实施指南等多个项目。SM2 和 SM9 数字签名算法是我国 SM2 椭圆曲线密码算法标准和 SM9 标识密码算法标准的重要组成部分，用于实现数字签名，保障身份的真实性、数据的完整性和行为的不可否认性等，是网络空间安全的核心技术和基础支撑。SM2 与 SM9 数字签名算法成为 ISO/IEC 国际标准，将进一步促进我国在密码技术和网络空间安全领域的国际合作和交流。

---

① 参见《2017 年 ISO/IEC JTC1 SC27 全会和工作组会议在新西兰哈密尔顿召开》，全国信息安全标准化技术委员会官方网站，https：//www.tc260.org.cn/front/postDetail.html?id=20170428174338。

② 参见《2017 年 ISO/IEC JTC1 SC27 工作组会议在德国柏林召开》，全国信息安全标准化技术委员会官方网站，https：//www.tc260.org.cn/front/postDetail.html?id=20171107212358。

五、提升网络安全防护能力

（一）关键信息基础设施保护

1. 研究起草《关键信息基础设施安全保护条例》①

为保障关键信息基础设施安全，根据《网络安全法》，国家网信办会同相关部门起草了《关键信息基础设施安全保护条例（征求意见稿）》，于2017年7月向社会公开征求意见。

征求意见稿明确了关键信息基础设施保护范围，指出政府机关和金融、交通等单位，提供云计算、大数据和其他大型公共信息网络服务的单位，国防科工、食品药品等科研生产单位，电视台、通讯社等新闻单位等，运行、管理的网络设施和信息系统，若遭到破坏、丧失功能或数据泄露，可能严重危害国家安全、国计民生的，应纳入关键信息基础设施保护范围。此外，征求意见稿还指明了国家网信部门和国家行业主管或监管部门的权限分工。

2. 制定关键信息基础设施安全国家标准

为细化落实《网络安全法》等相关法律法规要求，信安标委已立项关键信息基础设施安全保护国家标准五项。为确保关键信息基础设施安全保护标准体系建设的合理性、科学性，信安标委组织多次专家研讨会，进一步厘清了各标准之间的关系与定位，对术语和定义进行了统一，推动了标准相关内容的衔接，具体情况如下：

《信息安全技术　关键信息基础设施网络安全框架》规定关键信息基础设施网络安全框架，说明构成框架的基本要素及其关系，定义基本、通用的术语；《信息安全技术　关键信息基础设施网络安全保护基本要求》规定关键信息基础设施网络安全保护在识别认定、安全防护、检测评估、监测预警、应急处置等环节的基本要求，是各重要行业开展网

① 参见《国家互联网信息办公室关于〈关键信息基础设施安全保护条例（征求意见稿）〉公开征求意见的通知》，网信网，http：//www.cac.gov.cn/2017-07/11/c_1121294220.htm。

络安全保护工作的最低要求；《信息安全技术 关键信息基础设施安全控制措施》作为《信息安全技术 关键信息基础设施网络安全保护基本要求》的配套标准，根据要求提出相应控制措施，运营者开展网络安全保护工作时可在该标准中选取适用的控制措施；《信息安全技术 关键信息基础设施安全检查评估指南》落实《网络安全法》关于开展关键信息基础设施安全检测评估活动的要求，明确关键信息基础设施检查评估的目的、流程、内容和结果；《信息安全技术 关键信息基础设施安全保障指标体系》规范了用于评价关键信息基础设施安全保障水平的指标，为关键信息基础设施安全保护工作部门和运营者网络安全保障工作的改进提供支持。

（二）网络安全等级保护

1. 完善网络安全等级保护指导性文件

随着信息技术的发展，《信息安全技术 信息系统安全等级保护基本要求》在时效性、易用性、可操作性上还需进一步完善，为此公安部第三研究所牵头对网络安全等级保护标准进行修订并于 2017 年完成公开征求意见。标准在技术和管理两大方面对网络与信息系统安全保障进行了全面描述与规范，其中技术要求部分包括物理和环境安全、设备和计算安全、应用和数据安全；管理要求部分包括安全策略和管理制度、安全管理机构和人员、安全建设管理和安全运维管理。

2. 召开第六届全国网络安全等级保护技术大会

2017 年 9 月 22 日，第六届全国网络安全等级保护技术大会在南京举行。大会由公安部第一研究所主办，公安部网络安全保卫局、国家网信办网络安全协调局、国家密码管理局、国家保密局、中国科学院办公厅为大会指导单位。来自国家重要行业部门、央企、公安网安、科研院所、测评机构、安全厂商等单位代表共计 600 余人参加了本届大会。①

① 参见《第六届全国网络安全等级保护技术大会》，中国网络安全等级保护网，http：//www.djbh.net/webdev/web/HomeWebAction.do?p=getGzjb&id=8a8182565fd8b6b9016006bff8af0036。

本届大会重点围绕新技术新应用环境下网络安全等级保护制度体系的健全完善、网络安全策略与机制、技术标准体系等主题开展研讨交流。

（三）密码安全管理

1. 开展 2017 年度商用密码随机抽查工作①

为贯彻落实《国务院办公厅关于推广随机抽查规范事中事后监管的通知》精神，促进商用密码健康发展，有效规范市场行为，国家密码管理局于 2017 年 9 月至 2018 年 3 月，组织开展了 2017 年度商用密码随机抽查工作，对经审批的商用密码产品、进口密码产品和含有密码技术的设备单位进行了随机抽查。从具有《商用密码产品型号证书》的 1884 款商用密码产品中，随机抽取了 36 款产品，抽查占比 1.9%，加上 5 款 2016 年随机抽查中要求整改的产品，本次随机抽取产品总计 41 款。

2. 召开密码行业标准化技术委员会换届大会②

2017 年 4 月 26 日，密码行业标准化技术委员会（简称“密标委”）换届大会暨第二届委员会第一次全体会议在京召开。国家密码管理局和国家标准化管理委员会有关领导、密标委顾问以及委员出席了会议。会议宣布了第二届密标委组成名单，报告了第一届密标委工作，审议通过了第二届密标委工作规划和 2017 年工作要点以及修订的密标委章程等文件。各位委员、专家积极建言献策，在标准管理和标准应用等方面提出了许多富有建设性的意见和建议。

3. 举办第三届全国密码技术竞赛③

2017 年 11 月 25 日，由中国密码学会举办的“2017 第三届全国密码

① 参见《关于开展 2017 年度商用密码随机抽查工作的通知（国密局字〔2017〕292 号）》，国家密码管理局官方网站，http：//www.oscca.gov.cn/sca/xwdt/2017-09/14/content_1015811.shtml。

② 参见《密码行业标准化技术委员会换届大会暨二届一次全会在京召开》，国家密码管理局官方网站，http：//www.sca.gov.cn/sca/xwdt/2017-05/15/content_1012701.shtml。

③ 参见《2017 第三届全国密码技术竞赛圆满落幕》，国家密码管理局官方网站，http：//www.oscca.gov.cn/sca/xwdt/2017-12/08/content_1021911.shtml。

技术竞赛”在北京进行了总决赛。经过近两个小时的激烈角逐，由中国工程院院士蔡吉人等 20 余位国内密码专家组成的评审团经过现场打分评审，最终评选信息工程大学代表队“诗酒年华”获得特等奖，获奖作品为：“MEPV：多引擎密码协议分析平台”。总决赛结束后举行了隆重的颁奖仪式。出席仪式的有国家密码管理局相关领导、中国密码学会有关负责人以及密码技术竞赛决赛评委会各位专家、参加决赛的 64 个团队师生、部分企事业单位代表等近 300 人。

（四）数据安全管理和个人信息保护

1. 制定发布《个人信息安全规范》

2017 年 12 月 29 日，国家标准 GB/T35273-2017《信息安全技术　个人信息安全规范》发布，为我国个人信息保护工作的开展提供了翔实的实务指南，于 2018 年 5 月 1 日起实施。①

通过借鉴国外立法和标准，结合国内应用实践和科研成果，《信息安全技术　个人信息安全规范》与国际标准接轨、适合我国国情并具有一定创新性。通过该标准在信息系统中的实施，对个人信息起到全生命周期的保护；为国家主管部门、第三方测评机构等开展个人信息安全管理、评估工作提供指导和依据。

围绕个人权益为中心的目标，标准提出了个人信息安全保障七大原则，包括权责一致原则、目的明确原则、选择同意原则、最少够用原则、公开透明原则、确保安全原则、主体参与原则。标准给出了个人信息全生命周期的安全规范要求，涵盖收集、保存、使用、转让和披露、安全管理各个部分的内容。此外，标准还明确了个人信息安全事件处置和组织的管理要求。《信息安全技术　个人信息安全规范》给软件行业、互联网行业提供一个可以参考、指导、遵照执行的标准。该标准内容已经在 2017 年

① 参见《国家标准 GB/T 35273-2017〈信息安全技术个人信息安全规范〉获批发布》，全国信息安全标准化技术委员会官方网站，https：//www.tc260.org.cn/front/postDetail.html?id=20180124211617。

开展的个人信息保护提升行动之隐私条款专项工作中被多家参评的互联网公司所使用。

2. 开展“个人信息保护提升行动”

2017年7月，为确保《网络安全法》中个人信息保护相关要求有效实施，提升网络运营者个人信息保护水平，国家网信办、工信部、公安部、国家标准委四部门联合召开“个人信息保护提升行动”启动暨专家工作组成立会议，启动隐私条款专项工作。① 首批评审的十款网络产品和服务为：微信、新浪微博、淘宝、京东商城、支付宝、高德地图、百度地图、滴滴、航旅纵横、携程网。评审的重点内容包括明确告知收集的个人信息以及收集方式；明确告知使用个人信息的规则，例如形成用户画像及画像的目的，是否用于推送商业广告等；明确告知用户访问、删除、更正其个人信息的权利、实现方式、限制条件等。

2017年9月24日，个人信息保护倡议书签署仪式在京举行②，参加评审的十家互联网企业共同发起并签署个人信息保护倡议书，并公布了个人信息保护提升行动之隐私条款专项工作评审结果，评审认为：十款产品和服务在隐私政策方面均有不同程度的提升；十款产品和服务均做到明示其收集、使用个人信息的规则，并征求用户的明确授权；其中，八款产品和服务做到了向用户主动提示并提供更多选择权。

隐私条款专项工作通过评审和宣传形成社会示范效应，带动行业整体个人信息保护水平的提升。

3. 开展整治网络侵犯公民个人信息犯罪专项行动

2017年3月10日，公安部召开电视电话会议，就进一步推进打击整治黑客攻击破坏和网络侵犯公民个人信息犯罪专项行动进行部署。③

① 参见《国家网信办等四部门联合开展隐私条款专项工作》，新华网，http：//www.xinhuanet.com/politics/2017-07/27/c_1121391284.htm。

② 参见《个人信息保护倡议书签署仪式举行公布隐私条款专项工作评审结果》，网信网，http：//www.cac.gov.cn/2017-09/25/c_1121715816.htm。

③ 参见《公安部部署整治黑客攻击破坏和网络侵犯公民个人信息犯罪行动》，中国政府网，http：//www.gov.cn/xinwen/2017-03/12/content_5176635.htm。

随着互联网技术的迅猛发展，传统犯罪不断向互联网延伸，网络犯罪与传统犯罪日益交织，公民个人信息被泄露、窃取的案件高发。当前，此类案件主要呈现出黑客入侵网站非法窃取公民个人信息犯罪活动增多、企事业内部人员非法泄露公民个人信息成为信息泄露主要源头、侵犯公民个人信息犯罪成为其他各类犯罪的上游犯罪三大特点。对此，公安部高度重视，部署全国公安机关以“追源头、摧平台、断链条”为目标，不断加大侦查打击力度，对侵犯公民个人信息的全链条、各环节进行严厉打击，切实切断非法传播公民个人信息的网络渠道，进一步铲除相关利益链条。专项行动实施后，各地公安机关迅速行动、精心组织，不断把专项行动推向深入，取得了阶段性战果。截至 2017 年 7 月，全国共侦破侵犯公民个人信息案件和黑客攻击破坏案件 1800 余起，抓获犯罪嫌疑人 4800 余名，查获各类公民个人信息 500 余亿条。

4. 公布《关于办理侵犯公民个人信息刑事案件适用法律若干问题的解释》

2017 年 5 月 8 日，最高人民法院、最高人民检察院公布《最高人民法院、最高人民检察院关于办理侵犯公民个人信息刑事案件适用法律若干问题的解释》，自 2017 年 6 月 1 日起施行。① 为依法惩治侵犯公民个人信息犯罪活动，保护公民个人信息安全和合法权益，该解释就办理此类刑事案件适用法律的若干问题作了全面、系统的规定，包括公民个人信息、违反国家有关规定、提供公民个人信息、以其他方法非法获取公民个人信息、情节严重、情节特别严重等，并规定了违法活动的处罚措施。②

① 参见《最高人民法院、最高人民检察院〈关于办理侵犯公民个人信息刑事案件适用法律若干问题的解释〉》，最高人民法院官方网站，http：//www.court.gov.cn/fabu-xiangqing-43942.html。

② 参见《〈关于办理侵犯公民个人信息刑事案件适用法律若干问题的解释〉解读》，最高人民检察院官方网站，http：//www.spp.gov.cn/zdgz/201705/t20170510_190150.shtml。

六、夯实网络安全基础

(一)网络安全产业

1. 我国网络安全产业持续增长

由于安全形势的复杂严峻和政策的持续利好,我国网络安全产业实现了高速增长。中国信息通信研究院发布的《网络安全产业白皮书(2017)》① 显示,我国网络安全技术创新活跃、新产品新服务不断涌现、产业综合实力显著增强。2017 年,我国国内企业安全市场的整体规模约 400 亿元,同比增长约为 33%。② 我国网络安全产品和服务基本覆盖安全防护生命周期各个阶段,重点领域安全技术优势逐渐显现。此外,安全理念和意识的革新也在塑造产业新价值。

国家加快推动网络安全核心技术创新,特别是加强对工业互联网、人工智能、大数据等新技术应用领域安全技术研究,构建多层次的技术保障体系。同时,壮大网络安全产品服务应用市场,优化网络安全产业生态,推动网络安全产业高端集聚发展。网络安全企业创新活跃,态势感知、监测预警、云安全服务等新技术、新服务不断涌现,以产品为主导的产业格局正向"产品和服务并重"转变,网络安全企业实力有了较大提高,超过 30 家企业年度营收过亿,出现了一批具有产业整合能力的龙头企业。

2. 各地加快网络安全产业布局

2017 年 10 月,工信部与北京市签署《关于建设国家网络安全产业园区战略合作协议》,准备共建国家网络安全产业园区,推动网络安全产业高端化、自主化发展。③ 国家网络安全产业园区建设的重点工作将包括打

① 参见《网络安全产业白皮书(2017 年)》,中国信息通信研究院 2017 年 9 月,http://www.caict.ac.cn/kxyj/qwfb/bps/201804/t20180426_158469.htm。

② 参见《2017 年我国互联网网络安全态势综述》,国家互联网应急中心 2018 年 4 月,http://www.cert.org.cn/publish/main/upload/File/situation.pdf。

③ 参见《工信部与北京市签署战略合作协议 共建国家网络安全产业园区》,赛迪网,http://www.ccidnet.com/2017/1208/10341112.shtml。

造政产学研用网络安全产业生态系统，引导龙头企业建设网络安全产业“双创”平台；推动联合建设国家级和部省级实验室，建设网络安全实训基地；设立网络安全产业园区专项基金，建立法律手段保护网络安全知识产权等。

成都、武汉、上海等省市都在加大网络安全产业布局，积极打造国家网络安全产业高地，网络安全产业集群效应初步显现。四川省《信息安全产业发展工作推进方案》提出2020年实现安全产业规模1100亿目标，包括投资130亿建设“成都国家信息安全产业基地”，连续三年给予安全示范应用企业、公共技术平台、产学研用创新机构以及专业技术人员提供补助等。武汉则致力于打造网络安全领域的中国硅谷，启动国家网络安全人才与创新基地建设。上海市则以创建具有全球影响力的科技创新中心为契机，加快网络安全产业发展布局，将互联网信息安全产业纳入“十三五”发展重点，支持互联网安全行业加快突破，为互联网经济发展保驾护航。截至目前，已有百余家安全企业在上海落户发展，多家安全企业成功在新三板挂牌，同时上海也在网络安全人才教育、网络安全公共平台建设等方面取得积极进展。此外，杭州、合肥、长沙等城市也积极布局网络安全产业，建立网络安全产业园，进一步加大产业发展扶持。

3. 网络安全产业投融资加大

2017年，国外安全企业融资并购金额上亿美元的约有20余起，为网络安全领域融资额最为爆发的一年。国内安全领域创业企业总融资额已达35亿元，单笔融资均在千万元级以上，10余笔融资达到了上亿元，投资规模高速增长。① 反欺诈、大数据、终端安全、云安全、移动安全、数据安全与身份认证均为投资热门领域。2017年网络安全市场呈现出变革态势，具体为：一是云安全解决方案落地应用，成为主流安全厂商的业务发展重点。移动安全走进用户，物联网安全成为未来焦点，其中身份认证是物联网安全的入口和基础设施。二是数据安全成为热点。数据既是资产，

---

① 参见赛迪顾问：“2017年国内外网络信息安全市场规模分析”，载《中国网络信息安全发展白皮书（2018）》，“第2章 2017年中国网络信息安全生态分析”。

又是生产要素，在数据时代成为安全核心保护对象。三是工控安全有所升温。全国范围工控安全大检查驱动了工控安全发展，而工业互联网、智慧城市、平安城市等从概念上给予工控安全更大的发展空间。

4. 产业联盟促进网络安全产业发展

中国网络安全产业联盟（以下简称“联盟”）是中国网络安全行业首个全国性产业联盟，由积极投身于网络安全产业发展，开展网络安全理论研究、技术研发、产品研制、测评认证、教育培训、安全服务等相关业务的企事业单位以及用户单位自愿组成，接受中央网信办网络安全协调局业务指导和监督管理，于 2015 年 12 月 29 日在北京宣布成立。联盟的宗旨是搭建产业创新平台，聚合产业势能，营造良好产业发展环境，促进产业创新发展，加强行业自律，提升网络安全技术产业和服务水平，推动网络安全产业做大做强，提升中国网络安全产业竞争力和国际话语权，维护用户网络安全和利益，为实现网络强国战略提供坚实保障。联盟下设 6 个专业委员会，成员单位达到 200 多家，秘书处设在中国电子技术标准化研究院。

5. 网络安全产业论坛助力行业发展

2017 年 12 月 12 日，首届中国网络安全产业高峰论坛召开。① 论坛在工业和信息化部和北京市人民政府共同指导下，以“做强网络安全产业，服务网络强国建设”为主题，共同探讨我国网络安全产业高端化、自主化、体系化发展，并启动国家网络安全产业园区建设。论坛期间，中国科学院院士、中国工程院院士、有关研究机构和网络安全企业代表出席论坛并发表演讲，分析了我国网络安全产业面临的挑战和机遇，为推动产业做大做强建言献策。

2017 年 11 月 7 日，首届“全球网络安全产业创新论坛”在上海召开，主题为“网络安全创新驱动”。② 这届论坛由上海市经济和信息化委员会

① 参见《首届中国网络安全产业高峰论坛在京举办》，工信部官方网站，http：//zhengwu.beijing.gov.cn/sy/bmdt/t1501264.htm。

② 参见《首届全球网络安全产业创新论坛上海开幕》，人民网，http：//world.people.com.cn/n1/2017/1108/c1002-29633958.html。

和上海社会科学院联合主办，工业和信息化部、上海市人民政府指导。作为“2017 全球城市信息化论坛”的分论坛之一，论坛汇聚了国内外网络安全领域重量级学者、网络安全产业业界精英、国内外知名智库研究人员以及政府决策部门领导共 300 余人，共商网络安全产业创新发展科学路径，为促进国内外网络安全产业的创新合作和我国网信事业健康发展贡献智慧。

（二）网络安全人才培养

1. 开展网络安全一流学院建设示范项目

2017 年 8 月，中央网信办、教育部印发《一流网络安全学院建设示范项目管理办法》，决定在 2017—2027 年期间实施一流网络安全学院建设示范项目。经高校申报、专家评审，西安电子科技大学、东南大学等 7 所大学进入了首批一流网络安全学院建设示范高校名单。一流网络安全学院建设示范项目在社会上引起强烈反响，通过该示范项目，能够带动和促进更多的高校、企业和社会各方面关心和参与网络安全人才培养工作。

2. 推进国家网络安全人才与创新基地建设

中央网信办、国家发展改革委、教育部指导武汉市积极推进国家网络安全人才与创新基地建设。截至 2017 年 9 月底，武汉市完成了基地一期 4 平方公里核心区控规编制，正式批复了概念规划，二期 40 平方公里概念规划已审议通过，正在编制控规导则。网络安全学院、培训学院、基地共享发布中心、国际网络安全人才社区以及基础设施等项目已经开工，投资 150 亿元，计划 2019 年 10 月完工。武汉大学、华中科技大学计划将网络安全学院迁往基地。基地已签约注册企业 21 家，投资金额超千亿元。通过基地的建设，将有力推动网络安全人才、技术、产业的融合发展，打造中国网络安全硅谷。

3. 利用社会资金奖励网络安全优秀人才、优秀教师

中国互联网发展基金会网络安全专项基金开展 2017 年网络安全优秀人才、优秀教师等评选工作，评出 10 名网络安全优秀人才（每人奖励 50 万元）、10 名网络安全优秀教师（每人奖励 20 万元），资助网络安全相关

专业68名优秀本科生和72名优秀研究生。网络安全专项基金会同西藏网信办、新疆网信办，出台西藏、新疆网络安全人才奖奖励办法，并组织开展申报、评选等工作。

4. 举办网络安全竞赛

2017年，网络安全比赛呈爆发态势。XCTF、WCTF、TCTF、X-NUCA、铁人三项，以及各地省市政府、协会组织的网络安全竞赛纷纷而起。举办网络安全竞赛的意义在于：一是增强网络安全在整个社会的影响力，向全社会推广网络安全的知识；二是形成良好的安全氛围；三是培养和发现优秀的安全人才。

2017年7月27日至30日，第十届全国大学生信息安全竞赛的决赛在西安电子科技大学举办。竞赛由中央网信办网络安全协调局、教育部高教司、共青团中央学校部组织，高等学校信息安全专业教学指导委员会主办。经过24小时的鏖战，从200多支队伍中选拔了20支队伍进入决赛，最终来自解放军信息工程大学、解放军电子工程学院等团队获奖。该竞赛自2008年起，每年举行一届，每届历时四个月，分初赛和决赛，目的是宣传信息安全知识，培养大学生的创新意识、团队合作精神，提高大学生的信息安全技术水平和综合设计能力。

2017年9月16日至17日，网络安全宣传周期间，第四届XCTF联赛从武汉出发，陆续落地北京、天津、南京、太原、杭州、福州、成都、沈阳、青岛、哈尔滨、上海、合肥、郑州、西安、兰州、重庆、广州、南宁、香港等20多个省市地区，全年近百场赛事，并延续XCTF出海计划，在新加坡、阿姆斯特丹展现网络安全实力。

（三）网络安全技术创新

1. 加大支持力度，推进网络安全核心技术创新

为落实《网络安全法》提出的“扶持重点网络安全技术产业和项目、支持网络安全技术的研究开发和利用”等要求，科技部会同国家互联网信息办公室共同编制了专项研究计划，立足网络空间安全发展现状，围绕提高我国关键信息基础设施和数据安全的防护能力、支撑网络空间可信管

理和数字资产保护、提升网络空间防护能力等目标，确立若干重点研究方向。

2. 实施网络空间安全重点专项

为落实《国家中长期科学和技术发展规划纲要（2006—2020年）》提出的任务，国家重点研发计划启动实施“网络空间安全”重点专项。其总体目标是：聚焦网络安全紧迫技术需求和重大科学问题，坚持开放发展，着力突破网络空间安全基础理论和关键技术，研发一批关键技术装备和系统，逐步推动建立起与国际同步，适应我国网络空间发展的、自主的网络空间安全保护技术体系、网络空间安全治理技术体系和网络空间测评分析技术体系。①

重点专项按照网络与系统安全防护技术研究、开放融合环境下的数据安全保护理论与关键技术研究、大规模异构网络空间中的可信管理关键技术研究、网络空间虚拟资产保护创新方法与关键技术研究、网络空间测评分析技术研究5个创新链（技术方向），共部署47个重点研究任务。专项实施周期为5年（2016—2020年）。2016年，在4个技术方向已启动实施8个研究任务。2017年，在5个技术方向启动14个研究任务的14个项目。

3. 加快物联网安全防护技术攻坚

工信部聚焦电信和互联网行业网络安全保障关键环节，开展网络安全试点示范工作，引导企业加强技术手段建设，增强防范和应对网络安全威胁的能力，特别是车联网、物联网等新业务和融合领域的网络安全防护能力。工信部网络安全管理局有关负责人表示，工信部将车联网等新领域和新业态的网络安全工作作为2017年重点，提出加强面向公共云服务、物联网、车联网、工业互联网等领域典型应用场景的安全防护，研发先进技术，提供特定、可行、有效的安全保护手段。鼓励企业在互联网安全防护上先试先行，并将针对新业务及融合领域网络安全、网络安全创新应用、

① 参见《“网络空间安全”重点专项申报指南》，科技部，http：//www.most.gov.cn/mostinfo/xinxifenlei/fgzc/gfxwj/gfxwj2016/201610/W020161013492765312410.pdf。

域名系统安全等领域遴选试点示范企业，加强技术研发和应用落地。

（四）网络安全宣传与教育

1. 举办 2017 年国家网络安全宣传周①

2017 年 9 月 16 日至 24 日，国家网络安全宣传周在全国范围内统一举行，主题是“网络安全为人民，网络安全靠人民”，由中央宣传部、中央网信办、教育部、工业和信息化部、公安部、中国人民银行、新闻出版广电总局、全国总工会、共青团中央等九部门共同举办。

2017 年国家网络安全宣传周主要举办了网络安全博览会暨网络安全成就展、网络安全技术高峰论坛和多个主题日活动，并在开幕式上为一流网络安全学院示范项目高校授牌，表彰网络安全先进典型。宣传周突出宣传贯彻《网络安全法》，突出网络安全前沿技术交流和能力展示，突出关键信息基础设施安全保护。

这次宣传周活动不仅展示了国家网络安全工作取得的显著成就、地方网络安全和信息化发展成绩、企业网络安全发展状况等网络安全成就，活动中还有国内知名院士专家、大型互联网和网络安全企业的高管、相关部门的负责同志以及来自美国、俄罗斯、芬兰、韩国等国家的企业高管和专家参会并演讲，介绍目前最新的网络安全应用技术，集中展示了一批新技术新服务，为我国网络安全发展带来了强大动力。

2. 开展“网安中国行”系列活动②

2017 年 6 月，为普及网络安全法律知识，提升网络安全防范意识和技能，深化网络安全工作，在国家网信办的指导下，中国网络空间安全协会与地方网信办共同举办了“网安中国行”系列活动。

活动在天津、浙江、黑龙江、贵州、广东、陕西、上海等省市相继开展，内容包括：以网络安全法宣传普及为核心的论坛；组织社会各界广泛

① 参见《2017 国家网络安全宣传周》，网信网，http：//www.cac.gov.cn/2017waz/。

② 参见《“网安中国行（2017）”系列活动 2017 年 6 月正式启动》，网信网，http：//www.cac.gov.cn/2017-06/02/c_1121073113.htm。

参与的网络安全社会评议工作；以面向网安协会会员单位为主开展的行业网安自查工作以及根据有关部门要求组织开展对部分重点新闻网站的网络安全检查工作；着眼于提升网络安全保障能力的竞评演练工作；面向全社会的网络安全宣传工作等。“网安中国行”系列活动通过举办网安主题高端论坛、网安竞技大赛，开展网情社会评议和关键信息基础设施安全自查等，动员全社会力量，普及网络安全法律政策，提升网络安全认知水平，增强网络安全风险意识、忧患意识，形成全社会共同促进我国网络安全事业发展的凝聚力和创新力。

3. 举办全国打击治理电信网络新型违法犯罪集中宣传月活动①

2017 年 8 月 12 日，国务院打击治理电信网络新型违法犯罪工作部际联席会议办公室在全国范围内部署开展为期一个月的打击治理电信网络新型违法犯罪集中宣传月活动。活动期间，各地成员单位会同志愿者一起深入社区、高校等开展有针对性的宣传，在繁华商业区等人流集中场所，刊登反诈骗公益广告，发放反诈骗宣传品，广泛宣传反诈骗知识。此次集中宣传月活动旨在引导全社会和广大群众，充分了解防范诈骗的知识，不断提高识骗防骗能力，已经取得显著成效。全国电信网络诈骗案件发案数、人民群众财产损失数双双下降。

4. 召开 2017 国际反病毒大会②

2017 年 11 月 16 日，“2017 国际反病毒大会”在天津召开。这次会议由公安部、国家网信办、工信部、国家外专局、天津市政府指导，天津市公安局、天津市外专局、天津经济技术开发区管委会主办。

大会针对当前突出的网络安全热点问题，发布了《中国技术勒索的现状、趋势及对策研究报告》。与会的政府主管部门领导、国内外信息安全知名专家、信息安全企业负责人等，围绕反病毒技术、移动 APP 管控、网络威胁治理等信息网络安全前沿技术和发展趋势进行了研讨。

大会以“万物互联背景下反病毒的新挑战”为主题，内容和议程设置

---

① 参见《全国打击治理电信网络新型违法犯罪集中宣传月启动》，央广网，http：//china.cnr.cn/ygxw/20170813/t20170813_523898125.shtml。

② 参见《2017 国际反病毒大会》，国际反病毒大会官网，http：//iavc.cverc.org.cn/。

紧密结合当前信息网络安全和反病毒领域的热点、难点，重点针对当前突出的网络安全问题和产业发展新趋势，积极推进了技术革新，阐明了我国在网络安全、移动安全和反病毒领域的工作主张。

5. 举办第二届内地—香港网络安全论坛①

2017 年 10 月 15 日，第二届内地—香港网络安全论坛在厦门举办。来自政府、高校和产业界的约 150 名专家代表参加了论坛。论坛邀请了北京大学、四川大学、中国电子技术标准化研究院以及香港个人资料私隐专员公署、智能城市联盟数据产业委员会的各界专家，围绕两地数据安全保护政策法律、个人信息保护标准与实践、网络安全人才培养等共同关心的话题，同两地代表进行了交流讨论，分享了经验做法。

6. 召开“2017 中国网络安全年会”②

2017 年 5 月 22 日至 24 日，以“融合促进发展　协作共建安全”为主题的“2017 中国网络安全年会”在青岛召开。这次大会由工业和信息化部指导，国家互联网应急中心和中国通信学会联合主办。来自政府和重要信息系统、企业、行业协会、高校和科研院所等单位以及来自国家互联网应急中心国际合作伙伴的代表共 900 余人参加了大会。自 2004 年以来，中国网络安全年会已举办 14 届，会议旨在交流国内外网络安全工作新趋势、新问题、新思路，促进国家互联网网络安全应急体系成员间的合作，加强互联网行业的网络安全保障和突发安全事件的应急处置联动，促进政府部门、重要信息系统单位与网络安全产业界间的交流，普及宣传网络安全及网络安全应急工作知识，提升社会网络安全意识。

7. 召开第五届中国互联网安全大会③

2017 年 9 月 12 日，以“万物皆变，人是安全的尺度”为主题的

① 参见《第二届内地—香港网络安全论坛成功举办》，网信网，http：//www.cac.gov.cn/2017-10/17/c_1121817041.htm。

② 参见《聚焦 2017 中国网络安全年会》，新华网，http：//www.xinhuanet.com/info/2017-05/23/c_136307439.htm。

③ 参见《第五届中国互联网安全大会在京召开》，人民网，http：//it.people.com.cn/n1/2017/0912/c1009-29530754.html。

“2017 中国互联网安全大会”在北京召开，来自全球 100 多家企业和相关机构的近千名信息安全专家参会，围绕网络犯罪、政企安全、人工智能等重要领域的安全治理问题进行探讨。来自美国、德国、荷兰、韩国等全球最顶级的安全智库、专家和安全机构共同参与，其中微软、思科、卡巴斯基、PaloAlto、360、Fireeye 等世界顶级安全厂商的负责人悉数参会。与会专家表示，网络安全不仅是网络本身，而是包含社会安全、基础设施安全、人身安全等在内的“大安全”概念，迫切需要建立与之相适应的保障体系。互联网与整个社会融为一体，任何形式的网络攻击都有可能直接影响到现实生活。

第五章　信息化发展

一、综　述

党的十九大科学把握世界多极化、经济全球化、社会信息化、文化多样化深入发展的历史大势，全面制定了夺取新时代中国特色社会主义伟大胜利的宏伟蓝图，深刻指出了推动新型工业化、信息化、城镇化、农业现代化同步发展的战略部署，明确提出要建设网络强国、数字中国和智慧社会，为新时代信息化发展指明了方向和路径。信息化建设是网络强国和数字中国建设的题中之义，是智慧社会建设的基础，更是全面建成社会主义现代化强国的必由之路。2017 年，在《国家信息化发展战略纲要》和《“十三五”国家信息化规划》等文件的指导下，中央各部门加强政策引导和沟通协作，各地积极探索尝试和务实推进，企业和社会公众积极参与，信息化建设取得显著成效。

（一）信息基础设施建设稳步推进

2017 年，我国信息基础设施建设取得长远进步，基础资源保有量稳步增长，骨干网络进一步优化，下一代互联网技术基础设施改造升级，应用设施实现创新发展。

1. 基础资源

根据中国互联网络信息中心发布的数据，截至 2017 年 12 月，我国网民规模达 7.72 亿，全年共计新增网民 4074 万人。互联网普及率为 55.8%，较 2016 年年底提升 2.6 个百分点。2017 年中国网站数量为 533 万个，同比增长 10.6%；网页数量为 2604 亿个，同比增长 10.3%。移动互联网接入流量消费累计达 246 亿个 G，比上年增长 162.7%。市场上监测到的移动应用程序（APP）在架数量为 403 万款。中国国家顶级域名“.CN”达到 2085 万个，同比增长 1.2%，占域名总数比重为 54.2%，同比提升 5.5 个百分点；“. 中国”域名数量为 190 万个，同比增长 299.8%，占域名总数比重为 4.9%，同比提升 3.8 个百分点。IPv4 地址数量为 3.39 亿个，同比增长 0.2%；IPv6 地址为 23430 块 /32，同比增长 10.6%。2017 年，工信部批复基础电信企业在云南、上海、新疆增设 5 个国际通信出入口局。到 2017 年年底，中国国际互联网出口带宽达到 7320180Mbps，增速达 10.2%。

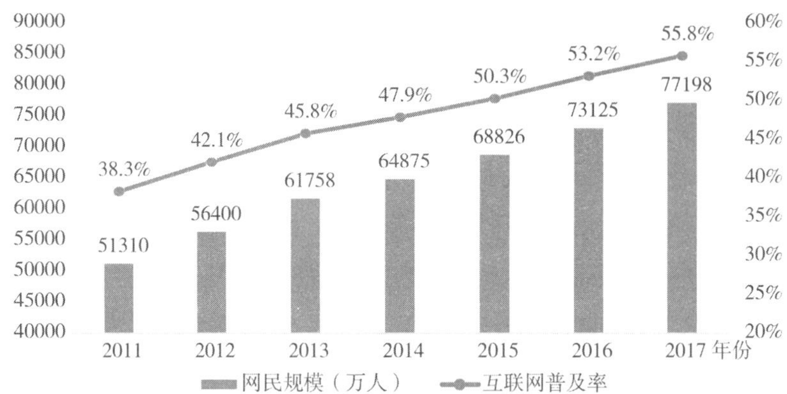

图 5–1　2011—2017 年我国网民规模和互联网普及率

数据来源：CNNIC

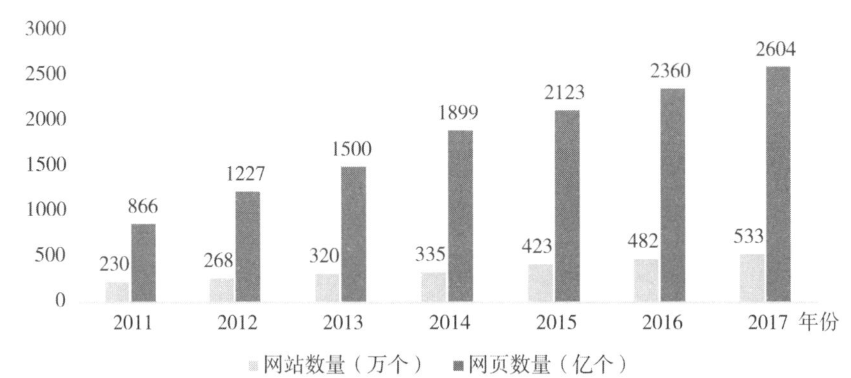

图 5–2　2011—2017 年我国网站数量和网页数量

数据来源：CNNIC

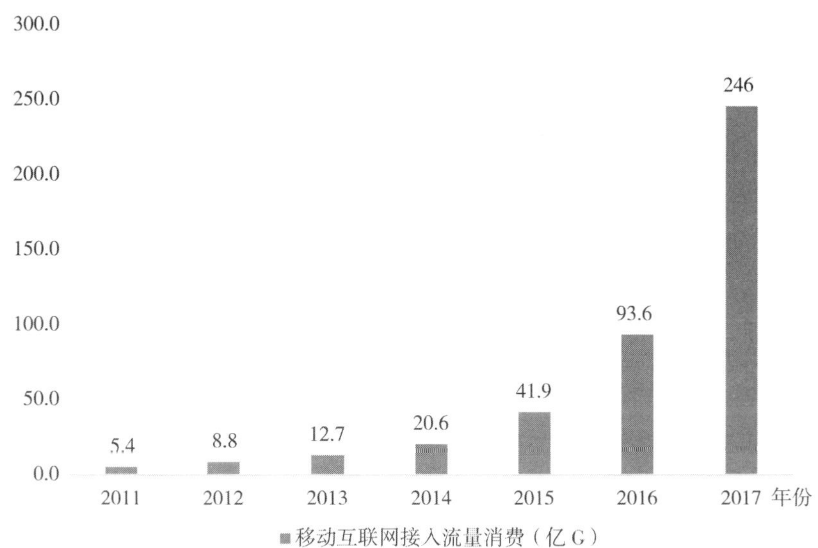

图 5–3　2011—2017 年我国移动互联网接入流量

数据来源：CNNIC

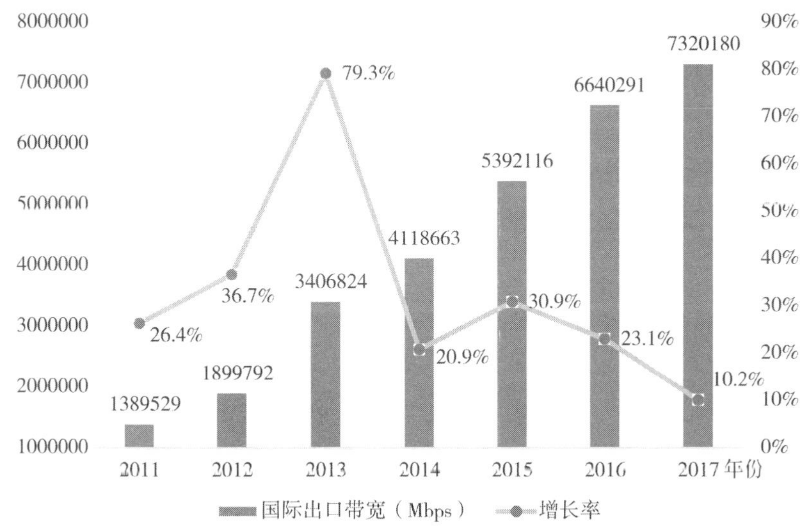

图 5–4　2011—2017 年我国国际互联网出口带宽和增长率

数据来源：CNNIC

2. 通信基础设施

在骨干网方面，国家互联网顶层架构按“西增东扩、多层次、立体化”积极部署，已形成以骨干直联点为主、交换中心为辅的骨干网网间互联顶层架构。互联网网络结构持续优化，骨干网和城域网不断扁平化，从星形向网状演进，网络可控能力逐步增强。2017 年新增杭州、福州、贵阳 3 个骨干直联点，全国互联网骨干直联点达到 13 个。在接入方面，根据工信部发布的数据，截至 2017 年年底，我国互联网宽带接入端口数量达到 7.8 亿个，比上年增长 8.9%。全年累计新增移动通信基站 59.3 万个，总数达 619 万个，是 2012 年的 3 倍。固定互联网宽带接入用户总数达 3.49 亿户，全年净增 5133 万户。其中，50Mbps 及以上接入速率的固定互联网宽带接入用户总数达 2.44 亿户，占总用户数的 70%，占比较上年提高 27.4 个百分点；100Mbps 及以上接入速率的固定互联网宽带接入用户总数达 1.35 亿户，占总用户数的 38.9%，占比较上年提高 22.4 个百分点。移动宽带用户总数达 11.3 亿户，全年净增 1.91 亿户。在提速降费方面，2017 年是我国深入实施“提速降费”的第三年，根据宽带发展联盟发布的《中国宽带速率状况报告》，2017 年第四季度，我国固定宽带和移动宽带平均下载速率分别达到 19.01Mbit/s 和 18.18Mbit/s，同比分别增长 59.8% 和 52.3%。三大运营商推出流量不清零政策，全面取消手机国内长途和漫游费，大幅降低中小企业互联网专线接入资费，降低国际长途电话费。

3. 应用设施

我国云计算向制造、金融、政务、医疗、教育等多领域延伸拓展，通过整合各类资源，促进产业链上下游的高效对接，实现传统行业与信息技术的融合发展。住建部等相关部门统计数据显示，截至 2017 年年底，我国在建和建成的基于政务云的智慧城市数量超过 500 个。骨干制造业企业、云计算企业联合牵头搭建工业云平台，提供工业专用软件、工业数据分析、在线虚拟仿真、协同研发设计等类型的云服务，发展协同创新、个性化定制等业务形态，培育“云制造”模式，提升制造业快捷化、服务化、智能化水平。互联网企业通过建立开放云计算平台、设立创投基金、提供创业指导等形式，推动线上线下资源聚集，支持中小企业、个人开发者基于云计算平台，开展大数据、物联网、人工智能、区块链等新技术、新业务的研发和产业化，培育一批基于云计算的新兴业态，进一步拓宽云计算应用范畴。内容分发网络（CDN）覆盖日益广泛。2016 年 12 月，工信部向网宿科技和阿里云颁发内容分发网络业务经营许可证，标志着内容分发网络业务进入专业许可运营阶段，截至 2017 年年底，获得 CDN 牌照的企业已达 51 家。

4. 互联网协议第六版（IPv6）

2017 年 11 月，中办、国办联合发布《推进互联网协议第六版（IPv6）规模部署行动计划》。我国是世界上较早开展 IPv6 试验和应用的国家，在技术研发、网络建设、应用创新方面等取得了重要的阶段性成果，已具备大规模部署的基础和条件。由于进入 IPv6 领域的时间较早，政策保障较好，我国 IPv6 的发展速度较快，相关科研机构、高校和企业积极参与 IPv6 技术研究和国际标准制定工作；网络设备厂商主流产品均已支持 IPv6 协议并具备国际竞争力；教育网、科技网建成 IPv6 示范网络并投入使用，三大电信运营商的骨干网均已具备支持 IPv6 的能力；已建成成熟的 IPv6 地址分配注册体系。中国互联网络信息中心发布的《2017IPv6 地址资源分配及应用情况报告》显示，截至 2017 年年底，我国 IPv6 地址分配总数为 23430 块 /32，全球排名第二位，IPv6 地址总数占全球已分配 IPv6 地址总数的比例达到 10.38%。

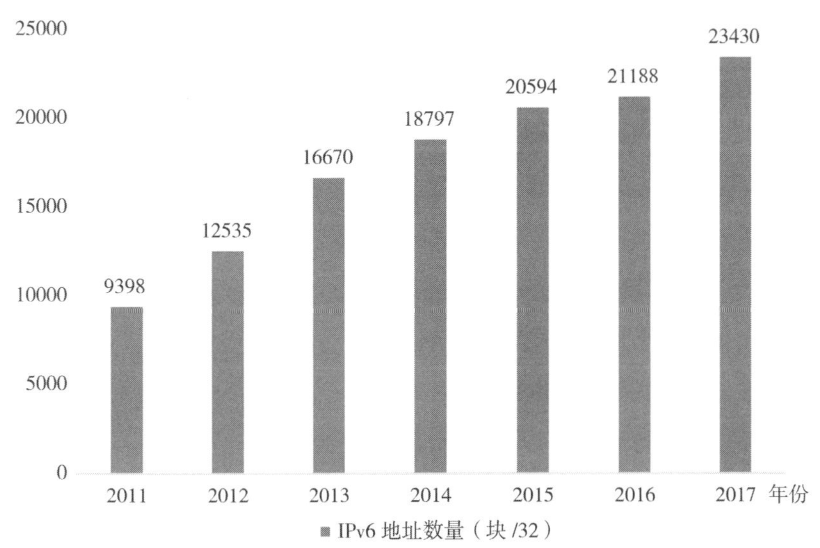

图 5–5　2011—2017 年我国 IPv6 地址数量

数据来源：CNNIC

（二）新技术新应用带动信息产业发展

2017 年，我国电子信息产业（含软件）整体收入规模接近 20 万亿元，同比增速约 14%。其中规模以上电子信息制造业收入超过 14 万亿元，同比增长 13.8%；软件业收入超 5.5 万亿元，同比增长 13.9%。电子信息产业效益持续改善，电子信息制造业主营业务收入利润率为 5.16%，同比提高 0.41 个百分点，软件业实现利润总额超 7000 亿元，同比增长 15.8%。规模以上电子信息制造业 2017 年出口交货值同比增长 14.2%，其中，电子元件、电子器件领域分别增长 21% 和 15%。集成电路、液晶显示、手机等重点产品出口金额由 2016 年负增长转为 2017 年正增长，增速分别为 12.6%、2.3% 和 11.1%。

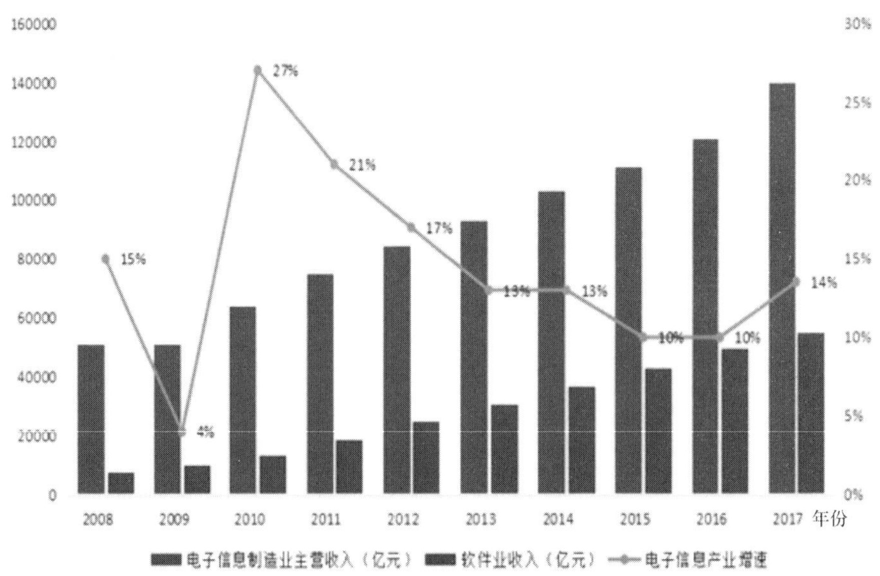

图 5–6　2008—2017 年我国电子信息产业发展情况

数据来源：工信部

1. 智能手机

中国信息通信研究院发布的数据显示，2017 年国内智能手机市场出货量为 4.61 亿部，同比下滑 11.6%。其中，4G 网络和终端占比已达 95%。国内智能手机市场集中度不断提升，2017 年国内智能手机市场出货量排名前五的厂商分别是华为、vivo、OPPO、小米和苹果，出货量合计占比达到 72.8%，同比大幅提高了 15.2 个百分点。国内企业纷纷加快出海，迅速占据全球主要规模市场，在印度前五席中占四席，在印尼市场中占三席。

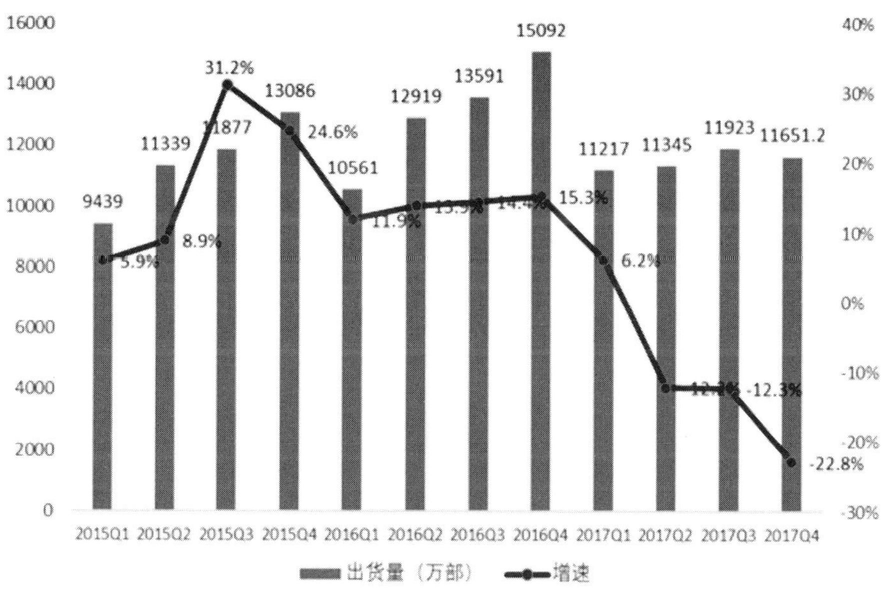

图 5–7　2015—2017 年我国智能手机出货情况

数据来源：中国信息通信研究院

手机终端与人工智能全面融合。当前，移动 SoC 芯片通过升级异构性能或集成专用计算加速单元，持续提升神经网络、深度学习处理能力，进而实现在终端侧的人工智能算法的推理应用，麒麟 970 集成了神经网络处理芯片，执行深度学习任务处理速度和能效分别提升 25 倍和 50 倍；软件层面，智能手机操作系统也在不断引入人工智能算法，实现系统人机交互能力的大幅提升。我国终端企业通过产业上下游协作，建立了兼顾终端、互联网应用和线下信息的用户画像体系，并在利用人工智能技术进行参数调优上开展了大量有益的尝试，以实现个性化多媒体 / 新闻信息整合推送、出行服务、广告推送等。

2. 通信网络

在光通信领域，烽火科技在国内首次实现 560T 超大容量波分复用及空分复用光传输系统实验，实现一根光纤上 67.5 亿对人（135 亿人）同时通话，标志着我国在“超大容量、超长距离、超高速率”光通信系统研究领域迈上新台阶。由中国移动提出，华为、中兴和烽火三大通信主流设备商联合研发的下一代 5G 承载 SPN（切片分组网）设备一阶段试验测试完成。在移动通信领域，5G 试验第二阶段测试已经基本完成，2017 年年底进入第三阶段，重点开展预商用设备、组网性能和相关互联互通测试，加快实现 5G 商用部署。在量子通信领域，2017 年 6 月，中国“墨子号”量子星在国际上率先实现千公里级的星地双向量子纠缠分发，在空间量子物理研究方面取得重大突破，从技术上验证了构建全球量子通信网络的可行性。

3. 人工智能

我国高度重视人工智能发展，人工智能首次被写入 2017 年《政府工作报告》；2017 年 7 月，国务院印发《新一代人工智能发展规划》，明确将人工智能作为未来国家重要的发展战略；2017 年 12 月，工信部《促进新一代人工智能产业发展三年行动计划（2018—2020 年）》提出具体行动方案。

芯片方面，寒武纪、地平线、深鉴科技等新兴企业以 ASIC（专用集成电路芯片）创新从专用领域强势切入。算法方面，互联网公司和垂直领域技术公司凭借算法实力实现计算机视觉、自然语言处理、人机交互等关键技术的突破，百度深度学习网络取得人脸识别准确率 99.84%、语音识别准确率 95% 等世界领先成绩，腾讯以 83.29% 的成绩在国际权威人脸数据库 MegaFace 上 100 万级别人脸识别测试中获得冠军。开发框架方面，互联网领军企业依托自身数据和经验，构建了以百度 PaddlePaddle、阿里云 DTPAI 等为代表的开放平台。

4. 新型显示

在生产线新一轮的建设浪潮与上游配套协同发展的背景下，环渤海、长三角、珠三角、成渝鄂等地区的集聚效应呈现，总体产能规模得到大幅提升，2017 年，中国大陆地区的满负荷产能占比超过韩国，位居全球第一位。

作为全球新型显示产业崛起的新兴力量，我国 TFT-LCD 骨干面板企业在高分辨率、低功耗、窄边框技术积累已接近国际先进水平，在 GOA（闸极驱动电路基板技术）、Cu 制程、四道光罩等前中道特色工艺的量产导入与大尺寸产品结构方面有待完善。为应对中小尺寸 AMOLED 对 LCD 的替代趋势，目前我国在建和投产的 OLED 产线达十余条。武汉天马 LTPS AMOLED 产线已于 2017 年 4 月同时点亮刚性和柔性产品，成都京东方柔性 AMLOED 产线也于 5 月点亮投产，并于 10 月末成功量产出货。

5. 工业互联网

在新一轮科技革命和产业变革的历史趋势下，世界主要国家纷纷将制造业与互联网融合发展作为着力点，加大战略布局力度，抢占全球科技和产业竞争的制高点。根据工业互联网产业联盟数据显示，2017 年我国工业互联网直接产业规模约为 5700 亿元。我国工业互联网发展进度与全球一致，都处于起步阶段，已在参考架构设计、技术创新与产业化、生态体系建设、应用模式创新、国际合作等方面取得一定进展。

我国工业互联网平台创新活跃，基本形成了以航天云网为代表的协同制造平台、以树根互联为代表的产品全生命周期管理服务平台和以海尔为代表的用户定制化平台等典型平台，并逐步培育起工业应用的创新生态。如海尔 COSMOPlat 平台与用户进行充分交互，对用户个性化定制订单进行全过程跟踪，打通需求搜集、产品订单、原料供应、产品设计、生产组装等环节，打造了适应大规模定制模式的生产系统，形成了 6000 多种个性化定制方案，订单合格率提高 2%，交付周期缩短 50%。2017 年实现交易额 3113 亿元，订单量达到 4116 万台。

我国工业互联网已初步形成三大应用路径。我国工业互联网应用正由家电、服装、机械等向飞机、石化、钢铁、橡胶、工业物流等更广泛领域普及，并形成三大路径。一是面向企业内部的生产率提升，即建设智能工厂，通过打通设备、产线、生产和运营系统，获取数据，实现提质增效，打造数据驱动的智能生产能力。如海尔凭借智能物流仓储模式、COSMO 平台，探索建立了满足用户全流程最佳体验为中心的互联工厂模式。二是面向企业外部的价值链延伸，即打造智能产品、服务和协同，通过提高生产率、降低生产成本、制造高价值产品等方式为企业创造更多的效益，打造数据驱动的业务创新能力。三是面向开放生态的平台运营，即培育工业互联网平台，以其为抓手汇聚协作企业、产品、用户等产业链资源，打造数据驱动的生态运营能力。我国目前已经形成 30 多个平台，孕育出众多商业模式的创新，具有多元化的特色。

（三）数字经济成为驱动经济转型升级的重要引擎

数字经济正深刻改变着人类的生产和生活方式，其作为经济增长新动能的作用日益凸显。根据国家网信办发布的《数字中国建设发展报告（2017 年）》，2017 年我国数字经济规模达 27.2 万亿元，同比增长 20.3%，占 GDP 的比重达到 32.9%，数字经济成为驱动经济转型升级的重要动力。

1. 数字经济投融资

创业投资对数字经济相关企业较为青睐，日渐成为数字经济相关企业在上市前融资的主要来源。根据海通证券发布的数据，互联网行业获得的 PEVC 融资额，从 2011 年的 27 亿美元，一路飙升至 2017 年的 197 亿美元。2016 年全年 IT、互联网、电信三个行业获得的 PEVC 融资占比接近 40%，截至 2017 年年底，上述三个行业获得的 PEVC 融资已超 300 亿美元。横向来看，中国在关键数字技术领域的风险投资规模位居世界前列，其中金融科技领域投资额为世界第一，虚拟现实、自动驾驶、可穿戴设备、教育技术、机器人与无人机以及 3D 打印等领域投资额均为世界第二，仅次于美国。

2. 信息消费

根据国家互联网信息办公室发布的《数字中国建设发展报告（2017 年）》，2017 年全年信息消费规模达 4.5 万亿元，同比增长 15.4%。从信息消费发展指数监测结果来看，根据中国信息通信研究院测算，2017 年我国信息消费发展指数增速达到 14.1%。从信息消费需求来看，消费者进行信息消费的意愿和能力不断提升，信息消费需求年均增速达到 6.8%。从信息消费供给来看，全国基础电信业、电子制造业、软件和信息服务等产业快速壮大，信息技术与经济社会各领域深度融合，电子商务、O2O、分享经济等信息消费模式扩大了消费者选择范围，正在变革消费模式、重塑消费流程，助力信息消费供给能力持续升级，信息消费供给年均增速达到10.1%。

3. 智能制造

制造业与互联网融合是新一轮科技革命和产业变革的核心，是实现我国制造业转型升级和跨越式发展的关键。在智能工厂方面，经过前期探索，我国已涌现出成都数字化工厂以及海尔、美的等智能工厂建设的样板。例如，成都数字化工厂采用 Siemens PLM 软件，通过虚拟化产品设计和规划实现了信息无缝互联，使工厂全面透明化，实现虚拟设计与现实生产相融合；PLM、MES 自动化建立在一个数据库平台上，利用 MES 和 TIA 将产品及生产全生命周期进行集成，大幅缩短产品上市时间；自动监控质量确保品质，质量一次通过率可达 99.9985%；物流实现全自动化，大幅缩短补充上货时间，促使生产效率提高，实现了机机互联、机物互联和人机互联，建立了高度智能化的生产加工控制系统，实现了数字化双胞胎的智能工厂。

4. 共享经济

2017 年《政府工作报告》指出，“支持和引导分享经济发展，提高社会资源利用效率，便利人民群众生活”；国务院常务会议部署促进分享经济健康发展，按照“鼓励创新、包容审慎”原则，审慎出台新的准入和监管政策；国家发展改革委、中央网信办等八部委联合发布了《关于促进分享经济发展的指导性意见》；交通运输部、中央宣传部和中央网信办等十部委联合印发《关于鼓励和规范互联网租赁自行车发展的指导意见》。截至 2017 年年底，全球共享经济领域独角兽企业共 15 家，中国有 5 家企业位列其中。共享产权住房、共享产能等共享经济新载体陆续出现。国家信息中心发布的《中国制造业产能共享发展年度报告（2018）》指出，2017 年制造业产能共享市场规模约为 4120 亿元，比上年增长约 25%，通过产能共享平台提供服务的企业数量超过 20 万家。共享经济在高速发展的同时，多个领域出现行业洗牌现象，包括酷骑单车、小蓝单车、悟空单车、小鸣单车、3Vbike、町町单车、卡拉单车等在内的 7 家共享单车企业相继倒闭，在共享汽车、共享充电宝、共享睡眠舱等领域也相继有企业宣告倒闭或终止服务。

5. 跨境电商

跨境电商“综试区 + 试点城市”齐头并进。中国海关统计数据显示，2017 年，中国海关办理跨境电子商务进出口清单 6.6 亿票，是进出口货物报关单的 8.4 倍。2017 年，仅全国海关通过系统验放的跨境电商进出口商品总额就达到 902.4 亿元，同比增长 80.6%，其中出口 336.5 亿元，进口 565.9 亿元，同比分别增长 41.3% 和 120%，2015 年至 2017 年通过海关跨境电子商务管理平台零售进出口总额年均增长 50% 以上。

6. 农村电商

2017 年中央一号文件《关于深入推进农业供给侧结构性改革，加快培育农业农村发展新动能的若干意见》首次将“推进农村电商发展”作为一个条目单独陈列。商务部发布的《中国电子商务报告（2017）》显示，2017 年农村网络零售额首次突破万亿元大关，达 12448.8 亿元，同比增长 39.1%。农村网店达 985.6 万家，同比增长 20.7%。电商进农村综合示范覆盖全国 756 个县，建设了 5 万个村级电商站点，服务涉及 275 万贫困户。全国建立在村一级的基层电商服务站近 50 万个，覆盖了约 2/3 的行政村。全国农产品网络零售额达 2436.6 亿元，同比增长 53.3%。农村电商缓解了农民“卖难”问题，推动农业结构升级。

7. 移动支付

联合国环境署下的无现金联盟在《中国社交和电子商务平台和中国数字支付生态的成长》中指出，中国移动支付发展全球领先，普及率居于首位。中国人民银行发布的数据显示，2017 年，全国银行业金融机构共办理移动支付业务 375.52 亿笔，金额 202.93 万亿元，同比分别增长 46.06% 和 28.80%。其中，第一季度移动支付业务 93.04 亿笔，金额 60.65 万亿元，同比分别增长 65.71% 和 16.35%；第二季度移动支付业务 86.22 亿笔，金额 39.24 万亿元，同比分别增长 40.51% 和 33.84%；第三季度移动支付业务 97.22 亿笔，金额 49.26 万亿元，同比分别增长 46.65% 和 39.42%；

第四季度移动支付业务99.04亿笔，金额53.77万亿元，同比分别增长35.13%和31.90%。

（四）电子政务持续发展

2017年，国务院办公厅印发《政务信息系统整合共享实施方案》，国家发展改革委、中央网信办印发《政务信息资源目录编制指南（试行）》，我国电子政务发展的政策环境持续优化，各级政府积极响应国家号召，大力发展电子政务。

1. 电子政务外网

电子政务外网全面支撑政务信息系统整合共享，率先完成“网络通”的工作任务，全国性重大业务应用释放新成效，政务外网支撑服务能力达到新水平，贯通全国的四级网络平台日益完善，政务大数据业务布局取得新进展，国家电子政务云数据中心体系工程建设正在稳步实施，互联网大数据分析工作不断深化。2017年12月26日，全国电子政务外网工作会议在北京召开，会议强调，必须深入研究把握国家电子政务外网发展形势和突出矛盾，强化设施供给、数据供给、服务供给和安全供给，努力打造让人民满意的新时代电子政务服务体系。

2. 政务信息系统整合共享

2017年5月，国务院办公厅印发《政务信息系统整合共享实施方案》；2017年6月30日，国家发展改革委、中央网信办印发《政务信息资源目录编制指南（试行）》。各地积极探索政务信息系统整合和共享新模式，南京市搭建综合管理系统和政务服务统一平台，推进部门间数据共享；兰州市依托政府数据共享交换平台，推进基础数据跨部门、跨领域、跨行业共享；广州市建立了政务信息共享管理细则和资源目录，有效解决了“以谁的数据为准、能否共享、如何共享”等问题，市民办事基本不再重复提交材料；深圳市打破信息共享体制机制羁绊，大力推进政务服务“八个一”工程，从审批制度流程和机构改革入手，有效带动了政务服务模式创新；福建省在“数字福建”战略引领下，探索电子证照建设应用，基本实现了企业办事的“一号申请”。

3.“互联网 + 政务服务”

2017 年 1 月 12 日，国务院办公厅印发《“互联网 + 政务服务”技术体系建设指南》，各地围绕事项清理入驻、服务平台搭建、服务方式优化等方面着力，拓展服务内容，加快推进“互联网 + 政务服务”体系建设。

北京市以“北京通”为代表的惠民服务体系初具规模，累计发放北京通卡 1795 万张，免费发放“法人一证通”79.3 万张，“北京通”APP 上线运行，整合 10 大类 130 项便民服务，覆盖 20 余家政府部门、公共事业单位。

上海市基本形成了“一网（政务外网）、一云（电子政务云）、一窗（网上政务大厅）、三库（人口、法人、空间地理信息库）、N 平台、多渠道”的支撑体系，网上政务大厅已基本实现与区行政服务中心、街镇社区事务受理服务中心的三级联动。截至 2017 年 9 月底，市级网上政务大厅已有 100 个审批事项实现“全程网上办理”，各区级大厅共有 700 余个审批事项实现“全程网上办理”，自 2015 年 11 月上线以来，已累计网上办理事项 1000 余万件。

浙江省实行“最多跑一次”改革，通过“一窗受理、集成服务、一次办结”的服务模式创新，让企业和群众到政府办事实现“最多跑一次”的行政目标。截至 2017 年年底，浙江省“最多跑一次”事项、办件量占比均超九成，57 个省级单位、3600 余项数据共享权限，百余民生事项“一卡通办”，“房电水气”联动过户全面推开，全省“最多跑一次”实现率达 87.9%、满意率 94.7%。

江苏省于 2017 年 1 月 24 日上线试运行江苏政务服务网，6 月 28 日正式上线运行，取得明显成效。截至 9 月 12 日，江苏政务服务网访问量已达 6737 万，APP 下载量 437 万，用户注册量 186 万，实名认证量 102 万，12345 在线服务人次 751 万。

广东省着手建设全省统一的网上办事大厅，已实现省、市、县、镇、村政务服务全覆盖，法人和个人事项网上办理、政务信息网上公开、公共决策网上互动、政府效能网上监督。全省具有行政许可职能的 5648 个部门，按应进必进的原则全部进驻，提供办理事项 94874 项。

广西构建的政务服务体系已拓展到自治区、市、县、乡、村五级政务服务中心（大厅），其中全区 14 个市、111 个县（市、区）和 1251 个乡镇（街道）全部建立了政务服务中心、全区村（社区）政务服务中心建成比例达 98% 以上，构建了一张纵向到底、横向到边、覆盖全区的五级政务服务体系，实现了群众办事“一门进、一站式、一窗办”。

深圳市宝安区结合“放管服”改革的部署要求，依托线上线下两大政务服务平台，以标准化、信息化为核心，按照“就近受理申请、数据网上流转、批件快递送达”的原则，在全市率先实现区级行政审批服务事项“全口径通办”。

宁夏自治区统一规划建成了集行政审批、政务公开、效能监督、信息共享、互动交流等功能于一体，纵横贯通自治区及 28 个市县（区）级政务大厅、786 个审批部门、247 个乡镇、2496 个行政村（社区）的“政务云”平台，推行全流程互联网“不见面审批”，实行“一号申请、一网审批、全程网办”，形成了网上办事大厅、手机 APP、微信关注、“12345”政府热线及实体大厅窗口“五位一体”的宁夏政务服务新模式，自治区本级“不见面办理”事项在 2017 年年底达到 62.7%。

4. 互联网 + 公共服务

在“互联网 + 人社”方面，2017 年 6 月 22 日，人社部在杭州组织召开全国“互联网 + 人社”推进座谈会，全面部署“互联网 + 人社”2020 行动计划。2017 年，全国 90% 以上的地市已实现医疗费用持卡即时结算。除就医外，社保卡在电子凭证、信息记录、自助查询、就医结算、缴费和待遇领取以及金融支付等 6 类功能方面不断普及，典型应用达 102 项。2017 年 9 月，国家异地就医结算系统全面启动、联网运行，异地就医医保直接结算在全国 31 个省（自治区、直辖市）全面实施。在“互联网 + 教育”方面，宁夏通过打造教育资源公共服务平台，全区中小学校互联网接入率已达到 100%；河南教育全面启动电子政务，招生报名等服务将全部网上办理；黑龙江省教育厅制定了省“互联网 + 教育”行动计划，“宽带网络校校通”“优质资源班班通”等工程开始实施。在“互联网 + 文化”方面，全国各地积极推动旅游休闲、书籍报刊、广播影视和文化博物馆等项目的数字化，促进了传统媒体与新兴媒体融合发展。

5. 政府网站

2015 年，国务院办公厅组织第一次全国政府网站普查，各地区、各部门已开设政府网站 84094 个，其中超过九成的政府网站几乎没有访问量。针对这些情况，国务院办公厅开始了政府网站的“瘦身”行动，存在严重问题的网站被关停上移。到 2017 年，网站数量已减少 5 万余家，抽查合格率达 91%。为防止官网长期不更新，政务网站干部问责在全国展开，2017 年，共有 625 名不合格网站责任人被问责。

（五）网信军民融合取得阶段性成果

党的十九大报告深刻阐明军民融合在强国强军中的战略地位，明确了新时代军民融合发展的新目标新任务。党的十八大以来，军地各方认真贯彻落实习近平总书记军民融合发展战略思想，网信军民融合从稳步开局到深化拓展，一批重大任务落地实施，一批重大工程加快部署，网信军民融合工作取得阶段性成果。

1. 领导管理体制不断健全完善

2017 年 1 月，中央军民融合发展委员会成立并高效运行，战略指导和统筹谋划全面加强；军民融合发展战略全面启动实施，立体制、定格局、擘新图，军民融合发展大事频频；军民融合重大改革明显提速，系列政策密集推出，发展热潮涌动。网信军民融合加快推进，在网信基础设施、信息资源、网信技术、网信产业等方面取得进展。2017 年 2 月，中央军委装备发展部拟制《推进装备领域军民融合深度发展的思路举措》。2017 年 6 月，国防科工局发布了《2017 年国防科工局军民融合专项行动计划》。2017 年 8 月，科技部、军委科技委联合印发《“十三五”科技军民融合发展专项规划》。2017 年 12 月，军委后勤保障部印发《“十三五”期间推进军队采购军民融合深度发展意见》。

2. 网信技术军民协同创新加速推进

在军地部门共同努力下，军民融合协同创新加速推进，促进了战斗力和生产力的双提升，加快了一体化的国家战略能力生成。重大工程进展迅速。北斗三号开始全球组网，亚太区服务的精度已经达到了米级。我国首颗地球同步轨道高分辨率的遥感卫星高分四号，目前已投入使用。军民资源逐步开放、共享共用。军民资源共享方面取得了好的成果，分三批向社会发布了3000多项国防科技工业的重大试验设备和设施，还开放了国防科技重点实验室和一批国防特色学科实验室。军地联合举办了三次军民融合的高技术成果展，工信部和国防科工局已经连续两次举办了军民两用技术创新应用大赛，在全国引起了强烈的反响。

3. 推进网信领域军地标准兼容

军地标准主管部门密切协作，不断推进标准体系兼容。2017年，军委装备发展部发布了《军事计量军民融合技术规范目录（V2.0）》，中央军委批准下达了军民标准通用化工程第一批建设任务，国防科工局和国家知识产权局发布了《国防科技工业知识产权转化目录（第三批）》，为建立领域完备、内容齐全的军民融合标准规范体系奠定了重要基础，形成一批创新性、引领性、示范性标准化成果。

二、信息基础设施

（一）2017年宽带网络提速降费专项行动

2017年，工信部联合国资委组织实施“深入推进提速降费、促进实体经济发展2017年专项行动”，包括加大电信基础设施投入、深挖宽带网络降费的潜力、鼓励宽带应用融合创新和优化提速降费政策环境四个方面的17项具体工作任务。在基础设施建设方面，我国进一步扩大光纤网络覆盖，鼓励企业部署千兆光纤宽带网络，城镇地区基本具备百兆以上的宽带接入能力，同时扩大了4G网络覆盖的广度和深度，建成全球规模最大的4G网络，4G基站总数超过300万个；通过扩容等措施，持续改善网间和国际互联网的访问性能。固定宽带网络实现从铜缆向光纤的升级演进，全国地级市及以上城市基本实现全光纤网络覆盖，部分城市加速推进千兆接入网络建设。光纤宽带用户在固定宽带用户中占比超过83%，用户实际可用下载速率持续提高。在推进资费水平下降方面，三家基础电信企业全面取消手机国内长途和漫游费；大幅降低面向“双创”基地、中小微企业的互联网专线接入价格水平，助力大众创业、万众创新；合力加大与境外电信企业的国际结算价格谈判力度，不断降低国际长途电话资费水平；进一步简化资费方案，优化套餐设计。

（二）第三批电信普遍服务试点实施

2017 年 5 月 16 日，按照财政部、工信部《关于开展电信普遍服务试点工作的通知》，工信部办公厅、财政部办公厅《关于印发〈2017 年度电信普遍服务试点申报指南〉的通知》的要求，经地市申报、各省预审、专家综合评审，工信部确定 140 个地市（包括地级市、州、盟、地区，直辖市下辖区县以及省直管县等）作为 2017 年度电信普遍服务试点地市。

2017 年，电信普遍服务步入攻坚阶段，工信部针对一些试点地区偏远、施工建设难度大的企业参与积极性不高等问题，进一步加强沟通协调，积极争取地方支持，扎实推进电信普遍服务。同时组织召开各省通信管理局、基础电信企业集团工作推进会，指导各地积极申报，并组织试点地市遴选，批复各省试点地市名单。在第三批普遍服务试点中超额完成 2017 年《政府工作报告》提出的“3 万个行政村通光纤”任务，22 个省提前实现 2020 年贫困村宽带普及率超过 90% 的目标，行政村通宽带比例超过 96%，农村 20M 以上宽带接入端口占比达 51%，达到与城市相当水平，农村地区宽带网络能力和覆盖水平显著提升。

（三）5G 研发和标准制定得到快速推进

2017 年 6 月 12 日，IMT-2020（5G）推进组主办的“2017 年 IMT-2020（5G）峰会”如期举行，大会向全球集中发布 5G 最新研究成果。加强 5G 标准研制，国内力量全面参与 5G 国际标准制定，提出的新型网络架构、网络编码、大规模天线等新技术已纳入国际标准。

在系统布局研发方面，全面推进 5G 研发，已在大规模天线、先进编码、新型多址、网络架构等 5G 关键技术研发上取得突破。5G 技术研发第二阶段试验中面向 5G 新空口的无线技术测试已顺利完成，在 2017 年年底2018年年初启动第三阶段试验。5G试验外场聚集10多家国内外企业，技术研发试验环境全球最大。在频率方面，于2017年11月正式发布了5G中频规划，明确3.3—3.6GHz和4.8—5.0GHz共计500MHz用于5G。在应用方面，积极推动5G在工业互联网、车联网等领域应用，加快推动5G应用产业发展。

（四）NB-IoT全面商用

2017年6月16日，工信部办公厅向各省、自治区、直辖市及新疆生产建设兵团工业和信息化主管部门和各省、自治区、直辖市通信管理局及相关企业印发《关于全面推进移动物联网（NB-IoT）建设发展的通知》，要求建设广覆盖、大连接、低功耗移动物联网（NB-IoT）基础设施，发展基于NB-IoT技术的应用，推进网络强国和制造强国建设，促进“大众创业、万众创新”和“互联网+”发展。具体包括：加强NB-IoT标准与技术研究，打造完整产业体系；推广NB-IoT在细分领域的应用，逐步形成规模应用体系；优化NB-IoT应用政策环境，创造可持续发展条件。明确提出：基础电信企业要加大NB-IoT网络部署力度，提供良好的网络覆盖和服务质量，全面增强NB-IoT接入支撑能力。到2017年年末，实现NB-IoT网络覆盖直辖市、省会城市等主要城市，基站规模达到40万个。到2020年，NB-IoT网络实现全国普遍覆盖，面向室内、交通路网、地下管网等应用场景实现深度覆盖，基站规模达到150万个。加强物联网平台能力建设，支持海量终端接入，提升大数据运营能力。三家基础电信企业积极推进网络部署、开展试商用，并加快商用部署。已逐步实现全国范围内的广泛覆盖，全网基站规模超过40万个，一批省市已经正式开通商用网络。

（五）推进IPv6规模部署行动计划发布

2017年11月26日，中共中央办公厅和国务院办公厅联合印发《推进互联网协议第六版（IPv6）规模部署行动计划》，要求贯彻落实党中央、国务院关于建设网络强国的战略部署，加快推进基于互联网协议第六版

(IPv6) 的下一代互联网规模部署，促进互联网演进升级和健康创新发展。主要目标是：用 5 年到 10 年时间，形成下一代互联网自主技术体系和产业生态，建成全球最大规模的 IPv6 商业应用网络，实现下一代互联网在经济社会各领域深度融合应用，成为全球下一代互联网发展的重要主导力量。重点任务包括加快互联网应用服务升级，不断丰富网络信源；开展网络基础设施改造，提升网络服务水平；加快应用基础设施改造，优化流量调度能力；强化网络安全保障，维护国家网络安全；突破关键前沿技术，构建自主技术产业生态。该行动计划的发布将推动主流互联网应用 IPv6 升级，省部级以上政府网站、媒体网站及中央企业网站 IPv6 改造，新型智慧城市和工业互联网 IPv6 应用，LTE 网络、骨干网、城域网和接入网 IPv6 升级，IPv6 网络国际出入口建设，移动和固定终端升级以及超大型数据中心、内容分发网络和云服务平台、域名系统 IPv6 升级。

（六）杭州、贵阳·贵安、福州三个新增骨干直联点全部建成开通试运行

2017 年 6 月 6 日，杭州国家级互联网骨干直联点正式开通，标志着浙江省信息经济建设具备了关键的网络节点支撑，浙江省的用户在跨运营商访问时，数据将不再绕转其他城市，直接在杭州本地进行交换，提升了网络运行的速度和质量，降低了企业和网民的上网成本。

2017 年 6 月 16 日，贵阳·贵安国家级互联网骨干直联点建成投入运行并举行开通仪式。在贵州省委、省政府的高度重视和大力支持下，按照工信部总体部署，贵州省通信管理局、各基础电信企业和当地各有关部门密切协作，全力推进，在较短的时间内完成了工程建设，骨干直联点监测系统也同步建成开通。

2017 年 8 月 18 日，福州国家级互联网骨干直联点开通仪式在长乐举行，标志着福州跻身全国通信网络交换枢纽，福州直联点的设立彻底改变了福建作为二级节点只与上级节点连接的现状，提升了福建在东南沿海的互联网枢纽地位，使福州成为两岸信息通信合作的桥头堡，成为全国互联网的核心节点、重要支点和新的数据交换口岸。

（七）“中星16号”高通量宽带卫星成功发射

2017年4月12日，中国成功发射实践十三号卫星，卫星完成在轨试验后被命名为“中星16号”。“中星16号”是我国首颗高通量通信卫星，通信总容量超过20G，真正意义上实现了自主通信卫星的宽带应用。在轨测试期间，“中星16号”卫星已经开始在远程教育、互联网接入及新闻音视频采集回传等领域进行示范应用推广，在甘肃省舟曲县、四川省雷波县、云南省彝良县等地的15个教学点，开展利用高通量宽带卫星实现学校（教学点）网络全覆盖试点，有效解决了这些学校因位置偏僻、受地理条件限制而无法宽带上网的问题，促进了边远地区学校教育信息化的建设。后续，我国还将部署宽带通信卫星，预计到2020年可形成覆盖中国全境及亚太地区的高通量卫星通信网，通信容量约200Gbps.

（八）AAE-1海缆投产提升我国在“一带一路”沿线通信能力

2017年6月23日，中国联通于2012年发起并主导建设的亚非欧1号（简称AAE-1）海缆系统大部分正式投入商用。AAE-1海缆与2016年投产的APG和SMW5海缆一起，实现了我国亚非欧方向双路由互为保护，提高了我国在“海上丝绸之路”沿线的通信能力和安全。截至2017年年底，我国国际互联网出入口带宽超过7T，大陆地区共实现8条国际海缆登陆，三家基础电信企业还积极参与AAE-1、新港美等在香港登陆国际海缆建设以及SMW5等其他非登陆海缆建设，国际电路通达北美、东南亚、欧洲和非洲等主要方向，通达方向、承载能力和网络可靠性得到进一步提升；在跨境陆缆建设方面，中国已与俄罗斯、哈萨克斯坦、巴基斯坦、越南、缅甸等12个周边国家建立跨境陆地光缆系统，跨境陆地光缆系统达40多个。

三、信息技术与产业

（一）中国互联网投资基金成立

2017年1月22日上午，中国互联网投资基金在京成立，并与有关企业和金融机构达成多项战略合作协议。国家网信办、财政部负责人出席成立仪式并致辞。中国互联网投资基金经国务院批准设立，由国家网信办和财政部共同发起，基金规划总规模 1000 亿元人民币。设立中国互联网投资基金是贯彻落实新发展理念的具体实践，是推动实施网络强国战略的有力举措。中国互联网投资基金将秉持“专注专业、引导引领、扶优扶强、共享共赢”投资理念，坚持国家战略导向、市场化运营、专业化管理，聚焦互联网重点领域，通过市场化方式支持互联网创新发展，为优秀互联网企业助力，为网络强国战略服务，推动互联网更好造福国家和人民。在基金成立仪式上，还进行了多项战略合作签约。其中，与中国工商银行、中信国安、中邮保险、中国移动、中国联通、中国电信 6 家战略出资企业签署合伙协议，基金首期 300 亿元资金募集认缴到位。与中国工商银行、国家开发银行、中国农业银行 3 家金融机构签署投贷联动协议，为基金所投企业提供银行授信、金融服务等一揽子支持举措，授信总额达 1500 亿元人民币。

（二）百度发布人工智能操作系统 DuerOS

2017 年 1 月 7 日，在国际消费类电子产品展览会（CES）上，百度公司发布人工智能操作系统 DuerOS，这是百度首次推出对话式人工智能操作系统，是百度人工智能的重要战略产品。DuerOS 集硬件、框架、平台、开发生态、生态应用系统、终端硬件为一体，把握对话式人工智能关键的三大技术：远场唤醒能力、语义理解能力、长期记忆能力。DuerOS 强调通过自然语言进行语音对话的交互方式，同时借助云端大脑可时刻学习进化，变得更聪明。DuerOS 具有开放性，可以接入机器人、手机、电视、音箱、汽车等多种硬件设备，同时支持第三方开发者接入。在第四届世界互联网大会上，DuerOS 入选“14 项世界互联网领先科技成果”，是目前唯一开放硬件开发与能力开发双重接入的对话式 AI 平台（操作系统）。

（三）烽火科技在国内首次实现560T超大容量波分复用及空分复用光传输系统实验

2017年2月4日，武汉邮电科学研究院（烽火科技）宣布，在国内首次实现560Tb/s超大容量波分复用及空分复用的光传输系统实验，可以实现一根光纤上67.5亿对人（135亿人）同时通话，标志着我国在“超大容量、超长距离、超高速率”光通信系统研究领域迈上了新的台阶。本次实验采用具有烽火科技自主知识产权的单模七芯光纤作为传输介质，和普通光纤不同的是，一根单模七芯光纤相当于七根普通单模光纤合而为一，因此能够提供七倍于普通光纤的传输能力。基于工艺与技术上的突破，烽火具有自主知识产权的单模七芯光纤不仅解决了多芯光纤不同芯区间的串扰难题，使隔离度达到了－70dB，并且开发出多芯光纤芯区精确定位技术，使多芯光纤芯棒具有精确的几何关系。同时，研发团队通过专用的组装工具解决了多芯光纤芯棒难以固定、芯区尺寸一致性难以控制的问题。在传输介质进行创新的同时，本次实验所采用的系统设备也为“超大容量、超长距离、超高速率”光传输提供了有力支撑。系统设备相当于整个光传输系统的枢纽，该系统设备使用16个单光源，经过光多载波发生装置，单芯传输容量为80Tb/s，系统传输总容量达到560Tb/s。经专家组测试验证，此次实现的“560Tb/s超大容量单模多芯光纤光传输系统”为国内首次，达到了国际先进水平。

（四）锐迪科推出用于3.5GHz频段的LTE-A射频功率放大器

2017年2月15日，锐迪科微电子宣布推出一款用于3.5GHz频段的LTE-A射频功率放大器（简称“PA”）RPM6442，此款芯片可同时覆盖Band42和Band43。3.5GHz频段在3GPP规范中拥有400MHz带宽，其频谱资源相对其他低频段具有明显的带宽优势，被誉为“黄金频段”，已获得欧盟、日本、加拿大等国家和地区主流运营商的青睐并完成大规模4G布网。同时，使用3.5GHz频段资源部署5G也已经在业内达成共识，相对于毫米波频段，3.5GHz频段具有传输损耗小、覆盖距离广的优势，并且由于与LTE频段重合，具有最佳的平滑演进特性，被认为是5G领域

Sub-6GHz 部分的最重要频段。3.5GHz PA 设计具有较高技术难度，此次 RDA 推出的 RPM6442 芯片，达到了世界一流的功耗和线性度指标，支持 2 个 20MHz 带宽的载波聚合和 64QAM 等复杂调制模式，从而完美地满足终端应用对高带宽和高速率的需求。RPM6442 的推出标志着 RDA 成为首家能够量产超高频 LTE-A 射频 PA 的本土企业。

（五）华为 NB-IoT 芯片 Boudica120 实现规模发货

2017 年 4 月 12 日，华为全球分析师大会宣布，华为 NB-IoT 芯片 Boudica 120 于 4 月开始规模发货，月发货能力可达百万片以上，意味着该芯片在产品性能、稳定性、工艺和生产配套等方面达到全面成熟。NB-IoT 的技术优势是覆盖广、功耗低，可广泛应用于公用设施、共享经济、白色家电、物流跟踪、智慧农业、健康监护等众多领域，该技术标准一经推出就得到了各行业的欢迎。华为在全球范围内与运营商和产业合作伙伴一起进行了大量的概念验证、业务孵化和生态培养，目前已孵化超过 100 家合作伙伴，其中以远程抄表、共享单车、白色家电为代表的百万级海量应用已经完成实验室测试，开始进入商用化阶段。

（六）世界首台光量子计算机在中国诞生

2017 年 5 月 3 日，中科院宣布世界首台光量子计算机由中国研制成功，这是历史上第一台超越早期经典计算机的基于单光子的量子模拟机。该项目是中国科学技术大学潘建伟教授及其同事陆朝阳、朱晓波等联合浙江大学王浩华教授研究组共同攻关突破的成果，标志着我国的量子计算机研究领域已迈入世界一流水平行列。团队利用自主发展的综合性能国际最优的量子点单光子源，通过电控可编程的光量子线路，构建了针对多光子“玻色取样”任务的光量子计算原型机。实验测试表明，该原型机的“玻色取样”速度不仅比国际同行类似的之前所有实验加快至少 24000 倍，通过和经典算法比较，比人类历史上第一台电子管计算机（ENIAC）和第一台晶体管计算机（TRADIC）运行速度快 10—100 倍。

（七）厦门联芯 28nm 工艺线量产

2017 年 5 月，厦门联芯宣布量产 28nm 工艺，技术主要来源于母公司台联电工艺授权。在台联电的扶持下，联芯电子初期良率就达到了 94%。厦门联芯是厦门市政府、UMC 联电及福建电子资讯集团合资成立的晶圆代工厂，总投资高达 62 亿美元。在产能布建上，2016 年第四季度月产能约达 3000 片，从 2017 年开始，逐季扩充产能，2017 年年底前月产能拉高到 16000 片。

（八）我国科学家利用“墨子号”量子卫星率先实现了千公里级的星地双向量子纠缠分发

2017 年 6 月 16 日，中国“墨子号”量子科学实验卫星重大科技成果在中国科学技术大学发布，“墨子号”量子星在国际上率先实现千公里级的星地双向量子纠缠分发，并在此基础上实现了空间尺度下严格满足“爱因斯坦定域性条件”的量子力学非定域性检验，在空间量子物理研究方面取得重大突破。从百公里级到千公里级，中国量子卫星的成就，也让量子通信向实用化迈进了一大步，并从技术上验证了构建全球量子通信网络的可行性。

（九）中星微发布“星光智能一号”芯片

2017 年 6 月 20 日，中星微数字多媒体芯片技术国家重点实验室发布中国首款嵌入式神经网络处理器（NPU）芯片——星光智能一号，并实现量产。它是全球首颗具备深度学习人工智能的嵌入式视频采集压缩编码系统级芯片，内置国家重点实验室的神经网络处理器，支持 AlexNet、GoogleNet 等神经网络，同时集成了国家标准的音视频编解码器，实现人工智能嵌入式机器视觉应用。具体来说，NPU 采用了“数据驱动”并行计算的架构，彻底颠覆了传统的冯诺依曼架构。每个 NPU 处理器具有 4 个内核，每个内核有两个数据流处理器，每个数据流处理器具有 8 个长位宽或 16 个短位宽的 SIMD（单指令多数据）运算单元。单颗 NPU（28nm）能耗仅为 400mW，极大地提升了计算能力与功耗的比例。目前，“星光智能一号”已被应用于嵌入式视频监控领域，不仅具有高清视频的采集和编码，而且基于深度学习的智能化目标，可识别人、车辆等。

（十）华为海思发布 10nm 工艺的麒麟 970

2017 年 9 月 2 日，在 2017 年德国柏林国际消费类电子产品展览会上，华为发布人工智能芯片麒麟 970，它是全球首款内置独立 NPU 的智能手机芯片，运算能力达 1.92TFP 16 OPS。在 CPU 部分，麒麟 970 采用 big.LITTLE 多核架构，集成了四个 Cortex A73 大核心（2.4Ghz）和四个 Cortex A53 小核心（1.8Ghz）；在 GPU 部分，集成 ARM Mali-G72 MP12 十二核 GPU，与上一代麒麟 960 相比，图形处理性能提升 20%，能效提升 50%；在基带方面，麒麟 970 是全球首款配备 4.5G（准 5G）基带移动芯片的移动 SOC，可以支持全球先进的通信规格 LTE Cat.18，能够在全球范围内实现各运营商的高速率组合；在存储方面，支持 LPDDR4X 内存、UFS2.1 闪存；在制造工艺上，采用台积电 10 纳米工艺，约 100 平方毫米的芯片面积内集成 55 亿晶管体；在显示方面，支持 HDR10，支持 4K60 帧和 4K30 帧摄影。在 AI 芯片支持下，麒麟 970 可在特定任务下，比规模类似的 CPU 快 25 倍，同时功效降低 50 倍，超过三星和高通同类别芯片，打破国外厂商在高端移动 SOC 芯片领域的垄断。目前，搭载麒麟 970 的华为 Mate 10、Mate 10 Pro 已经发布。

（十一）工研院“超越摩尔”研发中试线通线成功

2017 年 9 月 10 日，上海微技术工业研究院建设的“超越摩尔”研发中试线正式启动，该中试线是国内首条兼容 CMOS（互补金属氧化物半导体）的 8 英寸研发中试线，部署了 MEMS（微机电系统）、硅光子、RF、硅基 III-V 族、3D 集成、MR 磁传感、功率及生物等工艺。2017 年 12 月 1 日，该中试线生产的首款传感器产品获得验证通过，中试线通线成功，标志着我国 MEMS 及先进传感器的研发和产业化进入新的发展阶段。传感器是实现万物互联的重要基础，“超越摩尔”研发中试线将有效推动我国物联网创新应用的快速发展。通线成功不仅实现了从研发到量产的无缝衔接，也标志着中国在 MEMS 及先进传感器的研发和产业化进入一个全新的快速发展的阶段，是对标国际产业竞争的关键一环。

（十二）阿里巴巴发布全新物联网操作系统 AliOS

2017 年 9 月 27 日，阿里巴巴整合原 YunOS 移动端业务，发布全新的 AliOS 品牌，形成面向汽车、IoT 终端、IoT 芯片和工业领域的物联网操作系统。截至 2017 年年底，与阿里巴巴进行合作的汽车品牌超过 50 余家。

（十三）中国人工智能产业发展联盟成立

2017 年 10 月 13 日，中国人工智能产业发展联盟（AIIA）在北京成立，中国工程院院士潘云鹤当选为理事长，中国工程院院士高文当选为专家委员会主任。AIIA 由国家发展改革委、科技部、工信部、中央网信办指导，中国信息通信研究院、中国电子技术标准化研究院、国家工业信息安全发展研究中心等单位牵头，全国 200 余家人工智能相关企业机构共同发起组建。AIIA 将按照国务院《新一代人工智能发展规划》的部署和《“互联网 +” 人工智能三年行动实施方案》的要求，搭建人工智能产业发展公共服务平台，聚焦并推动人工智能技术在生产制造、健康医疗、生活服务、城市治理等场景的应用，提升产业发展能力与水平。同时，将整合全产业链资源，促进人工智能科技成果和资源的积累与转化，搭建展示、宣传和交流平台，打造优良的产业生态，加快推动中国人工智能产业健康快速发展。

（十四）寒武纪发布新一代人工智能芯片

2017 年 11 月 6 日，中国科学院联合寒武纪公司在北京发布了三款新一代人工智能芯片，包括面向低功耗场景视觉应用的寒武纪 1H8，拥有更广泛通用性和更高性能的寒武纪 1H16 以及面向智能驾驶领域的寒武纪 1M。寒武纪于 2016 年已经发布了全球首款商用深度学习专用处理器——寒武纪 1A 处理器，它基于寒武纪科技发明的国际首个人工智能专用指令集，具有完全自主知识产权，在计算机视觉、语音识别、自然语言处理等关键人工智能任务上具备出众的通用性和效能比。与寒武纪 1A 相比，此次发布的三款新品在功耗、能效比、成本开销等方面进行了优化，性能功耗比再次提升，适用范围覆盖图像识别、安防监控、智能驾驶、无人机、语音识别、自然语言处理等多个重点应用领域。除了面向终端的智能处理器 IP 系列之外，寒武纪还发布了面向云端的高性能智能处理器产品线以及为开发者打造的寒武纪人工智能软件平台“Cambricon NeuWare”。

（十五）我国首条 8 英寸硅基氮化镓生产线通线

2017 年 11 月 9 日，英诺赛科（珠海）科技有限公司 8 英寸硅基氮化镓电力电子器件量产线在珠海正式通线，成为我国首条实现量产的 8 英寸硅基氮化镓生产线。氮化镓作为典型的第三代化合物半导体，具有高工作电压、高输出功率、高效率等一系列优点，可广泛应用于 LED、射频功率放大器等领域，随着 5G 商用步伐日益临近，基于氮化镓材料的基站功率放大器将迎来广阔的市场前景。目前，我国氮化镓产业已经起步，在材料、设计、制造、代工等环节均涌现出一批相关企业，但与国外先进水平相比仍然存在一定的差距。产线方面，苏州能讯、中电集团等国内企业已经拥有 3—4 英寸研制线或专用产品线，三安光电、海威华芯已经建立 6 英寸产线平台，逐步接近国际主流水平，而此次英诺赛科采用独有技术，成功克服高温氮化镓薄膜在冷却时容易发生破裂或翘曲的问题，解决了硅基氮化镓大尺寸化的主要障碍，将硅基氮化镓晶圆尺寸提升到 8 英寸，有效填补了我国在这一领域的空白。

（十六）“神威·太湖之光”蝉联世界超级计算机排名榜单 TOP500 第一名

2017 年 11 月 15 日，在美国丹佛召开的 SC2017 国际高性能计算大会上，由我国并行计算机工程技术研究中心研制、国家超级计算无锡中心运营，基于国产众核处理器的“神威·太湖之光”超级计算机以每秒 12.5 亿亿次的峰值计算能力以及每秒 9.3 亿亿次的持续计算能力，再次斩获世界超级计算机排名榜单 TOP500 第一名，实现了“神威·太湖之光”超级计算机的四连冠，也是我国国产超算系统在世界超级计算机冠军宝座的十连冠。目前，“神威·太湖之光”超级计算机系统已经开展多个应用课题，领域涉及天气气候、航空航天、先进制造、生物医药、新材料、新能源等 20 个方面，支持国家重大科技应用、先进制造等领域解算任务几百项，千万核整机应用 17 个。基于“神威·太湖之光”系统的 2 项全机应用“全球气候模式的高性能模拟”和“非线性大地震模拟”入围“戈登·贝尔”奖提名，占据该奖 2017 年提名总数的 2/3。其中“非线性大地震模拟”一举拿下了“戈登·贝尔”奖，实现了我国高性能计算应用在此项大奖的蝉联。由此证明了我国全自主国产处理器构建的超级计算机“神威·太湖之光”不仅技术领先，应用前景也十分广阔。另外，我国的超算能力增长迅速，本次榜单中，中国超级计算机上榜总数达到历史最高 2020 台，展现出我国科技实力的不断提升。

（十七）中科院微电子所建成国际一流的硅光子平台

2017 年 12 月 28 日，中科院微电子所宣布其硅光子平台完成了平台工艺设计工具包（PDK）与国际主流光子集成设计软件 PhoeniX Software 和 Luceda Photonics IPKISS 的集成，标志着微电子所建成国际一流的硅光子平台。硅光子技术是一项利用硅基材料和成熟的半导体 CMOS 制造技术制作生产光器件和光子集成芯片的技术。作为实现低功耗低成本大规模光（电）子集成的重要技术，硅光子在数据中心以及光通信领域具有迫切的应用需求，同时也是未来实现片上光互连和光计算机的潜在技术。中科院微电子所在 2017 年 5 月首次对外发布了基于 8 英寸晶圆的 CMOS 硅光工艺线，是我国首个可提供完整硅光子流片工艺的平台，改变了我国硅光子芯片基本在国外流片的局面。该平台包含了成套的硅光子工艺模块，并成功验证了包含单模光波导、Y 分支、光交叉器、耦合光栅、可调衰减器、锗探测器和调制器的系列硅光子器件。自 2017 年 5 月发布以来，该平台已承接国内 30 多家单位的 MPW 流片及定制流片服务，器件测试结果达到国际先进水平。2017 年 12 月，该平台与国际知名光子集成设计软件商 PhoeniX Software 合作，将 PDK 内容与其设计软件进行集成，开发了 PhoeniX Software 下的 IMECAS 软件包。与此同时，该平台合作开发伙伴中电38所主导开发了 Luceda Photonics IPKISS 下的 IMECAS 软件包，包含了设计手册、DRC 脚本、器件库等。此次硅光子领域的突破，标志着我国在硅光子领域的研发能力大幅提高，同时也将极大地推动我国硅光子产品的产业化进程。

四、数字经济

（一）国家互联网信息办公室发布《数字中国建设发展报告(2017 年)》

《数字中国建设发展报告（2017 年)》显示，2017 年我国数字经济规模达 27.2 万亿元，同比增长 20.3%，占 GDP 的比重达到 32.9%，成为驱动经济转型升级的重要动力引擎。数字产业化方面，电子信息制造业、软件和信息服务业、通信业持续快速发展，2017 年我国信息产业收入规模达 22.1 万亿元，同比增长 14.5%，信息消费规模提升至 4.5 万亿元，同比增长 15.4%，为同期最终消费增速的 2 倍左右，占最终消费的比重达 10%，对 GDP 增长贡献超过 0.4 个百分点。移动支付逐步实现全场景消费，移动支付交易规模超过 200 万亿元，居全球第一。我国网信企业的整体实力和全球竞争能力不断提升，7 家互联网企业市值跻身全球 20 强。产业数字化方面，信息化成为推动经济发展质量变革、效率变革、动力变革，提高全要素生产率的重要动力引擎。我国两化融合发展水平从 2016 年的 50.7 提高到 2017 年的 51.8，规模以上工业企业数字化研发设计工具普及率达到 63.3%，关键工序数控化率达到 46.4%。智能制造工程深入实施，开展 428 个智能制造项目，创新驱动不断增强，在全国分两批建设了 120 个“双创”示范基地，制造业骨干企业“双创”平台普及率达到 70%，网络化协同制造、个性化定制、服务型制造等新模式新业态持续涌现。全面实施信息进村入户工程，在 10 省市开展信息进村入户整省推进示范，全国共建成运行益农信息社 16.9 万个，开展便民服务 2.33 亿人次。

电子商务实现提档升级。2017 年我国网络零售额达 71751 亿，同比增长 32.2%，跨境电子商务同比增长超过 30%。农村电商发展势头迅猛，2017 年全国农村实现网络零售额 1.24 万亿，同比增长 39.1%。2017 年共享经济市场交易额约 4.9 万亿元，比上年增长 47.2%。

（二）《关于促进移动互联网健康有序发展的意见》强调激发信息经济活力

2017 年 1 月，中共中央办公厅、国务院办公厅印发《关于促进移动互联网健康有序发展的意见》。该意见分为重要意义和总体要求、推动移动互联网创新发展、强化移动互联网驱动引领作用、防范移动互联网安全风险、深化移动互联网国际交流合作以及加强组织领导和工作保障六个部分。该意见指出，要激发信息经济活力，加快制定完善信息经济发展政策措施，将发展移动互联网纳入国家信息经济示范区统筹推进，鼓励移动互联网领先技术和创新应用先行先试，扶持基于移动互联网技术的创新创业，促进经济转型升级、提质增效。加快实施“互联网 +”行动计划、国家大数据战略，大力推动移动互联网和农业、工业、服务业深度融合发展，以信息流带动技术流、资金流、人才流、物资流，促进资源优化配置，促进全要素生产率提升。创新信息经济发展模式，增强安全优质移动互联网产品、服务、内容有效供给能力，积极培育和规范引导基于移动互联网的约车、租房、支付等分享经济新业态，促进信息消费规模快速增长、信息消费市场健康活跃。要支持中小微互联网企业发展壮大。充分运用国家相关政策措施推动中小微互联网企业在移动互联网领域创新发展，支持和促进大众创业、万众创新。进一步发挥国家中小企业发展基金、国家创新基金等政策性基金引导扶持作用，落实好税费减免政策，在信用担保、融资上市、政府购买服务等方面予以大力支持，消除阻碍和影响利用移动互联网开展大众创业、万众创新的制度性限制。积极扶持各类中小微企业发展移动互联网新技术、新应用、新业务，打造移动互联网协同创新平台和新型孵化器，发展众创、众包、众扶、众筹等新模式，拓展境内民间资本和风险资本融资渠道。充分发挥基础电信企业、大型互联网企业龙头带动作用，通过生产协作、开放平台、共享资源等方式，积极支持上下游中小微企业发展。遏制企业滥用市场支配地位破坏竞争秩序，营造公平有序的市场竞争环境。

（三）《大数据产业发展规划（2016—2020 年）》发布

2017 年 1 月，为推动我国大数据产业持续健康发展，实施国家大数据战略，落实国务院《促进大数据发展行动纲要》，按照我国《国民经济和社会发展第十三个五年规划纲要》总体部署，工信部正式发布了《大数据产业发展规划（2016—2020 年）》。该规划以强化大数据产业创新发展能力为核心，明确了强化大数据技术产品研发、深化工业大数据创新应用、促进行业大数据应用发展、加快大数据产业主体培育、推进大数据标准体系建设、完善大数据产业支撑体系、提升大数据安全保障能力七项任务，提出大数据关键技术及产品研发与产业化工程、大数据服务能力提升工程等八项重点工程，研究制定了推进体制机制创新、健全相关政策法规制度、加大政策扶持力度、建设多层次人才队伍、推动国际化发展五项保障措施。《大数据产业发展规划（2016—2020 年）》明确了“十三五”时期大数据产业的发展思路、原则和目标，将引导大数据产业持续健康发展，有力支撑制造强国和网络强国建设。

（四）《关于促进分享经济发展的指导性意见》发布

2017 年 7 月 3 日，国家发展改革委、中央网信办、工业和信息化部、人力资源社会保障部、税务总局、工商总局、质检总局、国家统计局联合印发《关于促进分享经济发展的指导性意见》。《关于促进分享经济发展的指导性意见》认为，分享经济在现阶段主要表现为利用网络信息技术，通过互联网平台将分散资源进行优化配置，提高利用效率的新型经济形态。《关于促进分享经济发展的指导性意见》指出，促进分享经济更好更快发展，要坚持以推进供给侧结构性改革为主线，以满足经济社会发展需求为目标，以支持创新创业为核心，以满足消费需求和消费意愿为导向，深入推进简政放权、放管结合、优化服务改革，按照“鼓励创新、包容审慎”

的原则，发展与监管并重，积极探索推进，加强分类指导，创新监管模式，推进协同治理，健全法律法规，维护公平竞争，强化发展保障，充分发挥地方和部门的积极性、主动性，支持和引导各类市场主体积极探索分享经济新业态新模式。

（五）国务院印发《新一代人工智能发展规划》

2017年7月8日，国务院印发《新一代人工智能发展规划》，提出了面向2030年我国新一代人工智能发展的指导思想、战略目标、重点任务和保障措施，部署构筑我国人工智能发展的先发优势，加快建设创新型国家和世界科技强国。《新一代人工智能发展规划》明确了我国新一代人工智能发展的战略目标：到2020年，人工智能总体技术和应用与世界先进水平同步，人工智能产业成为新的重要经济增长点，人工智能技术应用成为改善民生的新途径；到2025年，人工智能基础理论实现重大突破，部分技术与应用达到世界领先水平，人工智能成为我国产业升级和经济转型的主要动力，智能社会建设取得积极进展；到2030年，人工智能理论、技术与应用总体达到世界领先水平，成为世界主要人工智能创新中心。《新一代人工智能发展规划》提出六个方面重点任务：一是构建开放协同的人工智能科技创新体系，从前沿基础理论、关键共性技术、创新平台、高端人才队伍等方面强化部署。二是培育高端高效的智能经济，发展人工智能新兴产业，推进产业智能化升级，打造人工智能创新高地。三是建设安全便捷的智能社会，发展高效智能服务，提高社会治理智能化水平，利用人工智能提升公共安全保障能力，促进社会交往的共享互信。四是加强人工智能领域军民融合，促进人工智能技术军民双向转化、军民创新资源共建共享。五是构建泛在安全高效的智能化基础设施体系，加强网络、大数据、高效能计算等基础设施的建设升级。六是前瞻布局重大科技项目，针对新一代人工智能特有的重大基础理论和共性关键技术瓶颈，加强整体统筹，形成以新一代人工智能重大科技项目为核心、统筹当前和未来研发任务布局的人工智能项目群。

（六）《智慧交通让出行更便捷行动方案（2017—2020 年）》发布

2017 年 9 月 26 日，交通运输部办公厅印发《智慧交通让出行更便捷行动方案（2017—2020 年）》。该行动方案包括四个方面共 19 项内容。在提升城际交通出行智能化水平方面，包括拓展铁路客运信息市场化应用、加快推进 ETC 拓展应用、开展道路客运联网售票系统建设、创新道路客运信息服务模式、推动水上客运信息服务发展、实施民航“互联网 +”行动计划、推动开展智慧机场建设、推进旅客联运信息服务建设、提升邮轮信息化智能化水平和推进国际道路客运信息化建设等内容；在加快城市交通出行智能化发展方面，包括建设完善城市公交智能化应用系统、推动城市公交与移动互联网融合发展、鼓励规范互联网租赁自行车发展和鼓励规范城市停车新模式发展等内容；在大力推广城乡和农村客运智能化应用方面，包括加强城乡客运智能化应用推广和开展农村客运智能化应用示范等内容；在不断完善智慧出行发展环境方面，包括深化出行公共信息资源开放示范、加快出行信息服务领域标准规范建设和促进交通旅游服务大数据应用等内容。

（七）“2017 金融信息服务发展高峰论坛”在京召开

2017 年 5 月 24 日，在国家互联网信息办公室信息服务管理局指导下，中国互联网发展基金会和中国社会科学院数量经济与技术经济研究所联合主办“2017 金融信息服务发展高峰论坛”。论坛邀请行业主管部门、学界智库、领军企业、相关媒体代表，共同探讨“互联网 +”时代的金融信息服务发展新机遇、新问题与新挑战，探索促进金融信息服务健康发展的新路径，携手构建行业新业态，共同开创金融信息服务未来格局。

（八）工业互联网平台助推企业实现精益生产和降本增效

工业互联网平台是全球工业系统与高级计算、分析、感应技术以及互联网连接融合的平台，平台通过智能机器间的连接并最终将人机连接，结合软件和大数据分析，重构全球工业、激发生产力，助推企业实现精益生产和降本增效。工业互联网已进入大发展时代，我国已形成较健全的工业互联网产业体系。平台企业在质量优化、工艺优化、设备预测性维护、供应链协同等方面持续更新，形成了以航天云网为代表的协同制造平台、以树根互联为代表的产品全生命周期管理服务平台和以海尔为代表的用户定制化平台等典型平台，并逐步培育起一个工业应用的创新生态。

2017 年 6 月，航天科工发布了工业互联网云平台 INDICS。INDICS 是基于航天云网平台应用积累打造的工业互联网云平台核心系统。目前，该平台注册企业数达到近 80 万户，其中境外企业 3000 多户，中小微企业占比超过 90%，私营企业占比超过 90%。线上协作需求发布约 1000 亿元，协作成功约 400 亿元。业务运行过程，嵌入云平台企业 1500 余家，设备接入云平台 6000 余台。

2017 年 4 月，树根互联公司正式推出根云工业互联网平台。根云平台能够为各行业企业提供基于物联网、大数据的云服务，面向机器的制造商、金融机构、业主、使用者、售后服务商、政府监管部门提供应用服务，同时对接各类行业软件、硬件、通信商开展深度合作、形成生态效应。目前，平台已接入能源设备、纺织设备、专用车辆、港口机械、农业机械及工程机械等各类高价值设备超 40 万台，采集近万个参数，连接数千亿资产，为客户开拓超百亿元收入的新业务。

海尔 COSMOPlat 于 2017 年 4 月正式推出，COSMOPlat 是物联网范式下用户全流程参与的平台，可实现大规模定制转型与共创共赢。COSMOPlat 平台全流程共有"七大模块"：用户交互定制平台；精准营销平台；开放设计平台；模块化采购平台；智能生产平台；智慧物流平台；智慧服务平台。"七大模块"构成了"互联网 +"协同模式。

（九）生鲜电商：重构线下超市

2017 年 7 月阿里巴巴正式推出盒马鲜生。盒马鲜生是对线下超市完全重构的新零售业态，它既是超市，又是餐饮店，还是菜市场。消费者可到店购买，也可以在盒马 APP 下单，还可以选择快速配送。盒马鲜生运用大数据、移动互联、智能物联网、自动化等技术及先进设备，实现人、货、场三者之间的最优化匹配，从供应链、仓储到配送，盒马鲜生都有自己的完整物流体系。除了先进的物流体系外，盒马鲜生能在价格上建立优势，这是由于其没有中间环节，实现了从生产商到贩卖商的一路畅通。

2017 年 12 月 30 日，京东首家线下生鲜超市 7FRESH 试营业。7FRESH 利用京东生鲜的优势，消费者可以在最短时间内享受到全球食材。7FRESH 值得一提的是镜面屏幕，当你拿起一个水果，放到指定区域，就可以在头顶的屏幕上看到这个水果的信息，包括产品特色、产地、糖度、食用方法等信息。与传统超市不同的是，7FRESH 增加了无须提前预设、操作步骤简单的刷脸支付，为人工结算分流的自助 POS 结算以及摇一摇手机便会弹出支付二维码的“摇一摇”支付。

（十）中国人民银行正式成立数字货币研究所

2017 年 7 月 3 日，中国人民银行数字货币研究所在北京正式挂牌，研究所将设 7 个部门。近年来，世界各国的央行等金融监管机构都在逐步加强数字货币领域的研究，英国、美国、加拿大、瑞典、新加坡、日本等国的中央银行纷纷表示将对法定数字货币的制度设计和关键技术进行探索研究。我国政府高度鼓励金融科技的发展，但数字货币、区块链等技术会产生难以预测的影响，因此在发展过程中需要加强规范。

（十一）无人零售：颠覆传统的购物场景

2017 年 7 月 7 日，阿里巴巴集团第一家无人超市正式落户杭州；12 月 19 日，阿里联合美的发布了无人零售新产品小卖柜；“淘咖啡”“缤果盒子”“F5 未来商店”等各类无人零售已在全国近 10 座城市迅速铺开。无人零售汇聚移动互联网、智能终端、云计算、大数据、物联网、人工智能、生物识别等多种热门技术，并持续吸收更多创新技术成果。与此同时，基于大数据技术，无人店在站址选择、商品配送上都更贴近市场，决策更科学。商家利用这些数据，后续还能为用户提供更加精准的营销和服务。无人零售在提升购物体验的同时，亦降低了零售商在人工及租金等方面的支出。

（十二）火热“双11”消费新动力①

截至2017年11月11日24时，京东商城“双11”订单金额突破1271亿元，天猫成交额超过1682亿元。凭借惊人的成交额，中国“双11”不断创造着世界消费领域的新纪录。而这背后的逻辑，正是中国消费市场规模增长、结构升级的大背景下，供给侧结构性改革深入推进，激发出源源不断的新动能。得益于智慧物流、大数据，快递爆仓、配送延误等问题得到缓解，“双11”网购体验持续改善。在京东无人仓支撑下，京东物流六大网的单日总运力超过2000万包裹量。分期付款、提前消费等信用消费成为一种新潮流。在提供分期付款服务的分期乐商城，“双11”促销仅开始1小时，参与用户、下单量、下单金额就分别同比增长240%、300%、610%。在以“双11”为代表的网购带动下，一批以前在线下并不知名的国内品牌，以更自信的姿态，服务全球范围的消费者。“中国的‘双11’让买东西变得更简单、更好玩”“‘双11’的吸引力不仅在于其巨大成交额，而且已成为中国消费力量的象征”……英国《金融时报》、美国《纽约时报》等外媒如是评价。

五、网络扶贫

（一）中央网信办、国家发展改革委、国务院扶贫办联合印发《网络扶贫行动计划》

为深入贯彻落实中央扶贫开发工作会议精神，进一步落实《中共中央国务院关于打赢脱贫攻坚战的决定》和《国民经济和社会发展第十三个五年规划纲要》要求，2016年10月，中央网信办、国家发展改革委、国务院扶贫办联合印发《网络扶贫行动计划》，要求贯彻落实习近平总书记关于要实施网络扶贫行动的重要指示精神，充分发挥互联网在助推脱贫攻坚中的重要作用，推进精准扶贫、精准脱贫。

① 参见《火热“双11”消费新动力》，人民网，http：//politics.people.com.cn/n1/2017/1113/c1001-29642398.html。

《网络扶贫行动计划》提出要实施五大工程：一是实施网络覆盖工程，加快贫困地区互联网建设和应用步伐，包括推进贫困地区网络覆盖，加快实用移动终端研发和应用，开发网络扶贫移动应用程序（APP），推动民族语言语音、视频技术研发；二是实施农村电商工程，推动贫困地区农村特色产业发展，包括大力发展农村电子商务，建立扶贫网络博览会，推动互联网金融服务向贫困地区延伸；三是实施网络扶智工程，提高贫困地区教育水平和就业创业能力，包括开展网络远程教育，加强干部群众培训工作，支持大学生村官和大学生返乡开展网络创业创新；四是实施信息服务工程，建立网络扶贫信息服务体系，包括构建统一的扶贫开发大数据平台，搭建一县一平台，完善一乡（镇）一节点，培养一村一带头人，开通一户一终端，建立一户一档案，形成一支网络扶贫队伍，构筑贫困地区民生保障网络系统；五是实施网络公益工程，构建人人参与的网络扶贫大格局，包括开展网络公益扶贫系列活动，推动网络公益扶贫行动，实施贫困地区结对帮扶计划，打造网络公益扶贫品牌项目。

（二）2017 年网络扶贫工作推进视频会议在京召开

2017 年 7 月 31 日，网络扶贫行动部际协调工作组在北京召开 2017 年网络扶贫工作推进视频会议。会议认真学习贯彻习近平总书记关于脱贫攻坚的重要论述，总结交流上半年网络扶贫工作，研究部署下半年工作。中央网信办副主任庄荣文同志代表部际协调工作组作总结讲话。

会议指出，2016 年以来，部际协调工作组强化顶层设计，加强统筹协调，强调上下联动和多方参与，构建多渠道、多元化的网络扶贫工作格局，积极探索网络扶贫新模式、新途径，扎实推进网络覆盖工程、农村电商工程、网络扶智工程、信息服务工程、网络公益工程等重点任务实施，取得积极进展和成效。会议强调，要进一步发挥互联网在推进精准扶贫、精准脱贫中的作用，各地区、各部门要抓紧落实下半年网络扶贫工作，在把握精准要义、加强统筹协调、扶贫扶智并重、加强东西部协作、坚持改革创新和抓督促落实六个方面下功夫，全力完成好各项任务。

（三）第四届世界互联网大会“共享红利：互联网精准扶贫”论坛在浙江举办

2017年12月4日，在第四届世界互联网大会上，中国互联网发展基金会和中国扶贫基金会共同举办了“共享红利：互联网精准扶贫”论坛。论坛围绕“共享红利：互联网精准扶贫”这一主题，探讨如何加快弥合数字鸿沟，打赢脱贫攻坚战，促进全球包容性、可持续发展。论坛上，国际组织、外国政府代表、企业家、专家充分肯定了中国网络扶贫的做法和成效，高度评价我国为全球减贫事业所贡献的智慧，提供的中国经验、中国方案。

（四）中央经济工作会议指出要打好精准脱贫等三大攻坚战

中央经济工作会议2017年12月18日至20日在北京举行。习近平总书记在会上发表重要讲话，总结党的十八大以来我国经济发展历程，分析经济形势，部署2018年经济工作。

会议确定，按照党的十九大的要求，要打好精准脱贫攻坚战，要保证现行标准下的脱贫质量，既不降低标准，也不吊高胃口，瞄准特定贫困群众精准帮扶，向深度贫困地区聚焦发力，激发贫困人口内生动力，加强考核监督。

会议指出，要实施乡村振兴战略，要科学制定乡村振兴战略规划，健全城乡融合发展体制机制，清除阻碍要素下乡的各种障碍。推进农业供给侧结构性改革，坚持质量兴农、绿色兴农，将农业政策从增产导向转向提质导向。深化粮食收储制度改革，让收储价格更好地反映市场供求，扩大轮作休耕制度试点。

六、电子政务与公共服务

（一）国务院办公厅印发《“互联网＋政务服务”技术体系建设指南》

2017年1月12日，国务院办公厅印发《“互联网＋政务服务”技术体系建设指南》，通过加强顶层设计，对各地区各部门网上政务服务平台建设进行规范，优化政务服务流程，推动构建统一、规范、多级联动的全国一体化“互联网＋政务服务”技术和服务体系。

该建设指南针对一些地区和部门当前网上政务服务存在的服务不便捷、平台不互通、数据不共享、线上线下联通不畅、标准化规范化程度不高等问题，在总结相关地方部门政务服务平台建设经验基础上，按照“坚持问题导向、加强顶层设计、推动资源整合、注重开放协同”的原则，以服务驱动和技术支撑为主线，针对企业和群众反映的办事难、审批难、跑腿多、证明多等突出问题，提出了优化网上政务服务的解决路径和操作方法。

该建设指南重点从业务支撑体系、基础平台体系、关键保障技术体系、评价考核体系四个方面明确了“互联网＋政务服务”技术体系的具体要求。

（二）国务院办公厅印发《政府网站发展指引》

2017 年 6 月 8 日，国务院办公厅印发《政府网站发展指引》。该指引共包括总体要求、职责分工、开设与整合、网站功能、集约共享、创新发展、安全防护、机制保障以及附件“网页设计规范”等内容，意在通过解决长期以来政府网站开办关停随意性强，栏目内容标准化规范化程度低，网上政务公开和政务服务水平不能满足公众需要等问题，引导政府网站朝着开办有序、运行规范、资源集约、信息共享、开放创新的方向发展，不断提高政府网上履职能力，提升政府公信力，增强企业和群众的参与感、获得感和认同感。

（三）国务院办公厅印发《全国深化简政放权放管结合优化服务改革电视电话会议重点任务分工方案》

2017 年 6 月 30 日，国务院办公厅印发了《全国深化简政放权放管结合优化服务改革电视电话会议重点任务分工方案》，对简政放权、放管结合、优化服务改革工作作出部署。

该分工方案明确了五个方面的重点任务。一是为促进就业创业降门槛。2017 年 10 月底前在全国范围内实现“多证合一、一照一码”，在更大范围推进“证照分离”改革试点，进一步扩大市场准入负面清单试点，加快制定出台国务院部门权力和责任清单。对新产业、新业态、新模式积极探索包容，审慎监管，为新兴生产力成长打开更大空间。二是为各类市场主体减负担。全面落实结构性减税政策，采取切实措施减少涉企收费，降低企业用能、用地、用网、物流、融资等各方面成本。抓紧建立全国收费目录清单“一张网”，清单之外一律不得收费。三是为激发有效投资拓空间。放宽健康养老、医疗康复、技术培训、文化体育等社会服务业市场准入，彻底打破各种互为前置的审批怪圈。放宽外资准入限制，落实外商投资实行备案管理的开放、便利措施。压减工业产品生产许可，清理、整合、规范现有认证事项和收费。四是为公平营商创条件。综合部门和业务监管部门都要落实监管责任，年内实现“双随机、一公开”监管全覆盖，推行综合执法改革。坚决整治、严厉打击各种损害人民群众身体健康和生命财产安全、严重扰乱市场秩序等行为，加快实行巨额惩罚性赔偿制度。建立完善企业和群众评判“放管服”改革成效的机制。五是为群众办事、生活增便利。持续开展“减证便民”行动，大力提升供水、供电、供气、供暖等公用事业单位及银行等服务机构的服务质量和效率。加快推行“互联网＋政务服务”，加强部门间信息互联互通，打破“信息孤岛”。

该分工方案强调，各地区各部门主要负责同志要亲自抓深化“放管服”改革，细化分解任务，明确时间节点，确保改革措施落地见效。要强化督查问责，对督查发现落实到位、积极作为的典型要通报表扬、给予激励，对敷衍塞责、延误改革、整改不力的要严肃问责，对工作不落实的要公开曝光。要尊重并发挥基层首创精神，鼓励支持地方和基层大胆探索，并及时总结推广改革经验。要加快推进相关法律法规的立改废释工作，依靠法治推进和保障改革。

（四）首份《全国综合性实体政务大厅普查报告》公布

为摸清事实、完善服务，使公众办事的这条主要渠道更加畅通，2017

年年初，国务院办公厅组织开展了全国政务服务体系普查，这是我国首次对综合性实体政务大厅的办事情况进行摸底调查，并于 11 月 23 日发布了普查报告。数据显示，截至 2017 年 4 月，全国县级以上地方政府共设立政务大厅 3058 个，覆盖率 94.3%；其中，省级政务大厅 19 个（含新疆生产建设兵团），地级市政务大厅 323 个，县级政务大厅 2623 个，直辖市区县政务大厅 93 个。江西、广西、四川、贵州、云南、甘肃、宁夏 7 个省（区）已实现省、市、县三级政务大厅全覆盖。2016 年全国政务大厅总办件量 6.02 亿件，相当于每个大厅办理 19.7 万件，日均办理 784 件。地级市大厅年平均办件量最高，达 52.6 万。不过，普查也发现，不同地方的差异较为显著，存在认识不统一、发展不平衡、服务不到位、信息共享难、部门协调难、平台统筹难等问题。

（五）中央网信办、国家发展改革委会同有关部门联合印发《关于开展国家电子政务综合试点的通知》

2017 年 12 月 25 日，为贯彻落实党中央、国务院关于推进电子政务工作的有关部署，中央网信办、国家发展改革委会同有关部门联合印发《关于开展国家电子政务综合试点的通知》，确定在北京、上海、浙江、福建、陕西等基础条件较好的省（自治区、直辖市），开展为期两年的国家电子政务综合试点。

该通知明确要求针对当前地方电子政务存在的统筹规划不足、业务协同水平不高、政务服务不到位等问题开展综合试点，探索形成可借鉴推广的电子政务发展经验。提出建立统筹推进机制、提高基础设施集约化水平、促进政务信息资源共享、推动“互联网 + 政务服务”、推进电子文件在重点领域规范应用五大方面共十三项具体任务进行重点探索。要求到 2019 年年底，各试点地区要电子政务统筹能力显著增强，基础设施集约化水平明显提高，政务信息资源基本实现按需有序共享，政务服务便捷化水平大幅提升，探索出一套符合本地实际的电子政务发展模式，形成一批可借鉴的电子政务发展成果，为统筹推进国家电子政务发展积累经验。

（六）国务院办公厅印发《政务信息系统整合共享实施方案》

2017年5月18日，国务院办公厅印发《国务院办公厅关于印发政务信息系统整合共享实施方案的通知》。该实施方案提出，要按照统一工程规划、统一标准规范、统一备案管理、统一审计监督、统一评价体系的“五个统一”的总体原则，有序组织推进政务信息系统整合，切实避免各自为政、自成体系、重复投资、重复建设。明确了“两步走”的工作目标，要求2017年12月底前，基本完成国务院部门内部政务信息系统整合清理工作，初步建立全国政务信息资源目录体系；2018年6月底前，实现国务院各部门整合后的政务信息系统接入国家数据共享交换平台，初步实现国务院部门和地方政府信息系统互联互通。在具体任务上，该实施方案提出了“十件大事”：加快推动消除“僵尸”信息系统、促进国务院部门内部信息系统整合共享、提升国家统一电子政务网络支撑能力、推进接入统一数据共享交换平台、加快公共数据开放网站建设、推进政务信息共享网站建设、开展政务信息资源普查和目录编制、构建标准体系、规范政务服务平台建设、开展“互联网+政务服务”试点。这“十件大事”被分解为22项重点任务，并逐一明确了任务的责任部门和时间节点。

（七）国务院常务会议部署加快推进政务信息系统整合共享

2017年12月6日，国务院总理李克强主持召开国务院常务会议，部署加快推进政务信息系统整合共享，以高效便捷的政务服务增进群众的获得感。

会议指出，按照党的十九大建设现代化经济体系和人民满意的服务型政府的要求，加快部门和地方政务信息系统整合共享，打通“放管服”改革“经脉”，是便利群众办事和创业创新、增强政府公信力的重要举措。2017年以来落实国务院部署，各省级政府和71个部门已接入国家电子政务外网，在信用、人口信息等领域实现跨部门、跨地域、跨层级数据共享。下一步，一要明确提供公共数据是政府公共服务的重要内容。按照“整合是原则、孤网是例外”的要求，对分散、独立的政务信息系统加快清理整合，统一接入国家数据共享交换平台，并依法依规向社会开放。按照共享要求严格审批新建信息系统，防止重复建设和形成新的信息孤岛。全面清理和制止公共数据仅向特定企业、社会组织开放的行为，体现公平。二要在网络通基础上加快实现数据通、业务通。2017 年年底前初步实现国务院部门 40 个垂直系统向各级政务部门开放共享数据，打通数据查询互认通道，逐步满足政务服务部门对自然人和企业身份核验、纳税证明、不动产登记、学位学历证明等约 500 项数据查询等需求，促进业务协同办理，提高政务服务效能，避免企业和群众办事多头奔波。对依法依规应由政府提供、可经政务信息系统查询到的信息，一般不得要求另开证明。三要在信息共享方面推进体制机制和技术创新。通过购买服务等方式，发挥社会专业力量的作用，加快各地政府、各部门网站和中国政府网等信息系统互联互通，积极推动政务服务"一网通办""全国漫游"。建立政务数据校正完善机制，按照"谁提供、谁负责"原则，确保信息及时、可靠、完整、权威。四要加快对涉及信息共享急需的相关法规规章立改废。出台电子证照等基础标准。五要确保信息安全。进一步提高国家电子政务外网、国家数据共享交换平台安全防护能力。对事关国家安全等政务的数据资源，必须由政府部门行使管理权。

（八）《关于开展政务信息系统整合共享应用试点的通知》印发

2017 年 10 月 19 日，政务信息系统整合共享推进落实工作领导小组办公室、政务信息系统整合共享推进落实督查工作组印发《关于开展政务信息系统整合共享应用试点的通知》，确定在基础条件较好的省份和部门开展政务信息系统整合共享应用试点工作，重点推动一批跨地区、跨部门、跨层级的信息共享和业务协同典型应用，树立标杆，推广经验。北京、江苏等 9 省（市）和中央编办、发展改革委、教育部等 15 部门成为首批开展政务信息系统整合共享应用试点的地方和部门。通知要求，试点地区至少要提出两项"放管服"改革重点领域内基础条件较好、成果显示度高、经验模式可复制可推广的跨地区、跨部门业务应用，实现纵横协同联动，有效提升政务服务水平。试点部门重点推动本行业领域数据共享。

结合各地区、部门提出的信息共享需求和“放管服”改革需要，进一步明确人口、法人、社会信用、投资、税务、不动产登记、房地产交易、民政、医保、社保、卫生计生、海关、教育、水利、交通、国有资产监管等领域的共享数据清单，促进国务院部门和地方政府信息系统互联互通，加强垂直建设的信息系统数据向各级政务部门的横向共享，实现基于国家数据共享交换平台体系的信息共享协同服务。同时，鼓励试点部门提出并推动跨部门、跨层级的样板业务应用。

（九）国家发展改革委、中央网信办印发《政务信息资源目录编制指南（试行）》

2017 年 6 月 30 日，国家发展改革委、中央网信办印发《政务信息资源目录编制指南（试行）》。该编制指南定义了政务信息资源、元数据、政务信息资源目录等概念，明确了政务信息资源目录的分类和属性的分类，提出了资源属性分类、涉密属性分类、共享属性分类和层级属性分类四种分类方法。同时还明确，政务信息资源代码结构由前段码和后段码组成。前段码由“类”“项”“目”“细目”组成，作为政务信息资源的分类码；后段码为政务信息资源的顺序码。在该编制指南的政务信息资源目录编制要求中，明确了政务信息资源目录编制责任分工、政务信息资源目录编制流程、目录编制与报送、目录汇总与管理以及目录更新等具体流程。

（十）全国政务信息共享网站及目录管理系统上线运行

2017 年 8 月 15 日，由国家外网管理中心承担建设和运维任务的全国政务信息共享网站及目录管理系统上线运行。截至 2017 年年底，71 个部门、31 个省级政府和新疆生产建设兵团全面接入国家共享交换平台，发布信息共享目录 30.5 万个，通过接口方式实现了人口、法人、空间地理等基础数据，以及投资审批、信用信息、公共资源交易、婚姻、学位学历等重点领域数据的共享接入，支撑多项跨部门、跨层级应用的数据交换，为实现“网络通、数据通、业务通”打下了坚实基础。依托统一政务外网和数据共享交换平台，打通了42个垂直系统信息系统、694个数据项；面向全国各级政务部门发布了118个数据服务接口，疏通了20个领域“放管服”改革堵点问题；在满足政务服务部门对自然人和企业身份核验、纳税证明、不动产登记、学位学历证明等业务协同办理方面发挥了重要作用，避免了企业和群众办事多头奔波。

七、网信军民融合

（一）中央军民融合发展委员会成立

2017年1月22日，中共中央政治局召开会议，决定设立中央军民融合发展委员会。委员会由习近平任主任，中央和国家机关及军委机关有关部门负责同志任委员，下设中央军民融合发展委员会办公室作为办事协调机构。中央军民融合发展委员会是中央层面军民融合发展重大问题的决策和议事协调机构，统一领导军民融合深度发展，向中央政治局、中央政治局常务委员会负责。中央军民融合发展委员会的主要任务是在中央层面加强对军民融合发展的集中统一领导，拆壁垒、破坚冰、去门槛，破除制度藩篱和利益羁绊，构建系统完备的科技军民融合政策制度体系。统筹中央和国家机关、地方各级党委和政府以及有关方面，强化国防意识，支持国防和军队建设改革，为强军事业提供坚强支持。

（二）国防科工局发布《2017年国防科工局军民融合专项行动计划》

2017年6月，国防科工局发布了《2017年国防科工局军民融合专项行动计划》，共提出六个方面三十项年度重点工作。该专项行动计划提出，在强化顶层设计方面，要继续推进国防科技工业军民融合发展相关政策和规划的印发实施，落实全面创新改革试验工作，推动军工融入区域经济发展；在深化“民参军”方面，将着力促进资本层面的“民参军”，并围绕投资、税收、准入等领域，继续优化有利于民营企业发展的政策环境；在推进军转民方面，将大力加强军工技术成果转化，调动社会积极性，发展军工高技术产业，并提出支持赣南等原中央苏区振兴发展；在促进军民资源共享方面，将重点推进航天资源军地共享共用，开放一批军工计量仪器设备，继续开展国家公共服务平台建设、军民协同创新机制建设和军民标准通用化等工作；在军工自主可控发展方面，要求立足社会资源，实施军工高端制造装备创新工程和专用软件自主化行动等；在动员和应急方面，提出加强生产动员和保障能力建设，推动完善核应急体系。

（三）北斗系统建设发展取得新进展①

2017 年 1 月 9 日，中共中央、国务院在北京人民大会堂隆重举行国家科学技术奖励大会。北斗二号卫星工程荣获 2016 年度国家科学技术进步奖特等奖，北斗二号卫星工程原副总设计师、北斗系统高级顾问李祖洪，工程原卫星系统总设计师、北斗系统副总设计师谢军，工程运控系统总设计师周建华，代表北斗二号卫星工程团队上台领奖。2017 年 6 月 7 日，中国卫星导航系统管理办公室宣布，北斗地基增强系统（一期）建成并通过验收。一期主要完成框架网基准站、区域加强密度网基准站、国家数据综合处理系统，以及国土资源、交通运输、中科院、地震、气象、测绘地理信息六个行业数据处理中心等建设任务，建成基本系统，在全国范围提供基本服务。2017 年 11 月 5 日，我国在西昌卫星发射中心用长征三号乙运载火箭，以“一箭双星”方式成功发射第二十四、二十五颗北斗导航卫星。这两颗卫星属于中圆地球轨道卫星，是我国北斗三号第一、二颗组网卫星，开启了北斗卫星导航系统全球组网的新时代。此次北斗三号全球组网卫星首次发射，将稳步推动北斗三号系统建设，加快北斗系统尽早服务全球、造福全人类。2017 年 12 月 27 日，北斗系统开通五周年新闻发布会在国务院新闻办公室新闻发布厅召开。中国卫星导航系统管理办公室在前期发布 B1C、B2a 信号接口控制文件（测试版）的基础上，正式发布北斗卫星导航系统空间信号接口控制文件 B1C（1.0 版）与 B2a（1.0 版）的

① 参见《2017 北斗十大新闻》，北斗卫星导航系统官网，http：//www.beidou.gov.cn/yw/xwzx/201801/t20180109_13767.html。

中英文版本。

（四）科技部、军委科技委联合印发《“十三五”科技军民融合发展专项规划》

科技部、军委科技委 2017 年 8 月联合印发《“十三五”科技军民融合发展专项规划》，部署“十三五”期间推进科技军民融合发展有关工作。该规划明确提出推进科技军民融合发展要坚持“战略导向、融合发展，需求牵引、系统推进，联合研发、强基固本，改革创新、双向转移”的基本原则。该规划要求，到 2020 年，基本形成军民科技协同创新体系，推动形成全要素、多领域、高效益的军民科技深度融合发展格局。

（五）国防知识产权信息平台正式上线运行

2017 年 9 月 25 日，军委装备发展部国防知识产权局正式上线运行国防知识产权信息平台。平台面向武器装备建设各级用户发布国防专利申请和授权信息、军用计算机软件著作权登记信息、国防知识产权政策法规信息、国防专利转化项目 / 转化需求信息、国防关键技术领域专利分析报告、国防专利年度统计分析报告等信息，提供全文检索、统计分析、事务咨询等服务。该平台上线运行，对于进一步发挥国防知识产权制度的重要作用，促进国防知识产权转移转化，提升国防科技自主创新起点等，将产生积极而深远的影响。

（六）国务院办公厅出台《关于推动国防科技工业军民融合深度发展的意见》

2017 年 11 月，国务院办公厅出台《关于推动国防科技工业军民融合深度发展的意见》，对推动国防科技工业军民融合深度发展作出全面部署。该意见提出，国防科技工业军民融合要坚持国家主导、市场运作，健全完善政策，打破行业壁垒，推动公平竞争，实现优胜劣汰，加快形成全要素、多领域、高效益军民融合深度发展格局；坚持问题导向、务求实效，围绕“军转民”“民参军”等重点领域，突出解决深层次和重点、难点问题，向更广范围、更高层次、更深程度发展；坚持协同推进、成熟先行，注重政策统筹协调，有序推进，成熟一项、落实一项。

（七）工信部、国防科工局更新年度《军用技术转民用推广目录》和《民参军技术与产品推荐目录》

2009 年起，工信部、国防科工局联合发布年度《军用技术转民用推广目录》（简称“军转民”目录）和《民参军技术与产品推荐目录》（简称“民参军”目录）。2017 年度的“军转民”目录围绕新一代信息技术、智能制造、应急救援与公共安全等 6 个领域，收录 150 个项目；“民参军”目录针对陆军装备建设需求，围绕先进材料与制造、动力与传动、指挥与控制等 19 个领域，收录 200 个项目。国家、地方和军队有关部门将据此组织开展推介、推广活动，同时鼓励社会有关科技服务机构围绕目录中的技术项目，提供供需对接、技术孵化以及投融资等服务。

（八）第三届军民融合发展高技术装备成果展览暨论坛活动在京开幕①

2017 年 9 月 18 日，第三届军民融合发展高技术装备成果展览暨论坛活动在京开幕。为期一周的展览暨论坛活动，是当前国内武器装备军民融合领域最具权威性、综合性、示范性的一项国家级展览和论坛活动，由中央军民融合发展委员会办公室、中央军委装备发展部、教育部、工业和信息化部、国防科工局、中国科学院、全国工商联共同主办。本次活动以“深入贯彻军民融合发展战略思想，加快推进国家和军队信息化建设”为主题，354 家企业的 422 项技术成果参展，大部分是我国近年来在信息技术领域军民融合发展的具有自主知识产权的核心关键技术。本次活动由室内展示、网上展示和专题论坛三部分组成。其中，室内展区展出 422 项技术成果，网上展厅展出产品与技术成果 936 项。

① 参见《军民融合发展高技术装备成果展览暨论坛活动开幕》，新华网，http：//www.xinhuanet.com/mil/2017-09/18/c_129706627.htm。

第六章　网络空间国际治理

一、综　述

（一）网络空间国际治理发展历程

1. 网络空间国际治理的历史脉络

网络空间，是信息技术革命的产物。“网络空间”（cyberspace）一词最早出现于1984年，但其依托体计算机的发明则可追溯至1946年。20世纪五六十年代，美国国防部建立了互联网的雏形——“阿帕网”（ARPANET）。1973年，罗伯特·卡恩（Robert E.Kahn）和温顿·瑟夫（Vinton Cerf）开发出第一个TCP/IP协议，并在随后成为阿帕网的标准协议，标志着互联网的正式诞生。由此，互联网治理机制开始萌芽，这一时期互联网治理工作主要集中于处理域名分配和设立各项技术标准。1986年，互联网工程任务组（IETF）成立，该专家组通过协商合作对互联网的发展进行管理，但当时仍是一个松散组织，没有翔实的总体设计与规划。1998年，互联网名称与数字地址分配机构成立。此后关于互联网治理的讨论也在联合国框架下展开。2003年，在日内瓦召开的信息社会世界峰会第一阶段会议通过了《原则宣言》和《行动计划》，确定了建设“以人为本、面向发展、包容性信息社会”的共同愿望和承诺，提出了一系列互联网领域相关举措，并成立了互联网治理工作组。2005年，信息社会世界峰会第二阶段会议通过《突尼斯承诺》和《信息社会突尼斯议程》。2006年10月，在希腊雅典举行首届联合国互联网治理论坛（IGF），促进各利益相关方在互联网公共政策方面开展对话交流。

可以说，从20世纪90年代至今，以互联网为代表的信息技术革命跨越国家边界、地域限制和文化差别，催生并形成了一个将世界各国和地区日趋紧密联系起来的人造空间，即全球网络空间。一方面，国家与非国家行为体日趋紧密地通过网络空间展开互动，获取网络带来的各种效益和便利；另一方面，传统的政治、经济、社会结构面临网络空间带来的全新冲击和挑战，且实践证明没有任何一个单一行为体能够完全凭借自身的力量来有效应对这些冲击和挑战。如何对全球网络空间实施有效治理，建设一个和平、安全、开放、合作的网络空间，成为世界各国和各类行为体共同面临的重大战略课题。

2. 网络空间治理机制的发展进程

自20世纪90年代以来，各方对互联网以及全球网络空间治理的看法与实践，经历了一个发展变化的过程。这个过程主要围绕两条线推进：一条是技术社群主导治理路线，治理主要依托机构是互联网名称与数字地址分配机构；另一条是政府介入治理路线，各国政府参与网络空间治理的程度不断加深、逐步主导。围绕这两条线，可以把全球网络空间治理划分为以下四个阶段。

第一阶段，20世纪90年代互联网名称与数字地址分配机构的建立，至2005年信息社会世界峰会突尼斯会议召开之前，表面上是技术社群主导的多利益相关方治理模式，实质上美国政府掌控治理大局。在台式机、笔记本电脑等作为主要终端、浏览器等作为主要上网软件的时期，支撑全球网络顶级域名解析的根服务器、根区文件以及根区文件系统就成为最具象征意义的关键基础设施，而按照何种模式治理根服务器成为衡量全球网络空间治理模式最具象征意义的指标。[1]1997年，伴随着美国克林顿政府发布信息高速公路计划，围绕遵循何种原则管制当时互联网最为重要也最具象征意义的基础设施，即域名解析系统的根服务器、根区文件和文件系统，美国政府与对互联网早期发展作出重要贡献的技术社群，产生了较为

① 参见Marshall Leaffer，“Domain Names，Globalization，and Internet Governance”，*Indiana Journal of Global Legal Studies*，1998：139-165。

显著的分歧，并经历了极为复杂甚至是激烈的较量。这一较量的最终结果，表面上是根据技术社群的意见建立了多利益相关方治理机制，成立了互联网名称与数字地址分配机构，但实际上美国政府通过设立互联网号码分配局（IANA），确立了对根服务器、根区文件和文件系统的单方面行政管辖。①

第二阶段，从 2005 年信息社会峰会突尼斯会议的召开，至 2013 年斯诺登披露“棱镜系统”（PRISM）之前，互联网治理工作组得以成立，美国政府单方面管辖互联网名称与数字地址分配机构权限受到质疑与挑战，但多利益相关方治理模式仍然占据主流。这一阶段，全球网络空间治理的模式、主要任务、动力机制以及行动主体等问题，开始成为各方关注的焦点。2005 年，信息社会世界峰会突尼斯阶段会议召开，在全球性的平台上，首次聚焦互联网是否要治理、如何治理等关键问题，并对此展开大范围讨论。作为这次会议的重要结果，互联网治理工作组得以成立，并就网络治理的定义等基础性问题展开研究、发布报告。2006 年，作为联合国框架下开放式讨论互联网治理相关议题的重要平台，互联网治理论坛（IGF）正式成立。2011 年，中国、俄罗斯等国向第 66 届联大提交了“信息安全国际行为准则”，主张联合国在网络空间治理中发挥主导作用。同年，美国、英国等国政府主导的全球网络空间治理大会正式召开，并由此开启“伦敦进程”。

第三阶段，从 2013 年斯诺登披露“棱镜系统”，至 2016 年 9 月美国政府“移交”互联网号码分配局监管权限，互联网名称与数字地址分配机构改革取得进展，美国政府对互联网号码分配局的监管权限由行政管辖转为司法管辖，多利益相关方治理模式受到多边治理机制的挑战。2013 年 6 月，“棱镜门”事件暴露，严重动摇了美国公开垄断全球网络空间关键基础设施管辖权的道义与理论基础，“良性霸权的善治”无法继续成为美国政府单方面管辖互联网基础资源的辩护理由，长期停滞不前的互联网名称

① 参见 Château de Bossey，“Report of the Working Group on Internet Governance”，WGIG，2015，http：//www.wgig.org/docs/WGIGREPORT.pdf。

与数字地址分配机构改革取得突破的契机。经由这一危机事件的发酵，网络空间治理得到各方特别是世界各国政府的高度关注，成为全球治理议程中的重大议题。国际社会围绕网络空间治理理念和模式的分歧与竞争进一步激化，全球网络空间治理在一定程度上陷入混乱与困境。① 巴西、中国先后启动了网络空间多利益相关方会议和世界互联网大会机制，探讨网络与国家安全、网络主权等核心问题。2014 年 3 月，美国商务部电信和信息管理局（NTIA）宣布考虑移交互联网号码分配局监管权限，并最终在 2016 年 9 月完成移交进程。这种移交虽然不彻底，因为从本质上看，是将美国政府对根服务器等互联网基础资源的行政管辖，转化为遵循美国国内法的司法管辖，但从全球网络空间治理实践来看，仍然具有值得肯定的积极之处。与此同时，中国作为世界网络大国于 2014 年创办世界互联网大会，邀请世界各国政府首脑、主管部长、企业家、技术社群专家等参与大会，共商全球网络空间发展与治理大计，特别是中国国家主席习近平出席第二届世界互联网大会，提出推进全球互联网治理体系变革的“四项原则”和构建网络空间命运共同体的“五点主张”，赢得国际社会的广泛认同，并对全球网络空间的发展与治理发挥着越来越大的影响力，政府积极参与主导的多边治理机制日益受到国际社会的认同与接受。

第四阶段，自 2016 年 10 月美国政府移交互联网号码分配局监管权限至今，全球网络空间治理进入了多边、多方治理并行阶段，各国政府对网络空间治理的主导程度加深。随着互联网的快速普及和发展，网络对政治、经济、文化、社会、军事等各领域的融合渗透不断深化，多利益相关方治理模式已经远远不能满足现实需要。与此同时，世界各国政府普遍把网络空间发展治理作为国际合作的新领域，作为提升国家竞争力的新高地，联合国、北约、G20、APEC、金砖会议、亚信会议等多边机制都把网络空间治理问题作为重点议题，打击网络犯罪、网络反恐、维护网络秩序等问题成为政府间讨论与合作的焦点，世界各国政府对网络空间治理

① 参见鲁传颖：《网络空间治理的力量博弈、理念演变与中国战略》，《国际展望》2016 年第 1 期。

的关注度与参与度都大幅提升，意味着全球网络空间治理进入变革“深水区”。

目前，网络空间国际治理呈现出两个重要的发展趋势：一是治理内容开始从技术层面向经济、政治和安全等各个层面扩展；二是治理机制由技术专家主导的非政府机构向政府间国际组织和平台渗透，形成了新旧两种治理机制相互交叉融合的态势。

3. 国际治理中国理念、中国方案日益深入人心

中国积极参与网络空间国际治理进程，主张与国际社会一道，共同推动网络空间的和平与发展。在网络空间治理的目标上，中国主张“网络空间是人类共同的活动空间，网络空间前途命运应由世界各国共同掌握。各国应该加强沟通、扩大共识、深化合作，共同构建网络空间命运共同体”。“人类命运共同体”思想是中国针对当前国际关系形势发展提出的一项重要理论创新，摒弃了一方或几方主导国际关系格局的思想，提倡超越身份认同，追求共享、共治的世界。将这一思想演化为“网络空间命运共同体”体现了中国全球治理观的一致性和共同性，具有深远意义。

“网络空间命运共同体”是中国处理网络空间国际关系高举的新旗帜，是以应对网络空间共同挑战为目的的全球价值观。承担“共同责任”是构建“网络空间命运共同体”的前提条件，其所揭示的，是合作共赢、彼此负责的处事态度，是平等相待、互商互谅的伙伴关系，是管控分歧、相向而行的安全理念，是开放创新、包容互惠的发展前景，是和而不同、兼收并蓄的文明潮流。这一思想，立足人类发展全局，深刻把握网络空间发展规律，针对数字鸿沟不断扩大、网络安全风险日益上升、传统霸权思想和冷战思维向网络空间渗透蔓延等突出矛盾，科学回答了网络空间是什么、怎么办的根本问题，越来越得到全世界有识之士的理解和赞同，是中国对全球网络空间发展的重大理论贡献。

以构建网络空间命运共同体为目标，中国积极探索推动达成各方普遍接受的网络空间国际规则，构建公正合理的全球网络空间治理体系。2014年7月，中国国家主席习近平在巴西国会演讲时提出，“国际社会要本着相互尊重和相互信任的原则，通过积极有效的国际合作，共同构建和平、

安全、开放、合作的网络空间，建立多边、民主、透明的国际互联网治理体系”。2015 年第二届世界互联网大会上，习近平主席系统阐述了关于全球互联网发展治理的“四项原则”“五点主张”，赢得了国际社会的高度赞誉和广泛认同。2017 年第四届世界互联网大会，习近平主席在贺信中提出“四个共同”，为完善全球互联网治理指明了方向。中国还通过联合国、上合组织、金砖国家峰会等平台积极参与网络领域相关国际进程，加强双边、地区及国际交流与合作，网络空间国际话语权和影响力进一步提升。

4. 网络安全成为新的热点问题

当前新技术发展进程中治理机制建设和安全治理关切更加突出，全球网络空间治理困境凸显了国际社会在网络空间军事、情报和打击犯罪等领域的网络安全风险，具体包括网络空间军事化带来的网络武器扩散、网络军备竞赛风险加大；大规模网络情报收集持续增加；网络恐怖主义和网络有组织犯罪等各种形式的网络攻击能力增长和手段变化。上述风险带来的后果包括：金融、能源、交通、通信、电力等关键信息基础设施一旦遭到攻击，将极大影响国家安全、社会稳定和经济秩序；政府、军队信息系统存储的外交、国防、军工情报泄露对国家安全造成的危害；以危害国家安全或网络犯罪为目的大规模窃取国民数据，并被他国或组织利用。

国际网络安全治理主要关注国际和平与安全视角下的网络安全议题，更加强调主权国家在国际治理和国内政策制定上的相关内容。国际治理层面，主权国家在网络国防、情报、执法、政策等领域的国际合作是其治理的核心内容，具体治理议题包括：网络空间国际规则、负责任的国家行为准则、国际法在网络空间的适用性、建立信任措施、打击网络犯罪、网络恐怖主义以及技术援助、信息共享等相关的国家间合作范畴。虽然不同的网络安全治理议题关注点各有侧重，但这些议题之间实际上有很多重叠之处。若不能用更加综合性的网络安全视角去看待这些议题，同时加强不同议题间治理机制的互动，则很难深刻发现问题所在，无法探寻有效的解决方案。

除了国际治理机制的构建，各国政府在网络安全领域的治理能力是实现国际网络安全的基础和保障。近年来，各国政府对网络安全问题比较重视，加大了在网络安全领域的资源投入。国内层面，治理的议题主要包括网络安全的战略规划，以及相配套的法律、政策、标准体系；关键基础设施保护、个人信息保护、数据跨境流动等重要领域的具体实践；网络安全产业、技术、人才等能力提升的规划设计。国际层面，与传统治理议题相比，网络安全多层级、跨领域、跨学科和跨国界的属性增加了治理行为体的复杂性，政府以及联合国等政府间组织是参与该治理的主要行为体。

（二）2017 年网络空间国际治理总体情况

网络空间治理事关各国主权、国家安全和全球经济秩序稳定，已经成为各国外交政策的优先议题和全球治理的重要关切。2017 年，联合国、区域性国际组织、技术社群、私营部门、学术机构都在积极参与网络空间国际治理。

1. 联合国等网络空间治理全球性、综合性组织的工作进展

联合国正在朝着网络安全国际合作的主渠道迈进，在网络空间治理领域设立多个专家组，包括已成为网络空间治理领域重要机制之一的信息安全政府专家组。联合国信息安全政府专家组正式成立于 2004 年，目前该小组已经组建五次并形成三份报告：2010 年第一份报告表明各国已认识到信息安全领域威胁的严峻性并愿为网络领域建立规范的意图；2013 年报告肯定了国际法和《联合国宪章》在网络空间治理中的重要性，并承认国家有权对其领土内的通信技术基础设施进行管辖，首次提出了国家负责任行为的规范、规则和原则；2015 年报告则对负责任的国家行为规范和建立信任措施有了更明确的补充，完善了《联合国宪章》基本原则适用于网络空间的条目。随着探讨重心从原则性规范问题转入具体条款适用，2017 年第五届专家组最终未向联合国大会提交报告。

联合国毒品和犯罪问题办公室设立了网络犯罪政府专家组，旨在制定打击网络犯罪的国际性文本；在 2016 年 12 月关于特定常规武器公约的联合国会议上成立了致命性自主武器系统（LAWS）政府专家组，主要任务是研究致命性自主武器领域的新兴技术，评估其对国际和平与安全的影响，并为其国际治理提出建议。可以看到，联合国政府专家组在研究问

题、组织多方协调等方面发挥了积极作用。由于其制定的规范是自愿遵守、缺乏约束性的条款，专家组达成的很多共识成果需要进一步推动各方落实。

联合国互联网治理论坛是在 2003 年和 2005 年两次信息社会世界峰会基础上发展起来的，自 2006 年起每年举办一届，其宗旨是促进各利益相关方在互联网相关公共政策方面的讨论和对话。主题为“塑造数字化未来”的第 12 届联合国互联网治理论坛于 2017 年 12 月 18 日在瑞士日内瓦开幕。在为期 4 天的论坛上，来自全球政界、商界、学界以及非政府组织等的 2000 多名代表围绕人工智能、大数据、假新闻、物联网以及虚拟现实技术等进行约 40 场专题讨论。

2. 传统国际组织和区域性组织参与网络空间国际治理的情况

网络空间治理与国际经济、国际安全息息相关，成为了 G20、金砖国家、上合组织等国际和区域性组织的重点关注领域。2017 年德国汉堡 G20 峰会对网络安全问题高度重视，发布了多份网络安全治理相关文件。2017 年 G20 财政部长和央行行长会议公报指出，恶意使用信息通信技术将损害金融体系的安全性和稳定性，要求金融稳定委员会（FSB）加强对现有国际规范、法律法规和监管措施的研究。

2017 年《金砖国家领导人厦门宣言》指出，支持联合国在制定各方普遍接受的网络空间负责任国家行为规范方面发挥中心作用，以确保建设和平、安全、开放、合作、稳定、有序、可获得、公平的信息通信技术环境。强调《联合国宪章》确立的国际法原则至关重要，特别是国家主权、政治独立、领土完整和国家主权平等、不干涉别国内政、尊重人权和基本自由。所有国家应平等参与互联网及其治理的演进和运行，并考虑相关利益攸关方根据其各自作用和职责参与其中的必需性。互联网核心资源的管控架构需更具代表性和包容性。金砖国家将继续通过现有机制共同努力，在国际社会平等参与互联网管理的基础上，促进安全、开放、和平、合作使用信息通信技术。

《上海合作组织成员国元首阿斯塔纳峰会宣言》提出，成员国支持在联合国框架内制定网络空间负责任国家行为的普遍规范、原则和准则，认为 2015 年 1 月以上合组织成员国名义将《信息安全国际行为准则》修订稿作为联合国正式文件散发是朝此方向迈出的重要一步。成员国将继续深化打击信息通信领域犯罪合作，呼吁在联合国主导协调下，制定相关国际法律文书。

3. 非国家行为体发挥的作用

网络空间国际治理除了国家和政府间组织之外，技术社群、学术机构和互联网企业也扮演着重要角色。以互联网名称与数字地址分配机构、互联网工程任务组为代表的技术社群长期致力于互联网域名注册、解析和 IP 地址分配以及相应的标准、协议工作。2017 年互联网名称与数字地址分配机构改革持续推进：宣布与美国商务部 2009 年签署的承诺确认文件终止；正式启动赋权社群工作。但就目前情况看，新机制尚未满足国际社会各方对互联网名称与数字地址分配机构创新机制建设的期待，互联网名称与数字地址分配机构司法管辖权问题亦仍处于内部争论阶段。

全球网络空间稳定委员会（GCSC）在 2017 年 2 月慕尼黑安全会议上正式成立，秘书处设在荷兰海牙战略研究中心和美国东西方研究所。2017 年 11 月 21 日，委员会发布的第一条规则是捍卫互联网公共核心，其含义是：在不影响自身权利和义务的情况下，国家和非国家行为主体不能从事或纵容故意并实质损害互联网公共核心的通用性或整体性，并因此破坏网络空间稳定性的活动。

互联网企业是技术创新的重要驱动力量，是网络设备、内容的主要生产者、运营者和维护者。随着国家行为规范的确立和国际安全架构的建立，互联网企业将要承担更多的治理责任。供应链安全、物联网安全和关键基础设施保护等国际网络安全合作的重点都离不开互联网企业的参与。

2017 年 2 月，微软公司发布《数字日内瓦公约》，呼吁各国政府保障和平时期平民免受国家间网络攻击的伤害；4 月，补充发布 3 个附加文件，进一步描述了国家和私营企业在确保网络安全方面的作用，并提出创建一个由私营企业领导的国际网络攻击溯源组织，以识别和追溯国家或国家指使的网络攻击，并向政府、企业和公众提供技术证据。

西门子、空客、安联保险、戴姆勒集团、国际商业机器公司、恩智浦和荷兰电信等企业在2017年德国慕尼黑安全大会上签署了《信任宪章》，该文件设立了保护个人和企业的数据及资产，防止网络攻击对个人、公司和基础设施的伤害，在数字世界中打造可靠的信任基础三大目标以及十大纲领。《信任宪章》是继微软提出《数字日内瓦公约》后，由私营部门发起的另一项关于网络空间国际规则的倡议。由于发起方以欧洲企业为主，因此也被称为“欧洲版《数字日内瓦公约》”。

二、网络空间国际治理中国理念方案

（一）构建网络空间命运共同体

2014年11月，在致首届世界互联网大会的贺词里，中国国家主席习近平指出：“互联网真正让世界变成了地球村，让国际社会越来越成为你中有我、我中有你的命运共同体。”

2015年12月，在第二届世界互联网大会开幕式主旨演讲中，习近平主席提出推进全球互联网治理体系变革的“四项原则”和构建网络空间命运共同体的“五点主张”，系统阐述了互联网发展治理的“中国主张”，赢得了国际社会的高度赞誉和广泛赞同。习近平主席在讲话中指出，网络空间是人类共同的活动空间，网络空间的前途命运应由世界各国共同掌握。各国应该加强沟通、扩大共识、深化合作，共同构建网络空间命运共同体。推进全球互联网治理体系变革，应该坚持以下“四项原则”：第一，尊重网络主权。第二，维护和平安全。第三，促进开放合作。第四，构建良好秩序。关于构建网络空间命运共同体，提出以下“五点主张”：第一，加快全球网络基础设施建设，促进互联互通。第二，打造网上文化交流共享平台，促进交流互鉴。第三，推动网络经济创新发展，促进共同繁荣。第四，保障网络安全，促进有序发展。第五，构建互联网治理体系，促进公平正义。

2016年11月，习近平主席在第三届世界互联网大会开幕式上以视频形式发表重要讲话，进一步强调携手构建网络空间命运共同体，表示“中国愿同国际社会一道，坚持以人类共同福祉为根本，坚持网络主权理念，推动全球互联网治理朝着更加公正合理的方向迈进，推动网络空间实现平等尊重、创新发展、开放共享、安全有序的目标”。

2017 年 12 月，习近平主席在致第四届世界互联网大会的贺信中指出，以信息技术为代表的新一轮科技和产业革命正在萌发，全球互联网治理体系变革进入关键时期，构建网络空间命运共同体日益成为国际社会的广泛共识。习近平主席的贺信，阐明了推进全球网络空间发展治理的基本路径，提出同国际社会一道，尊重网络主权，发扬伙伴精神，大家的事由大家商量着办，做到发展共同推进、安全共同维护、治理共同参与、成果共同分享。

（二）网络主权中国理念

自 1648 年国家主权概念诞生以来，主权原则一直是构成支撑、维护与保障国际体系正常运行的最重要的国际法基本原则。2014 年 7 月，习近平主席在巴西国会的演讲中首次提出“信息主权”概念，指出每一个国家在信息领域的主权权益都不应受到侵犯，互联网技术再发展也不能侵犯他国的信息主权。2014 年 11 月，习近平主席向首届世界互联网大会致贺词，在贺词中明确提出“网络主权”的概念，强调中国愿意同世界各国携手努力，本着相互尊重、相互信任的原则，深化国际合作，尊重网络主权，维护网络安全，共同构建和平、安全、开放、合作的网络空间，建立多边、民主、透明的国际互联网治理体系。在 2015 年 12 月召开的第二届世界互联网大会上，习近平主席进一步全面阐发了“网络主权”理念，指出《联合国宪章》确立的主权平等原则是当代国际关系的基本准则，覆盖国与国交往的各个领域，其原则和精神也应该适用于网络空间。我们应该尊重各国自主选择网络发展道路、网络管理模式、互联网公共政策和平等参与国际网络空间治理的权利，不搞网络霸权，不干涉他国内政，不从事、纵容或支持危害他国国家安全的网络活动。

在当前互联网高速发展、网络空间威胁不断增加的背景下，中国致力于维护网络空间和平安全，以及在国家主权基础上构建公正合理的网络空间国际秩序，并积极推动和巩固在此方面的国际共识。中国坚决反对任何国家借网络干涉别国内政，主张各国有权利和责任维护本国网络安全，通过国家法律和政策保障各方在网络空间的正当合法权益。各国政府有权依法管网，对本国境内信息通信基础设施和资源、信息通信活动拥有管辖权，有权保护本国信息系统和信息资源免受威胁、干扰、攻击和破坏，保障公民在网络空间的合法权益。各国政府有权制定本国互联网公共政策和法律法规，不受任何外来干预。各国在根据主权平等原则行使自身权利的同时，也需履行相应的义务。各国不得利用信息通信技术干涉别国内政，不得利用自身优势损害别国信息通信技术产品和服务供应链安全。

（三）发布《网络空间国际合作战略》

2017 年 3 月，中国外交部与国家互联网信息办公室共同发布《网络空间国际合作战略》，以和平发展、合作共赢为主题，以构建网络空间命运共同体为目标，从战略高度全面分析网络空间国际形势，就推动网络空间国际交流合作提出中国主张，为破解全球网络空间治理难题贡献中国方案，是指导中国参与网络空间国际交流合作的战略性文件。

这是中国政府就网络问题首度发布国际战略。《网络空间国际合作战略》由序言、正文和结束语三部分组成，正文共四个章节，分别就网络空间机遇与挑战、国际交流与合作基本原则、中国参与国际合作的战略目标以及行动计划进行了全面阐述。《网络空间国际合作战略》倡导以和平、主权、共治、普惠四项基本原则为基础加强网络空间的国际合作，明确了中国参与网络空间国际合作的六大战略目标：一、维护主权与安全，二、构建国际规则体系，三、促进互联网公平治理，四、保护公民合法权益，五、促进数字经济合作，六、打造网上文化交流平台。《网络空间国际合作战略》还从九个方面提出了推进网络空间国际合作的行动计划：促进网络空间和平与稳定、推动构建以规则为基础的网络空间秩序、拓展网络空间伙伴关系、推进全球互联网治理体系改革、深化打击网络恐怖主义和网络犯罪国际合作、倡导保护公民权益、推动数字经济发展和数字红利普惠共享、加强全球信息基础设施建设和保护、促进网络文化交流互鉴。

三、中国积极参与国际互联网治理进程

（一）中国积极参与联合国信息安全政府专家组工作

进入 21 世纪以后，随着网络空间安全形势的整体恶化和大国之间的博弈陷入困境，各国逐渐认识到建立网络空间规范和规则成为保障各国在网络空间中国家利益的重要途径。联合国大会中的裁军和国际安全委员会（第一委员会）根据联合国秘书长的授权，于 2004 年建立联合国信息安全政府专家组作为秘书长顾问，以研究和调查新出现的国际安全问题并提出建议。政府专家组的主要宗旨是服务于联合国建立一个“开放、安全、稳定、无障碍及和平的信息通信技术环境”，主要通过推动实施可加强网络空间安全性和稳定性的行为准则；鼓励联合国会员国根据大会 A/53/576 号文件每年报告国家观点；优先安排和促进那些已达成有限协议的规范问题进行对话；促进多方参与来实现网络空间的规范建立和治理。政府专家组作为一个中心平台，主要讨论对国家使用信息通信技术所适用的有约束力和无约束力的行为规范，涵盖面从现行国际法在信息通信技术环境中的适用到国家在网络空间的责任和义务，这些问题涉及关键基础设施保护、网络安全事件防范、信任和能力建设以及人权保护等。通过这些问题讨论所产生的框架随后由不同的区域、次区域、双边、多边或专门机构进行运作和实践。尽管专家组最终形成的报告并不具约束力，但它们被视为增强网络空间稳定性的重要基石。这些报告在全球、区域和双边等多个层面产生了较多辅助性倡议，促进了专家组所形成共识的广泛传播，强化了国家间以及和其他利益相关方之间的信心建立，同时也加强了发展中国家在网络空间建设中的能力。

中国是为数不多的自始至终参与了五届专家组的国家，为专家组的工作作出了重要贡献。中国政府对联合国信息安全政府专家组的贡献主要体现在三个方面：第一，自始至终积极参与和支持专家组工作，认可包括专家组在内的联合国机制在网络空间国际治理中的重要地位；第二，在专家组工作中积极贡献中国智慧，专家组共识报告中的很多内容都体现了中国

的主张和建议，特别是2015年专家组中多次对网络主权进行的阐释、加强对发展中国家的能力建设等都反映了中方的相关主张；第三，中方始终坚持专家组应当继续发挥重要作用。

（二）中国政府积极推动联合国制定打击网络犯罪文本协定

2017年5月22日至26日，联合国预防犯罪和刑事司法委员会在维也纳召开第二十六届会议，就世界犯罪趋势以及在预防犯罪和刑事司法领域新出现的问题及应对措施展开讨论，并通过了中国等国家提议的加强国际合作打击网络犯罪草案。

除联合国之外，欧洲委员会制定的《布达佩斯网络犯罪公约》也具有一定的国际影响力。但是，包括中国在内的多数发展中国家认为，《布达佩斯网络犯罪公约》系少数国家制定的区域性公约，不具备全球性公约的真正开放性和广泛代表性，不能反映各国特别是发展中国家的普遍关切。

在这样的背景下，近年来中国等新兴国家和发展中国家积极推动在联合国框架下讨论、制定打击网络犯罪的国际公约，但目前网络安全领域尚未形成全球性的公约。中俄等国家推动在联合国框架下制定打击网络犯罪全球性公约，并推动联合国预防犯罪和刑事司法委员会在2010年设立联合国网络犯罪问题政府专家组，研究网络犯罪问题并提出应对建议；专家组于2011年和2013年召开两次会议，主持起草了300多页的《网络犯罪问题综合研究报告（草案)》，涉及网络犯罪在全球的趋势、特点、危害程度、当前国际应对的状况和局限等，并提出包括制定综合性全球法律文书、国际示范条款等应对方案，得到多数国家支持。

（三）金砖国家领导人峰会就网络安全达成共识

2017年9月3日至5日，金砖国家领导人峰会在中国厦门召开，会议发布的成果宣言多次表达金砖国家对于网络空间治理的态度和立场，第21条、第56条和第57条分别就数字经济、负责任国家行为准则、互联网治理机制等发表声明。宣言强调，生活在数字经济时代，金砖国家已准备好利用数字经济为全球增长带来的机遇，并应对有关挑战；将基于创新、伙伴、协同、灵活、开放和利于营商、注重信任和安全、保护消费者权益等原则，采取行动为数字经济繁荣和蓬勃发展创造条件，促进世界经济发展并惠及所有人。

金砖国家支持联合国在制定各方普遍接受的网络空间负责任国家行为规范方面发挥中心作用，以确保建设和平、安全、开放、合作、稳定、有序、可获得、公平的信息通信技术环境；强调《联合国宪章》确立的国际法原则至关重要，应加强国际合作，打击滥用信息通信技术的恐怖主义和犯罪活动。

同时，金砖国家倡导所有国家应平等参与互联网及其治理的演进和运行，并考虑相关利益攸关方根据其各自作用和职责参与其中的必需性；互联网核心资源的管控架构需更具代表性和包容性。金砖国家将继续通过现有机制共同努力，在国际社会平等参与互联网管理的基础上，促进安全、开放、和平、合作使用信息通信技术。

（四）上海合作组织发表阿斯塔纳宣言

上海合作组织成员国元首于 2017 年 6 月 9 日在阿斯塔纳举行元首理事会会议并发表宣言，再次强调上合组织将进一步加强在网络恐怖主义、网络空间行为准则等方面的合作。宣言指出，成员国将加强协作，共同应对安全威胁与挑战，就维护综合安全深化对话与合作，特别是打击包括网络恐怖主义在内的恐怖主义、分裂主义和极端主义，打击跨国有组织犯罪，打击非法贩运毒品，巩固国际信息安全，应对紧急事态。成员国将继续在《上合组织成员国保障国际信息安全政府间合作协定》（2009 年）基础上切实加强合作，打击在网络信息空间传播恐怖主义、分裂主义和极端主义及为其开脱的行为。为此，成员国将在双、多边层面同有关国家、国际和地区组织，包括联合国相关机构开展协调。成员国支持在联合国框架内制定网络空间负责任国家行为的普遍规范、原则和准则，认为 2015 年 1 月以上合组织成员国名义将《信息安全国际行为准则》修订稿作为联合国正式文件散发，是朝此方向迈出的重要一步。成员国将继续深化打击信息通信领域犯罪合作，呼吁在联合国主导协调下，制定相关国际法律文书。

四、世界互联网大会“两个平台”作用日益凸显

世界互联网大会（乌镇峰会），是中国倡导并举办的全球互联网界年度盛会。自2014年首届大会举办以来，截至2017年年底，已在浙江乌镇连续举办四届，在思想交流、理论创新、技术展示、经贸合作、凝聚共识等方面取得了一系列丰硕成果，成功搭建了中国与世界互联互通的国际平台、国际互联网共享共治的中国平台，推动世界各国在网络空间的联系更加紧密、交流更加频繁、合作更加深入，为推进全球互联网治理体系变革、构建网络空间命运共同体发挥积极作用。

（一）首届世界互联网大会

2014年11月19日至21日，首届世界互联网大会在浙江乌镇举办，习近平主席向大会致贺词，指出互联网发展对国家主权、安全、发展利益提出了新的挑战，迫切需要国际社会认真应对、谋求共治、实现共赢。大会以“互联互通·共享共治”为主题，围绕国际互联网治理、互联网新媒体、跨境电子商务、网络安全、打击网络恐怖主义等议题，举行了10多场分论坛和高端对话活动。

（二）第二届世界互联网大会

2015年12月16日至18日，第二届世界互联网大会在浙江乌镇举办。习近平主席在第二届世界互联网大会开幕式上发表主旨演讲，提出推进全球互联网治理体系变革的“四项原则”和构建网络空间命运共同体的“五点主张”。

本届大会主题为“互联互通·共享共治——构建网络空间命运共同体”，设置了10场论坛、22个议题，涉及网络文化传播、互联网创新发展、数字经济合作、互联网技术标准、互联网治理等前沿热点问题。大会新设了“互联网之光”博览会，充分展示中外互联网发展前沿技术和最新

成果。

世界互联网大会组委会高级别专家咨询委员会（以下简称“高咨委”）正式成立，集聚政府、国际组织、企业、学术机构、技术社群互联网领军人物为世界互联网发展献计献策。经高咨委提议，大会首次发表《乌镇倡议》，集中反映有关各方推动网络空间建设、发展和治理制度创新、管理创新、技术创新的愿望和责任，得到全球广泛关注。

（三）第三届世界互联网大会

2016 年 11 月 16 日至 18 日，第三届世界互联网大会在浙江乌镇开幕。习近平主席在第三届世界互联网大会开幕式上以视频形式发表重要讲话并强调，中国愿同国际社会一道，坚持以人类共同福祉为根本，坚持网络主权理念，推动全球互联网治理朝着更加公正合理的方向迈进，推动网络空间实现平等尊重、创新发展、开放共享、安全有序的目标。

大会主题为“创新驱动　造福人类——携手共建网络空间命运共同体”，设置 16 场论坛、20 个议题，涉及互联网经济、互联网创新、互联网文化、互联网治理、互联网国际合作等前沿热点问题。

大会首次举办世界互联网领先科技成果发布活动，囊括人工智能、量子计算、网络安全等领域全球最前沿、最具影响力的科技创新成果，带来互联网领域的尖端技术盛宴。大会发布《2016 年世界互联网发展乌镇报告》，从五个方面对全球互联网治理与发展的情况进行了梳理和总结，并对未来的发展趋势进行了展望。

（四）第四届世界互联网大会

2017 年 12 月 3 日至 5 日，第四届世界互联网大会在浙江乌镇开幕。习近平主席发来贺信，就进一步推进全球互联网发展与治理发表重要主张，提出同国际社会一道，尊重网络主权，发扬伙伴精神，大家的事由大家商量着办，做到发展共同推进、安全共同维护、治理共同参与、成果共同分享。

本届大会以“发展数字经济　促进开放共享——携手共建网络空间命

运共同体”为主题，设置了分享经济、人工智能、互联网精准扶贫、未成年人网络保护、国际合作等 20 个分论坛。

大会在充分发挥论坛、世界互联网领先科技成果发布和博览会三大功能的基础上，首次发布蓝皮书《世界互联网发展报告 2017》和《中国互联网发展报告 2017》，总结历史成就，分析现状特点，展望趋势远景，为各国更好地推动互联网发展提供了有益借鉴；发布大会年度成果文件《乌镇展望》，标志着关于全球互联网发展治理的共识又向前迈出了坚实的一步。

五、中国积极推动网络空间双边多边国际交流合作

（一）积极构建国际合作双边对话体系

1. 中美开展执法与网络安全合作首次对话

2017 年 10 月 4 日，首轮中美执法及网络安全对话（以下简称“对话”）举行。中美执法及网络安全对话是习近平主席和特朗普总统 2017 年 4 月在海湖庄园举行首次会晤时达成共识的四个对话机制之一，是两国政府推动双方在执法和网络安全领域合作的重要平台。

双方在对话中除确认了有必要在非法移民遣返、禁毒追逃领域加强合作交流、继续取得进展外，还重点关注了网络犯罪和网络安全问题。双方将继续落实 2015 年中美两国元首达成的中美网络安全合作共识，包括：一是对一方就恶意网络活动提供信息及协助的请求要及时给予回应；二是各自国家政府均不得从事或者在知情情况下支持网络窃取知识产权，包括贸易秘密，以及其他机密商业信息，以使其企业或商业行业在竞争中处于有利地位；三是承诺共同制定和推动国际社会网络空间合适的国家行为准则；四是保持打击网络犯罪及相关事项高级别对话机制；五是就网络安全案件加强执法沟通，互相作出迅速回应。双方重申，2015 年以来三次中美打击网络犯罪及相关事项高级别联合对话达成的共识和合作文件依然有效。双方愿改进与对方在打击网络犯罪方面的合作，在网络保护方面继续合作，同意保留并用好已建立的热线机制，根据实际需要，就所涉及的紧

急网络犯罪和与重大网络安全事件有关的网络保护事项，及时在领导层或工作层进行沟通。

2. 第二次中英高级别安全对话举行

2017 年 2 月 17 日，第二次中英高级别安全对话在伦敦举行。会议围绕反恐及打击极端主义、网络安全、打击有组织犯罪等议题，讨论了共同关注的国际和地区安全问题，在应对中英各自和共同面临的恐怖威胁、打击网络恐怖主义、民航安保、追逃、打击人口贩卖、打击电信诈骗和金融领域犯罪等方面达成重要合作共识。会议商定在联合国关于加强国际协作共同打击恐怖分子系列决议基础上，两国在航空安保、打击网络恐怖主义等方面加强合作；商定双方加强合作，共同应对两国在第三国的机构、设施和人员的恐怖威胁，加强有大量游客和外国公民的度假胜地、机场和公共场所的安全防护；及时向对方通报有关案件线索，在打击网络传播儿童淫秽色情信息、侵犯公民个人信息等跨国网络犯罪方面加强合作；同意就打击网络电信诈骗案件进行情报交换，开展联合行动；同意在打击包括利用地下钱庄等方式洗钱、银行卡诈骗、骗取银行贷款等金融领域犯罪方面加强合作。

3. 举办中欧数字经济与网络安全专家工作组会议

2017 年 3 月 2 日至 3 日，中欧数字经济和网络安全专家工作组第三次会议在比利时鲁汶举办。中欧数字经济和网络安全专家工作组是第十八次中欧领导人会晤期间双方建立的对话与合作机制。该机制由中国国家互联网信息办公室和欧盟委员会通信网络内容与技术总司共同组织，下设数字经济和网络安全两个专家工作组，致力于探讨中欧在数字经济和网络安全领域共同面临的机遇和挑战，推动双方在相关领域的务实合作。来自企业、智库、技术社群和科研机构的中欧各界代表围绕数字经济发展战略、数字化转型、数据隐私及数据流动等领域进行深入探讨，政府部门、行业主管机构作为观察员与会。

4. 中澳举行首次高级别安全对话

中澳首次高级别安全对话于 2017 年 4 月 21 日在悉尼举行。双方就两国领导人确认的反恐、打击网络犯罪、打击跨国犯罪、司法和法律事务以及其他与安全相关的重要议题进行了讨论。在网络安全合作方面，双方重申致力于创建一个和平、安全、开放和合作的信息与通信技术环境。双方一致同意支持联合国政府专家组的工作，并采取符合专家组报告的具体行动。双方将在中澳高级别安全对话机制下，建立打击和防范网络犯罪信息的分享机制，讨论打击网络犯罪及网络安全相关事项，交流相关情报和经验，防止两国在网络案事件领域出现冲突和危机。双方将合作打击网络恶意行为、网络传播儿童淫秽色情、电子邮件诈骗等跨国网络犯罪，协商确定重点案件开展联合执法行动。双方同意探讨开展打击网络犯罪联合行动的各种可行方案。双方将互派网络安全团组，通过工作会议、个案交流等方式，交换相关法律法规文本，了解对方法律环境、执法程序等相关情况，增进双方的友谊和互信。双方同意不从事或者支持网络窃取知识产权、贸易机密和商业秘密以获得竞争优势。

5. 第二届中国—南非互联网圆桌会议举行

2017 年 5 月 11 日，第二届中国—南非互联网圆桌会议在北京举行，中国国家互联网信息办公室与南非通信及邮电部在会上就互联网发展和管理、互联网领域双边和国际合作议题进行深入交流。中方代表团多家网信企业代表在会上介绍了各自互联网经济和相关业务发展情况，围绕电子政务、智慧城市、互联网信息基础设施、电子商务及电子制造、网络安全等议题与南非互联网管理机构和企业同行主管进行了深入交流和研讨。双方认为，在互联网领域，中南两国进一步开展交流与合作拥有很大空间和机遇，表示愿在今后加强交流与合作。

6. 中俄网络安全产业圆桌会议召开

2017 年 6 月 15 日，为促进中俄两国在网络安全产业的交流与合作，中国网络安全产业联盟与俄罗斯亚洲商务合作中心等共同发起的中俄信息安全产业圆桌会议在大连举行。与会专家一致同意，随着以互联网为代表的信息通信技术的极速发展和全面普及，全球数字经济时代已来临，数字经济是全球经济发展的主要引擎之一。网络空间也已成为与物理世界平行的人类活动领域。在信息社会快速发展的同时，中俄两国都面临着日益复杂的网络犯罪和日益猖獗的网络恐怖主义，面对着共同的全球化的网络安全威胁与挑战。各自承担着保障信息社会和数字经济网络安全的重任，中俄两国的网络安全产业都面对着共同的威胁与挑战、担负着同样的重任与使命，中俄两国网络安全产业的相关组织，应率先携起手来，相互交流、资源互补、共谋发展。本次圆桌会议将成为中俄两国网络安全产业交流合作的起点，未来中俄双方将进一步开展更加丰富深入的交流合作活动、切实地提升中俄双方的网络安全产业实力，从而为信息社会发展打造更加坚实的安全产业基础，为中俄两国人民谋求更大福祉。

7. 中坦网络新媒体圆桌会议举行

2017 年 7 月 25 日，以“创新驱动，媒体变革”为主题的中坦网络新媒体圆桌会议在坦桑尼亚达累斯萨拉姆举行。此次会议由中国国家互联网信息办公室和坦桑尼亚新闻、文化、艺术和体育部联合主办。来自中坦两国政府、企业界、传媒及学术界的数十位嘉宾就推动两国新媒体合作进行了深入交流。

8. 第十一届中美网络安全二轨对话举行

2017 年 11 月 16 日至 17 日，由中国现代国际关系研究院和美国国际战略研究中心（CSIS）共同主办的第 11 届中美网络安全二轨对话在华盛顿举行。中美双方学者围绕当前两国在网络安全领域面临的重大问题展开了讨论。中方来自外交部、国家网信办、国防部等部门的官员以观察员身份出席对话；中方学者来自中国战略学会、中国信通院以及中国现代国际关系研究院。美方参会官员来自国务院、国防部、国家安全委员会、国土安全部等；美方学者来自麻省理工学院、哥伦比亚大学、新美国研究中心、外交关系委员会、美国海军学院。主要议题包括通报各自的网络安全政策新动向、网络空间主权、应对网络攻击、对联合国信息安全政府专家组未来的预期、网空军事互信以及如何合作应对网络安全重大突发事件等。双方高度评价此次对话的效果，并商定将在二轨渠道保持紧密沟通和联系。

（二）广泛开展互联网领域多边交流合作

1. 2017 网上丝绸之路大会举行

2017 年 9 月 6 日，由中国国家互联网信息办公室、国家发展和改革委员会、工业和信息化部、宁夏回族自治区人民政府联合主办的 2017 网上丝绸之路大会在宁夏银川开幕。大会上，来自埃及、美国、巴西、马来西亚、沙特阿拉伯、阿拉伯联合酋长国、约旦、巴勒斯坦、摩洛哥等国家和地区的中外 300 多位嘉宾，围绕“网上丝路 · 共建共享”这一主题展开了主旨演讲和对话交流。

2. 中国—东盟网络安全应急响应能力建设研讨会举行

2017 年 5 月 22 日至 24 日，中国—东盟网络安全应急响应能力建设研讨会在青岛举行。本次研讨会由中国工业和信息化部主办，国家互联网应急中心承办。来自柬埔寨、印度尼西亚、老挝、缅甸、菲律宾、泰国、越南等东盟国家的信息通信主管部门和国家级计算机安全应急响应组织的近二十名代表参加研讨会。本次研讨会是 2016 年在文莱举办的第十一次中国—东盟电信部长会议确定的重要合作项目之一，聚焦于提高中国和东盟的网络安全应急响应能力。与会代表就国家网络安全新挑战、网络安全业界合作和技术培训等议题进行广泛深入交流。

3. 第二届 CNCERT 国际合作论坛暨 FIRST 技术研讨会召开

2017 年 5 月 22 日，由国家互联网应急中心主办的第二届 CNCERT 国际合作论坛暨国际事件响应和安全组织论坛（FIRST）技术研讨会在青岛召开。会议邀请到 FIRST、世界银行、(ISC)^2（国际信息系统安全认证联盟）以及来自澳大利亚、俄罗斯、韩国、日本、印度、德国、巴西等 15 个国家和地区的电信政府部门、网络安全应急组织和互联网企业近 200 名代表出席本次会议。本次论坛邀请 CNCERT 国际合作伙伴和 FIRST 成员参加，为 CNCERT、国际伙伴和网络安全企业提供一个在网络安全应急领域交流的平台，进一步增进互信，促进开展全方位的网络安全合作。

4. 第二届国际网络空间军事稳定会议召开

2017 年 8 月 21 日至 22 日，上海国际问题研究院与美国麻省理工学院计算机与人工智能实验室合作举办第二届“国际网络空间军事稳定”学术研讨会。本次会议汇聚了来自中国、美国、英国、法国、韩国和加拿大的 40 多位网络安全领域的官员和学者。研讨会旨在通过多国专家的 1.5 轨对话，发现军事领域网络问题导致的不稳定性，分析产生这些不稳定性的原因，并提出风险缓解措施。研讨会系列活动汇聚来自美国、中国、俄罗斯、英国、法国和加拿大等国的杰出学者、思想领袖和专业人员，利用其专业知识、经验和观点开展联合研究，建立跨学科和跨文化分析框架，理解网络空间军事稳定性，并且对国际安全架构下的促进网络稳定性的实际举措进行评估，向政府部门提出建议，从而减少网络风险对国际和平与安全造成的威胁。这次活动利用案例分析方法找出不稳定性机制的特征。初步确定的重点领域包括危机管理、阻止冲突升级和高级领导培训。拟定的缓解措施包括透明措施、合作措施和稳定性措施。

5. 第二届中日韩网络安全二轨对话召开

2017 年 10 月 12 日，第二届中日韩网络安全二轨对话会在中国国际问题研究院举行。来自北京大学、上海国际问题研究院、中国社会科学院、中国国际问题研究院、韩国高丽大学、韩国国家安全研究院、日本庆应大学、微软（日本）等研究机构和互联网企业的专家就三国网络立法进展、网络安全国际进展、关键信息基础设施、网络事件响应、中日韩网络关系等问题进行了深入讨论。来自中国国家互联网信息办公室、外交部等部门的有关代表与会。本次会议通过的“联合主席声明”表示将继续对话进程，进一步推动对网络立法、网络犯罪、关键信息基础设施、术语概念等共同关心的问题进行研究，以厘清中日韩在网络问题上的共识和差异、探索和平利用网络空间的合作方式、构建地区共识、为网络空间国际合作建言献策。中日韩网络安全二轨对话会由中国国际问题研究院与韩国高丽大学、日本庆应大学于 2016 年共同发起，每年轮流举办一次，为中日韩重要的网络安全二轨对话平台。首届对话会由高丽大学于 2016 年在首尔承办。

第七章　法律法规

一、综　述

《中共中央关于全面推进依法治国若干重大问题的决定》明确指出："加强互联网领域立法，完善网络信息服务、网络安全保护、网络社会管理等方面的法律法规，依法规范网络行为。"从1994年我国全功能接入互联网以来，我国依法治网水平不断提升。2000年以前，我国主要关注的是网络基础设施的建设和运行，几乎没有针对互联网领域的专门性立法，仅出台了极少的几部有关信息化和计算机信息安全的行政法规和规章。2000年至2013年期间，我国相关部门开始出台一些涉及互联网产品和服务的行政法规、规章和规范性文件。但此时的立法依旧大多是位阶较低的部门规章、规范性文件。2014年中央网络安全和信息化领导小组成立，我国开始全面推动网络空间立法工作。2017年《网络安全法》正式实施，标志着中国网络空间法治建设迈入新阶段。为贯彻落实《网络安全法》，国家互联网信息办公室等相关部门相继制定发布了一系列配套规定，无论是立法数量，还是内容、效力层级上，都取得了新的突破。

（一）围绕《网络安全法》出台配套制度

《网络安全法》是我国网络安全领域的基础性法律，在总体国家安全观的指导下确立了我国网络安全工作的基本原则，明确提出了关键信息基础设施安全保护制度、网络安全等级保护制度、用户信息保护规则、网络安全监测预警和信息通报制度、网络安全风险评估和应急工作机制等制度，为相关细则规范的制定提供了基本遵循，也成为了互联网治理实践中的重要执法依据。制定出台相关配套制度是落实《网络安全法》的重要保障。2017 年 8 月至 10 月，全国人大常委会执法检查组对于“一法一决定”（即《网络安全法》、《全国人民代表大会常务委员会关于加强网络信息保护的决定》）的实施情况进行检查。对一部新制定的实施不满 3 个月的新法启动执法检查，这在全国人大常委会监督工作中尚属首次。此次执法检查的重点之一就是制定配套法规规章的情况。

1. 制定产品、服务、技术安全审查评估制度

2017 年 5 月 2 日，国家互联网信息办公室正式发布《网络产品和服务安全审查办法》（试行），这是对《网络安全法》第三十五条中规定的“网络产品和服务的安全审查制度”的具体落实。《网络产品和服务安全审查办法》（试行）明确了对网络产品和服务审查的范围、内容及机构等审查要素，构建了网络产品和服务安全审查的基本制度框架。随后，国家互联网信息办公室会同工业和信息化部、公安部、国家认证认可监督管理委员会等部门于 2017 年 6 月 9 日制定了《网络关键设备和网络安全专用产品目录（第一批）》，进一步加强了网络关键设备和网络安全专用产品的安全管理。

技术驱动下的互联网新闻信息给互联网治理带来新的挑战，对互联网新闻信息服务新技术、新应用可能带来的社会影响进行评估势在必行。2017 年 10 月 30 日，国家互联网信息办公室针对互联网新闻信息服务领域中的新技术与新应用出台《互联网新闻信息服务新技术新应用安全评估管理规定》，以适应互联网新技术、新应用的高速发展。

2. 完善关键信息基础设施安全保护制度

《网络安全法》将网络安全分为网络运行安全及网络信息安全，并且在“网络运行安全”一章专门设置“关键信息基础设施的运行安全”一节，明确了关键信息基础设施的定义及相关管理部门的职责，关键信息基础设施的运营者的安全保护义务、保密义务等，关键信息基础设施安全评估和检测制度等，搭建了我国关键信息基础设施保护制度的基本框架。

习近平总书记指出：“金融、能源、电力、通信、交通等领域的关键

信息基础设施是经济社会运行的神经中枢，是网络安全的重中之重，也是可能遭到重点攻击的目标。”关键信息基础设施安全对维护我国网络空间主权与网络空间安全意义重大，为了保障关键信息基础设施安全，进一步细化落实《网络安全法》，2017 年 7 月 11 日国家互联网信息办公室发布《关键信息基础设施安全保护条例（征求意见稿）》。《关键信息基础设施安全保护条例（征求意见稿）》共有八章五十五条，其中包括总则，支持与保障，关键信息基础设施范围，运营者安全保护，产品和服务安全，监测预警、应急处置和检测评估，法律责任以及附则，对于关键信息基础设施保护的适用范围、监管主体、评估对象、评估机制和相应法律责任等基本要素进行了细化。

3. 拟订个人信息和重要数据出境安全评估制度

《网络安全法》首次以法律形式明确提出了对个人信息及重要数据出境的安全评估制度。根据《网络安全法》第二十五条、第三十七条等相关规定，国家互联网信息办公室于 2017 年 4 月 11 日公布了《个人信息和重要数据出境安全评估办法（征求意见稿）》，保障个人信息和重要数据安全，维护网络空间主权和国家安全、社会公共利益，促进网络信息依法有序自由流动。

《个人信息和重要数据出境安全评估办法（征求意见稿）》共十八条，规定了国家网信部门、行业主管或监管部门的职责，明确了数据出境安全评估应重点评估的内容、必须报请行业主管或监管部门组织安全评估的数据以及不得出境的数据。同时，还对评估的时限、周期进行了规定，对网络运营者、数据出境、个人信息、重要数据等用语的含义进行了界定。

（二）针对不同互联网服务平台实现差异化立法

随着互联网技术的不断发展，网络新闻服务形式发生根本改变，已经从早期的以采编分发为主的自主传播模式转化到以用户资讯需求为主的资讯平台供给模式，微博、微信、直播等新的互联网产品和服务平台不断涌现，为适应互联网发展的新形势、新要求，满足互联网新闻信息服务发展和管理的实际需求，国家互联网信息办公室针对不同互联网产品特点，结合其信息内容生产与传播规律，制定出台了一系列部门规章和规范性文件，对不同互联网服务平台实现个性化管理。

1. 及时修订“旧法”，提升信息技术发展适应性

2017 年 5 月 2 日国家互联网信息办公室发布 1 号令《互联网新闻信息服务管理规定》，并于 2017 年 6 月 1 日正式施行。这是对原信息产业部和国务院新闻办于 2005 年联合发布的《互联网新闻信息服务管理规定》的修订。此次修订将包括应用程序、论坛、博客、微博客、即时通信工具、互联网站、网络直播以及其他具有新闻舆论或社会动员功能的应用都纳入管理范围，并对许可事项、管理体制、互联网新闻信息服务提供者的主体责任、用户权益保护等内容进行了修订和明确，其中管理体制的完善有助于国家网信办对互联网新闻信息服务的管理。此外，国家互联网信息办公室还出台了《互联网新闻信息服务许可管理实施细则》，进一步细化《互联网新闻信息服务管理规定》的有关条款，使其更具可操作性。相关规定的出台进一步规范了互联网新闻信息服务，也为用户规模的持续扩大提供了有序的行业发展环境。

2. 管理对象精细化，主体责任更加明晰

截至 2017 年 12 月，微信朋友圈、QQ 空间作为即时通信工具所衍生出来的社交服务，用户使用率分别为 87.3% 和 64.4%，知乎、豆瓣、天涯社区的用户使用率分别为 14.6%、12.8%、8.8%，成为生活社交、信息传播新的主要途径。为加强对此类社交平台的规范管理，2017 年 8 月下旬至 9 月上旬，国家互联网信息办公室接连出台多项规范性文件——《互联网跟帖评论服务管理规定》《互联网论坛社区服务管理规定》《互联网群组信息服务管理规定》《互联网用户公共账号信息服务管理规定》，使跟帖评论服务、论坛社区服务、群组信息服务、公共账号服务等从此有规可依、有章可循，有助于跟帖评论实名制的进一步落实，有助于打击“非法网络公关”等不正当竞争行为，有助于规范公众在网络空间的言论表达。

表 7–1 相关规范性文件

名称	调整对象	公布时间	施行时间
互联网跟帖评论服务管理规定	互联网站、应用程序、互动传播平台以及其他具有新闻舆论属性和社会动员功能的传播平台，以发帖、回复、留言、弹幕等方式，为用户提供发表文字、符号、表情、图片、音视频等信息的服务。	2017 年 8 月 25 日	2017 年 10 月 1 日
互联网论坛社区服务管理规定	在互联网上以论坛、贴吧、社区等形式，为用户提供互动式信息发布社区平台的服务。	2017 年 8 月 25 日	2017 年 10 月 1 日
互联网群组信息服务管理规定	互联网群组，是指互联网用户通过互联网站、移动互联网应用程序等建立的，用于群体在线交流信息的网络空间。互联网群组信息服务提供者，是指提供互联网群组信息服务的平台。互联网群组信息服务使用者，包括群组建立者、管理者和成员。	2017 年 9 月 7 日	2017 年 10 月 8 日
互联网用户公共账号信息服务管理规定	通过互联网站、应用程序等网络平台以注册用户公众账号形式，向社会公众发布文字、图片、音视频等信息的服务。	2017 年 9 月 7 日	2017 年 10 月 8 日

（三）强化行政执法程序立法

2014 年，国务院发布的《关于授权国家互联网信息办公室负责互联网信息内容管理工作的通知》中明确规定："授权重新组建的国家互联网信息办公室负责全国互联网信息内容管理工作，并负责监督管理执法。"2015 年，《反恐怖主义法》中第一次出现"网信"二字，再次明确了"网信部门"的职责。2016 年，《网络安全法》的诸多条款中也明确规定了"网信部门"的职责。这一系列法律法规都为网信部门在互联网内容管理工作中的执法权力提供了法律依据。

2017 年 5 月 2 日，国家互联网信息办公室公布了《互联网信息内容管理行政执法程序规定》，明确了互联网信息内容管理的执法主体、执法对象、执法程序，全面规范了管辖、立案、调查取证、听证、约谈、决定、执行等各环节的具体程序要求。《互联网信息内容管理行政执法程序规定》的颁布和实施有助于互联网信息内容管理部门更好地履行在互联网内容管理中的行政执法职责，确保行政执法行为程序的正当性。

（四）内容管理和从业人员管理并举

互联网新闻信息服务单位内容管理从业人员是互联网新闻信息采编发布、转载和审核的重要主体，对于网络舆论生态的塑造起着举足轻重的作用，是互联网新闻信息内容治理的“关键少数”。然而，目前我国法律并未对这一群体实行资格准入制度，使得这一群体在实践中呈现出流动性强、市场化程度高的特点。

为营造清朗的网络空间，在落实互联网内容管理的同时，进一步加强对互联网新闻信息服务单位内容管理人员队伍的管理和规范，更好地发挥他们在弘扬主旋律、传播正能量中的正向作用，国家互联网信息办公室于 2017 年 10 月 30 日出台了《互联网新闻信息服务单位内容管理从业人员管理办法》，专门独立设章，明确了从业人员的行为规范、教育培训制度以及监督管理措施。《互联网新闻信息服务单位内容管理从业人员管理办法》的出台，加强了互联网新闻信息服务单位内容管理人员的队伍建设和管理，搭建互联网新闻信息服务单位内容管理从业人员管理体系，是互联网新闻信息服务单位内容管理从业人员管理制度的一次大胆创新，有力推进了我国互联网信息内容管理进入一个更加规范、更加有规可依的新阶段。

总体来说，2017 年网络空间立法层级不断提高，不同效力位阶的法律、规章、规范性文件互相配合，既有《网络安全法》这样处于统领性地位的综合性基础法和全局性的法律，也有配合《网络安全法》落实实施的相关配套部门的规章制度，还有更具针对性的规范不同互联网服务的规范性文件，已经形成了多层级的相对完善的法律法规制度体系。

表 7–2　部分涉及内容管理的部门规章和规范性文件

年份	立法层级	名称
2017	部门规章	互联网新闻信息服务管理规定
		互联网信息内容管理行政执法程序规定
	规范性文件	互联网新闻信息服务许可管理实施细则
		互联网论坛社区服务管理规定
		互联网跟帖评论服务管理规定
		互联网群组信息服务管理规定
		互联网用户公众账号信息服务管理规定
		互联网新闻信息服务新技术新应用安全评估管理规定
		互联网新闻信息服务单位内容管理从业人员管理办法
2016	规范性文件	互联网直播服务管理规定
		移动互联网应用程序信息服务管理规定
		互联网信息搜索服务管理规定
2015	规范性文件	互联网新闻信息服务单位约谈工作规定
		互联网用户账号名称管理规定
2014	规范性文件	即时通信工具公众信息服务发展管理暂行规定

二、法　律

（一）《中华人民共和国网络安全法》

《网络安全法》于 2016 年 11 月 7 日第十二届全国人民代表大会常务委员会第二十四次会议通过，自 2017 年 6 月 1 日起正式施行。《网络安全法》是我国第一部全面规范网络空间安全管理方面问题的基础性法律，是我国网络空间法治建设的重要里程碑。

《网络安全法》包括总则、网络安全支持与促进、网络运行安全、网络信息安全、监测预警与应急处置、法律责任以及附则，共七章七十九条。其中，第一章“总则”规定了网络安全立法的宗旨、依据、适用范围、基本原则与方针、基本制度、主管部门等。第二章“网络安全支持与促进”规定了网络安全标准体系、网络安全技术和产业发展、网络安全社会化服务体系建设、网络数据利用和网络安全管理方式创新、网络安全宣传教育、网络人才培养等。第三章“网络运行安全”明确了网络安全等级保护制度、网络产品和服务提供者保证安全和保护个人信息的义务、网络关键设备和网络安全专用产品安全认证和安全检测、网络用户身份管理、网络安全事件应对等一般性规定以及关于关键信息基础设施的运行安全的相关规定。第四章“网络信息安全”主要规定了用户信息保护制度、网络运营者保护用户信息应该遵循的原则及履行的义务、个人信息保护的禁止性规定、个人信息删除权和更正权等。第五章“监测预警与应急处置”将监测预警与应急处置工作制度化、法治化，明确国家建立网络安全监测预警和信息通报制度，建立网络安全风险评估和应急工作机制，制定网络安全事件应急预案并定期演练。第六章“法律责任”提高了违法行为的处罚标准，加大了处罚力度，有利于保障《网络安全法》的实施。第七章为“附则”。

网址：
http：//www.cac.gov.cn/2016-11/07/c_1119867116.htm

（二）**《中华人民共和国民法总则》**

民法被称为社会生活的百科全书，随着网络信息时代的到来，中国民法典编纂逐步适应了网络信息时代的特征。2017 年 3 月 15 日，由第十二届全国人民代表大会常务委员会第五次会议审议通过并于 2017 年 10 月 1 日起施行的《民法总则》，明确了个人信息独立受法律保护，并将数字信息、网络虚拟财产单独设条加以规范。

《民法总则》第 111 条规定：“自然人的个人信息受法律保护。任何组织和个人需要获取他人个人信息的，应当依法取得并确保信息安全，不得非法收集、使用、加工、传输他人个人信息，不得非法买卖、提供或者公开他人个人信息。”该项法律制度的建立，是根据非法获取、非法出售或者非法向他人提供公民个人信息的违法行为泛滥的社会现实，经过四次审稿草案的补充与完善，最终成型。

《民法总则》第127条规定："法律对数据、网络虚拟财产的保护有规定的，依照其规定。"本条确立了依法保护数据和网络虚拟财产的原则。同时，鉴于对数据和网络虚拟财产的概念范畴、保护范围、权利属性、权利和义务内容还需作进一步深入研究，进一步总结理论和司法实践经验，本条仅作出原则性规定，为以后立法提供了法理基础。

	网址： http：//www.npc.gov.cn/npc/xinwen/2017-03/15/content_2018907.htm

（三）**《中华人民共和国反不正当竞争法》**

2017年11月4日，第十二届全国人民代表大会常务委员会第三十次会议表决通过了新修订的《反不正当竞争法》。其中，第十二条规定："经营者利用网络从事生产经营活动，应当遵守本法的各项规定。经营者不得利用技术手段，通过影响用户选择或者其他方式，实施下列妨碍、破坏其他经营者合法提供的网络产品或者服务正常运行的行为：（一）未经其他经营者同意，在其合法提供的网络产品或者服务中，插入链接、强制进行目标跳转；（二）误导、欺骗、强迫用户修改、关闭、卸载其他经营者合法提供的网络产品或者服务；（三）恶意对其他经营者合法提供的网络产品或者服务实施不兼容；（四）其他妨碍、破坏其他经营者合法提供的网络产品或者服务正常运行的行为。"《反不正当竞争法》新增加对互联网领域不正当竞争行为的法律规制，体现出在新的时代和技术背景下对市场竞争秩序与时俱进的调整。

	网址： http：//www.npc.gov.cn/npc/xinwen/2017-11/04/content_2031432.htm

三、部门规章

（一）《互联网新闻信息服务管理规定》

2005 年原《互联网新闻信息服务管理规定》实施以来，对规范我国互联网新闻信息服务活动、促进互联网新闻信息服务健康有序发展发挥了积极的作用。但是，随着互联网技术及应用的快速发展，原规定的一些制度已不适应互联网新闻信息服务发展和管理的实际，需要及时修订。2017 年 5 月 2 日，国家互联网信息办公室公布了修订后的《互联网新闻信息服务管理规定》，并自 6 月 1 日起施行。

《互联网新闻信息服务管理规定》修订主要依据《网络安全法》《互联网信息服务管理办法》《国务院对确需保留的行政审批项目设定行政许可的决定》等上位法，对互联网新闻信息服务许可管理、网信管理体制、互联网新闻信息服务提供者的主体责任等进行了修订。一是适应信息技术应用发展的实际，对通过互联网站、应用程序、论坛、博客、微博客、公众账号、即时通信工具、网络直播等形式提供互联网新闻信息服务，进行统一的规范和管理。二是将许可事项修改为“提供互联网新闻信息服务”，包括互联网新闻信息采编发布服务、转载服务、传播平台服务三类，不同于原来的新闻单位设立采编发布、非新闻单位设立转载和新闻单位设立登载本单位新闻信息的三类互联网新闻单位的管理模式。三是完善了管理体制，将主管部门由“国务院新闻办公室”调整为“国家互联网信息办公室”，增加了“地方互联网信息办公室”的职责规定，为省级以下网信部门赋予了互联网新闻信息服务管理职责。四是强化了互联网新闻信息服务提供者的主体责任，明确了总编辑及从业人员管理、信息安全管理、平台用户管理等要求。五是增加了用户权益保护的内容，规定了个人信息保护、禁止互联网新闻信息服务提供者及其从业人员非法牟利、著作权保护等相关内容。

修订后的《互联网新闻信息服务管理规定》包括总则、许可、运行、监督检查、法律责任和附则，共六章二十九条。第一章是“总则”，对立法目的、原则、适用范围、监管主体作出规定。第二章是“许可”，对从事互联网新闻信息服务许可的条件、材料、受理、决定作出规定。第三章是“运行”，对互联网新闻信息服务提供者的日常运行制度作出规范。第四章是“监督检查”，对国家互联网信息办公室及地方互联网信息办公室监督执法作出规定。第五章是“法律责任”，对违反该规定的行为的法律责任作出规定。第六章是“附则”，对有关术语的定义和公布实施作出规定。

	网址： http：//www.cac.gov.cn/2017-05/02/c_1120902760.htm

（二）《互联网信息内容管理行政执法程序规定》

2014 年 8 月，国务院发布《关于授权国家互联网信息办公室负责互联网信息内容管理工作的通知》，授权重新组建的国家互联网信息办公室负责全国互联网信息内容管理工作，并负责监督管理执法。为切实履行职责，规范互联网信息内容管理部门行政执法行为，确保互联网信息内容管理部门依法正确实施行政处罚，保护公民、法人和其他组织的合法权益，维护互联网信息内容传播秩序，国家互联网信息办公室在广泛调研、征求吸收业界专家等多方意见建议的基础上，制定了《互联网信息内容管理行政执法程序规定》，并于 2017 年 5 月 2 日公布，自 2017 年 6 月 1 日起施行。

《互联网信息内容管理行政执法程序规定》包括正文和附件两部分，其中正文共八章四十九条，附件十七个。内容包括五个方面：一是确定执法主体和范围，明确国家和地方互联网信息办公室实施行政执法，对违反有关互联网信息内容管理法律法规规章的行为实施行政处罚适用本规定；二是建立执法督查制度，要求国家和地方互联网信息内容管理部门建立行政执法督查制度，上级互联网信息内容管理部门对下级互联网信息内容管理部门实施的行政执法进行督查；三是加强执法体系建设，规定国家和地方互联网信息内容管理部门要建立健全执法人员培训、考试考核、资格管理和持证上岗制度，明确执法证由国家互联网信息内容管理部门统一制定、核发，或授权省、自治区、直辖市互联网信息内容管理部门核发；四是以行政执法办案为主线明确执法程序，全面规范了管辖、立案、调查取证、听证、约谈、决定、执行等各环节的具体程序要求；五是规定常用文书格式范本，明确由国家互联网信息内容管理部门制定执法文书格式范本，并在附件中列明了立案审批表、案件处理意见报告、行政处罚决定书等 17 个常用文书格式范本。

网址：
http：//www.cac.gov.cn/2017-05/02/c_1120902931.htm

（三）**《电信业务经营许可管理办法》**

为适应依法推进“放管服”改革的需要，适应促进电信业健康发展的要求，2017 年 6 月 21 日，工业和信息化部第 31 次部务会议审议通过了《电信业务经营许可管理办法》，并于 7 月 3 日公布，自 2017 年 9 月 1 日起施行。

修订后的《电信业务经营许可管理办法》共九章五十三条，主要规定了电信业务经营许可证的申请、审批、使用、变更、监督检查和法律责任等内容。修订的主要内容是：（一）修改不适应改革要求的内容。取消了基础电信和跨地区增值电信业务经营许可证备案管理；取消了申请经营许可时提交财务会计报告和验资报告等要求；取消了申请经营许可时提交企业名称预核准通知书的要求，删除了电信业务经营许可证作为工商变更登记前置程序的规定。（二）建立电信业务信息化管理平台。（三）建立信用管理制度。（四）建立信息年报和公示制度。（五）建立失信名单和惩戒制度。（六）完善事中事后监管体系，建立随机抽查机制。（七）促进利企便民，优化或者取消了股东变更审批、持股比例计算和增值电信业务授权经营的限制性规定。

	网址： http：//www.miit.gov.cn/n1146295/n1146557/n1146624/c5727331/content.html

（四）《互联网域名管理办法》

随着我国互联网的迅速发展以及互联网域名地址分配机构新通用顶级域名（gTLD）计划的实施，我国域名服务的从业机构、服务种类迅速增加，域名服务监管面临新的挑战，存在事中事后监管手段不足等问题。为适应我国域名行业发展新形势和管理新要求，工业和信息化部对《中国互联网络域名管理办法》进行了修订，并于 2017 年 8 月 16 日工业和信息化部第 32 次部务会议审议通过了修订后的《互联网域名管理办法》，于 8 月 24 日公布，自 2017 年 11 月 1 日起施行。

修订后的《互联网域名管理办法》分为总则、域名管理、域名服务、监督检查、罚则和附则，共六章五十八条，此次修订内容主要包括：(一）明确部和省级通信管理局的职责分工；(二）完善域名服务许可制度；(三）规范域名注册服务活动；(四）完善域名注册信息登记和个人信息保护制度；(五）加强事中事后监管。《互联网域名管理办法》还明确了域名注册管理机构、注册服务机构违法开展域名注册服务、未对域名注册信息的真实性进行核验、为违法网络服务提供域名跳转等违法行为的法律责任和处罚措施。

	网址： http：//www.miit.gov.cn/n1146295/n1146557/n1146624/c5778555/content.html

四、规范性文件

（一）《关于促进移动互联网健康有序发展的意见》

2017 年 1 月 15 日，中共中央办公厅、国务院办公厅印发了《关于促进移动互联网健康有序发展的意见》。该意见从重要意义和总体要求、推动移动互联网创新发展、强化移动互联网驱动引领作用、防范移动互联网安全风险、深化移动互联网国际交流合作、加强组织领导和工作保障六个方面为促进我国移动互联网健康有序发展提出了意见。

《关于促进移动互联网健康有序发展的意见》指出，随着移动互联网新技术快速演进，移动互联网安全威胁和风险日渐突出。面对新形势、新挑战，移动互联网发展管理工作还存在体制机制有待完善、法制建设仍显滞后、政策扶持力度不够、自主创新能力不足、核心技术亟须突破、管理基础相对薄弱、企业主体责任落实不到位、安全策略不完备等短板。

《关于促进移动互联网健康有序发展的意见》强调，要完善市场准入制度，在确保安全的前提下，引导多元化投融资市场发展。在防范移动互联网安全风险方面，意见提出，要维护用户合法权益，完善移动互联网用户信息保护制度，严格规范收集使用用户身份、地理位置、联系方式、通信内容、消费记录等个人信息行为，保障用户知情权、选择权和隐私权。督促移动互联网企业切实履行用户服务协议和相关承诺，完善服务质量管理体系，健全投诉处理机制，提供更加安全、优质、便捷、实用的产品和服务。

网址：
http：//www.gov.cn/zhengce/2017-01/15/content_5160060.htm

（二）《国家网络安全事件应急预案》

2017 年 1 月 10 日，国家互联网信息办公室公布《国家网络安全事件应急预案》，自公布之日起实施。《国家网络安全事件应急预案》规定了网络安全事件的定义范围，将网络安全事件分为特别重大网络安全事件、重大网络安全事件、较大网络安全事件和一般网络安全事件四级，分别对应红色、橙色、黄色和蓝色网络安全事件预警等级。根据规定，国家互联网信息办公室设立国家网络安全应急办公室，负责网络安全应急跨部门、跨地区协调工作和指挥部的事务性工作，组织指导国家网络安全应急技术支撑队伍做好应急处置的技术支撑工作。《国家网络安全事件应急预案》还明确了预警监测工作的原则与方式、预警研判和发布、各级预警的相应措施与解除程序、应急处置的处理流程。另外还对调查与评估、预防工作、保障措施做了相应指导性规定。

网址：
http：//www.cac.gov.cn/2017-06/27/c_1121220113.htm

（三）《网络产品和服务安全审查办法（试行）》

2017 年 5 月 2 日，国家互联网信息办公室发布《网络产品和服务安全审查办法（试行）》，自 6 月 1 日起正式施行。该规定是对《网络安全法》第 35 条规定“关键信息基础设施的运营者采购网络产品和服务，可能影响国家安全的，应当通过国家网信部门会同国务院有关部门组织的国家安全审查”的具体落实。根据《网络产品和服务安全审查办法（试行）》，关系国家安全和公共利益的信息系统使用的重要网络产品和服务，以及关键信息基础设施运营者采购的网络产品和服务，可能影响国家安全的，都要经过网络安全审查；网络安全审查的重点是产品和服务的安全性、可控性，包括产品被非法控制、干扰和中断运行的风险，产品提供者非法收集用户信息的风险等。安全审查不针对特定国家和地区，没有国别差异，审查不会歧视国外技术和产品，不会限制国外产品进入中国市场。

《网络产品和服务安全审查办法（试行）》全文共十六条，主要对立法目的、适用范围、审查机构及其职责、网络产品和服务提供者的权利义务、法律后果等方面进行了规定。其中，第一条主要明确了立法目的，第二条、第十条规定了适用范围及具体的适用情形，第三条明确了审查的基本原则，第四条规定了具体的审查内容，即“网络产品和服务的安全性、可控性”，第五条、第六条、第七条、第八条、第九条、第十一条、第十三条规定了审查机构及其职责，第十二条和第十四条规定了网络产品和服务提供者的权利义务，第十五条是对法律责任的规定。

	网址： http：//www.cac.gov.cn/2017-05/02/c_1120904567.htm

（四）《互联网新闻信息服务许可管理实施细则》

2017 年 5 月 22 日，国家互联网信息办公室发布《互联网新闻信息服务许可管理实施细则》，自 2017 年 6 月 1 日起施行。《互联网新闻信息服务许可管理实施细则》旨在进一步细化《互联网新闻信息服务管理规定》的有关条款，提高互联网新闻信息服务许可管理规范化、科学化水平，促进互联网新闻信息服务健康、有序发展。

《互联网新闻信息服务许可管理实施细则》重点明确以下内容：一是进一步明确互联网新闻信息服务具体类别，细化每类服务的概念、许可条件、申请材料等，使其更具可操作性；二是适应国有单位转企改制、企业股份制改造等情况，细化了企业法人申请材料等，以更好地维护资本安全、信息内容安全；三是明确传播平台服务提供者应当制定完善的平台账号用户管理制度、用户协议、投诉举报处理机制等，避免出现责任划分不明、监管措施落实不到位等情况；四是明确技术安全评估有关要求，细化了互联网新闻信息服务单位与境内外中外合资经营、中外合作经营和外资经营的企业进行涉及互联网新闻信息服务业务合作的安全评估要求；五是对许可变更、续办、注销等环节的条件、材料、程序等提出明确要求，进一步完善许可退出机制。

《互联网新闻信息服务许可管理实施细则》共十八条，其中，第一至三条，对目的依据、适用范围、服务类别作出要求；第四至八条，对互联网新闻信息服务的许可条件、申请材料、安全评估作出要求；第九至十一条，对许可受理、许可审核、许可决定作出要求；第十二至十六条，对许可变更、续办以及注销的条件、材料和程序作出要求；第十七条，对抽查、考核等监督管理作出要求；第十八条，对生效时间作出要求。

	网址： http：//www.cac.gov.cn/2017-05/22/c_1121015789.htm

（五）关于印发《政务信息系统整合共享实施方案》的通知

2017 年 5 月，国务院办公厅印发了《政务信息系统整合共享实施方案》。该实施方案围绕政府治理和公共服务的紧迫需要，以最大程度利企便民，让企业和群众少跑腿、好办事、不添堵为目标，提出了加快推进政务信息系统整合共享、促进国务院部门和地方政府信息系统互联互通的重点任务和实施路径。一是明确了统一工程规划、统一标准规范、统一备案管理、统一审计监督、统一评价体系的“五个统一”的总体原则。二是明确了“两步走”的总体工作目标。三是明确了加快推进政务信息系统整合共享的“十件大事”，并进一步细化分解为 22 项重点任务，逐一明确了任务的责任部门和时间节点。四是明确了保障各项任务取得实效的“七项措施”，即加强组织领导、加快推进落实、强化评价考核、加强审计制度、优化建设模式、建立备案制度、加强安全保障。

	网址： http：//www.gov.cn/zhengce/content/2017-05/18/content_5194971.htm

（六）《工业控制系统信息安全事件应急管理工作指南》

为贯彻落实《网络安全法》《国务院关于深化制造业与互联网融合发展的指导意见》，指导做好工业控制系统信息安全事件应急管理相关工作，保障工业控制系统信息安全，2017 年 5 月 31 日，工业和信息化部公布《工业控制系统信息安全事件应急管理工作指南》。该指南旨在加强工业控制系统信息安全事件应急管理，建立健全工业控制安全事件应急工作机制，提高工业控制安全事件应急处置能力，完善工业控制安全管理体系，预防和减少工业控制安全事件造成的损失和危害，保障工业生产正常运行。该指南明确了工业控制系统信息安全编制的三项原则包括：政府指导、企业主体；预防为主、平战结合；快速反应、科学处置。

	网址： http：//www.cac.gov.cn/2017-06/20/c_1121175806.htm

（七）《网络关键设备和网络安全专用产品目录（第一批）》

2017 年 6 月 9 日，由国家互联网信息办公室会同工业和信息化部、公安部、国家认证认可监督管理委员会等部门联合制定的《网络关键设备和网络安全专用产品目录（第一批）》正式发布。被列入第一批目录的网络关键设备和网络安全专用产品共 15 款。

第一批目录所列的设备和产品，应当按照相关国家标准的强制性要求，由具备资格的机构安全认证合格或者安全检测符合要求后，方可销售或者提供。《网络关键设备和网络安全专用产品目录（第一批）》要求网络关键设备和网络安全专用产品认证或者检测委托人，选择具备资格的机构进行安全认证或者安全检测。网络关键设备、网络安全专用产品选择安全检测方式的，经安全检测符合要求后，由检测机构将网络关键设备、网络安全专用产品检测结果（含目录发布之前已经本机构安全检测符合要求、且在有效期内的设备与产品）依照相关规定分别报工业和信息化部、公安部；选择安全认证方式的，经安全认证合格后，由认证机构将认证结果依照相关规定报国家认证认可监督管理委员会。

网址：
http：//www.cac.gov.cn/2017-06/09/c_1121113591.htm

（八）关于印发《政府网站发展指引》的通知

2017 年 6 月 8 日，国务院办公厅公布《政府网站发展指引》，对政府网站管理体制、内容功能、发展方向、集约化建设等提出明确要求和标准规范。《政府网站发展指引》共包括总体要求、职责分工、开设与整合、网站功能、集约共享、创新发展、安全防护、机制保障以及附件“网页设计规范”等内容，为政府网站建设提供了操作指南。一是建立分工明确的政府网站管理体制，区分了主管、主办、承办单位的职责，强调各省（区、市）和国务院部门政府网站的统筹规划和监督考核由主管单位（即本地区本部门办公厅）负责，单个政府网站的建设规划和组织保障由主办单位（一般为本级政府或部门办公厅 / 室）负责。二是系统化提出政府网站开办关停的流程要求，强调网站新开设、整合上移、临时下线等均应有章可循，需按程序报批。三是进一步细化政府网站信息内容建设具体要求，规定了政府网站功能主要包括信息发布、解读回应和互动交流，政府门户网站和具有对外服务职能的部门网站还要提供办事服务功能。

	网址： http：//www.gov.cn/zhengce/content/2017-06/08/content_5200760.htm

（九）关于印发《政务信息资源目录编制指南（试行）》的通知

为贯彻落实《促进大数据发展行动纲要》《政务信息资源共享管理暂行办法》《推进“互联网＋政务服务”开展信息惠民试点实施方案》《政务信息系统整合共享实施方案》等文件精神，加快建立政府数据资源目录体系，推进政府数据资源的国家统筹管理，2017 年 6 月 30 日，国家发展和改革委员会、国家互联网信息办公室印发了《政务信息资源目录编制指南（试行）》，旨在规范政务信息公开的目录编制工作。《政务信息资源目录编制指南（试行）》共包括引言、范围、规范性引用文件、术语和定义、概述、政务信息资源目录、政务信息资源目录编制要求以及附录“元数据说明”“政务信息资源目录（模板）”“政务信息资源分类和编码示例”等内容。

	网址： http：//www.gov.cn/xinwen/2017-07/13/content_5210203.htm

（十）《工业控制系统信息安全防护能力评估工作管理办法》

为贯彻落实《国务院关于深化制造业与互联网融合发展的指导意见》等文件精神，督促工业企业做好工业控制系统信息安全防护工作，检验《工业控制系统信息安全防护指南》的实践效果，综合评价工业企业工业控制系统信息安全防护能力，工业和信息化部制定了《工业控制系统信息安全防护能力评估工作管理办法》，于 2017 年 7 月 31 日发布实施。

该管理办法的编制以我国两化融合发展时期工业控制安全保障需求和工业控制安全防护工作推进为出发点和落脚点，密切结合工业控制安全防护能力评估工作实际，以规范针对工业企业开展的工控安全防护能力评估活动为重点，加强工业控制安全防护能力评估机构、人员和工具管理，明确工业控制安全防护能力评估工作程序，主要突出体系化管理、注重管理实效、强调全生命周期评估，主要内容涉及管理组织机构设置、基本要求、工作程序、监督管理、评估方法等方面。

	网址： http：//jxw.yantai.gov.cn/art/2017/8/16/art_2208_801680.html

（十一）《关于鼓励和规范互联网租赁自行车发展的指导意见》

2017 年 8 月 2 日，交通运输部、中央宣传部、国家互联网信息办公室、国家发展和改革委员会、工业和信息化部、公安部、住房城乡建设部、人民银行、质检总局、国家旅游局十个部门联合出台《关于鼓励和规范互联网租赁自行车发展的指导意见》。该指导意见共五个部分十六条，肯定了互联网租赁自行车发展对方便群众短距离出行、构建绿色低碳交通体系的积极作用，明确了互联网租赁自行车在城市综合交通运输体系中的定位，提出要按照“服务为本、改革创新、规范有序、属地管理、多方共治”的基本原则，从实施鼓励发展政策、规范运营服务行为、保障用户资金和网络信息安全、营造良好发展环境四个方面，鼓励和规范互联网租赁自行车发展，进一步提升服务水平，更好地满足人民群众的出行需求。

	网址： http：//zizhan.mot.gov.cn/zfxxgk/bnssj/dlyss/201708/t20170802_2803351.html

（十二）《移动互联网综合标准化体系建设指南》

2017 年 8 月 7 日，工业和信息化部公布了《移动互联网综合标准化体系建设指南》。该指南主要包括产业发展概述、建设指南编制总体要求、综合标准化体系建设内容、重点工作及附件“移动互联网综合标准化体系研制方向明细表”等主要内容。《移动互联网综合标准化体系建设指南》将移动互联网产业生态体系界定为移动终端、移动网络、移动业务与应用、移动安全四个方面，并明确了移动互联网综合标准化体系建设的工作目标，即到 2020 年，初步建立起基础标准较为完善、主要产品和服务标准基本覆盖、安全标准有效保障、符合我国移动互联网产业发展需要的标准体系，形成标准技术水平持续提升、标准应用范围不断扩大、与国际先进标准水平保持同步发展的良好局面。《移动互联网综合标准化体系建设指南》还为移动互联网综合标准化体系搭建了框架，指明了研制方向，确立了完善标准体系的顶层规划和设计、加快重点和基础公益类标准制定、大力推动相关标准的有效实施等几方面重点工作。

	网址： http：//www.miit.gov.cn/n1146295/n1652858/n1652930/n3757016/c5757280/content.html

（十三）《一流网络安全学院建设示范项目管理办法》

为贯彻习近平总书记关于加强一流网络安全学院建设的重要指示精神，落实《网络安全法》《关于加强网络安全学科建设和人才培养的意见》明确的工作任务，国家互联网信息办公室、教育部决定在 2017 年至 2027 年期间实施一流网络安全学院建设示范项目，为此共同制定印发了《一流网络安全学院建设示范项目管理办法》，自 2017 年 8 月 8 日起实施。要求各有关高校认真贯彻落实习近平总书记重要指示精神和《关于加强网络安全学科建设和人才培养的意见》的要求，加强和创新网络安全人才培养，争创一流网络安全学院。

《一流网络安全学院建设示范项目管理办法》共十二条，明确了该管理办法的立法目的、一流网络安全学院建设示范项目的总体思路和目标、一流网络安全学院建设示范项目的原则、一流网络安全学院建设示范项目的主要任务、申报一流网络安全学院建设示范项目应符合的条件，与相应流程和有关部门应当承担的职责等方面的内容。

	网址： http：//www.cac.gov.cn/2017-08/14/c_1121477715.htm

（十四）《公共互联网网络安全威胁监测与处置办法》

2017 年 8 月 9 日，工业和信息化部发布《公共互联网网络安全威胁监测与处置办法》，并于 2018 年 1 月 1 日正式实施。该处置办法依据《网络安全法》《全国人民代表大会常务委员会关于加强网络信息保护的决定》《中华人民共和国电信条例》等制定，旨在加强和规范公共互联网网络安全威胁监测与处置工作，消除安全隐患，制止攻击行为，避免危害发生，降低安全风险，维护网络秩序和公共利益，保护公民、法人和其他组织的合法权益。

《公共互联网网络安全威胁监测与处置办法》共十五条，明确了立法目的、适用范围，对“公共互联网网络安全威胁”有了相对清晰的定义；确定了工业和信息化部为指导部门，明确相关机构、企业的主体责任；确立了及时发现、科学认定、有效处置的工作原则；规定了电信主管部门可以对网络安全威胁采取的处置措施，保障相关组织或个人的申诉权利。

	网址： http：//www.cac.gov.cn/2017-09/14/c_1121660498.htm

（十五）《互联网跟帖评论服务管理规定》

2017 年 8 月 25 日，国家互联网信息办公室公布《互联网跟帖评论服务管理规定》，自 2017 年 10 月 1 日起施行。该规定的出台主要基于以下三个方面的考虑：一是适应深入推进依法行政的需要，二是适应跟帖评论服务管理规范化的需要，三是适应促进跟帖评论服务健康发展的需要。《互联网跟帖评论服务管理规定》共十三条。第一条至第三条主要对目的、依据、原则、适用范围、监管主体作出规定。第四条主要对跟帖评论新产品、新应用、新功能进行安全评估作出规定。第五条主要对跟帖评论服务提供者落实主体责任作出规定。第六条主要对跟帖评论服务提供者及跟帖评论服务使用者自律作出规定。第七条主要对跟帖评论服务提供者及其从业人员不得为谋取不正当利益干预舆论作出规定。第八条和第九条主要对跟帖评论服务提供者加强用户管理、开展信用评估作出规定。第十条主要对建立公众投诉和举报制度作出规定。第十一条和第十二条主要对违反该规定的行为的法律责任作出规定。第十三条对公布实施作出规定。

	网址： http：//www.cac.gov.cn/2017-08/25/c_1121541842.htm

（十六）《互联网论坛社区服务管理规定》

2017 年 8 月 25 日，国家互联网信息办公室公布《互联网论坛社区服务管理规定》，自 2017 年 10 月 1 日起施行。该规定共十三条，对目的依据、适用范围、互联网论坛社区服务的形式等进行了明确规定，还规定了互联网论坛社区服务提供者应当履行的义务，互联网论坛社区服务提供者及其用户在发布、传播信息过程中的禁止性规定，及互联网论坛社区服务提供者对违法信息的处置办法。此外，《互联网论坛社区服务管理规定》首次明确互联网论坛社区服务提供者开展经营和服务活动，必须遵守法律法规，同时也要尊重社会公德，遵守商业道德，诚实信用，承担社会责任。

	网址： http：//www.cac.gov.cn/2017-08/25/c_1121541921.htm

（十七）《互联网用户公众账号信息服务管理规定》

2017 年 9 月 7 日，国家互联网信息办公室公布《互联网用户公众账号信息服务管理规定》，并于 2017 年 10 月 8 日起正式施行。该规定按照建设好、利用好、管理好的思路，鼓励各级党政机关、企事业单位和人民团体注册使用互联网用户公众账号发布政务信息或公共服务信息，服务经济社会发展，满足公众信息需求；同时也要求互联网用户公众账号信息服务提供者为之提供必要的技术支撑和信息安全保障。

《互联网用户公众账号信息服务管理规定》共十八条，包括互联网用户公众账号信息服务提供者及使用者的主体责任、个人信息及权益保护、账号处置、行业自律、公众监督、行政监管及违法处置等条款。其中明确，国家互联网信息办公室负责全国互联网用户公众账号信息服务的监督管理执法工作，地方互联网信息办公室依据职责负责本行政区域内的互联网用户公众账号信息服务的监督管理执法工作。互联网用户公众账号服务提供者应当落实信息内容安全管理主体责任。具体包括：一是配备与服务规模相适应的专业人员和技术能力，设立总编辑等信息内容安全负责人岗位，建立健全管理制度；二是制定和公开管理规则、平台公约，明确平台和用户的权利义务，对违反法律法规、服务协议和平台公约的互联网用户公众账号依法依规立即处理；三是加强对本平台公众账号发布内容的监测管理，发现有传播违法违规信息的，应立即采取相应处置措施等。

	网址： http：//www.cac.gov.cn/2017-09/07/c_1121624269.htm

（十八）《互联网群组信息服务管理规定》

2017 年 9 月 7 日，国家互联网信息办公室印发《互联网群组信息服务管理规定》，并于 2017 年 10 月 8 日正式施行。该规定出台旨在促进互联网群组信息服务健康有序发展，弘扬社会主义核心价值观，培育积极健康的网络文化，为广大网民营造风清气正的网络空间。

《互联网群组信息服务管理规定》共十五条，其中，第一至二条，对目的依据、适用范围、互联网群组、互联网群组信息服务提供者与使用者进行界定。第三条按照属地管理的基本原则，明确了互联网群组信息服务监管部门，国家互联网信息办公室负责全国互联网群组信息服务的监督管理执法工作。地方互联网信息办公室依据职责负责本行政区域内的互联网群组信息服务的监督管理执法工作。第四条规定了互联网群组信息服务提供者和使用者应当坚守的基本底线。第五条到第八条以及第十二条、第十三条强调了互联网群组信息服务提供者应当落实信息内容安全管理主体责任，配备与服务规模相适应的专业人员和技术能力，建立健全用户注册、信息审核、应急处置、安全防护等管理制度。第九条规定了互联网群组建立者、管理者应当履行群组管理责任，即“谁建群谁负责”“谁管理谁负责”。互联网群组成员在参与群组信息交流时，应当遵守相关法律法规，文明互动、理性表达。第十条、第十一条是对互联网群组信息服务提供者和使用者的禁止性规定及针对互联网群组中存在违法违规行为可以采取的处置措施。

	网址： http：//www.cac.gov.cn/2017-09/07/c_1121623889.htm

（十九）《互联网新闻信息服务新技术新应用安全评估管理规定》

2017 年 10 月 30 日，国家互联网信息办公室出台《互联网新闻信息服务新技术新应用安全评估管理规定》，自 2017 年 12 月 1 日起施行。该管理规定共十八条，主要规定了新技术新应用安全评估工作具体实施的部门，即国家互联网信息办公室负责全国新技术新应用安全评估工作。各省、自治区、直辖市互联网信息办公室依据职责负责本行政区域内新技术新应用的安全评估工作。《互联网新闻信息服务新技术新应用安全评估管理规定》还明确了服务提供者应当履行的义务，一是应当建立健全新技术新应用安全评估管理制度和保障制度，按照本规定要求自行组织或配合开展新技术新应用安全评估，及时改进完善必要的信息安全保障制度措施；二是服务提供者调整增设新技术新应用，应当建立健全信息安全管理制度和安全可控的技术保障措施，不得发布、传播法律法规禁止的信息内容。三是经安全评估认为新技术新应用存在信息安全风险隐患，未能配套必要的安全保障措施手段的，服务提供者应当及时整改，在整改完成前，拟调整增设的新技术新应用不得用于提供互联网新闻信息服务。

网址：
http：//www.cac.gov.cn/2017-10/30/c_1121878049.htm

（二十）《互联网新闻信息服务单位内容管理从业人员管理办法》

2017 年 10 月 30 日，国家互联网信息办公室发布《互联网新闻信息服务单位内容管理从业人员管理办法》，自 2017 年 12 月 1 日起施行。旨在加强对互联网新闻信息服务单位内容管理从业人员的管理和服务，维护从业人员和社会公众的合法权益，促进互联网新闻信息服务健康有序地发展。

《互联网新闻信息服务单位内容管理从业人员管理办法》共五章二十条，主要规定了从业人员行为规范、从业人员教育培训以及从业人员监督管理等内容。第一章总则部分规定了立法目的、管理对象、适用范围及监管机构。其中第二条明确了从业人员的范围，指互联网新闻信息服务单位中专门从事互联网新闻信息采编发布、转载和审核等内容管理工作的人员。第三条明确了负责实施互联网新闻信息服务单位内容管理从业人员管理工作的机构，国家互联网信息办公室负责全国互联网新闻信息服务单位内容管理从业人员教育培训工作的规划指导和从业情况的监督检查。地方互联网信息办公室依据职责负责本地区互联网新闻信息服务单位内容管理从业人员教育培训工作的规划指导和从业情况的监督检查。

第二章细化了从业人员的行为规范要求。第三章规定了互联网新闻信息服务单位从业人员教育培训体系，该体系由网信部门主导，对从业人员教育培训的内容、形式、时长、管理要求和管理部门等都进行了规定。第四章规定了从业人员监督管理体系，主要包括两个方面：一是网信部门的管理措施，二是互联网新闻信息服务单位的管理措施。

	网址： http：//www.cac.gov.cn/2017-10/30/c_1121877917.htm

（二十一）**《公共互联网网络安全突发事件应急预案》**

2017 年 11 月 14 日，工业和信息化部公布实施《公共互联网网络安全突发事件应急预案》。该应急预案依据《突发事件应对法》《网络安全法》《电信条例》等法律法规和《国家突发公共事件总体应急预案》《国家网络安全事件应急预案》等相关规定制定，在总则部分明确了预案的适用范围，确立了工作原则，规定了组织体系中的各部门职责；根据社会影响范围和危害程度，将公共互联网网络安全突发事件分为特别重大事件、重大事件、较大事件和一般事件四级，详细规定了各级事件包含的情形；监测预警方面首先规范了事件检测与预警检测，明确了预警发布、响应与解除的相关程序；详细规定了应急处置、事后总结的流程与标准，预防与应急准备的程序，并配备了保障措施。分则部分包括预案管理、预案解释与预案实施时间等内容。

网址：
http：//www.cac.gov.cn/2017-11/25/c_1122007444.htm

（二十二）《关于深化“互联网＋先进制造业”发展工业互联网的指导意见》

2017 年 10 月 30 日，国务院常务会议审议通过了《关于深化“互联网 + 先进制造业”发展工业互联网的指导意见》，并于 2017 年 11 月 27 日正式公布，这是规范和指导我国工业互联网发展的指导性文件。

该指导意见主要包括基本形势、总体要求、主要任务、保障支撑等方面的内容。确定的总体目标是，构建起与我国经济社会发展相适应的工业互联网生态体系，并进一步提出 2025 年、2035 年和本世纪中叶“三步走”目标。确定的主要任务是，打造网络、平台、安全三大体系，推进大型企业集成创新和中小企业应用普及两类应用，构筑产业、生态、国际化三大支撑 7 项任务（简称“工业互联网发展 323 行动”）。该指导意见还重点突出网络基础、平台体系、安全保障、融合应用等方面工作。同时，从法律法规、市场监管、财税支持、融资服务、人才支撑、组织机制等方面，配套提出了六项保障措施。

网址：
http：//www.gov.cn/zhengce/content/2017-11/27/content_5242582.htm

（二十三）《工业和信息化部关于规范互联网信息服务使用域名的通知》

为贯彻落实《反恐怖主义法》《网络安全法》《互联网信息服务管理办

法》《互联网域名管理办法》等法律法规和规章的要求，进一步规范互联网信息服务域名使用，2017 年 11 月 27 日，工业和信息化部公布了《工业和信息化部关于规范互联网信息服务使用域名的通知》，自 2018 年 1 月 1 日起施行。该通知主要对域名注册、身份查验、信息管理、域名真实身份信息注册管理、违法违规行为处理纳入企业信誉管理档案等方面进行了规定。

网址：
http：//www.miit.gov.cn/newweb/n1146285/n1146352/n3054355/n3057709/n3057714/c5930543/content.html

五、司法解释

（一）《最高人民法院、最高人民检察院关于办理侵犯公民个人信息刑事案件适用法律若干问题的解释》

近年来，侵犯公民个人信息犯罪仍处于高发态势，而且与电信网络诈骗、敲诈勒索、绑架等犯罪呈合流态势，社会危害更加严重。为保护公民个人信息，2009 年 2 月 28 日起施行的《刑法修正案（七）》增设了第二百五十三条之一，规定了出售、非法提供公民个人信息罪和非法获取公民个人信息罪。

为依法惩治侵犯公民个人信息犯罪活动，保护公民个人信息安全和合法权益，根据《刑法》《刑事诉讼法》的有关规定，《最高人民法院、最高人民检察院关于办理侵犯公民个人信息刑事案件适用法律若干问题的解释》于 2017 年 3 月 20 日由最高人民法院审判委员会第 1712 次会议、2017 年 4 月 26 日由最高人民检察院第十二届检察委员会第 63 次会议通过，于 2017 年 5 月 8 日公布，自 2017 年 6 月 1 日起施行。该解释根据法律规定和立法精神，对侵犯公民个人信息犯罪的定罪量刑标准和有关法律适用问题作了全面、系统的规定。

《最高人民法院、最高人民检察院关于办理侵犯公民个人信息刑事案件适用法律若干问题的解释》共十三条，主要包括十个方面的内容：(一) 明确了公民个人信息的范围；(二) 明确了非法提供公民个人信息的认定标准；(三) 明确了非法获取公民个人信息的认定标准；(四) 明确了侵犯公民个人信息罪的定罪量刑标准；(五) 明确了为合法经营活动而非法购买、收受公民个人信息的定罪量刑标准；(六) 明确了设立网站、通讯群组侵犯公民个人信息行为的定性；(七) 明确了拒不履行公民个人信息安全管理义务行为的处理；(八) 明确了侵犯公民个人信息犯罪认罪认罚从宽处理规则；(九) 明确了涉案公民个人信息的数量计算规则；(十) 明确了侵犯公民个人信息犯罪的罚金刑适用规则。

	网址： http：//www.spp.gov.cn/xwfbh/wsfbt/201705/t20170509_190088.shtml

(二)《最高人民法院、最高人民检察院关于办理扰乱无线电通讯管理秩序等刑事案件适用法律若干问题的解释》

2017 年 6 月 27 日，最高人民法院、最高人民检察院公布《最高人民法院、最高人民检察院关于办理扰乱无线电通讯管理秩序等刑事案件适用法律若干问题的解释》。该解释已于 2017 年 4 月 17 日由最高人民法院审判委员会第 1715 次会议、2017 年 5 月 25 日由最高人民检察院第十二届检察委员会第 64 次会议通过，自 2017 年 7 月 1 日起施行。

《最高人民法院、最高人民检察院关于办理扰乱无线电通讯管理秩序等刑事案件适用法律若干问题的解释》共十条，明确了《刑法》第二百八十八条第一款中“擅自设置、使用无线电台（站），或者擅自使用无线电频率，干扰无线电通讯秩序”的具体情形；对《刑法》第二百八十八条第一款规定的“情节严重”“情节特别严重”分别作出规定；明确了《刑法》第二百二十五条规定的“情节严重”的情形；明确了当单位为犯罪主体时的责任认定，即对单位判处罚金，并对直接负责的主管人员和其他直接责任人员，依照本解释规定的自然人犯罪的定罪量刑标准定罪处罚；明确了擅自设置、使用无线电台（站），或者擅自使用无线电频率，同时构成其他犯罪的，按照处罚较重的规定定罪处罚；明确对负有无线电监督管理职责的国家机关工作人员可以适用《刑法》第三百九十七条滥用职权罪或者玩忽职守罪的规定；列举了可以从轻处罚的情形；对证据的认定也作出了相关指导性解释。

网址：
http：//www.court.gov.cn/zixun-xiangqing-49322.html

（三）**《最高人民法院、最高人民检察院关于利用网络云盘制作、复制、贩卖、传播淫秽电子信息牟利行为定罪量刑问题的批复》**

《最高人民法院、最高人民检察院关于利用网络云盘制作、复制、贩卖、传播淫秽电子信息牟利行为定罪量刑问题的批复》已于 2017 年 8 月 28 日由最高人民法院审判委员会第 1724 次会议、2017 年 10 月 10 日由最高人民检察院第十二届检察委员会第 70 次会议通过，于 2017 年 11 月 22 日公布，自 2017 年 12 月 1 日起施行。

该批复中明确，对于以牟利为目的，利用网络云盘制作、复制、贩卖、传播淫秽电子信息的行为，是否应当追究刑事责任，适用《刑法》及其相关解释的有关规定；对于以牟利为目的，利用网络云盘制作、复制、贩卖、传播淫秽电子信息的行为，在追究刑事责任时，鉴于网络云盘的特点，不应单纯考虑制作、复制、贩卖、传播淫秽电子信息的数量，还应充分考虑传播范围、违法所得、行为人一贯表现以及淫秽电子信息、传播对象是否涉及未成年人等情节，综合评估社会危害性，恰当裁量刑罚，确保罪责刑相适应。

	网址： http：//www.spp.gov.cn/xwfbh/wsfbt/201711/t20171122_205261.shtml

表 7–3 法律法规一览表

层级	序号	名称	公布时间	实施时间	发布部门
法律	1	《网络安全法》	2016 年 11 月 7 日	2017 年 6 月 1 日	全国人民代表大会常务委员会
	2	《民法总则》第 111 条	2017 年 3 月 15 日	2017 年 10 月 1 日	全国人民代表大会
	3	《测绘法（修正案）》第 47 条	2017 年 4 月 27 日	2017 年 7 月 1 日	全国人民代表大会常务委员会
	4	《反不正当竞争法》第 12 条	2017 年 11 月 4 日	2018 年 1 月 1 日	全国人民代表大会常务委员会
部门规章	1	《互联网新闻信息服务管理规定》	2017 年 5 月 2 日	2017 年 6 月 1 日	国家互联网信息办公室
	2	《互联网信息内容管理行政执法程序规定》	2017 年 5 月 2 日	2017 年 6 月 1 日	国家互联网信息办公室
	3	《电信业务经营许可管理办法》	2017 年 7 月 3 日	2017 年 9 月 1 日	工业和信息化部
	4	《互联网域名管理办法》	2017 年 8 月 24 日	2017 年 11 月 1 日	工业和信息化部
文件规定	1	《关于促进移动互联网健康有序发展的意见》	2017 年 1 月 1 日	2017 年 1 月 1 日	中共中央办公厅、国务院办公厅
	2	《国家网络安全事件应急预案》	2017 年 1 月 10 日	2017 年 1 月 10 日	中央网络安全和信息化领导小组办公室
	3	《网络空间国际合作战略》	2017 年 3 月 1 日	2017 年 3 月 1 日	外交部、国家互联网信息办公室
	4	《网络产品和服务安全审查办法（试行）》	2017 年 5 月 1 日	2017 年 6 月 1 日	国家互联网信息办公室

层级	序号	名称	公布时间	实施时间	发布部门
文件规定	5	关于印发《政务信息系统整合共享实施方案》的通知	2017 年 5 月 3 日	2017 年 5 月 3 日	国务院办公厅
	6	《互联网新闻信息服务许可管理实施细则》	2017 年 5 月 22 日	2017 年 6 月 1 日	国家互联网信息办公室
	7	《工业控制系统信息安全事件应急管理工作指南》	2017 年 5 月 31 日	2017 年 7 月 1 日	工业和信息化部
	8	《网络关键设备和网络安全专用产品目录（第一批）》	2017 年 6 月 1 日	2017 年 6 月 1 日	工业和信息化部、公安部、国家认证认可监督管理委员会、国家互联网信息办公室
	9	关于印发《政府网站发展指引》的通知	2017 年 6 月 8 日	2017 年 6 月 8 日	国务院办公厅
	10	关于印发《政务信息资源目录编制指南（试行）》的通知	2017 年 6 月 30 日	2017 年 6 月 30 日	国家发展和改革委员会、中共中央网络安全和信息化领导小组办公室
	11	关于印发《移动互联网综合标准化体系建设指南》的通知	2017 年 7 月 25 日	2017 年 7 月 25 日	工业和信息化部
	12	《工业控制系统信息安全防护能力评估工作管理办法》	2017 年 7 月 31 日	2017 年 9 月 1 日	工业和信息化部
	13	《关于鼓励和规范互联网租赁自行车发展的指导意见》	2017 年 8 月 1 日	2017 年 8 月 1 日	交通运输部、中央宣传部、国家网信办、国家发展改革委、工业和信息化部、公安部、住房和城乡建设部、人民银行、质检总局、国家旅游局
	14	《一流网络安全学院建设示范项目管理办法》	2017 年 8 月 8 日	2017 年 8 月 8 日	中央网络安全和信息化领导小组办公室、教育部
	15	《公共互联网网络安全威胁监测与处置办法》	2017 年 8 月 9 日	2018 年 1 月 1 日	工业和信息化部

层级	序号	名称	公布时间	实施时间	发布部门
文件规定	16	《互联网跟帖评论服务管理规定》	2017年8月25日	2017年10月1日	国家互联网信息办公室
	17	《互联网论坛社区服务管理规定》	2017年8月25日	2017年10月1日	国家互联网信息办公室
	18	《互联网用户公众账号信息服务管理规定》	2017年9月7日	2017年10月8日	国家互联网信息办公室
	19	《互联网群组信息服务管理规定》	2017年9月7日	2017年10月8日	国家互联网信息办公室
	20	《互联网新闻信息服务新技术新应用安全评估管理规定》	2017年10月30日	2017年12月1日	国家互联网信息办公室
	21	《互联网新闻信息服务单位内容管理从业人员管理办法》	2017年10月30日	2017年12月1日	国家互联网信息办公室
	22	《公共互联网网络安全突发事件应急预案》	2017年11月14日	2017年11月14日	工业和信息化部
	23	《关于深化"互联网+先进制造业"发展工业互联网的指导意见》	2017年11月19日	2017年11月19日	国务院
	24	《关于规范互联网信息服务使用域名的通知》	2017年11月27日	2018年1月1日	工业和信息化部
司法解释	1	《关于办理侵犯公民个人信息刑事案件适用法律若干问题的解释》	2017年5月8日	2017年6月1日	最高人民法院、最高人民检察院
	2	《关于办理扰乱无线电通讯管理秩序等刑事案件适用法律若干问题的解释》	2017年6月27日	2017年7月1日	最高人民法院、最高人民检察院
	3	《关于利用网络云盘制作、复制、贩卖、传播淫秽电子信息牟利行为定罪量刑问题的批复》	2017年11月22日	2017年12月1日	最高人民法院、最高人民检察院

第八章　地方工作

一、综　述

2017 年是党的十九大胜利召开之年，是全面建成小康社会决胜阶段的关键之年，全国网信系统高举中国特色社会主义伟大旗帜，深入学习贯彻党的十九大精神，以习近平新时代中国特色社会主义思想为指导，紧紧围绕网络强国战略目标，扎实做好网上内容建设，着力加强网络生态综合治理，切实提升网络安全保障能力，加快推动信息化发展，各项工作取得积极进展，网信工作“一盘棋”格局逐步形成。

（一）因地制宜，扎实推进网上内容建设

各地坚持用习近平新时代中国特色社会主义思想和党的十九大精神团结、凝聚亿万网民，深入开展理想信念教育，深化新时代中国特色社会主义和中国梦宣传教育，积极培育和践行社会主义核心价值观，推进网上宣传理念、内容、形式、方法、手段等创新，把握好时度效，构建网上网下同心圆，更好凝聚社会共识，巩固全党全国人民团结奋斗的共同思想基础。

全力做好党的十九大网上宣传工作。统筹组织实施“理上网来·喜迎十九大”等一批重大策划，精心组织力量，第一时间报道党的十九大开幕式、习近平总书记参加贵州代表团讨论等一系列重要活动。积极开展党的十九大精神进企业、进农村、进机关、进校园、进社区、进军营、进网站等一系列线上线下主题宣传活动。北京市网信战线牢固树立“四个意识”，

不断增强“四个自信”，深入学习宣传贯彻党的十九大精神，特别是习近平总书记两次视察北京时的重要讲话精神和市十二次党代会精神，为“四个中心”功能建设和“四个服务”水平提升及首都的改革发展稳定营造良好网络舆论氛围。浙江省围绕迎接宣传贯彻党的十九大工作主线，唱响网上主旋律，在省级新闻网站首页显著位置统一开设“新时代新征程”专栏，兴起党的十九大网上宣传热潮。内蒙古、西藏、青海、新疆等地广泛推送民族语版本稿件，积极宣传党的十九大精神。

精心组织做好建军90周年、香港回归20周年等重大主题网上宣传报道活动。江西省网信办组织开展纪念“三个90周年”网络媒体主题宣传活动，隆重纪念八一南昌起义暨建军节、秋收起义、井冈山革命根据地创建90周年。广东省策划开展“香江20年粤港共辉煌”庆祝香港回归20周年等大型全媒体主题采访活动。

创新网上传播手段，丰富传播载体，推动传统媒体与新兴媒体融合发展。上海市推进媒体融合发展“十三五”规划落实，投入“主流媒体发展新媒体”专项资金，推进上海市媒体云计算专区服务项目。福建省建设东南网和福建日报“新福建”客户端，掌握网上宣传工作主动权，指导省内政务类“两微一端”新媒体平台做好常态化、持续性管理运营。

（二）多方联动，推进网络综合治理能力建设

在“重双基、强双责”加强基础管理的同时，各地着力提高网络综合治理能力，加快建设党委领导、政府管理、企业履责、社会监督、网民自律等多主体参与，经济、法律、技术等多种手段相结合的综合治网格局。

专项治理和执法督查扎实开展。各地认真开展专项治理和执法督查，切实提升执法力，强化社会协同治理，持续净化网络环境。北京市网信办对属地网站标题党、自采以及含有色情、血腥等违法违规内容方面的重点环节进行集中整治，对违法违规行为狠抓典型严厉查处。河北省开展净化网上舆论环境专项整治暨“燕赵净网·2017”专项行动，全面清理整治网上违法和不良信息。

网信系统执法力进一步提升。天津市完善互联网违法和不良信息举报

处理系统，制定《天津市新闻网站管理量化指标体系（试行）办法》，将属地新闻网站、央网商网天津频道和具有互联网新闻信息服务资质的“两微一端”等纳入指标考核。上海市按照《互联网新闻信息服务管理规定》要求，依法依规开展互联网新闻信息服务许可工作，并综合运用训诫、约谈、罚款、关闭网站等手段，加强互联网平台治理。浙江省以推进“浙江互联网属地治理模式创新”和互联网属地化管理试点为主要抓手，推动落实主管、主办和属地管理责任。

加强互联网企业党团建设工作。北京、吉林、上海、河南、湖北、海南等地积极探索符合本地实际、具有互联网企业特点的党团建设新模式。江苏、湖南等地通过举办全省互联网大会、网络社群大会、新媒体协会等方式，积极推动形成协同治理的网络生态格局。

（三）多措并举，以信息化推进治理能力现代化

统筹发展电子政务，构建一体化在线服务平台，分级分类推进新型智慧城市建设，打通信息壁垒，构建全国信息资源共享体系，更好地用信息化手段感知社会态势、畅通沟通渠道、辅助科学决策。

围绕构建便捷高效的智慧城市应用和管理体系，推进数字经济创新健康发展。浙江、江西、广东、四川、贵州、陕西、深圳、大连等地大力推动数字经济产业发展，加快大数据基础设施统筹发展类综合试验区建设。2016 年，全国首个国家信息经济示范区落地浙江；2017 年，浙江国家信息经济示范区建设实施方案公布，浙江省在“互联网 +”、新型智慧城市、分享经济、基础设施智能化转型等方面积极行动。福建省推动互联网行业和数字经济发展，以“创新、连接、融合”为主题，围绕“物联网”“智能制造”“大数据”“智慧城市”“云服务”等方面挖掘福建“互联网 +”机遇，推动互联网和实体经济深度融合。

统筹推进电子政务发展，深入推进政务服务信息化便捷化。天津市“津云”平台持续构建天津全市“一朵云”的网络舆论管理生态格局，推动大数据与网上政务大厅、社会公共服务平台的应用层面深入融合，打造“云上系列”新媒体宣传和服务矩阵。贵州省成立全国首个国家级大数

据（贵州）综合试验区，肩负起大数据发展和保障先行先试、探索创新、示范引领、辐射带动的使命，为推动国家大数据战略体系建设发挥重要作用。山东省在青岛市开展“健康城市大数据运营管理平台”项目，项目以大数据、人工智能服务为支撑，通过信息采集开创数字化、信息化、智能化的健康城市新模式。

积极发挥互联网在助推脱贫攻坚中的作用，推进精准扶贫、精准脱贫。辽宁省建立网络扶贫行动工作联席会议制度，组建“辽宁省电子商务产业联盟”，与 14 个市签署了《全省电商精准扶贫战略合作协议》，组织 16 个贫困县与京东、阿里巴巴、苏宁等电商平台对接。四川省实施全企入网、全民触网、电商示范、电商扶贫“四大工程”，制定《四川省网络扶贫行动计划》，锁定网络覆盖、农村电商、网络扶智、信息服务和网络公益五大工程，全力助推脱贫攻坚。广西推出“党旗领航 · 电商扶贫”行动计划，借用“互联网 +”电商企业的平台技术和商业模式助力精准扶贫。

（四）多管齐下，着力提升网络安全保障能力

没有网络安全就没有国家安全，就没有经济社会平稳运行，广大人民群众利益也难以得到保障。各地牢固树立正确的网络安全观，加强信息基础设施网络安全防护，加强网络安全信息统筹机制、手段、平台建设，加强网络安全事件应急指挥能力建设，积极发展网络安全产业，做到关口前移，防患于未然。

积极宣传贯彻实施《网络安全法》，组织举办网络安全专题培训。河南省开展网络安全宣传教育，举办网络安全产品展览和网络安全高峰论坛，开展网络安全知识线上有奖答题活动。各地结合实际情况积极举办以“网络安全为人民、网络安全靠人民”为主题的 2017 年国家网络安全宣传周活动，组织开展校园日、电信日、法治日、金融日、青少年日、个人信息保护日系列主题日活动，大力宣传《网络安全法》相关内容，提升网民安全上网意识。

开展关键信息基础设施检查，建设关键信息基础设施网络安全防护。

宁夏回族自治区深入开展关键信息基础设施网络安全检查工作，对自治区党政机关、重要行业主管部门、企事业单位的网站和重要信息系统开展安全检查。大连市开展关键信息基础设施网络安全专项检查和风险评估，对重点网站提供云监管平台服务，排查整改网络安全隐患。

妥善处置应对网络病毒等突发事件，加强网络安全应急演练，不断增强安全保障能力。贵州省建立网络与信息安全监测预警平台，实行网络安全工作日报制，24 小时不间断进行监测和应急处置，处置各类网络安全攻击。青海省网信办制定印发《网络安全应急协调工作实施方案》，完善由省网信办牵头，公安、通管、保密、广电部门密切配合的网络安全应急协调工作机制。

二、北京市

（一）工作综述

2017 年，全市网信战线牢固树立“四个意识”，不断增强“四个自信”，深入学习宣传贯彻党的十九大精神，特别是习近平总书记两次视察北京时的重要讲话精神和市十二次党代会精神，以迎接党的十九大、服务保障十九大、宣传贯彻十九大为主题主线，坚持最高标准、最强组织、最实举措、最佳状态，坚持正面宣传、网络安全同向发力，坚持法治、共治双管齐下，为党的十九大胜利召开、展示京津冀协同发展、“四个中心”功能建设和“四个服务”水平提升及首都的改革发展稳定，营造良好的网络舆论氛围。

学习宣传贯彻党的十九大精神。在迎接、宣传党的十九大期间，北京时间、新浪、搜狐、网易、腾讯、中华、百度、财新等网站，密集推出《看图话辉煌》《聆听习语，读懂十八大后的中国》《祖国力 MAX》《习近平的中国足迹》《习近平改革考察地图》《一图看懂十九大》等 20 余个高品质融媒产品，走进广大网民的“朋友圈”。其中，腾讯网策划制作的《习近平的运动手环》H5 产品，上线后迅速收获千余万次点赞；反映线上听党的十九大报告场景的《为习近平鼓掌》H5 产品收到网民“鼓掌”近

14 亿次。学习贯彻党的十九大精神宣讲活动先后在北京市网信办机关、网易网、一点资讯、美团点评开展，北京地区网站党组织负责人、基层党支部书记、党员代表、入党积极分子代表等参加了宣讲报告会。

开展“净化舆论环境”专项行动，网络空间进一步明朗。2016 年 12 月至 2017 年 12 月，北京市网信办对属地网站标题党、自采以及含有色情、血腥等违法违规内容方面的重点环节进行集中整治，对违法违规行为狠抓典型严厉查处。截至 2017 年 12 月底，对属地网站予以行政处罚 24 起，下达行政执法检查记录 52 起，协调市通管局依法关闭违法违规网站 47 个，依法约谈网站 118 次，发布公开曝光新闻稿件 32 篇，累计处置上百个网络平台的各类有害信息 8385 万余条，关闭各类账号 20 万余个、直播间 1.2 万个。加强跨部门、跨地区的联合执法工作，联合北京市公安局、北京市文化市场行政执法总队赴梨视频开展联合执法检查，责令梨视频立即停止违法违规行为，进行全面整改；京沪网信办联合依法关闭“中国上海网”“上海新闻网”等。利用“网信北京”公开发声，扩大专项行动的影响。指导 118 家属地网站建立专职举报部门，累计受理有害信息有效举报 559 万余条。发挥“北京地区网站联合辟谣平台”聚合优势，及时破除“塑料紫菜”“北京特大暴雨”等谣言。

策划网络话题，讲好百姓故事，凝聚网络正能量。北京市网信办与北京铁路局共同举办“感动春运温暖回家路”线下走访活动。组织属地网站互动编辑、部分微博大 V 等赴北京动车段、北京南站了解春运准备情况，助力 2017 年春运大幕开启，#2017 铁路春运 # 等相关微话题总阅读量超过 5600 万人次。指导首都互联网协会互动传播专业委员会策划开展“‘京’彩有你　走进顺义”主题走访活动，展现北京市服务业扩大开放发展新成果，各网累计推荐优秀文章 130 余篇，在新浪微博开设 # 京彩有你 # 微话题，吸引数十万网民参与交流互动。紧扣党的十九大这一主线，组织“这五年”“初心记忆”“改革印记”等主题宣传活动。为宣传贯彻党的十九大精神，展示北京市在落实“两步走”战略、京津冀协同发展、“四个中心”功能建设和“四个服务”水平提升、新版城市总体规划等方面实现新目标新跨越的成果，策划组织开展了“新时代‘京’彩有你”系列活动。活动期间开设的微话题 # 新时代京彩有你 # 吸引了超过 1000 万人次网民阅读讨论，纷纷点赞首都新“京”彩。

着重打造网络中国节，凸显民族文化自信。结合春节、清明节、端午节、中秋节等传统节日，推出“金鸡嘹亮唱响中国”2017 网络大过年线上春节民俗活动，以及“网络中国节之清明节”“网络中国节之端午节”“网络中国节之七夕节”“网络中国节之中秋节”“网络中国节之重阳节”等线上活动，吸引大量网民积极参与，大力弘扬了传统佳节习俗，营造了欢乐祥和的节日氛围。

稳步推进网站党建工作发展。指导美团点评、知乎、快手成立党组织，指导百度、新浪等 20 家网站党组织换届改选，与京东、凤凰等网站深化党建工作联系。促进网站学习型党组织建设，目前已形成百度党委“五个融合”、微博党委“1131 工程”等典型经验。在迎接、学习、宣传党的十九大期间，属地网站党组织与党中央保持高度一致，掀起学习宣传贯彻党的十九大精神热潮，一批“口袋党员”主动亮明身份，一批企业骨干积极申请入党，全年共发展 122 名网站高管、业务骨干入党。

深入贯彻落实《网络安全法》。召开网信执法工作培训会，邀请专家就《网络安全法》和配套实施的国家网信办两部规章及管理政策进行解读；在国家网信办指导下，分别对百度贴吧涉嫌发布、传播淫秽色情信息、暴力恐怖信息帖文及相关评论信息，微博涉嫌发布、传播淫秽色情信息、宣扬民族仇恨信息及相关评论信息正式立案、依法开展调查并针对上述情况进行行政处罚。制定《北京市互联网信息办公室互联网新闻信息服务许可联审联评工作机制》，并同意向北青网、千龙网换发互联网新闻信息服务许可证。

严格落实属地管理责任，加大力度依法管网。制定《北京市网信办主体责任检查工作方案》，将属地 34 家网站纳入检查范围。开展自媒体平台的专项清理整治工作，对相关网站进行依法约谈，责令网站立即对自媒体平台存在的八大乱象进行整治，各网站主动关闭违规账号 8768 个，发布站内公告 30 余次，自媒体平台乱象初步有所改善。在国家网信办指导下，针对今日头条、凤凰新闻客户端持续传播色情低俗信息、违规提供互联网新闻信息服务等问题，分别约谈两家企业负责人，责令立即停止违规行为。今日头条手机客户端“推荐”“热点”“社会”“图片”“问答”“财经”频道自 2017 年 12 月 29 日 18 时至 12 月 30 日 18 时暂停更新 24 小时、凤凰新闻手机客户端“头条”“推荐”频道自 2017 年 12 月 29 日 18 时至 12 月 30 日 6 时暂停更新 12 小时。

培育中国好网民，提高网民网络素养。组织属地网站开展以“播散文明、善言善语、传承文化、弘扬正气”为主题的系列活动，打造培养“中国好网民”的网络平台。指导北京属地 40 余家网络媒体创造网络文化大餐小点，共开展中国好网民系列活动超过 100 场，搭建网络专题 150 多个，上线各类视频 4000 多部，上线各类稿件数量超 20000 篇。开展提升“网民网络素养”系列工作，加强顶层设计，在全国范围内首次推出了“网络素养评价标准体系”(含《网络素养标准》《网络素养标准十条》《网络素养标准题库》)，起到引领示范作用；组织行业内的专家学者及从业人员定期召开网络素养座谈会，研究提升网络素养的途径、方式、方法，通过典型案例的分析研究完善并提高“网络素养评价标准”；发挥北京网络资源优势，通过各种形式以“网络素养评价标准体系”为蓝本在网络上、现实社会中全面开展网络素养知识普及教育，做好提升网络素养的基础性工作，引导网民向上向善，全面提升网民网络素养，打造新时代清朗网络空间。

（二）工作亮点

1. 组织学习国家网信办公布的“两规定”和“一办法”

深入学习国家互联网信息办公室公布的《互联网新闻信息服务管理规定》《互联网信息内容管理行政执法程序规定》及《网络产品和服务安全审查办法（试行)》。认真落实规定中相关要求，切实履行好属地管理责任，加强互联网新闻信息服务许可准入、互联网新闻信息服务活动日常运行等基础管理。

2. 大数据分析与应用技术国家工程实验室落户北京

实验室由北京大学牵头，中国科学院数学与系统科学研究院、中山大学、中国信息安全研究院等单位共同参与建设，旨在建设大数据分析技术研发与应用试验平台，培养和汇聚大数据分析技术研发与应用高端人才，为推动我国大数据分析与应用的技术进步和产业发展提供技术支撑。实验室将致力于在数据存储整理、数据预处理、可视分析、智能决策等环节实现技术突破，构建智能交通决策平台等多个研发应用平台。

3. 智慧 APP“北京通”方便市民生活

推出融合社保、交通、公安、医疗、教育、维权、婚姻登记等应用为一体的“北京通”，此款 APP 可以让北京市民畅享所有城市服务。“北京通”全方位实现了人与政府互通、政府之间互通、人与实名互通、人与卡互通、人与服务互通，解决了政府部门网站、微信平台、支付平台、各种应用商店等分散在不同平台，无法统一查找的问题。“北京通”实现了“一卡多功能”、多卡信息关联、证照信息聚合。

4. 全面启动智慧小区建设

经专家组实地考察、综合评定，共有 12 家小区入选首批北京市智慧小区示范工程建设单位。可视化管理设备设施、陪护机器人、人脸识别技术、720 度全景安防监控摄像头、智能家居等科技产品被应用到智慧小区的建设工程中。通过信息化、物联化、大数据等前沿科技，开发“北京市智慧小区服务平台”。平台集合了物业管理、业主需求、政府信息、商户服务四大端口，形成四维一体的智能服务体系，提供近百项服务内容，实现各类信息和数据的交互使用，为业主打造一个安全、舒适、便利的现代化、智慧化的生活环境。

三、天津市

（一）工作综述

2017 年，天津市网信战线坚持以习近平新时代中国特色社会主义思想为指导，学习宣传贯彻党的十九大精神，加强网上内容建设，提升网络安全保障能力，加快信息化发展步伐，为建设“五个现代化天津”营造良好网络舆论氛围提供了网络安全保障和信息化支撑。

扎实做好党的十九大精神网上宣传。印发《党的十九大精神网上学习宣传安排意见》，指导全市重要新闻网站、商业网站及其“两微一端”在显著位置开设专题专栏20余个，发稿4000余篇，点击量超1500万次。联合人民网开展“十九大天津怎么学怎么干”专题访谈，访问量突破2000万。新浪网“不忘初心跟党走——天津深入学习贯彻党的十九大精神”专栏，点击量达1483.09万。“网信天津”政务微信公众号原创、转发系列网络作品3000余篇，“津云”中央厨房、“两微一端”等新媒体推出新闻报道、专题图解、互动问答、H5学习游戏等融媒体作品。举办网络社会组织和互联网企业宣讲报告会，建设网上学校，“总书记对我影响最深的一句话”征集活动吸引海内外网友近30万条留言参与，举办新时代网络经典故事汇、畅想新时代主题诗会等多种形式的主题活动。

促进网“宣”，凝聚网上正能量。围绕党的十九大、全国两会、全运会、市第十一次党代会、京津冀协同发展等重大主题，精心策划组织网上宣传。策划京津冀协同发展、“4·19”讲话一周年、互联网改变生活惠及百姓等专栏，开展“治霾·京津冀在行动”及“温暖中国·2017”新春走基层等主题活动。天津网信系统政务微信矩阵、政务头条号矩阵上线运行。举办“文传榜·2016”中国文化网络传播系列征集发布、争做中国好网民等系列网络文化活动。与今日头条开展战略合作，启动“了不起的城市——天津”项目，通过“大数据+好算法+好内容”，展现城市特质、激发城市活力。组织开展“传承好家风争做好网民”“青春喜迎十九大·共筑网络强国梦”“清明祭英烈共铸中华魂”及大学生网络歌曲大赛等特色鲜明的网络文化活动。实施“公益网行”网络公益工程，指导属地网站和“两微一端”设立“身边好人”“北方助学”等专题专栏，搭建网络公益平台，推动网络公益活动开展。

治理网“情”，保障网络意识形态安全。完善天津市互联网违法和不良信息举报处理系统。制定《天津市新闻网站管理量化指标体系（试行）办法》，将属地新闻网站、央网商网天津频道和具有互联网新闻信息服务资质的“两微一端”等纳入指标考核。推动全市84家网站、215万用户完成实名制认证。按照“七个严查”“三个坚决打击”原则，开展招聘类网站专项清理整治，京津网信办联合依法约谈 BOSS 直聘网负责人，责令其立即整改。

维护网“安”，巩固网络安全“护城河”。举办首届“网安中国行”系列活动和第四届网络安全宣传周，以“网络安全为人民，网络安全靠人民”为主题，举办“网络安全警示教育展览”“网络安全技术高峰论坛”等主题活动。组织党政领导干部网络安全专题培训。开展关键信息基础设施检查，建设关键信息基础设施网络安全防护构建技术支撑平台。与南开大学联合建设数据与网络安全联合研发中心。

推进网“业”，信息化建设取得进展。推动完成“津云”中央厨房一期全媒体新闻平台、数据中心、移动客户端建设，“津云”中央厨房项目 3 月上线运行，成为集播、视、报、网全媒体融合的中央厨房。推进“互联网 + 政务服务”平台建设，搭建天津市共享交换平台。加强新型智慧城市建设，制定《天津智慧城市专项行动计划》，推进实施智慧环保、社保、教育等一批重点工程项目。与蚂蚁金服集团共同建设“非现金城市”，覆盖“互联网 + 政务”服务、智慧出行、互联网民生服务、非现金商业服务、信用体系建设等领域。举办以“迈向大智能时代”为主题的首届世界智能大会，会上发布《世界智能大会天津宣言》。

增强网“力”，加强网信事业人才建设。在全市网信系统推进“两学一做”学习教育常态化制度化，开展“维护核心、铸就忠诚、担当作为、抓实支部”主题教育实践活动。成立天津网信系统党建工作领导小组，制定《市委网信办落实全面从严治党主体责任的实施方案》等文件。加强互联网企业党建工作，举办新媒体党建培训班。设立天津企鹅新媒体学院，为天津党政机关、社会团体、新媒体运营者以及高校大学生提供新媒体建设、转型、人才培养等方面的经验借鉴和技术支持，增强网信战线凝聚力战斗力。

（二）工作亮点

1.“津云”中央厨房上线运行

统筹实施“津云”重大战略规划，积极推动“津云”中央厨房一期全媒体新闻平台、数据中心、移动客户端建设。2017 年 3 月 31 日，集播、视、报、网于一体的“津云”中央厨房上线运行，技术自主率达 90%，成为全国首家实现全媒体融合的省级中央厨房。“津云·政务云”建设初见成效，30 个政务部门、70 个业务应用系统上线运营。“津云”客户端收录全市党政机关、社会团体和高校等单位运维的近 2000 个自媒体，170 余家单位入驻“津云·云上系列”。10 家海外媒体签约入驻“津云·云上海外”项目，网络媒体对外传播能力不断提升。

2. 搭建世界“智能”平台，助力京津冀协同发展

2017 年 6 月 29 日至 30 日，由天津市人民政府、国家发展和改革委员会、科学技术部、工业和信息化部、国家互联网信息办公室、中国科学院、中国工程院联合主办的首届“世界智能大会”在天津举行。大会以“迈向大智能时代”为主题，通过京津冀论坛、智港论坛、千人论坛等分论坛，从智能制造、智慧交通与智慧城市、智慧农业、智慧医疗、智慧金融、人工智能与大数据六个方面为京津冀协同发展提供智能化的解决方案，围绕世界智能科技新发展，加强交流合作，提出中国方案，展现天津行动。

3. 举办首届“网安中国行”系列活动

2017 年 6 月 2 日，由国家网信办指导，天津市网信办、中国网络空间安全协会主办的首届“网安中国行”系列活动启动仪式在天津举行。通过举办网安主题高端论坛、网安竞技大赛，开展网情社会评议和关键信息基础设施安全自查等活动，动员全社会力量，普及网络安全法律政策，提升网络安全认知水平，增强网络安全风险意识、忧患意识，形成全社会共同促进我国网络安全事业发展的凝聚力和创新力，为党的十九大胜利召开提供坚实的网络安全保障。

四、河北省

（一）工作综述

2017 年，河北省委网信办（河北省网信办）牢牢把握学习、宣传、

贯彻党的十九大精神这条主线，着力聚焦建设经济强省、美丽河北这个主场，重点突出网络内容建设、维护网络安全、推动信息化发展三大主业，各项工作都向纵深推进。

开展重大主题宣传。组织省内 40 家新闻网站在 PC 端和移动端首页首屏开设专题专栏，全网推送转发习近平总书记重要讲话精神稿件及解读文章5000余篇。聚焦党中央治国理政河北新实践，开设相关专题40余个，刊发 8000 余篇稿件。组织创作 H5、3D 动画、微视频、小游戏等融媒体产品，阅读量超 3580 万人次。与新华网联合策划推出的重磅微视频《赶考——再塑党的形象的伟大工程》，总点击量超 1 亿人次。“河北发布”“网信河北”“e 观沧海”平台推出“我在美丽河北 · 为党的十九大点赞”“@河北全体党员，举起右拳，跟着总书记重温入党誓词”等多款新媒体产品，开设“喜迎十九大”“十九大回声”“学思践悟十九大”等专栏 10 余个，及时推送权威信息，总阅读量超过 100 万。组织开展“超赞群主向十九大寄红心 · 为河北点赞”等创新性活动，吸引网民 10 万余人积极参与，寄出红心 1352 万个。

打造网上美丽河北。打造“今日最网红”典型宣传品牌，在河北新闻联播推出“今日最网红”节目 300 期，微博话题阅读量突破 3 亿。其中，《孟宗霞：怀抱婴儿暖哭无数网友》阅读量 3000 万人次，视频点击量突破 1500 万次。深化“中国网事 · 感动河北”网上宣传品牌，连续五年与新华网联合举办“中国网事 · 感动河北”年度网络人物评选活动，树立社会道德风向标。举办“治霾 · 京津冀在行动”网上主题活动，荣获全国先进集体称号。举办“京津冀绿色发展网络媒体河北行”活动，聚焦河北绿色新变化，大力宣传习近平总书记重要指示精神及塞罕坝林场建设者感人事迹。

不断营造清朗网络空间。开展净化网上舆论环境专项整治暨“燕赵净网 · 2017”专项行动，全面清理整治网上违法和不良信息，指导属地各网站开设了“网上有害信息举报专区”，并链接中国互联网违法和不良信息举报入口。制作 10 期“热点聚焦”视频访谈，邀请相关职能部门负责人和基层代表及研究专家等，深入解读当前形势，详细阐释工作举措，录制视频在全网互动环节广泛转发、评论 26 万余次。

推动党政机关和领导干部走好网上群众路线。宣传文化系统带头上网下乡，组建纵向贯穿省市县乡“四个层级”，横向覆盖“九大系统”的全省宣传系统微信矩阵，包含 4000 余个微信群，覆盖 8 万余人，利用微信矩阵推送文章超过 200 余篇，阅读量累计超过 3.2 亿人次，提升了全省网上宣传的到达率、阅读率、点赞率。组织开展“河北省践行网上群众路线典型案例网络评选活动”，2000 余万名网民参与。编印《践行网上群众路线典型案例选编》，着力提升全省各级领导干部懂网、学网、用网的工作本领。开展“践行网上群众路线 · 河北生动实践 H5”集中展示活动，编印《互联网主要社交平台简易操作实用手册（试行）》。

广泛开展网络安全宣传。围绕“网络安全为人民 网络安全靠人民”活动主题，举办 2017 年国家网络安全宣传周河北活动，开展“志愿日”“校园日”“电信日”“法治日”“金融日”“青少年日”“个人信息保护日”等主题日活动。全省共 500 余家单位参与开展各类活动 280 余场，发放宣传材料近 1000 万份，活动覆盖省内 168 个县市区，近 4000 万人，各类媒体报道及转载量超 3000 万人次，掀起了共同维护网络安全的活动热潮。

深入推进信息化工作。加快发展“大智移云”，举办中国国际数字经济峰会，打造数字经济发展的国际化平台。开展网络扶贫工作，阜平、平乡、赞皇三县网络扶贫入选全国网络扶贫典型案例，赞皇二中远程教育项目入选中宣部组织的“砥砺奋进的五年”大型成就展。组织开展政务新媒体“十强县”创建工作，提升网上服务水平和能力，让数据“多跑路”，群众少跑腿。

（二）工作亮点

1. 河北省委网络安全和信息化领导小组第三次会议召开

2017 年 4 月 13 日，河北省委网络安全和信息化领导小组第三次会议召开。会议深入学习贯彻习近平总书记关于网络安全和信息化工作的重要讲话精神，听取全省网信工作情况汇报，研究部署下一阶段工作。会议强调，要在网络正面宣传上下功夫、要在网络生态治理上下功夫、要在走好网络群众路线上下功夫。各级各部门要把网络安全和信息化工作作为重大政治任务，摆上重要日程，提供坚强保障。要切实强化使命意识、责任意识，加强组织领导，完善体制机制，做到守土有责、守土尽责、守土负责。要加强网络安全和信息化人才队伍建设，为全省网信事业健康发展提供有力人才支撑。

2. 做好顶层设计，出台一系列打基础、利长远的规范性文件

以省委办公厅、省政府办公厅名义印发《关于推动党政机关和领导干部通过网络走群众路线的指导意见》《关于促进移动互联网健康有序发展的实施意见》，推动全省各级党政机关和领导干部运用网络了解民意、开展工作和移动互联网创新发展。会同省直有关部门联合印发《河北省网络扶贫行动计划实施方案》《河北省党员干部使用微信“十严禁”》，加快实施网络扶贫行动，规范全省党员干部正确使用新媒体工具。印发《河北省新闻类网站日常管理量化考核暂行办法》《河北省互联网信息办公室新闻网站约谈制度（试行）》，强化管理责任和主体责任，加强阵地管理。

3. 举办 2017 年国家网络安全宣传周河北活动

围绕“网络安全为人民　网络安全靠人民”活动主题，开展了“志愿日”“校园日”“电信日”“法治日”“金融日”“青少年日”“个人信息保护日”等主题日活动。全省共 500 余家单位参与开展各类活动 280 余场，发放宣传材料近 1000 万份，活动覆盖省内 168 个县市区，近 4000 万人。

五、山西省

（一）工作综述

2017 年，山西省网信系统在习近平新时代中国特色社会主义思想指引下，通过全面加强网上内容建设，坚决维护网络安全，大力推动信息化发展，为建设网络强国贡献了山西力量。

深入学习宣传贯彻党的十九大精神。把学习贯彻党的十九大精神作为首要政治任务，配合国家网信办宣讲团在山西组织三场宣讲报告会，指导

属地网站在首页首屏显著位置开设“领航新征程”专题，办好“习近平新时代中国特色社会主义思想”“新时代　新征程”“学思践悟十九大”“新时代　新气象　新作为”等栏目。

加强网上内容建设。做好习近平总书记视察山西、中国共产党成立96周年等重大主题活动的网上宣传工作。筹划开展“温暖中国”网络媒体新春走基层、“我是家乡代言人·我为新山西点赞”百场网络直播等活动，组织“喜迎十九大·文脉颂中华——第十二届全国网络媒体山西行”，在互联网上全方位、多角度展现美丽山西新形象。

加强网络综合治理。贯彻落实新修订的《互联网新闻信息服务管理规定》，做好互联网新闻信息服务单位许可和年检工作，开展属地网站落实主体责任专项检查。加强与相关部门协调配合，坚持依法管网。

做好网络领域社会组织建设。印发《关于加强网信领域社会组织建设的通知》，进一步加强全省网络社会组织基础建设。研究制定《网信领域社会组织登记审核办法》，依法依规开展网络社会组织的登记审核和监督管理等工作。

夯实全省网络安全工作。大力宣传普及《网络安全法》，举办第四届国家网络安全宣传周山西活动。健全网络安全监测预警和信息通报制度，统筹组织国家关键信息基础设施网络安全检查，对全省党政机关、企事业单位的门户网站全面检查，督促问题严重的网站完成整改。

统筹推进全省信息化发展。统筹全省实施《国家信息化发展战略纲要》《“十三五”国家信息化规划》工作，开展“十三五”国家信息化规划实施情况调研。推动建设智慧山西云平台，深入实施“云惠山西”工程。开展全省网络扶贫行动计划，推进网络覆盖、农村电商、网络扶智、信息服务和网络公益五大工程，加快建立信息服务体系。深入推进互联网+政务服务，实施《“十三五”国家信息化标准化工作指南》，建立全省电子政务统筹协调机制，制定印发《推动公共信息资源公开实施方案》，推进重点领域公共信息资源有序开放。

抓好全省网信队伍建设。加强网信系统干部培训，研究制定《关于加强领导干部互联网条件下工作能力建设的实施意见（试行）》。着眼落实党委（党组）网络意识形态工作责任制，专门制定检查考核办法，协调省委组织部、省考核办纳入年度目标责任考核。

（二）工作亮点

1. 举办全国网信系统学习贯彻党的十九大精神宣讲报告会（山西专场）

2017 年 11 月 16 日至 17 日，全国网信系统学习贯彻党的十九大精神宣讲团走进山西太原，对党的十九大提出的一系列新的重要思想、重要观点、重大论断、重大举措进行深入讲解和阐释。山西省网信系统广大党员干部，互联网企业、行业组织、科研机构、测评机构的企业高管、技术专家共计近 600 人在现场聆听了宣讲报告会。全省新闻单位和“两微一端”刊发、转发相关报道近百篇次，覆盖全省网民，在网上营造了学习宣传贯彻党的十九大精神的良好氛围。

2. 举办第二届山西省互联网大会

2017 年 8 月，第二届山西省互联网大会在太原举办。本次大会设置了“新思维、新融合、新经济”为主题的主论坛以及大数据与智慧城市、智能互联技术应用、新经济、新媒体、文化旅游、县域经济与精准扶贫、智慧医疗七大分论坛；重点围绕山西省特色产业，探讨“互联网思维 + 产业运作”创新，洞悉山西大数据发展及如何推动大数据与产业、企业及消费应用共享等状况以及未来发展，并发布了《2016 年山西省互联网发展报告》。

3. 开展“喜迎十九大·文脉颂中华——第十二届全国网络媒体山西行”活动

2017 年 9 月 24 日，“喜迎十九大·文脉颂中华——第十二届全国网络媒体山西行”活动在山西太原启动，紧扣主题主线，以“非遗”宣传和经济转型宣传为重点，历时 7 天，全国 52 家网络媒体的 70 余名记者行走 2000 余公里，参观采访非物质文化遗产项目 12 处，实地感受山西非物质文化遗产的独特魅力和三晋大地厚重的历史文化。共制作网站专题 30 多个，发布原创稿件 300 余篇，省内外网络媒体转载稿件 4000 余篇，微信微博推送 1800 余条，新浪微博话题 # 网媒山西行 # 和 # 非遗传承行 # 浏览量分别为 89.6 万和 123.7 万。光明网、海外网等中央主要媒体进行双语报道，《山西非遗展秀其深厚文化底蕴》《探访山西非遗：广灵剪纸》《探访山西非遗：大同铜器制作技艺》等作品在海外频道、脸书（Facebook）和推特（Twitter）广泛传播，向世界展现了山西的历史和文化。

4. 开展“青年聚力点赞山西”山西青年网络文化行动

围绕 # 砥砺奋进的五年 # 系列话题，发布原创微博、主题微信 1504 条。原创“遵义会议纪念”“共产党宣言发表”“西柏坡进京赶考”“纪念建团 95 周年”“情人节红色情书”等具有影响力微博百余条。“我和国旗合个影”主题网络征集活动，收到 4591 幅作品，吸引 12 万次投票，总阅读量突破 15 万次。# 红色传递 # 系列话题活动，传播量累计达 1811.9 万人次。开展“文瀛湖畔话团史”“我的家乡我的年”“人说山西好风光”等网络直播活动 9 场，收看量突破 800 万人次，其中“红色传递・七一寻访习近平总书记在山西的足迹”直播活动，观看人次近 120 万。自主编创传播党史国史等系列网络文化作品 81 部。

六、内蒙古自治区

（一）工作综述

2017 年，内蒙古自治区互联网信息办公室扎实开展网络正面宣传，积极引导网络名人助力正能量传播，加大网络安全保障力度，推动云计算大数据产业发展，营造了良好的网上舆论氛围和发展环境。

深入开展网络正面宣传。紧紧围绕党的十九大、庆祝内蒙古成立 70 周年等重大活动，统筹全区各级各类网络媒体，开设“喜迎十九大”“十九大代表回基层”“守望相助七十载　亮丽北疆内蒙古——庆祝自治区成立 70 周年”等专题专栏，制作推出“内蒙古辉煌 70 年”系列述评文章、“巴雅尔开讲啦”和“阳光洒满内蒙古”等 H5 融媒体产品，开展党的十九大精神主题知识竞赛，制作《党的十九大吹响迈向新征程的奋斗号角》《党的十九大是前进道路的新起点》《新时代开启新征程》等网络引导作品，策划开展“内蒙古成立 70 周年有奖问答活动”等 4 大类共 14 个项目的线上活动，在网上营造了迎接学习宣传贯彻党的十九大精神、迎接庆祝内蒙古成立 70 周年的浓厚氛围，全区各族干部群众“建设亮丽内蒙古 共圆伟大中国梦”的网上思想基础更加牢固。

引导网络名人助力正能量传播。组织网络媒体和网络名人“走进地震局感受地球脉动”“聚焦东北振兴之网络名人内蒙古行”等互动交流活动，开展“用心触摸百姓冷暖用情书写万家喜乐——温暖中国”网络媒体新春走基层活动。举办 2017“V 影响内蒙古”微博年会，通过属地网络名人自律公约，进一步加强全区微博新媒体凝聚力、影响力。围绕全区中心工作，线下举办座谈会、签名会，线上互动交流，扩大影响，切实将属地网络名人纳入管理，发挥名人效应。

推进网络社会工作。召开内蒙古网络文化协会第二届会员大会暨理事会换届会议，听取并审议《内蒙古网络文化协会章程》，通过《内蒙古网络文化协会信息传播自律公约》，选举产生第二届理事单位及理事会。成立内蒙古网络文化协会“V 影响内蒙古”工作室，组建网络动漫、网络音视频、网络名人、网络舆情引导四个网络工作室。

加强网络安全保障。开展网络安全检查和常态化态势感知，及时发现通报整改一大批网络安全风险隐患，有力保障了关键信息基础设施网络安全。开展内蒙古“2017 年国家网络安全宣传周”活动，涵盖网络安全攻防演示、展览、技术培训、主题日等活动，集中宣传国家网络安全顶层设计、法规制度、技术创新、人才培养、产业发展、宣传教育等方面取得的重大成就和自治区网络安全工作成效，推动《网络安全法》和防护技能进社区、进学校、进机关、进农村牧区，形成了全社会共同维护网络安全的氛围。

推动云计算大数据产业发展。成立自治区大数据发展领导小组，编制《自治区大数据发展总体规划（2017—2020 年）》，印发《2017 年自治区大数据发展工作要点》，成立自治区大数据产业联合会、专家咨询委员会、自治区大数据安全研究院。推进全国大数据基础设施统筹发展类综合试验区建设，实施中国电信、中国移动、中国联通等大数据中心项目，全区绿色数据中心服务器装机能力突破 100 万台。推动和林格尔新区大数据产业核心区建设，引进一批重点项目，创建国家大数据产业集聚区。设立自治区大数据领域产业发展引导基金，引导社会资金支持大数据产业发展。推动信息资源库建设，基本建成人口、法人单位、宏观经济、空间地理、信用等基础信息资源库。建设自治区“云上北疆”大数据云平台。

（二）工作亮点

1. 策划组织庆祝内蒙古成立 70 周年网上宣传

将庆祝内蒙古成立 70 周年网上宣传作为重要任务，整合区内外网络媒体资源，精心策划活动方案，动员全社会网上网下互动，多角度多层次多种方式反映内蒙古贯彻落实习近平新时代中国特色社会主义思想、贯彻落实总书记对内蒙古的重要指示精神的思路举措和巨大成就，反映党的民族政策在内蒙古的生动实践和丰硕成果。制作推出《美好梦想，奔驰在辽阔草原——以习近平同志为核心的党中央关心内蒙古发展纪实》重要稿件、“内蒙古辉煌 70 年”系列述评文章、“50 亿像素瞰内蒙古”系列影像作品、“阳光洒满内蒙古”H5 作品等一批网络宣传精品，组织开展“壮美内蒙古　亮丽风景线——庆祝内蒙古自治区成立 70 周年”、“红色故土新变化　亮丽北疆新形象”全国网络名人内蒙古行、“2017 全国党报网站高峰论坛暨内蒙古自治区成立70周年媒体融合研讨会”、“我是家乡代言人——百场直播 SHOW 内蒙古”等一系列网上主题活动，策划庆祝 70 周年主题表情包征集、大学生网络摄影文化艺术节等一批网上互动活动，# 内蒙古 70 年 #、# 你不知道的内蒙古 #、# 请唱一句内蒙古美 # 等微博话题总阅读量超 5 亿人次，自治区成立 70 周年有奖问答活动 4 万人次参加。

2. 举办“红色故土新变化　亮丽北疆新形象”全国网络名人内蒙古行活动

2017 年 6 月 28 日至 7 月 3 日，由国家网信办、内蒙古自治区党委宣传部主办，自治区网信办、内蒙古网络文化协会、正北方网承办的“红色故土新变化　亮丽北疆新形象”全国网络名人内蒙古行活动在内蒙古举办。活动深入学习贯彻习近平总书记考察内蒙古重要讲话精神，落实国家东北振兴战略，积极发挥网络名人影响力和辐射力，宣传展示自治区成立以来经济社会发展取得的巨大成就和历史性变化，宣传展示党的民族政策和民族区域自治制度在内蒙古的生动实践，为进一步提振内蒙古发展信心、推进新一轮东北振兴工作提供舆论支持和精神动力。来自全国的 15 位网络名人先后奔赴兴安盟、呼伦贝尔市、满洲里市等地，走访了解全区四季全域旅游、经济发展、精准扶贫等方面取得的成就，利用微博、微信等平台，运用网言网语和新技术新应用将“红色故土新变化　亮丽北疆新形象”生动呈现。活动期间，多家新闻媒体和网络媒体刊载转发，微博话题点击量超 2400 多万人次。

3. 全方位提升网络安全防护能力

深入实施《网络安全法》，严格落实网络安全工作责任制、网络安全等级保护等制度，全天候感知网络安全态势，层层组织开展网络安全检查，及时发现并督促整改风险隐患，全区关键信息基础设施网络安全得到有效保障。依法打击网上违法犯罪，一批涉及网络黑客、侵害个人信息、网络诈骗、网络黄赌毒及涉枪等违法犯罪案件被侦破，反电信网络诈骗技术系统累计拦截呼入内蒙古的诈骗电话 182.4 万次，传统犯罪向互联网蔓延的势头得到有效遏制，有力维护了人民群众的信息安全和人身财产安全。

4. 全面深化大数据应用发展

推动大数据在政府治理和公共服务领域应用，宏观经济、农牧业、工业、能源、信用、水利、党建、电子商务、安全生产、科技、平安北疆、绿色北疆等领域大数据应用取得积极成效，大数据对经济社会发展的“智库”作用得到有效发挥。教育、医疗、食药安全、文化、就业、住房、社保、交通、旅游、物流等领域大数据应用有序开展，有效提高了基本公共服务质量和效率。加强精准脱贫、生态环保领域的大数据运用，建设“扶贫云”大数据平台。搭建大数据与产业深度融合供需对接服务平台，推动建设草原生态、奶牛育种养殖、乳业、稀土、煤炭、航天云网、中药材产业链、供应链金融、木材、林权交易等一批重点项目。建设自治区“云上北疆”大数据云平台。全区绿色数据中心服务器装机能力突破 100 万台。

七、辽宁省

（一）工作综述

加强党的十九大网上正面宣传引导。一是把党的十九大宣传作为核心工作。集合属地新闻网站、商业网站、PC端及“两微一端”的互联互通互动，构筑网络传播矩阵。二是承办“直击东北经济”大型网络主题活动。30余家中央网络媒体、10余家省内重点媒体和10位知名专家学者、网络名人等共计50余人，对沈阳、大连两市展开深度采访报道，发表活动原创稿件114篇。

加强网络社会工作。组织开展“争做文明上网人”、网络诚信宣传日等一系列线上线下活动；开展“五个一百”网络正能量精品评选活动、“争做中国好网民工程”等系列活动。推进网络扶贫工作。会同省直22个单位，建立网络扶贫行动工作联席会议制度。召开全省网络扶贫推进会暨电商精准脱贫对接会。组建“辽宁省电子商务产业联盟”，与14个市签署了《全省电商精准扶贫战略合作协议》，组织16个贫困县与京东、阿里巴巴、苏宁等电商平台对接。

全面依法依规管网治网。一是加强互联网管理工作制度建设，深化完善全省互联网管理体制机制。建立快速响应机制，对违法违规行为，做到第一时间介入处理。二是做好属地互联网管理工作。开展属地网站落实主体责任专项检查工作，为属地内14个市网信办开通互联网站辽宁属地查询管理系统使用权限。组织开展属地涉新闻服务网站专项核查梳理工作。组织举办全省互联网新闻信息服务从业人员培训班。举办省内媒体政务微信公众账号运营管理专题讲座。对全省移动新闻客户端建设情况进行全面摸底。加强属地互联网应用商店管理工作。三是开展各类净化网络环境专项行动。以净化网上舆论环境专项整治工作为主线，全年部署开展19个专项行动，遏制传播谣言虚假信息、内容低俗庸俗、涉网站违规采编等行为。四是加强有害信息举报，开展举报动员工作。搭建辽宁省互联网违法和不良信息举报平台，形成全民共治的互联网举报格局。组织属地网站开设“网上有害信息举报专区”，目前全省有 37 家网站加入全国公开举报方式网站矩阵。

做好网络安全和信息化工作。一是做好全省网络安全保障工作。重点对 31 家省直及各市重要关键信息基础设施系统进行抽查，涵盖通信、能源、交通工业制造等行业领域，督促各单位完成整改。完成全省关键信息基础设施网络安全检查抽检评估工作，核查全省 14 个市和 17 个省级重点关键信息基础设施底数，完成属地行业全覆盖要求。二是夯实网络安全机制体制。举办全省《网络安全法》专题培训班，培训全省相关人员 1500 余人。举办 2017 辽宁网络安全宣传周，辽宁省线上参与人数 273 万余人、线下参与人数 507 万余人，发放各类宣传品 71 万余份、刊发报道文章 262 篇、发送手机短信 4000 万余条、悬挂张贴宣传条幅和海报 3.8 万余个，举办各类专题讲座及培训 3020 场次，累计全媒体播放公益宣传片 22 万余分钟。三是统筹协调推进信息化发展。起草制定《辽宁省推进公共信息资源开放工作责任分工方案》。启动辽宁省政务信息资源目录第二批编报工作，为打通政务信息壁垒和连接信息孤岛打下基础。起草“十三五”辽宁信息化规划实施进展情况调研报告。建立电子政务统筹协调机制，组织全省电子政务发展规划和重大事项会商。会同有关部门开展电子政务专项督查和绩效评估工作，共同推进电子政务工作。

加强网信管理体制建设。一是组织全省网信系统深入学习贯彻党的十九大精神及习近平新时代中国特色社会主义思想。二是举办党委（党组）网络意识形态工作责任制专题培训班。三是贯彻落实《党委（党组）网络安全工作责任制实施办法》，研究制定《辽宁省落实〈党委（党组）网络安全工作责任制实施办法〉责任分工方案》。

（二）工作亮点

1. 辽宁省 62 家三甲医院全部实现网约挂号

辽宁省 62 家三甲医院全部加入辽宁“12320 预约挂号平台”，实现网约挂号、在线支付查询。辽宁省 12320 卫生计生热线是辽宁省卫生计生委的即时信息服务平台，提供集电话、网站、微博、微信、短信息等多手段为一体，全方位、立体化的健康惠民服务。此外，该卫生计生热线还提供预约挂号、戒烟干预、健康和政策咨询、专家访谈答疑、医疗服务投诉、心理援助、全科医生咨询等多项服务。医院加入“12320 预约挂号平台”后，居民只需用手机关注“辽宁卫生计生 12320”微信服务号，绑定本人身份信息，便可实现预约挂号、在线支付、在线候诊排队、检查报告查询、电子病历等移动全流程健康医疗服务，实现便捷就医。

2. 开启智慧健康养老技术服务平台建设

2017 年 4 月 9 日，辽宁省在沈阳召开“创建智能养老服务基地　发展智慧健康养老产业”大会，开启了辽宁省加快智慧健康养老产业发展技术服务平台的建设之路。辽宁省智慧健康养老服务方式得到快速发展，现代物联网和生命传感技术在健康养老产业中得到广泛应用。利用物联网、云计算、大数据、智能硬件等新一代信息技术产品，实现个人、家庭、社区、机构与健康养老资源的有效对接和优化配置。此种养老模式，将催生健康新产业、新业态、新模式，促进信息消费增长，推动健康养老服务智慧化升级，提升健康养老服务质量和服务效率，加快智慧健康养老产业发展。

3. 辽宁省 36 个省直部门实现数据共享

辽宁省已初步构建起完善的信用信息服务平台，已建成省级信用数据交换平台 1 个，市级信用数据交换平台 14 个，省信用中心平台实现了与工商、质监、税务、公安等 36 个省（中）直数据源单位、14 个市和 10 个县区之间的互联互通与信息共享，已征集各类信用信息 4.9 亿笔，打破了信息孤岛的局面。

八、吉林省

（一）工作综述

2017 年，吉林省网信办深入学习贯彻落实习近平总书记关于网络强国的重要思想，深化落实中央和省委精神，围绕国家网信办“重双基、强双责”工作要求和省委宣传部“大宣传、大文化”工作部署，把握正确舆论导向，维护网络意识形态安全，提升网络安全保障能力，为吉林全面振兴发展营造良好网上舆论氛围。

网络内容建设。一是把握正确舆论导向。开展习近平新时代中国特色社会主义思想、党的十九大精神、“五位一体”总体布局、“四个全面”战略布局、五大发展理念、“十三五”规划、“两学一做”学习教育、建军90周年、新一轮东北地区等老工业基地振兴战略、吉林好人、东北亚博览会、吉商大会等重大主题和系列活动的宣传解读，建设“好好学习”等全媒体理论宣讲品牌，举办国家网信办组织的“直击东北经济——吉林行”主题采访、“网信普法进校园”长春站等重要活动。二是强化网络文化传播。积极开展“文明上网　点赞吉林”——吉林省争做中国好网民、“网络中国节”等系列网络公益工程和活动，通过“吉林好网民”网络优秀故事征集、“点赞爱心吉林网事”H5作品大赛和校园好网民筑梦行动、“网络文化安全基地”挂牌等丰富多彩的形式，引导全省广大网民自觉维护文明网络，营造天朗气清的良好网络生态。创新开展吉林省丰富多彩的网络文化活动。“直播春天2017”吉林省微拍大赛、“健康生活　悦动吉林——书香吉林阅读季”主题系列活动等在广大网民中引起强烈反响。

网络阵地和社会组织建设。一是推进网络宣传阵地建设。初步形成以省级重点新闻网站为龙头，媒体网站、政府网站和部分专业特色网站为支撑的新媒体传播格局。吉林日报的彩练新闻、中国吉林网的吉刻、吉林网络广播电视台的吉视通和吉林广播网的沐耳移动新闻客户端先后上线，引领吉林本土主流移动新闻发展潮流。二是探索网络社会组织的“吉林模式”。成立吉林省互联网业联合会和联合会党委、吉林省新媒体协会、吉林省旅游新媒体联盟，发布了《吉林省互联网业自律公约》和《净化网络空间弘扬社会正能量倡议书》，开创网络社会组织的“吉林模式”。组建新浪吉林名博联谊会、腾讯吉林微友联谊会，指导长春市、吉林市、延边州等通过举办首届长春网友节、吉林市网络大V表彰会、组织建设“延吉新媒体联盟”等。

网络安全与保障。一是夯实属地管理基础，强化属地管理责任。在全省开展“整治网上生态”“网上涉电信诈骗有害信息”“整治银行卡网上非法买卖”等系列专项行动，清理网上有害信息。开展属地网站落实主体责任专项检查。在18家重点新闻网站首页公布举报电话和举报邮箱；在34家地方新闻网站首页开设举报专区；指导并督促第三批公布举报方式的13家新闻网站签署《积极开展举报工作承诺书》，确保举报各项工作落实落细。二是强化网络安全宣传，提升防护能力。联合省委保密办、省公安厅、省工信厅、省通信管理局等部门，通过“一个论坛、两种形式、三个平台、四进活动”等形式，开展《网络安全法》系列宣传线上线下活动，强化关键基础设施安全防护。

信息化建设。一是加强网信基础建设。推动“宽带吉林”工程光纤进村入户，全部行政村均实现宽带接入。推进工业化和信息化深度融合，“两化融合”管理体系贯标初见成效，其中亚泰集团虚拟云平台、一汽吉林涂装机器人系统集成等100个两化融合重点建设项目总投资达到10亿元。整合信息化大平台，“智慧吉林”建设稳步推进。“无线城市”建设累计上线应用900余项，主要涉及民生、政务、交通、教育、医疗等领域，吉林联通云数据基地投入运营，华为长春数据中心、吉视传媒数据中心等信息化重点项目建设持续推进，“电子政务数据共享交换平台”等7个“智慧吉林”重点项目上线运行。二是稳步推进“互联网+”战略。在“互联网+先进制造”“互联网+创新创业”“互联网+现代农业”“互联网+电子商务”“互联网+基础设施”“互联网+电子政务”等领域试点示范取得突破。吉林政务服务“一张网”正式上线，提高政务数据共享和政务管理水平。全省公安系统上线“互联网+公安”综合服务平台，为群众提供369项网上业务办理。启动生态环境大数据工程，为生态强省、绿色发展提供有价值的数据服务。吉林联通与吉视传媒“三网融合”业务平台基本完成。

（二）工作亮点

1. 成立省级互联网业联合会和联合会党委

2017年11月，吉林省成立了省级互联网业联合会和联合会党委。吉林省互联网业联合会会员已有百余人，包括吉林省互联网协会、吉林省新媒体协会、吉林省电子信息联合会、吉林省传媒学会等社会组织，涵盖了新闻媒体、网络大V、基础电信企业、高校、电商平台、网络游戏等领域以及从事网络安全和信息行业的优秀互联网企业。吉林省互联网业联合会和联合会党委为全省互联网企业学习工作交流搭建了桥梁和纽带，为全省党建工作起到了示范引领作用，也为全国网络社会组织建设和互联网业党建工作积累了经验。

2. 积极开展网上直击东北经济主题采访活动

2017 年 1 月 9 日至 14 日，国家网信办同时在辽宁、吉林、黑龙江三省组织开展了“直击东北经济”主题采访活动，通过实地走访、交流座谈等多种方式，宣传东北地区发展成就和亮点。“直击东北经济——吉林行”活动期间，近百名记者和国内外经济专家学者走进吉林、聚焦吉林，记录吉林经济发展的新成就。活动期间，各网络媒体综合运用文字、图片、漫画、视频等多种形式，进行全方位、立体式宣传，“直击东北经济——吉林行”“直击东北经济”等热词也成为互联网、微博上的高频热词，累计阅读量达 630 万次以上，引发 200 余家网络媒体广泛关注和转载。

3. 成立东北首家省级新媒体领域社会组织——吉林省新媒体协会

为发挥网络社会组织在互联网业界的桥梁和纽带作用，经吉林省委宣传部批复同意，吉林省网信办审查同意，吉林省民政厅审核批准，吉林省新媒体协会于 2017 年 4 月 18 日在长春成立。吉林省新媒体协会作为东北地区首家省级新媒体领域社会组织，吸纳了包括省内主流传统媒体、在长春的高校、新媒体技术平台、互联网公司等在内的近百名会员，对于引导吉林省新媒体业界人士广泛开展互联网领域的研究与开发，促进全省互联网行业健康发展、提升全省新媒体行业的创新力和影响力、加强行业自律、构建和谐有序的网上舆论生态具有重要意义。

九、黑龙江省

（一）工作综述

2017 年，黑龙江省委网信办学习贯彻党的十九大和黑龙江省十二次党代会精神，深化对习近平总书记关于网信工作的系列重要讲话精神的理解和认识，围绕国家网信办各项工作部署，在安全和发展上统筹兼顾，网上网下两条战线齐抓并举，强化自身建设，提升网络内容安全和网络技术安全保障能力，加大信息化发展统筹协调力度，推动全省网信工作实现新发展。

网络传播工作有序开展。围绕国内重大议题，开展网上正能量传播工作。围绕“全国两会”“一带一路”“治国理政新实践”“砥砺奋进的五年”“喜迎十九大”等重大议题，组织全省新闻网站策划推出专题 40 余个，转发新闻报道 3000 余篇。聚焦黑龙江振兴发展新路径，开展“直击东北经济黑龙江行”活动、“网络名人聚焦东北振兴——砥砺奋进的黑龙江”活动。推出微博原创音视频、图文作品 162 部，展示黑龙江的生态优势、资源优势。开展黑龙江省网络安全宣传周活动，活动中，“安天网络空间安全学院”正式揭牌。

维护网络技术安全。开展网络安全检查。联合省公安厅等部门开展第三次网络安全大检查，检查单位 600 余家，信息系统和网站 2300 余个，远程技术检查信息系统和网站 4500 余个。协调相关部门治理或关停网站 294 个，下发限期整改通知书 400 余份，现场反馈检查意见 600 余份，形成全省网络安全管理体系。开展“黑龙江省网络安全‘十三五’规划”编制工作，并就《国家网络空间安全战略》《网络安全法》《网络安全责任制》的形成贯彻落实意见。

提升信息化工作水平。开展信息化发展水平评估。2017 年 2 月，黑龙江省委网信办联合省发改委、省统计局，建立起全省信息化发展水平评估体系，并对采集到的 70 余个部门的 10 万余条数据进行统计分析，形成《黑龙江省各市（地）信息化发展水平评估报告》《黑龙江数字经济发展研究报告》。完善信息化发展工作体系。编制《黑龙江省国民经济和社会发展信息化“十三五”规划》《黑龙江省公共信息资源开放实施方案》，联合相关部门印发《黑龙江省网络扶贫重点任务及分工方案》《黑龙江省新型智慧城市建设厅际协调工作组制度》《促进大数据发展三年行动计划》，编制《2016 年黑龙江信息化年鉴》，建立统筹推进新型智慧城市建设和大数据发展厅际联席会议制度。

推动网上网下同步治理。加大执法工作力度，建设基础信息数据库。开展网络社会基础调查并进行规范化管理，对列入《互联网新闻信息稿源单位名单》的稿源单位资质、人员等情况进行统计和审查，对网络信息服务从业人员开展信息采集工作，建立起全省网络社会基础信息数据库，加大网络空间执法工作力度。加大统筹工作力度，建设网络社会管理体系。开展省内互联网企业党建情况调查，推动具备条件的互联网企业发展党员、建设基层党组织，构建党在网络空间的政治安全防线。与公安部门合作打击网络违法犯罪活动，同省内各大高校、科研院所和企业协作开展技术攻关，构建网络社会与现实社会互联互通的管理格局。

（二）工作亮点

1. 黑龙江“互联网 + 公安政务服务”平台上线运行

2017 年 1 月 1 日，黑龙江“互联网 + 公安政务服务”平台正式面向公众上线试运行。黑龙江“互联网 + 公安政务服务”平台主要包括快速导航、特色直达、新闻浏览、特色便民、办件公示五大专题模块和办事中心、诉求中心、查询中心三大便民服务功能。办事中心实现了与群众生活密切相关的 384 项业务全部网上办理。诉求中心为群众提供了 12389 举报、信访面对面、专家键对键、我要举报、我要咨询等十大警民沟通交流渠道。查询中心主要包括身份证办理进度查询、出入境办理进度查询、交管信息查询以及重名查询等 13 类查询事项。

2. 举办 2017 年网络安全宣传周活动

2017 年 9 月 18 日，黑龙江省网信办、省工信委、省教育厅、省公安厅、省新闻出版广电局、省通信管理局、中国人民银行哈尔滨中心支行、省总工会、团省委等单位共同主办的 2017 年黑龙江省网络安全宣传周首日活动在黑龙江大学举行。本届网络安全宣传周根据国家统一安排，主题为“网络安全为人民，网络安全靠人民”。网络安全宣传周活动旨在学习贯彻习近平总书记关于网信工作的系列重要讲话精神，贯彻落实省委网络安全和信息化领导小组第一次会议精神，宣传倡导依法文明上网，增强全社会网络安全意识，普及网络安全知识，营造健康文明的网络环境，切实维护网络安全。

3. 黑龙江电子口岸上线开通

2017 年 4 月 25 日，黑龙江电子口岸暨“三互”通关上线开通仪式在哈尔滨举行。作为推进口岸通关便利化的重要措施，黑龙江电子口岸可为进出口企业实现一次录入多次使用、一个窗口全面查询、一个平台分类服务。黑龙江电子口岸软件平台一期建设有三大支撑平台：数据交换平台、云桌面管理平台和统一身份认证平台。目前，数据交换平台已经建立起 13 家单位的交换节点，“数据高铁”已经开通；云桌面管理平台，收纳了黑龙江电子口岸的所有应用，各口岸管理部门和企业都可以在一个页面办理所有的事情；统一身份认证平台，相当于进入信息化中心站大楼的门禁。在基础平台之上，建设了五个亮点工程：企业综合服务平台（包含关检合作“三个一”系统），进出口企业诚信系统，疫情监督管理系统，边防网上报检系统，海关贸易统计展示系统。电子口岸实现了进出口企业在一个系统内完成关、检申报单的录入工作，进一步简化手续，降低成本，提高通关效率，促进贸易便利化。

十、上海市

（一）工作综述

2017 年，上海市网信办把握稳中求进的工作总基调，围绕迎接、学习、宣传、贯彻党的十九大主题主线，学习贯彻习近平总书记系列重要讲话精神和治国理政新理念新思想新战略，深化网信体制机制改革，加强互联网管理，强化网络安全应急能力建设，为上海改革、创新、发展营造良好的网络舆论环境，提供网络安全保障。

组织开展网上正面宣传。开展党的十九大、市第十一次党代会网上宣传。组织“砥砺奋进的五年”“互联网改变生活惠及百姓”“我和上海这五年”等网络专题报道。围绕全国两会、“一带一路”国际合作高峰论坛、纪念香港回归 20 周年、纪念建军 90 周年等一系列重大主题宣传，以及上海两会、本市推进重大文化体育设施建设、上海国际艺术节等本市重大主题进行宣传。

加强互联网综合治理。按照《互联网新闻信息服务管理规定》要求，依法依规开展互联网新闻信息服务许可工作。开展互联网应用商店备案、直播服务企业备案、稿源单位审核、地方频道审批等工作。综合运用训诫、约谈、罚款、关闭网站等手段，加强互联网平台治理。建立党建创新基地，健全党建联席会议制度，鼓励具有较大影响力的上海市互联网企业成立党组织，培育互联网企业党建典型和党建服务品牌，督促网站履行主体责任。实施“争做中国好网民”系列工程各项活动，举办上海首届网络文化节。针对新闻信息服务从业人员、网站内容管理负责人、网站一线从业人员、自媒体联盟成员进行分层分类培训，2017 年以来累计参与各类培训的网络从业人员超 2100 人次。

推动媒体融合发展。推进媒体融合发展“十三五”规划落实，投入“主流媒体发展新媒体”专项资金，对 8 个新媒体项目和 20 个媒体微信公众号予以资助，推进上海市媒体云计算专区服务项目。

强化网络安全服务保障。在全市开展关键信息基础设施网络安全检查。举办 2017 年国家网络安全宣传周开幕式、网络安全博览会暨网络安全成就展、网络安全技术高峰论坛等活动。组织动员全市 16 个区 220 个街道开展“网络安全进社区”主题活动 300 余场，参与人数达 62 万人次。发布相关新闻报道、评论 14 万余篇，全网点击量达 5 亿次。上海广播电视台出品的网络安全专题片《第五空间》，全网 PV 总量突破 3 亿。及时发布“WannaCry”勒索病毒预警通报，减少了本市经济和社会损失。

（二）工作亮点

1. 推进“互联网 + 政务服务”工作

上海市结合近年来网上政务大厅建设实际，创新工作思维和工作理念，对标任务，查找不足，制订方案，弥补短板，打造网上政务“单一窗口”，大幅提升政务服务智慧化水平，让企业和群众少跑腿、办好事、不添堵，让政务服务更方便、更便捷、更有效率。上海市以“互联网 +

政务服务”思维和“单一窗口”的理念，围绕“24小时全天候”“一站式”“全流程”的要求，启动市、区网上政务大厅建设，转变传统网站链接方式为后台数据对接方式，联通各部门审批、监管、服务和公共资源交易等业务系统，着重体现一个窗口，重点服务于个人、法人两类对象，突出办事服务、透明政府、上海特色三大核心，建设预约先办、查询反馈、互动问答、评价分享四项功能，体现数据对接、一码贯通、身份认证、并联协同、信息共享五种特色，为公众提供市、区两级一体化的网上政务服务。

2. 大数据流通与交易技术国家工程实验室落户上海

大数据流通与交易技术国家工程实验室由国家发改委正式发文批复同意筹建，由上海数据交易中心有限公司、中国互联网络信息中心、中国联通、复旦大学、中国信息通信研究院等单位联合发起组建。实验室将围绕大数据国家战略落实和数字经济发展，建设样本数据库及其支撑服务系统，大数据人才培养、国际合作交流等行业公共服务平台。

3. 构建新型无线城市框架

上海市重点构建新型无线城市框架，聚焦新型无线网络建设，推进面向行业的平台服务和应用新模式；聚焦提升用户使用感知，推动“网络指标”向“生态指标”转变。“十三五”期间，上海信息基础设施建设着力于“基础网络覆盖＋运营平台服务”，完善“四加一”网络体系，即形成四个协调发展的无线功能型网络和一个全覆盖的宽带接入基础性网络。

4. 打造人工智能及大数据创新加速基地

上海在杨浦区布局面积不少于3万平方米的人工智能及大数据创新加速基地，鼓励技术先进、行业领先的高成长性企业快速发展。对于入驻企业，给予6个月到3年的房租补贴。上海人工智能及大数据创新加速基地的一期开发面积为1.5万平方米，以把入驻孵化加速器内的“上下楼项目”变为“上下游项目”为产业生态培育理念，为入驻企业提供一站式、全方位的成长加速服务。同时，鼓励相关区域内现有众创空间升级打造成人工智能及大数据产业的专业、特色空间。与之形成配套产业链体系的是，上海杨浦已通过上海云基地公司等相关企业共同发起成立了以人工智能和大数据产业创新为投资方向的创投基金，首期金额约为 1.2 亿元，重点投向区域内人工智能和大数据领域的初创期企业。

十一、江苏省

（一）工作综述

2017 年，江苏省网信办以习近平新时代中国特色社会主义思想为指导，紧紧围绕迎接和学习宣传贯彻党的十九大这一主题主线，以网络强省为建设目标，加强重大主题网上宣传，推进网络社会综合治理，筑牢网络安全屏障，推动数字经济发展，实施信息惠民工程，使网上正能量更加充沛强劲，网络空间更加清朗安全，信息化对经济社会的引领作用更加有力。

加强重大主题网上宣传。一是开展党的十九大网上宣传工作。会前推出“我苏这五年”网上系列主题宣传，组织开设 # 发条微博赞江苏 # 微博互动话题，开展“我拍家乡新变化”网民寻访、“我的这五年”微故事征集、“新五年新愿景”寄语等活动，各重点新闻网站开设“砥砺奋进的五年”“领航新征程”等各类专题专栏，重点宣传解读习近平总书记“7・26”重要讲话精神。会中以弹窗推送、焦点大图、微博微信等方式做好开幕会网络直播和报道，中国江苏网推出《盛会说“新”》系列图解，交汇点推出“点点带你学报告”“报告点读”，荔枝新闻网推出《荔枝学习小组“十九大”特刊》，打造“治国理政进行时”品牌专栏。组织全省网络媒体刊发《95 后小屏幕里看盛会，有一种稳稳的幸福》《为十九大打 call！江苏网民点赞十九大报告》等“十九大时光”专题稿件，推出“我苏城市探秘”直播活动。会后各重点新闻网站策划推出“‘网’聚新时代‘苏’写新篇章”网上系列宣传，各地通过开展十九大知识竞赛、百姓名嘴说唱、专家代表授课等多种形式做好党的十九大精神及习近平总书记在江苏考察调研活动的网上宣传。二是推动形成网上正面舆论强势。做好全国全省“两会”、2017 世界物联网博览会、国家公祭活动的网上直播和现场采访工作。组织开展“温暖中国　春满江苏”网络媒体新春走基层、“共舞长江经济带——探访长江经济带区域协同生态发展之路”“喜迎十九大·文脉颂中华”非物质文化遗产大型网络传播、“新智造·新江苏——网络名人看江苏”及“德美江苏”——全国网络媒体江苏行等活动。

推进网络社会综合治理。实施网络社会组织“同心圆”工程，承办全国网络社会组织工作推进会。统筹开展网络文化活动，以“网约最江苏　网聚正能量”为主题举办网络文化季活动等60个项目。推进文明办网、文明上网活动，创新开展“文明办网”先进单位创建活动，组织举办“网聚职工正能量　争做中国好网民”等活动。以“重双基、强双责”为着力点，加强基础管理，强化属地管理责任和网站主体责任，集中清理一大批有害不良信息，关闭一批违法违规网站和账号，下架一批违规应用程序，有效震慑各类网上违法违规行为。

筑牢网络安全屏障。组织开展重点网站和重要基础设施的网络安全检查，堵塞了网络安全漏洞，提升了网络安全防护管理能力。开展以“网络安全为人民、网络安全靠人民”为主题的“江苏省网络安全宣传周”活动，对《网络安全法》进行宣传，设置了校园日、电信日、法治日、金融日、青少年日、个人信息保护日六个主题日，举行了辩论赛、网络安全互动体验、讲座论坛等多种形式的线下活动，荔枝新闻、我苏网推出“网络安全‘智斗’大闯关”在线有奖答题游戏。举办“‘天翼杯’第六届信息安全技能竞赛”和2017年度江苏省网络安全技能竞赛，检验提升了基层一线技术管理人员的网络安全技能水平，培养了一批网络安全人才。

推动数字经济发展。一是信息通信基础设施建设稳步推进。实施“宽带江苏”“无线江苏”工程，推进宽带网络广泛覆盖，超前布局新一代信息基础设施建设。率先在南京、苏州等地开展5G技术试验和场景测试，推进NB-IoT商用服务。加快量子通信实验网络建设，亨通集团投资建设的宁苏量子干线实验网正式启动。实施“企企通”工程，建设“网+云+端”的工业信息基础设施。二是大力发展“智能制造”“服务制造”“绿色制造”，推进信息化与工业化深度融合，加快智能转型和绿色发展，推动“江苏制造”向“江苏智造”“江苏创造”转型升级。实施两化融合“百千万”工程，推进苏南城市群试点全国智能制造示范。成功举办无锡世界物联网博览会。三是加快发展电子信息产业，涌现出苏宁云商、途牛旅游、同程旅游、焦点科技等六家全国互联网百强企业。

实施信息惠民工程。制定下发《江苏省政务信息资源共享管理暂行办法》《江苏省政务信息系统整合共享工作实施方案》，推动政务及民生领域信息化。深入推进“不见面审批”政务服务，江苏政务服务网入选“首届数字中国建设最佳实践成果”。建成“智慧江苏”门户平台、“警务大数据”“智慧医疗”“智慧社保”工程，民生领域信息化应用服务体系逐步健全，社会治理精准度和有效性不断增强，人民群众的获得感和满意度大幅提升。

（二）工作亮点

1. 组织江苏网络媒体新春走基层活动

2017 年 1 月 16 日，江苏省委宣传部、江苏省网信办主办的“温暖中国春满江苏”——江苏网络媒体新春走基层活动在南京启动。本次活动是全国网络媒体走转改的重点项目之一，旨在更好地锻炼网络媒体采编人员队伍，组织采编人员深入基层、深入群众，宣传江苏各地各部门贯彻落实中央精神和省委省政府决策部署的生动实践，宣传党的惠民政策贯彻实施的进展成效，反映民生改善的喜人变化和广大群众的获得感、幸福感，宣传群众欢度节日的热烈喜庆景象，凝心聚力共筑和谐温暖中国梦。人民网、新华网、中国江苏网、荔枝网、江苏广播网等中央新闻网站驻苏频道、省级新闻网站、主要商业网站江苏机构等 17 家网络媒体 20 余位采编人员组成集体采访团队，从南京出发赴盐城、泰州等地，进行为期四天的蹲点采访。

2. 举办第五届江苏网络文化季活动

2017 年 5 月，第五届江苏网络文化季在南京江宁未来网络小镇启动。本届文化季各项活动旨在进一步聚集网民、服务网民，引导网民来发现真善美、传递正能量，引导网民争做中国好网民、唱响网络主旋律，同时紧扣活动的主题、围绕网民关切，以社会主义核心价值观为引领，用实实在在的网络文化活动吸引更多网民积极参与，使网民在参与活动中有获得感。注重移动端传播，尤其注重二次传播，注重通过网民来影响网民，在传播中传递向上力量、引领文明风尚。2017 年，江苏网络文化季以“网约最江苏　网聚正能量”为主题，活动从全省各地各单位申报的 200 多个项目中精选出“点赞创新英雄　网晒富民故事”“青春喜迎十九大　共筑网络强国梦”“‘与爱同行’网络社团公益系列活动”等 60 个重点项目，分为“约在江苏”“创新富民”“网络公益”“文明风尚”“安全法治”五个篇章，活动时间贯穿 2017 年全年。

3. 举办第五届江苏互联网大会

2017 年 9 月 26 日，以“聚力数字新经济　共建网络新空间”为主题的第五届江苏互联网大会在南京国际青年文化中心举行。本届大会由江苏省网信办、江苏省通信管理局指导，江苏省互联网协会主办。大会立足江苏通信与互联网领域的发展特色，围绕数字经济和网络空间，以互联网发展的细分领域为切入点，围绕“互联网助推江苏特色小镇建设”“网络信息基础设施建设”“互联网 + 新技术”“互联网 + 共享经济”“互联网 + 产业基金”“网络安全高峰论坛”“智慧生活高峰论坛”七个主题，共同研究探讨特色小镇打造、5G 技术发展与商用、基础建设与互联互通、NB-IoT 实用探究、共享经济的产业应用、产融对接、网络安全的防范治理与法律解读、互联网 + 智慧生活等方面内容，对促进经济结构转型，推进智慧城市建设，推动“互联网 +”系列行动，实施信息惠民工程等产生积极影响。

十二、浙江省

（一）工作综述

2017 年，浙江省网信办以习近平新时代中国特色社会主义思想为指导，贯彻落实国家网信办和省委省政府的决策部署，推动网络意识形态工作责任制、网络安全工作责任制的落实，营造网上正能量，处置网上有害信息，筑牢网络安全屏障，统筹推进信息化工作，承办第四届世界互联网大会，营造风清气正、安全有序的网络空间。

围绕迎接宣传贯彻党的十九大工作主线，唱响网上主旋律。以习近平新时代中国特色社会主义思想网上宣传引领舆论，组织开展“我最喜爱的习总书记的一句话”网文征集和音视频传播活动，策划“浙五年·这五年”“改革在身边”“绿水青山就是金山银山”及“4·19”重要讲话一周年等主题宣传活动，组织推送《溯源新理念　大潮起之江》《大地的回响》等16篇系列报道，系列活动总点击播放量超过3.4亿人次。做好党的十九大网上宣传工作，省级新闻网站在首页显著位置统一开设“新时代新征程”专栏，兴起党的十九大网上宣传热潮。做好重大会议活动主题宣传，策划开展省第十四次党代会、“最多跑一次”改革宣传报道，开展庆祝建党96周年网上宣传。建设网络文化，认定首批省级网上文化家园41个，推进“温暖中国”网络媒体新春走基层采访活动，举办“微力无穷·我家的年味儿”新春微视频网络大赛，办好网络文化季活动，推动100个市县网络社会组织建设，举办第三届中国正能量“一江山”论坛。

创新管理治网新模式，提升网络空间管理能力。网络属地治理实现新突破，以推进“浙江互联网属地治理模式创新”和互联网属地化管理试点为主要抓手，推动落实主管、主办和属地管理责任；开展浙江省落实互联网属地化管理试点，建立重点网站联系服务制度，明确省、市两级主管部门的管理责任，促进省内重点网站健康有序发展。研究制定网信行政执法工作流程、办案规范，推进互联网电子取证系统试用。提升网络管理基础，开发浙江省网信工作基础信息管理平台，推进“网信浙江”微信公众号建设。推进网络用户真实身份信息注册工作，先后印发《关于深入推进网络用户真实身份信息注册工作的实施意见》《关于进一步推进互联网用户真实身份信息注册工作的通知》，有序落实网络实名制，推动实现网络空间身份和现实身份的统一。强化网络举报工作，完善省互联网违法和不良信息举报中心网站建设，部署省内19家网站开设“网上有害信息举报专区”，公布我省第一批百家网站举报受理电话名单，健全完善网上违法和不良信息举报、受理、处置机制，初步形成全省网络举报“一张网”矩阵。

加强网络安全管理，筑牢网络安全屏障。网络安全“四梁八柱”初步建立，实施《网络安全法》等法律法规，加强制度机制建设，压实网络安全责任，明确职能分工，督促各地各部门、互联网企业落实网络安全责任。建设浙江省网络空间研究院和网络空间安全创新研究中心、网络安全专家和技术支撑队伍。推进关键信息基础设施保护，印发《关键信息基础设施专项检查方案》，部署检查工作，组织开展现场督查和技术抽查，加大整改力度，确保重要信息系统平稳运行。加强网络安全生态建设，举办2017年浙江省网络安全宣传周活动。发展网络安全产业，推动网络安全产业列入省战略性新兴产业发展三年行动计划。筹建浙江省网络空间安全协会。

统筹信息化建设，助力全省经济社会发展。2017年，全省信息化发展指数达到97.61，比上年提高2.82个百分点。全省信息基础设施建设指数7.34，居全国第二位。4G网络基本实现城乡全覆盖，5G试验网、NB-IoT建设加快推进。开展“十万企业上云”行动。“两化”深度融合发展水平全国领先，推动出台《关于深化制造业与互联网融合发展的实施意见》，新建省级“两化”深度融合国家示范区域20个，入选工信部制造业与互联网融合发展试点示范项目5项、制造业“双创”平台试点示范项目12项，培育省级制造业与互联网融合发展示范试点企业（基地）175家。智慧城市建设成效显著，初步建成省级政府信息资源目录体系，在全国率先推出政府数据统一开放平台，实现全省46家省级政府单位共18002个数据项公开。电子商务继续保持全国领先优势，杭州、宁波获批国家级跨境电子商务综合试验区，全省建成各类电商产业园区301个。

承办世界互联网大会，实现“一届更比一届好”的目标。按照中央和省委要求，浙江省以饱满的热情、实干的精神、扎实的作风，全力做好第四届世界互联网大会会议接待、新闻报道、文艺演出、主题展览、论坛活动、环境保护、安全保卫等各项工作，圆满完成了承办任务，打造了新时代网络空间国际交往合作的精彩开篇之作。大会期间，工业和信息化部与省政府、杭州市政府在乌镇签署了多项合作协议，一大批“浙江智造”在“互联网之光”博览会上亮相，66家浙江本土企业在博览会期间达成了新的业务关系。大会期间，利用主场优势，借助分论坛、签约仪式、“乌镇咖荟”、欢迎晚宴等多种场合，采用播发《相聚乌镇》大会宣传片、赠送

《美丽浙江概览》(中英文版)、境外主流媒体参与报道等多种形式，多层次、多角度、全方位向世界展示美丽的浙江、别样的乌镇。

(二)工作亮点

1. 推进“最多跑一次”改革

2016 年 12 月以来，浙江省遵循“以人民为中心”的发展思想，深入贯彻落实党中央和国务院关于加快推进政府的“放管服”改革的决策部署，聚焦投资审批、市场准入、便民服务等重点领域，以“互联网 + 政务服务”为手段，率先推进“最多跑一次”改革，通过推进“一窗受理、集成服务”改革、推动数据共享打破信息孤岛，全面推进政府治理体系和治理能力现代化升级。据统计，截至 2017 年年底，浙江省级“最多跑一次”事项达到 665 项，全省“最多跑一次”实现率达到 87.9%，办事群众满意率达 94.7%。

2. 成立之江实验室

2017 年 9 月 6 日，之江实验室在杭州余杭区未来科技城“人工智能小镇”正式挂牌成立。之江实验室是开放协同、混合所有制的新型科研机构，按“一体、双核、多点”的架构组建，即建立以省政府、浙江大学、阿里巴巴集团共同出资成立的之江实验室为一体，以浙江大学、阿里巴巴集团为双核，以国内外高校院所、央企民企优质创新资源为多点的组织架构。之江实验室瞄准国家实验室布局领域以及国家实施重大科技专项的重点领域，立足浙江现有科研基础与优势，聚焦网络信息技术前沿，以重大科技任务攻关和大型科技基础设施建设为主线，开展重大前沿基础研究和关键技术攻关，推进前沿基础研究和应用技术研究的有机互动和深度融合。

3. 成立杭州互联网法院

2017 年 6 月 26 日，中央深化改革领导小组召开第三十六次会议，会议审议通过了《关于设立杭州互联网法院的方案》。8 月 18 日，杭州互联网法院正式成立。这是全国第一家集中审理涉网案件的试点法院。贯彻“网上案件网上审”的审理思维，将涉及网络的案件从现有审判体系中剥离出来，充分依托互联网技术，完成起诉、立案、举证、开庭、裁判、执行全流程在线化，实现便民诉讼，节约司法资源。融合机制创新与网络解纷，构建前置性指导化解、在线纠纷解决机制（ODR）、第三方调解、诉讼等多层次、多元化的涉网纠纷解决体系，专业、高效、便捷处理涉网纠纷。利用大数据分析技术对涉网案件数据进行多模块比对分析，梳理规律和特点，形成结构化、标准化的互联网司法裁判规则，为营造更安全、更干净、更具人性化的网络空间司法护航。

4. 吹响媒体深度融合“冲锋号”

媒体融合已进入向纵深推进的关键阶段，浙江省将认真贯彻中央精神，推动传统媒体和新兴媒体尽快从“相加”迈向“相融”，确保党的媒体始终保持主流地位，占据主流传播阵地，引领主流思想舆论。浙江省连续两年将媒体融合发展列入重大突破改革项目，出台了《关于推动传统媒体和新兴媒体融合发展的实施意见》，省、市、县三级媒体积极投身融合发展，传统媒体和新兴媒体优势互补，传播阵地得到拓展，融合报道出新出彩，先进技术实现推广运用，体制机制有了突破。浙报集团自主开发媒立方技术系统，打造国内首家集舆情研判、统一采集、多种生成、多元分发、效果评估于一体的新型智能化内容生产平台；正式启动全媒体指挥中心，推动核心圈三端一体化融合改革，成为国内拥有最大互联网用户规模的省级党报集团。浙江广电集团旗下新媒体产品用户总量突破 4000 万。各市、县媒体共开设网站 106 个，“两微一端”1119 个。

十二、安徽省

（一）工作综述

2017 年，安徽省网信办围绕“为党的十九大胜利召开营造良好网上舆论环境”这一主线，提升宣传引导水平，防范网络风险挑战，维护全省网络舆情平稳有序，为现代化五大发展美好安徽建设营造良好的网络环境。

加强网络内容建设。组建安徽省网络媒体协会，吸纳会员单位 101

家。搭建安徽网上宣传主流平台，开设海豚视界客户端、大皖新闻客户端等新闻资讯平台，建成全省政务微博微信矩阵。组织开展“深入学习贯彻党的十九大精神”“总书记视察安徽一周年”“砥砺奋进的五年”“外交部安徽全球推介”“讲看齐　见行动”“精准扶贫天长医改”“我们的节日 · 网络中国节”等 10 余项重要活动的网上主题宣传。组织开展“温暖中国”网络媒体新春走基层、“共舞长江经济带——探访长江经济带区域协同发展之路”网络主题活动和“网聚美好安徽　见证喜人变化”网络媒体大型集中采访活动。组织开展故事篇——“美好安徽故事网上讲”、印象篇——“我眼中的美好安徽”、净网篇——“让网络空间清朗起来”、公益篇——“网络公益文化”、文明篇——“网络改变生活”5 大篇章共 25 项主题活动。开设中安在线评论频道，重点打造“宛言”“徽评”网络评论新品牌，创作发布徽喜鹊网络漫评。举办首届五大发展瞰安徽——无人机航拍作品大赛，组织开展安徽新闻奖网络新闻作品评选。在党的十九大期间，全省创作推出 40 多件融媒体产品，4 件产品入围“十九大融合报道精品 100 展示”。

提升网民素养。开设“建设五大发展美好安徽争做中国好网民”主题性专题、品牌性专栏 30 多个，征集优秀网络 H5、微网文、微视频、网言网语四类作品共 205 件，《老子道源》《水墨谯城》《三个细节观大宋》分获网络十大国学微视频、音乐、文字作品奖项。建设网民互动平台，以属地官方微博、微信公众号及网站论坛为核心，开设“好网民”话题 40 个，策划推出 H5、微视频、漫画等产品 80 多件。策划开展“法在身边”有奖知识竞答、新媒体从业人员《网络安全法》座谈会等活动，安徽省网络媒体协会发起“点亮网络安全灯”倡议，号召广大网民共建网络安全，提升网络安全意识。策划组织“树新风我践行”百万网民移风易俗签名活动，160 余万网民参与留言签名。

加强互联网综合治理。严格按照《互联网新闻信息服务管理规定》，完成已获新闻信息服务许可单位的换证工作。对属地主管的近 15 万家网站和移动客户端，协管的 66 万个微信公众号和近 1000 万个微博账号进行摸底调查。开展全省重点网站落实主体责任检查，建立属地网站和自媒体账号基础信息台账。依法严厉查处违法违规网站，全年共清理淫秽色情、涉暴涉恐、赌博诈骗类违法违规网站 120 家，关闭违法违规微信公众号 132 个，论坛等互动类账号 2080 个，下架违规移动应用程序 330 余款。集中约谈、关闭 60 多家违规发布新闻信息的假冒新闻网站，专项清理关闭假冒政府网站 30 余个。87 家重点网站纳入全国前四批公布举报受理方式网站范围，全年共受理各类举报 1.6 万条。做好互联网法规宣传贯彻工作，编印《互联网管理法规选编》，承办“全国网信普法进校园”合肥站活动，邀请专家学者走进中国科技大学、安徽大学等高校讲解相关法律法规。做好互联网信息内容管理行政执法证的资格初审，全省有 29 人获得互联网信息内容管理行政执法资格。

做好网络安全保障工作。做好《网络安全法》宣传贯彻工作，组织开展第四届安徽省网络安全宣传周。组织开展“一法一决定”执法检查，对全省各地落实“一法一决定”宣传教育、制定配套法规规章、网络安全防护、网络空间治理、公民个人信息保护等方面进行检查和调研，提升网络安全防护能力。加强全省关键信息基础设施网络安全动态监测、风险通报、防范处置、应急演练。突出抓好大型公共信息网络、重要工业控制系统、政务媒体类网站和移动客户端的网络安全防护工作。开展针对全省政务媒体类移动客户端和重点企业工控系统的网络安全检查，提升重点领域、重要部位的防护能力。

促进信息化发展。制定出台《安徽省“十三五”信息化发展规划》，推进“三网融合”“数字安徽”“宽带安徽”等项目工程建设。大力推进“互联网+政务服务”，制定出台《安徽省互联网政务服务办法》，安徽省政务服务网正式上线运行，依据“同一事项、同一标准、同一编码”原则，实现 1673 项省级行政审批和公共服务事项入库，并将省市县乡村五级政务服务事项纳入平台统一管理，提供一站式服务和专属便民服务，实现“一次认证、全网通行”。强化信息基础设施建设，全省行政村光纤通达率超过 98%。

（二）工作亮点

1. 举办 2017 年全国网络媒体走进安徽大型集中采访活动

2017 年 4 月 24 日，在习近平总书记视察安徽一周年之际，安徽省委宣传部、安徽省网信办主办的 2017 年全国网络媒体大型集中采访活动在合肥启动，活动以“网聚美好安徽　见证喜人变化”为主题，来自人民网、新华网、中新网、央广网、国际在线等全国 46 家网络媒体编辑记者组成的采访团追寻总书记足迹，深入六安、滁州、合肥等地采访，记录一年来发生在安徽的新变化、新亮点、新作为、新状态。参加采访活动的网络媒体以新媒体视角、网络化语言，借力网站、客户端、微博、微信、微视频等全媒体表现形式，集中展示安徽各地学习贯彻习近平总书记重要讲话精神的生动实践和丰硕成果。

2. 成立安徽省网络媒体协会

在安徽省网信办指导下，由安徽新媒体集团、安徽网络广播电视台、人民网安徽频道、新华网安徽频道、合肥在线、芜湖新闻网、安庆新闻网、凤凰安徽、新浪安徽、万家热线 10 家网站共同发起成立安徽省网络媒体协会。2017 年 6 月 13 日，安徽省网络媒体协会第一次会员大会暨成立大会在合肥召开。会议全体代表审议表决了《安徽省网络媒体协会章程（草案）》，选举产生了安徽省网络媒体协会第一届理事、监事，第一届会长、副会长、秘书长。

3.2017 年电子商务进村实现全覆盖

2017 年 4 月 7 日，安徽省人民政府印发了《推进电子商务进农村全覆盖工作方案》。电子商务进农村全覆盖围绕电商公共服务全覆盖、物流配套全覆盖、乡村网点全覆盖的目标，建设农村电子商务“一中心、五体系”：坚持政府主导，全面建设县级电子商务公共服务中心；促进各类企业与电子商务平台对接，加快建设乡村电商网点体系；鼓励建设多站点合一、协同发展的农村电子商务物流配送体系；丰富农产品批发、零售、直销等销售方式，构建农产品网络销售体系；支持建设农村特色电商产业基地、创业园，发展特色电商小镇和电商示范村，完善农村电商产业发展平台体系；加大品牌培育和人才培训，完善信息、道路等基础设施，健全农村电子商务综合保障体系。截至2017年年底，全省76个县（市、区）电商公共服务中心、农村电商物流配送中心建成运营，1.4万个行政村实现电商服务网点全覆盖；全年网上交易额约950亿元，同比增长40%以上。

十四、福建省

（一）工作综述

2017年，福建省网信办围绕迎接学习宣传贯彻党的十九大这条主线，以习近平新时代中国特色社会主义思想为指引，深入学习贯彻习近平总书记关于网络强国的重要论述，坚持“重双基、强双责”，掌握网络意识形态工作领导权，网络内容建设扎实推进，传播载体更加丰富，传播手段不断创新，营造了良好舆论氛围和清朗网络环境。

开展重大主题网络宣传工作。以党的十九大为主线、厦门会晤等重大活动为主题，组织全省网站开设“治国理政进行时”“砥砺前行的五年”专题专栏，组织省内重点新闻网站、主要商业网站开设“中国正在说”专栏，专题解读党的十九大报告。以金砖国家领导人第九次会晤为契机，组织全省网站开设“金砖故事，魅力厦门”专题，转载中央、省主流媒体稿件300余篇，并涌现出由厦门草根团队创作的《砖心》MV、海峡卫视创作的“一张来自福建的明信片”、东南网制作的“福建到底有多美，50张图告诉你”等宣传作品。

推进网络文化内容建设。推动全省新闻网站品牌栏目建设工作，通过第三方机构专家评估，加大对“福建名片”“福建网络辟谣举报平台”“海上丝绸之路”“学习大军”等10项重点品牌的扶持力度。推动传统媒体与新兴媒体融合发展，建设好东南网和福建日报“新福建”客户端，指导省内政务类“两微一端”新媒体平台做好常态化、持续性管理运营。2017年1月10日至16日承办了2017全国网络媒体“走转改”新春走基层“温暖中国”主题采访活动，记者们深入福州、宁德两地的乡镇村居、企业园区、海岛边防等基层一线进行采访，在全网开设专题专栏67个，开设#温暖中国#和#中国温度#等新浪微博话题，展示了“温暖中国”里的“福建故事”。4 月 27 日举办第六届厦门网络文化节，以“金砖你我他 厦门 e 风采”为主题，集中展示厦门城市形象、市民风貌，融合 VR、H5、表情包等互联网新技术，通过微视频、网上演讲比赛、优秀原创歌曲展播、百张笑脸、网络画报、随手拍、APP 开屏笑脸、猜图游戏展示等活动，吸引了来自各行各业的参与者。开展“争做八闽巾帼好网民”主题活动，以“八闽巾帼建功网上故事汇”“福建最美家庭展播”“互联网 + 妇联优秀案例征集”等形式展现当代女性风采。指导东南网在美国、澳大利亚、马来西亚以及中国香港等地建设分站，并在此基础上筹建福建港澳媒体中心，凝聚港澳闽籍乡亲共识，拓展福建与港澳经贸人文交流合作，更好地服务于国家“一带一路”倡议。在清明、端午、七夕等中国传统节日期间，组织省级网评专家以朱子文化为题材编创具有福建特色的系列动画短片《大话熹游》，呈现中国传统文化中的家国情怀和民族向心力。

开展网络安全检查和安全技能宣传。开展打击网络侵权盗版的“剑网 2017”专项行动，集中整治电子商务平台、APP 商店版权秩序，巩固网络文学、网络音乐、网络云存储空间、网络广告联盟版权治理成果，畅通互联网侵权盗版举报投诉渠道。组织全省各地网信部门开通网上违法和不良信息举报电话，组织各地新闻网站开通网上举报专区，受理网民关于属地网站有害信息举报 1800 余件，发动全社会共同参与管网治网。2017 年 7 月 24 日举办第二届网络安全技能竞赛，通过以赛代练、以赛代训，激发全省网络安全技术人员的学习热情，培养和选拔高素质的网络安全人才。9 月 16 日至 24 日举办 2017 年国家网络安全宣传周暨福建网络安全高峰论坛，宣传周以“网络安全为人民，网络安全靠人民”为主题，通过设置宣传点、展板展示、现场咨询、播放网络安全视频、发放宣传教育材料、开展 H5 网络安全知识竞赛等方式向市民宣传网络安全知识，普及《网络安全法》，增强市民网络安全意识。高峰论坛聚焦网络空间安全治理、学科建设、人才培养、产学研用深度融合等问题，邀请网络空间安全领域的专家学者进行研讨交流。

推动互联网行业和数字经济发展。举办福建互联网大会，以“创新、连接、融合”为主题，围绕“物联网”“智能制造”“大数据”“智慧城市”“云服务”等方面挖掘福建“互联网+”机遇，推动互联网和实体经济深度融合，搭建企业、人才、资本的交流平台，助力福建省互联网产业的发展。

加强商业网站意识形态引领。组织属地主要商业网站召开学习宣传贯彻党的十九大精神暨商业网站党建工作会议，腾讯大闽网等网站开展“学习十九大报告交流分享会”，新浪福建组织党员参加“一起来学十九大”、网上党建党史知识挑战赛等活动。组织商业网站员工深入上杭县古田镇、才溪乡等，瞻仰革命历史遗址，开展红色老区新闻采风，并通过所在网站和“两微一端”广泛传播。建立健全向商业网站派驻党建指导员的工作机制，通过QQ、微信等建立“线上党支部”。筹备成立“福建省互联网行业党委”，统一指导部署商业网站党建工作。

推动网信队伍建设。2017 年 9 月 24 日至 29 日举办互联网新闻信息服务单位从业人员培训班，推进实施《互联网新闻信息服务管理规定》等法规，提升从业人员思想政治素质和业务能力水平。11 月 9 日，组织网信系统 200 多人参加国家网信办党的十九大精神宣讲团在福州举行的宣讲报告会，学习领会了党的十九大相关精神与主题。

（二）工作亮点

1. 开展“争做八闽巾帼好网民”主题活动

2017 年 7 月，福建省妇联、福建省网信办联合在全省开展“争做八闽巾帼好网民”主题活动，发挥妇联系统在网络空间的组织优势和平台资源，提升广大妇女的网络文明素养，引导汇聚妇女网络正能量，增强妇联网上舆论影响力，打造风清气正的网络空间。活动主要包括“八闽巾帼网络素养行动”“八闽巾帼网络承诺行动”“八闽巾帼网络建功行动”“八闽巾帼网络清朗行动”“八闽巾帼心向党·喜迎党的十九大”以及发掘和培养一批敢于善于在网络上传播正能量的女网民，不断壮大福建网络宣传队伍等六项内容。

2. 开展“剑网 2017”专项行动

2017 年 8 月，福建省版权局、福建省网信办、福建省通信管理局、福建省公安厅于 8 月至 11 月联合开展打击网络侵权盗版“剑网 2017”专项行动。“剑网 2017”专项行动聚焦新闻出版影视行业的网络版权保护，聚焦电子商务平台和移动互联网应用程序领域的版权整治，严厉打击各类网站、新媒体“两微一端”等未经授权传播各类作品的行为，集中整治电子商务平台、APP 商店版权秩序，巩固网络文学、网络音乐、网络云存储空间、网络广告联盟版权治理成果，强化互联网企业的主体责任，畅通互联网侵权盗版举报投诉渠道，维护良好的网络版权秩序。

3. 举办福建互联网大会

2017 年 9 月 21 日，由福建省网信办、福建省通信管理局共同指导，福建省互联网协会主办的 2017 年福建互联网大会在泉州举办。大会提出互联网行业要成为培育数字经济人才的聚集地、引领社会正能量的风向标、维护网络安全的防火墙、网络扶贫工作的助推器四点倡议。本次大会以“创新、连接、融合”为主题，邀请福建省互联网领军企业和行业精英、专家学者齐聚泉州，共同挖掘福建“互联网 +”机遇，推动互联网和实体经济深度融合。

十五、江西省

（一）工作综述

2017 年，江西网信战线在国家网信办和省委省政府的领导下，着力在创新网上宣传、强化舆情导控、夯实基础管理、维护网络安全、推动信息化发展上下功夫，为党的十九大胜利召开和建设富裕美丽幸福江西营造良好网络环境，提供有力舆论支持。

强化网上正面宣传。一是宣传、贯彻党的十九大精神。做好党的十九大网上宣传报道。全省各网站共开设专题专栏 145 个、专题 25 个。开展“砥砺奋进的五年”主题宣传。组织省内网站开设“砥砺奋进的五年”“治国理政新实践 · 江西篇”“创新引领、绿色崛起、担当实干、兴赣富民”

专题和“这五年”网评专栏。二是纪念“三个 90 周年”网上系列宣传活动。来自人民网、新华网的 90 余名媒体记者深入南昌、吉安等六市十县，宣传井冈山精神和八一精神，聚焦经济社会发展新成就新亮点，共刊发稿件 3300 余篇。推出纪念“三个 90 周年”四个主题网上互动博物馆，开展微博红色故事接龙、“我帮红色家乡上头条”随手拍、“回眸历史、展望未来”网上征文大赛等活动，共征集各类作品 6000 余件。三是开展“开放的中国：美丽江西秀天下”全球推介活动网上宣传。截至 9 月 13 日，阅读点击总量突破 10 亿，其中 # 美丽江西秀天下 #、# 最美江西 #、# 秀美江西 # 三个微话题总阅读数 7.5 亿。

推进网络综合治理。一是强化属地管理和网站主体责任落实。指导和督促各级网信部门对属地网站和公众账号进行梳理、核查，对空壳网站、死链接、僵尸网站等取消备案并关停。加强省市县三级网络举报体系建设。组织属地网站参加全国第三批、第四批百家网站公布举报受理方式工作。制定下发《关于建立网络巡查工作制度的通知》，全面建立省市县三级网络巡查机制。二是推进互联网企业党团建设工作。开展全省互联网企业党建试点调研工作，探索互联网企业党建工作路径。以全省具有较大规模和影响力的互联网企业为重点，大力推进重点互联网企业团建工作，在全省 263 家互联网企业建立团组织。

提升互联网发展水平。一是实施“宽带中国”江西工程。全省固定宽带家庭用户数 848.2 万户，固定宽带家庭普及率达到 67%；移动宽带用户数 2676.3 万户，移动宽带用户普及率达到 58.3%。全省行政村通宽带比例为 99.1%，通光纤宽带的比例为 98.1%。二是发展数字经济。推进省委省政府《关于加快发展新经济培育新动能的意见》落实，成立贯彻新理念培育新动能领导小组，设立了智慧经济等 7 个专项推进小组。制定出台《江西省大数据行动计划》，明确建设“云上江西”工程。印发《江西省促进电子商务发展工作实施方案》，与滴滴出行、京东集团、慧聪网等 30 家新经济龙头企业开展合作。以鹰潭移动物联网产业园为依托，打造新一代宽带无线移动通信网试点示范基地。三是推进信息化和工业化深度融合。在鹰潭高新区、上饶市高新区创建示范园区，构建基于互联网的“一站式”园区管理服务模式，确定了方大特钢等 50 家示范企业。四是推动网上政务服务平台便捷化。发出《江西省人民政府关于印发江西省加快推进“互联网 + 政务服务”工作实施方案的通知》，对全省“互联网 + 政务服务”工作目标任务、实施步骤和具体措施作出全面部署安排。优化整合江西政务服务网现有事项梳理系统、网上审批系统、电子监察系统等跨部门政务服务业务系统，建设集政府服务事项管理、监督、考核为一体的政府政务服务管理平台。成立全省电子政务统筹协调推进小组，建立完善全省电子政务统筹协调机制。推进电子政务平台共享共用共建，现已有 16 家省直单位接入平台。

推进网络扶贫工作。编制上报《江西省网络扶贫试点工作方案》，制定下发《〈2017 年网络扶贫工作要点〉江西省分工方案》，实施电商精准扶贫工程，6908 个行政村建有电商站点（含贫困村站点 1902 个），销售农产品 14.06 亿元（含贫困村合作社及贫困户产品 2.94 亿元），带动贫困人口 73499 人，户均增收 4000 元。实施网络扶智工程，全省中小学“校校通”覆盖率达 92%，“班班通”覆盖率达 81%。积极推动 30 余家互联网企业与全省 18 个贫困市、县签订的 48 项网络扶贫结对帮扶项目落地。

（二）工作亮点

1. 推进“互联网 + 政务服务”

江西省围绕政务服务网配套建设了全省统一的网上审批、电子监察和数据共享三大平台。网上审批平台，集信息公开、网上办理、公共服务于一体，设置了网上办事大厅、业务办理系统、并联审批系统、服务支撑系统、效能监察平台五大功能模块，非涉密行政审批事项均可实现全流程网上办理、并联审批、信息共享、业务协同和即时电子监察。出台《加快推进“互联网 + 政务服务”工作实施方案》明确“互联网 + 政务服务”的工作目标及计划。

2. 组织开展“三个 90 周年”网络媒体主题宣传活动

为迎接党的十九大，隆重纪念八一南昌起义暨建军、秋收起义、井冈山革命根据地创建 90 周年，江西省网信办组织开展纪念“三个 90 周年”

网络媒体主题宣传活动。此次活动以“两线并行，齐聚井冈山”的形式开展，分两路组织网络媒体沿八一南昌起义和秋收起义经过的主要地区，最后齐聚井冈山，进行宣传报道。参加活动的全体采编人员深入南昌、赣州、九江、宜春、萍乡、吉安等六市十个县（市、区），探寻革命遗迹，采访干部群众，聚焦发展变化，深入报道以习近平同志为核心的党中央治国理政新理念新思想新战略在江西的生动实践和丰硕成果，集中展示江西干部群众实施“创新引领、绿色崛起、担当实干、兴赣富民”工作方针，深入贯彻新发展理念，大力弘扬井冈山精神，决胜全面建成小康社会，建设富裕美丽幸福江西的新面貌、新成就。

3. 新一代宽带无线移动通信网试点示范基地落户江西

2017 年 9 月 13 日，科技部、工业和信息化部、江西省政府在江西南昌签署框架协议，决定共同推进新一代宽带无线移动通信网国家科技重大专项成果转移转化试点示范。三方以鹰潭移动物联网产业园为依托，结合“智慧江西”建设，共同建设新一代宽带无线移动通信网试点示范基地，共同建设芯片、传感器、模组等应用研发平台和检测、认证服务等公共技术服务平台，推进科技成果转移转化，建立人才引进培育使用新机制，完善试点示范基地政策支撑体系。

十六、山东省

（一）工作综述

2017 年，山东省网信系统深入学习宣传贯彻习近平新时代中国特色社会主义思想和习近平总书记视察山东重要讲话、重要指示批示精神，把握迎接宣传贯彻党的十九大这条主线，贯彻中央和省委决策部署，加强网上正面宣传引导，深化网络生态综合治理，维护网络意识形态安全，筑牢网络安全屏障，为全面建成小康社会、开创经济文化强省建设新局面营造良好网上氛围，提供有力支持。

做好党的十九大网络宣传工作。十九大期间，全省网络新闻媒体 PC 端、移动端共开设专题、专栏 221 个，刊发、转发稿件 2.6 万余篇次，策划推出互动活动、游戏、微博话题等 348 个，网民阅读量、参与量累计 2.18 亿次。山东手机报正刊、增刊（号外）共刊发相关主题 20 期，覆盖 7 亿人次。组织开设“深入学习宣传贯彻十九大精神”专题，开展“新时代新气象新作为”“全面建成小康社会，一个都不能少”等主题宣传活动，办好“领航新征程”“权威访谈”“学思践悟十九大”等特色栏目。组织网信系统党的十九大精神宣讲报告会和学习党的十九大精神演讲比赛等“十九大精神进网站”系列主题活动。

做好网上正面宣传。一是加强移动新媒体阵地建设，山东手机报移动客户端上线，形成集主报、市级报、区县报、行业报于一体的手机报业务集群，用户突破 3700 万。二是做好党中央治国理政新理念新思想新战略以及全国全省重要会议活动的网上宣传。组织新闻网站在首页显著位置开设“砥砺奋进的五年”“治国理政进行时 · 山东篇”大型专题专栏专区，通过记者特写、短视频等方式，反映党的十八大以来个人生活和社会发生的积极变化，做好五年来全省经济、社会、人文、环境等成就宣传和典型宣传。围绕“两会”、中央经济工作会议、省第十一次党代会等重要会议，发挥融媒体报道优势，提升宣传阅读率、到达率、点赞率。开展“第十三届中国网络媒体山东行”活动。三是组织开展系列宣传活动，弘扬社会主义核心价值观。开展“温暖中国”网络媒体新春走基层活动，组织网媒深入基层，宣传党和政府关心群众、保障和改善民生的具体实践。开展“网络中国节”系列网络文化活动，推动中华优秀传统文化网上传承。实施“争做中国好网民工程”“网络公益工程”，策划开展“争做巾帼好网民”“中国梦 · 大国工匠篇”等系列活动，引导全省网民自觉践行网络文明行为规范。

提升网络生态综合治理水平。做好《网络安全法》学习普及、互联网发展研究专项评审、地方互联网新闻信息服务单位考核试点、网站落实主体责任专项检查、互联网应用商店备案、新增微信小程序审核等工作。加强网络社团管理工作，推进网络社会组织“同心圆”工程。清理违规从事互联网新闻信息服务的网站 65 家，清理下架移动应用程序 400 多款。评阅新闻网站内容，编发报告 42 期，向网站反馈纠正问题 50 余次。加大对发布传播有害信息、落实主体责任不到位网站主要负责人约谈警示力度，针对 8 家网站、2 个新闻客户端开展执法约谈，依法取缔虚假备案网站 10 家。指导属地重点新闻网站及影响力较大、访问量较高的网站移动客户端全部开通举报受理渠道，累计举报有害信息链接及典型样本数据近 4 万条，处置各类虚假、谣言新闻举报 700 余件。做好网民留言回复办理工作，共回复网民给书记、省长留言 1936 条。

（二）工作亮点

1．设立健康城市大数据平台

在青岛开展“健康城市大数据运营管理平台”项目，项目通过信息采集开创数字化、信息化、智能化的健康城市新模式。项目采取企业化管理、市场化运作的方式，以居民健康管理、健康生活指引、居民健康发展、疾病预防等健康生活要素为主线，建立服务于社会各方的健康城市大数据运营管理平台。健康城市大数据运营管理平台是全国第一家以大数据、人工智能服务为支撑，全方位、多角度、立体化服务于民众生活和政府职能部门的动态全局大数据、大健康运营平台，既可帮助居民及时掌握自身健康状况，提升健康生活质量，也可以帮助政府及时掌握辖区人口健康状况，为合理调配医疗、健康服务资源提供数据参考。

2．启用残疾人“两项补贴”管理信息系统

为加强对残疾人的服务保障，规范困难残疾人生活补贴和重度残疾人护理补贴管理工作，正式启用残疾人“两项补贴”管理信息系统。该系统依托山东省民政“金民工程”，实现了全省残疾人“两项补贴”申请、审核、审批、查询统计分析等功能，同时与全省社会救助、殡葬和残疾人基础数据库等关联，实现了数据信息动态共享和核对，全面提升残疾人“两项补贴”管理工作规范化、信息化、科学化水平。

3．开通省级可移动文物大数据平台

2017 年 6 月 3 日，山东省可移动文物数据库综合管理服务平台正式上线。这个平台收录了 558 万余件可移动文物数据、上万件 3 D 数字化文物资源等。平台还整合了山东 400 余家博物馆的信息，为这些博物馆提供

了社会服务和展示发展成就的新窗口。山东第一次全国可移动文物普查共登录文物 286 万余件（套），实际数量 558 万余件。为充分发挥普查数据资源在公众服务、行业应用、文物保护管理方面的重要作用，山东还开通了可移动文物平台，实现了普查成果的有效利用和良性循环，打造了“互联网＋博物馆”模式，是文物部门加强可移动文物保护利用，促进文物服务经济社会发展的又一重要阵地。

4. 划出智能制造十大重点领域

为推动传统产业实现生产制造与市场多样化需求之间的动态匹配，增加产出、减少消耗、提高品质，出台了 2017 年至 2022 年山东省智能制造发展规划，提出将采取专项支持、试点示范、强化基础等措施，在机械设备、纺织服装、医药等十大重点领域创新应用智能制造的新技术、新产品、新模式，加快智能制造生态体系建设和智能化转型，推进智能制造发展。

十七、河南省

（一）工作综述

2017 年，全省网信战线深入贯彻落实习近平新时代中国特色社会主义思想，紧紧围绕迎接学习宣传贯彻党的十九大这一主线，贯彻落实中央针对网信工作顶层设计制定出台的一系列战略性、全局性、制度性文件，抓实抓好省委对网信工作作出的重大决策部署，不断理顺网信管理领导体制机制，推动全省网信机构规范化、标准化建设，着力做好网上正面宣传和舆论引导，着力加强互联网内容建设和生态综合治理，为全省经济社会发展创造良好网络环境，提供有力网络安全保障。

完成服务保障党的十九大工作任务。一是强化先期部署。统筹推进服务保障党的十九大各项工作，开展工业控制系统信息安全培训与检查，安排部署“净网利剑”专项行动，组织中部六省基础电信企业开展跨区域网络安全应急演练。二是积极营造氛围。组织开展喜迎十九大系列网络主题宣传活动，阅读量近 2 亿人次。强化网评引导，组织原创评论文章 150 余篇，转发文章13294篇，“牢记嘱托　出彩中原”等系列述评引发网上积极反响。三是筑牢安全屏障。强化技术手段建设，加强对能源、金融等关键信息基础设施网络安全的实时检测和应急处置。省网信办、省工信委、省公安厅、省通信管理局等部门协调联动，开展专项督查，摸清网络安全家底，查找网络安全漏洞，落实整改。

不断壮大网上正面舆论宣传。一是做好十八大以来党中央治国理政新理念新思想新战略网上宣传。加强议题设置，在重点网站开设“治国理政进行时”“砥砺奋进的五年”专题。二是大力宣传党的十九大精神。组织开设“推动十九大精神落地生根”等栏目。组织实施国家网信办宣讲团来豫宣讲活动和各级宣讲团网上宣讲活动，策划组织专家学者宣讲解读讲座18场次，共3200余人参加。三是开展习近平新时代中国特色社会主义思想网上宣传阐释。组织全网开设专题专栏，在官方微博、微信公众平台、手机客户端及时刊播网民积极评价和正面反响。四是围绕省委省政府的重大决策部署，组织“我为中原出彩做贡献”等网络主题宣传活动和“网聚河南扶贫新变化”2017网上看河南采风活动，为全省经济社会发展营造良好网上舆论氛围。

加强网络生态综合治理。一是开展净化网上舆论环境专项整治。开展打击网上暴恐音视频等专项行动，打击网络谣言和虚假信息，整治网络低俗庸俗信息，规范网上新闻信息传播秩序。二是推进网络举报工作。建成互联网违法和不良信息举报平台，不断强化有害信息举报。三是强化网络基础管理。印发《河南省省直新闻类新媒体日常管理量化考核办法》，对省直新闻单位、省属主要商业网站的新闻类新媒体进行量化考核，对省属新闻网站、商业网站河南频道进行全面检查。开展“两个平台”督导检查，完成我省5家互联网新闻信息服务单位的许可证换发工作。

推进网络社会建设工作。一是开展网上特色活动。在工青妇等系统开展好网民主题活动，唱响“豫籍好网民”活动品牌，开展“网络中国节”系列活动，让传统节庆上网在线。培育网络公益队伍，激励全社会参与网络公益事业。二是互联网党建破题开篇。开展“互联网企业党建集中攻坚”行动，召开中共河南省互联网行业第一次代表大会，选举产生第一届委员会。指导市县两级加快成立互联网行业党建工作机构，举办全省非公有制互联网企业和网络社会组织党建工作示范培训班。

提升网络安全保障能力。一是做好网络安全顶层设计。制定《河南省党委（党组）网络安全工作责任制实施细则》等十余份文件，全省网络安全工作的制度框架基本建立。二是开展网络安全宣传教育。组织 2017 年河南省网络安全宣传周活动，举办网络安全产品展览和网络安全高峰论坛，开展网络安全知识线上有奖答题活动，主题宣传页面浏览量超过千万，参与答题网友突破百万。

发挥信息化对经济社会发展的引领作用。一是统筹推进电子政务工作。建立电子政务工作统筹协调机制和联席会议制度。开通河南省一体化网上政务服务平台。平台融合了全省 44 个省直部门、18 个省辖市、10 个省直管县（市）的政务服务窗口，统一提供行政权力事项、便民服务事项和投资项目在线审批、精准扶贫、电子口岸、企业登记全程电子化等应用服务入口。截至 12 月 10 日，14533 个省辖市和省直管县（市）权力事项实现在线办理，覆盖率达到 96.7%。二是推进信息化基础设施建设。印发《关于贯彻落实〈国家信息化发展战略纲要〉的实施意见》和《河南省“十三五”信息化发展规划》，完成各省辖市和省直部门电子政务外网扩容接入与分区分域管理。三是推动数字经济发展壮大。加快建设国家大数据综合试验区，推进大数据产业集聚发展，加快大数据创新平台建设。启动 8 个重大科技专项，推动信息技术与产业技术融合发展。四是推进网络扶贫工作。印发《河南省 2017 年网络扶贫工作要点》，精准施策，深入实施网络扶贫行动计划，助力打赢脱贫攻坚战。

（二）工作亮点

1. 举办“喜迎十九大，网聚河南扶贫新变化”2017 网上看河南主题宣传活动

2017 年 9 月 24 日至 29 日，河南省网信办组织“喜迎十九大，网聚河南扶贫新变化”网上看河南主题宣传活动。一是参与媒体范围“广”。此次采访活动吸引了中央网络媒体、外省市主要网络媒体以及商业网站等

共48家全国网络媒体的60余名记者参与，河南日报、河南电视台、大河报等传统媒体深度参与报道，实现了重点网站、“两微一端”、传统媒体全覆盖。二是稿件推送力度“大”。对各媒体刊发的稿件，及时择优在全省范围内进行推送，并向国家网信办报送，《兰考爱心超市：创新扶贫模式传递丝丝温暖》等稿件被国家网信办在全国推送。三是活动宣传成效“好”。组织全省网络媒体开设专题专栏，通过新闻推送、视频集锦等方式，多角度展示我省扶贫工作新成就新变化、取得的成功经验和先进典型等。活动中，各媒体开设专题专栏50多个，编发各类原创新闻稿件300余篇，阅读总量超3000万余人次，微博话题阅读总量达1300万人次。

2. 深入推进“争做好网民”活动

河南省网信办以“网聚中原正能量争做豫籍好网民”为主题，扎实推进争做河南好网民活动。一是统筹联动汇合力。组织分系统分领域专题活动，会同省妇联开展“争做巾帼好网民”主题活动，会同省教育厅开展“争做青年好网民”校园接力活动，会同团省委开展“网聚青年正能量助力中原更出彩”主题教育实践活动。二是创新活动促提升。指导各地开展“争做小小好网民”“好网民同心 好旅程同行”等系列活动。在新乡职业技术学院挂牌成立网络文明素养教育基地，在全省互联网企业开展主题团日演讲和青年好网民推选等活动。丰富活动内容，组织开展好网民标准讨论、流行语和故事征集活动，讲述河南好网民故事，传播河南好网民声音。三是互动传播建矩阵。坚持多媒体互动、矩阵化传播，统筹各地、各系统和主要网站力量，同频共振，协同发声。微博话题#河南好网民#阅读量达1.6亿，#河南青年好网民#、#漯河好网民#、#商丘好网民#等话题阅读量均破千万。

3. 组织开展《网络安全法》学习宣传活动

为做好《网络安全法》的宣传贯彻工作，营造知法守法的良好氛围，由河南省网信办牵头，组织开展学习宣传活动。一是举办“网络安全为人民，网络安全靠人民”主题宣传。通过视频展演、展板展示、现场咨询、互动体验、发放《网络安全法》法律单行本和宣传册等形式，帮助群众了解网络安全相关法律法规，提高群众防护技能，共同维护网络安全。二是组织系列宣传活动。组织电信运营商通过手机短信向用户推送相关法律信息，并通过 LED 显示屏、宣传展板、知识竞答、微视频等方式，在全省范围内开展形式多样的宣传活动，推动《网络安全法》宣传进机关、进学校、进企业、进社区、进农村。三是加强《网络安全法》培训教育。邀请专家学者对全省网信系统工作人员及相关网络从业人员辅导授课，并依托中原工学院等高校的科研技术资源，分领域、分层次、分重点地组织开展多场专题培训会议，扩大法律宣传覆盖面。

十八、湖北省

（一）工作综述

2017 年，湖北网信战线深入学习宣传贯彻习近平新时代中国特色社会主义思想，全力保障迎接学习宣传贯彻党的十九大，着力规范网络传播秩序，构筑网上网下同心圆，增强网络安全保障能力，为推动网信事业发展作出贡献。

加强网上正面宣传。深入学习宣传贯彻习近平新时代中国特色社会主义思想，持续办好“治国理政进行时”网络专题，先后推出“习近平的金砖时间”“法治中国”“这五年”“辉煌中国”等重大主题和“五位一体”总体布局、“四个全面”战略布局的实践成效等宣传。创作《党代表漫画十九大》《60 秒，说出中国人的心声》等一批反映湖北生动实践的新媒体作品。积极构建正能量“微宣传”的工作机制，湖北省党代会期间，利用微视频、动漫、AR、H5 等表现手段推送《航拍：换个姿势看湖北党代会报告》《奔跑吧，湖北！现在开启新征程!》等作品。

推动媒体融合发展。制定出台《关于加快推进传统媒体和新兴媒体融合发展的意见》《长江云移动政务新媒体平台建设方案》，组织召开湖北省政务微信推进会、湖北省“互联网 + 政务”发展论坛、湖北新媒体云平台建设与管理交流会等，打造了“湖北发布”“长江云”“九派”“武汉交警”等一批移动新媒体品牌。着力打造“长江号信息云航空母舰”，已建成省市县三级 117 个客户端，用户突破 700 多万。

推动网络文化建设。举办湖北省网络文化节，开展“美丽心灵荆楚点赞”湖北微电影展播等各类赛事活动。激活荆楚文化资源，推出“湖北文化精品地图”，收录省内优秀传统文化和非物质文化遗产等文字、音视频、图片资料。推动实施“争做中国好网民”工程，推出征集“四有”好网民形象系列原创作品、征集“好网民·好故事”作品等 13 项活动。组织召开湖北省互联网企业党建工作现场观摩会，打造斗鱼直播“网红党支部”互联网企业党建品牌。

加强网络基础管理。强化属地管理、网站主体责任，将全省 14.5 万家网站、85 万个微信公众号、400 余万个活跃微博账号、1300 余名新闻网站从业人员全部纳入管理。将属地的大楚网、新浪湖北、凤凰湖北、中财网、亿房网、得意生活等社会网站纳入管理，指导网站建立落实总编辑制度、稿件审查制度、24 小时值班制度和举报工作制度，与新闻网站同要求、同考核。对违法违规网站及时约谈整改，严重违规网站第一时间关停。

加强信息化统筹协调。围绕信息化战略，突出集成电路、光通信、北斗等优势行业的发展。建设“国家网络安全人才与创新基地（武汉）”，依托武汉大学、华中科技大学国内领先的网络安全学院及相关学科，构建政府主导、校企合作、社会参与的国家网络安全人才培养和创新产业园区建设新格局。开展以“网络安全为人民，网络安全靠人民”为主题的国家网络安全宣传周活动，举办网络安全技能大赛和高峰论坛。推进全省统一的“楚天云”信息共享交换枢纽平台建设。加强党政机关网站、三峡工程等关键信息基础设施网络安全监测防护。

（二）工作亮点

1. 推动“争做中国好网民工程”

2017 年 5 月，湖北省召开“争做中国好网民”工程视频会，以弘扬社会主义核心价值观为引领，致力提高广大网民的网络素养，培育“四有”好网民，讲好湖北故事，传递湖北声音。与团省委开展“我与网络强国”青年演讲比赛，并选拔 3 名选手代表湖北省参加全国比赛；联合省教育厅、省总工会、团省委等省直单位联合开展了“传递网络正能量　争做校园好网民”“网聚职工正能量　争做湖北好网民”“青春喜迎十九大　共筑网络强国梦”“网聚女性正能量　争做巾帼好网民”等系列活动；组织开展“最美网络文明志愿者”寻访活动、思政教育上线工程、“增强网络安全意识提升基本防护技能”等网络活动。

2. 承办“共舞长江经济带”主题活动

2017 年 6 月 29 日至 7 月 11 日，国家网信办主办，湖北、重庆、上海网信办承办的“共舞长江经济带——网络媒体探访长江经济带区域协同生态发展之路”主题活动成功举办。活动期间，第三采访组（包括新华社、中国新闻网等 6 家中央网络媒体，湖北日报网、华声在线、中国江西网等 8 家省级重点新闻网站，新浪网、网易网、新浪微博 3 家商业网站）“两微一端”编辑记者共 20 余人深入湖北、湖南、江西等地，走访数十参观点，聚焦长江经济带区域协同生态发展，网上网下联动宣传，充分展现长江沿线在战略、生态上的新发展、新变化，全方位、多层次、全媒体地营造了长江经济带区域协同发展的良好舆论氛围。第三采访组共发布原创新闻稿 360 余篇、微博 500 余条、微信 40 余条，活动新闻形成相关网络资讯超 60 余万条，活动微话题 # 共舞长江经济带 # 阅读量近 500 万次。

3. 举办“喜迎十九大 · 文脉颂中华”非物质文化遗产网络传播湖北行活动

2017 年 9 月 21 日至 27 日，“喜迎十九大 · 文脉颂中华”非物质文化遗产网络传播湖北行活动成功举办。本次活动由国家网信办、文化部主办，省委宣传部、省网信办、省文化厅承办。活动期间，来自全国和省内的 50 家媒体共 60 余名记者，先后赴武汉、孝感、随州、襄阳、宜昌、仙桃等地进行采访，共刊发稿件 3938 篇、微信 444 篇、短视频 43 条、网络直播 144 小时，总点击量超过 1.6 亿次，充分展示了党的十八大以来我省在非物质文化遗产保护方面取得的显著成绩，为迎接党的十九大胜利召开营造了喜庆的网络舆论氛围。

十九、湖南省

（一）工作综述

2017年，在中央网信办和湖南省委的领导下，在湖南省委宣传部的指导下，湖南网信战线学习宣传贯彻习近平新时代中国特色社会主义思想，推进网络安全和信息化发展，为服务保障和迎接学习宣传贯彻党的十九大、建设富饶美丽幸福新湖南营造良好的网上舆论氛围，提供网络安全保障和信息化支撑。

做好党的十九大宣传工作。对十九大湖南代表团、湖南声音、湖南故事进行聚焦报道。围绕湖南代表团媒体开放日、书记省长学习十九大精神专访，策划推出《开放日上的“开放”——湖南代表团开放日回放与观察》《十九大精神学习时》等7个专题。新湖南、时刻新闻运用图解、音视频、动漫、RAP说唱、H5等形式，推出《新湖南脱口秀》《这里是湖南团欢迎提问》等系列新媒体产品，引发“两微一端”刷屏传播。围绕开幕会、湖南团开放日、闭幕会、十九届一中全会等重要时间节点，策划开展10余场网络互动主题活动。推出“砥砺奋进的五年之湖南篇”“治国理政进行时”等专题专栏，开展“脱贫攻坚看成效”“共舞长江经济带”湖南站等网络主题活动80多项。策划“不忘初心牢记使命”“领航新征程”“打Call新时代”等新闻专题190余个，刊发原创稿件3300余篇，推出H5、图解、微视频等新媒体产品500余个。

引导网上正能量宣传。做好“精准扶贫”“省委谈心谈话”“全域旅游”“深圳文博会”“贯彻发展新理念转型升级补短板”等重大主题宣传110余项，策划和指导湖南好网民、未成年人绿色上网、湖南省第六届网络文化节等特色活动20多项。省内主要新闻网站共制作“洪水如镜忠诚为民——2017湖南抗洪全记录”“湖南全力抗击洪灾重建家园”“市州书记市长在一线”等68个抗洪救灾重大专题，集纳、更新各地一线抗洪救灾实况。网络新媒体宣传抗洪救灾中的感人事迹和先进典型，描述灾区人民团结友爱、共同奋战的感人场景。

构建网络社会协同治理“同心圆”。规范网上新闻信息传播秩序，关闭“中国焦点网”等违规网站 27 家，关停违规微信群组和公众号 14 个，约谈相关负责人 110 余人次。打击网络谣言，会同有关部门依法查处“张家界索道断裂”“龙山武警拆迁被炸”“克明面条含胶”等 30 多起网络谣言事件。夯实网站主体责任，并进行专项检查。推进网上群众工作，省委宣传部、省网信办支持红网在全省 14 个市州、122 个县市区开通了分站、手机报和互动栏目。省网信办建立了网民意见收集、研判、报送、交办和督办机制。

增强网络安全和信息化协调发展“新动能”。组织编制湖南省网信军民融合建设方案，印发《湖南省网络扶贫行动实施方案》。举办 2017 移动互联网岳麓峰会，举办首届生态农业智慧乡村互联网大会。提高网络安全防护能力，举办全省宣传贯彻《网络安全法》领导干部专题培训班。组织对全省 800 家重点单位的关键信息基础设施进行“拉网式”安全检查。举办 2017 年“湖湘杯”网络安全技能大赛，来自全国 29 个省区市的 1422 支队伍参赛。

（二）工作亮点

1. 成立新媒体协会

2017 年 1 月 11 日，湖南省新媒体协会在长沙举行第一次会员代表大会，全省 120 余家新媒体企业及多位互联网“大咖”齐聚一堂，表决通过了协会章程，选举产生了协会领导，共同见证了湖南新媒体企业找到“组织”的过程。根据国家网信办工作要求和省委领导指示，湖南省网信办积极探索“宣传鲜明、建设到位、管理规范、引导得力”的新媒体建设管理新模式，指导湖南红网新闻网络传播有限责任公司等 10 家单位发起成立湖南省新媒体协会，协会会员达 370 多家，几乎涵盖了新闻客户端、网络视频、网络电商、网络安全、网络游戏、网络教育、网络生活服务、网络 VR 等新媒体全产业链。

2. 举办第五届网络文化节

2017 年 1 月 12 日，湖南省委宣传部、湖南省网信办主办以“天朗气清新家园”为主题，以建设富饶美丽幸福新湖南为主线的第五届网络文化节。本届网络文化节共设“时代之光”“湖湘之美”“传承之道”“公益之花”“青春之旅”五大板块27项主题活动。据统计，本届网络文化节共吸引近800万网友参与，征集作品9635件，全网总点击及互动次数超2.5亿次，实质帮扶对象达22366人。此届文化节活动表现形式丰富，涉及范围广，注重新技术、新应用的展现，利用VR、H5等技术为广大网民带来了全新的互动体验。其中，音画湖湘美、全景“游”三湘、回望出发的地方——网友重走长征路、“千古湖湘　风雅非遗”、党史微故事大家讲、最美基层文化人等活动，以各种形式和渠道向外推介湖南、展示湖南。

3．举办未成年人绿色上网公益活动

2017年5月17日，湖南省网信办联合省文明办、省教育厅等九部门共同举办“湖南省未成年人绿色上网公益活动”，向全社会发出“绿色、文明、健康上网”的积极倡议，在三湘大地掀起一场“绿色上网”的热潮。省直有关部门负责人，有关企业负责人，未成年人家长、中小学师生代表和社会人士近400人参加了当天的启动仪式。湖南省未成年人绿色上网公益活动重点做好“推广绿色上网技术服务”“开展绿色上网公益宣传”“支持网络公益作品创作”“发展绿色上网公益组织”“打造绿色上网公益团队”五个方面的工作，为未成年人提供安全、健康的网络环境。

4．研究部署“互联网＋政务服务”工作

2017年11月7日，湖南省政府召开专题会议，研究部署“互联网＋政务服务”有关工作。会议指出，“互联网＋政务服务”对于深化“放管服”改革，进一步转变政府职能、提升政府治理能力、方便群众办事、优化营商环境具有重要意义。要牢固树立以人民为中心的发展思想，提高对“互联网＋政务服务”工作的认识，增强责任感、紧迫感。要统筹协调、密切配合，省政府办公厅负责牵头抓总推进全省“互联网＋政务服务”工作，省政府发展研究中心承担“互联网＋政务服务”一体化平台的总体设计、运维管理和省政府交办的其他事项，各级各部门都是“互联网＋政务服务”的设计者、实施者，要主动参与、密切协作，打破信息壁垒，实现资源共享。要坚持问题导向，尽快解决政府公共服务事项覆盖率低等问题，提升省级政府服务能力评估等次。要压实责任、抓好落实，按照《湖南省加快推进“互联网 + 政务服务”工作实施方案》确定的时间表、任务书和 11 月 30 日“互联网 + 政务服务”一体化平台上线试运行的时间节点，主要领导负总责、分管领导具体抓，进一步加大工作推进力度。

二十、广东省

（一）工作综述

2017 年，广东省网信办认真学习贯彻落实习近平新时代中国特色社会主义思想和关于加强网信工作的指示精神，把学习、宣传、贯彻党的十九大精神作为首要政治任务，坚持以人民为中心的发展思想，以新发展理念为引领，一手抓建设发展，一手抓依法管理，大力推进广东省网信事业发展和网络强省建设，使全省网信事业持续健康发展，网络强省建设迈出坚实步伐。

创新开展网上正面宣传，着力营造良好舆论氛围。坚持创新为要，运用全媒体开展重大主题网络宣传，打造全媒体、广覆盖、多维度的宣传报道矩阵。持续开设“砥砺奋进的五年”“新时代新气象新作为”等专题专栏 80 多个，刊发原创稿件 2400 多条，推出《两会 TALK》等新媒体产品 870 多个，总阅读量超过 6 亿人次。以大数据监测分析为基础，综合考量到达率、阅读量、点赞量、创新性四大指标，精心打造迎接党的十九大传播力排行，举办“南方网红”看十九大传播力大赛，全力聚焦宣传党的十九大。成功组织“进发新时代　书写新篇章”习近平总书记考察广东五周年、“经济活力看广东”供给侧结构性改革、“粤造粤强”创新驱动智能制造和“香江 20 年　粤港共辉煌”庆祝香港回归 20 周年 4 场大型全媒体主题采访活动。

深入开展网络综合治理，着力营造清朗网络空间。以“重双基、强双责”为着力点，坚持落实属地管理责任和网站主体责任相结合，坚持加强基础管理与依法治网相结合，加强对互联网应用商店、网络直播、网络存储等新技术、新应用的研究和监管，督促各类网站和网络应用提供商完善网络信息安全审核机制和管理制度，全面清理淫秽色情信息、网络谣言等网络违法和不良信息。建设广东互联网违法和不良信息举报中心网站，构建省、市网信办和网站三级举报工作机制，及时受理网民关于违法不良信息、暴恐有害信息、网络诈骗、商业网站“标题党”的举报，维护公众合法权益，推动网络空间共建共治共享。

扎实做好网络安全工作，着力筑牢安全防护屏障。强化顶层引领，加强规划布局，研究出台加强网络安全工作的有关文件，部署各地各单位结合实际逐项明确时间表、路线图、责任人，推动网络安全重点工作任务落细落小落实。以防攻击、防病毒、防篡改、防瘫痪、防泄密为重点，开展 2017 年关键信息基础设施网络安全检查工作。围绕“网络安全为人民、网络安全靠人民”的主题，举办第四届广东省网络安全宣传周系列活动，开展 2017 年网络安全技术及成果展示会、网络安全前沿技术高峰论坛、广东省少年儿童网络安全论坛等主体活动，全省各地举办活动 800 余场，活动受众近 3.2 亿人次。编写广东省小学《媒介素养》教材和《网络安全儿童简易读本》，开展《网络安全法》进校园进家庭系列活动，广泛动员全社会共同维护网络安全。组织开展广东省网络安全应急演练，通过模拟实战操作，强化网络安全风险防控能力，提高紧急态势下的协同处置效率与水平。举办第二届“强网杯”网络安全大赛，发现和选拔网络安全技术人才。

积极推动信息化建设，着力提升驱动引领能力。充分发挥广东互联网大省和信息产业发展优势，抢抓信息技术引发的新一轮产业革命机遇，工业和信息化部与广东省政府签署合作框架协议，共同推进制造业与互联网融合发展、4K 电视网络应用与产业、“互联网 +”小镇、国家大数据综合试验区等建设。实施“互联网 +”行动计划和大数据战略，出台珠三角国家大数据综合试验区建设实施方案，布局建设 15 个省级大数据产业园、3 个大数据创业创新孵化园。编写发布《2016 年广东省“互联网 +”现状及发展大数据分析报告》，全方位解读广东省“互联网 +”在多个领域所产生的巨大影响，对省内各城市的互联网竞争力进行综合评判。研究推进广东工业互联网应用创新行动计划，建设珠三角制造业与互联网融合发展示范城市带。开展新数字家庭行动，推动 4K 电视网络应用与产业发展。推进广东“数字政府”改革建设，整合政务信息系统，提升政务服务网上供给能力，构建大平台共享、大数据慧治、大系统共治架构。实施网络扶贫工程，开展信息化精准扶贫精准脱贫三年攻坚行动，搭建广东省扶贫大数据云平台，运用信息化、大数据手段助力精准扶贫，加快贫困地区信息基础设施建设，提升贫困地区公共信息服务水平，带动贫困地区经济发展。开展新型智慧城市建设行动，发布《智慧城市评价指标体系》（地方标准），推动城市治理模式创新与升级。全省信息基础设施建设实现跨越式发展，信息基础设施三年行动计划超额完成。

认真抓好网信队伍建设，着力增强凝聚力战斗力。召开全省网信系统深入学习贯彻习近平总书记“4·19”重要讲话精神座谈会、全省网信系统学习宣传贯彻党的十九大精神专题学习班等，着力提升网信干部政治素质和理论水平。举办全省网络安全和信息化市厅级干部培训班，着力提升网信领导统筹谋划和协调推进网信工作创新发展的能力。举办全省网络安全业务骨干培训班，着力提升网信骨干安全服务保障能力。开展全省互联网信息内容监督管理执法培训，着力提升网信执法队伍适法水平。举办全省网络新闻信息服务从业人员培训班，着力增强新闻工作队伍事业心、责任感、忠诚度，及提升采编业务和舆论引导能力。

（二）工作亮点

1. 召开全省网信办主任会议

2017 年 2 月 9 日上午，广东全省网信办主任会议在广州召开。会议强调，要围绕迎接、宣传、贯彻党的十九大这条主线，按照中央和省委的部署要求，全力以赴做好广东网信工作。要严厉打击网络谣言等违法违规行为，营造更加清朗的网络空间，构筑起牢不可破的网络安全“护城河”。要切实加强网络内容建设，深入实施网络内容建设工程，提高网络宣传对党委、政府中心工作的聚焦能力，为人民群众提供健康向上的网络信息服务；要深入开展网络空间综合治理，各地各部门要把好自己的门，依法依规管网治网，推动形成良好网络舆论生态；要切实加强网信机制和队伍建设，形成从技术到内容、从日常安全到打击犯罪的监管合力，努力营造更清朗的网络空间，以优异成绩迎接党的十九大胜利召开。

2. 举办“我是家乡代言人”百场网络直播活动

2017 年 3 月 21 日，由国家网信办指导，广东省互联网信息办公室、网易网主办的“美丽广东 · 乡愁记忆”——我是家乡代言人百场网络直播活动在广州启动。整个启动仪式围绕《我是家乡代言人》广东百场直播活动的背景主题、表现形式、落地执行以及内容策划等方面进行了讨论。本次“我是家乡代言人”大型网络主题活动深入广东 21 个地级以上市及各行各业，共推出百场直播和百名正能量“网红”。

3. 组织网络安全和信息化专题研讨班

2017 年 6 月 6 日，广东省网络安全和信息化专题研讨班在广州开班。研讨班就提高服务保障党的十九大网络安全能力、统筹推进网信工作创新发展等专题展开了研讨。举办专题研讨班旨在让全省网信战线深入学习、深刻领会习近平总书记关于网络安全和信息化工作的重要论述，扎实落实党委（党组）意识形态工作责任制，加强和提高党对网络意识形态工作的领导；要提高网络宣传对党委、政府中心工作的聚焦能力，深入宣传贯彻习近平总书记对广东工作重要批示精神和省第十二次党代会精神，改进和强化网络舆论引导工作；要持续开展净化网络空间治理工作，全力营造天朗气清的网络环境，为党的十九大胜利召开营造良好网上舆论氛围；要深刻认识加快推动广东省信息化发展的重大意义，大力推进 4K 电视网络应用与产业化，提升集成电路全产业链竞争能力，加快发展新一代物联网产业，抢占人工智能技术高地，加快推动珠三角国家大数据综合试验区建设，建设下一代互联网基础设施等十个方面重点工作。

4. 举行少年儿童网络安全论坛

2017 年 9 月 23 日，广东省少年儿童网络安全论坛在广州市第二少年宫举行。本次论坛借鉴“联合国儿童互联网大会”的基本框架，参考联合国网络管制论坛的形式与议题，遵循《联合国儿童公约》中关于儿童媒介参与权的基本理念，尊重儿童的主体地位，充分赋权，让儿童发声。论坛通过议题设置、调查研究、多角度思维培训、自主表达交流等环节，引导孩子们主动发声，提升能力。在论坛上，广东省网民网络素养状况研究课题组发布《2017 年广东省少年儿童网络素养状况报告》，通过深入研究和翔实数据分析广东省少年儿童的网络素养状况，并提出科学的建议。

二十一、广西壮族自治区

（一）工作综述

2017 年，广西壮族自治区党委网信办围绕服务保障党的十九大工作这一主线，紧扣《自治区党委网络安全和信息化领导小组 2017 年工作要点》确定的各项目标任务和重点工作，夯实网信工作制度基础，开展网络意识形态宣传引导，维护网络意识形态安全，推进政务信息化发展，推动网络扶贫工作、信息经济发展和网络文化建设，加强网信干部队伍建设。

夯实网信工作制度基础。加强制度意识和制度学习，结合工作实际制定《自治区网信办制度汇编》，结合“固定党日”和处室业务，组织全办党员干部学制度、守制度。完善工作流程，强化制度执行，研究制定了《广西壮族自治区党委（党组）网络意识形态工作责任制实施细则》等配套文件，将网络意识形态工作责任制纳入绩效考核指标体系、述职评议、自治区党委专项工作巡视。

开展网络意识形态宣传引导。组织广西新闻网、广西日报新闻客户端、北部湾在线、广西电视台所属新媒体等开展党的十八届六中全会精神、党的十九大精神、习近平总书记系列重要讲话精神和治国理政新理念新思想新战略、习近平总书记视察广西、自治区十一次党代会精神等重大主题宣传，举办“脱贫攻坚看广西”“‘温暖中国’网络媒体新春走基层”“青春喜迎十九大·共筑网络强国梦”“网络中国节”“2017 年国家网络安全宣传周广西活动”“讲好故事——我心中的中国好网民”“活力桂东南崛起新高地——第五届全国重点网络媒体广西行”等活动。

推进互联网新闻信息服务许可备案工作。完成广西日报社、南宁日报社、广西人民广播电台、广西电视台 4 家纳入许可管理互联网新闻信息服务单位的许可证换发审核工作，完成52家纳入备案管理互联网新闻信息服务单位的年检材料核验工作。开展属地应用商店、微信小程序审批备案工作，处置并关停不服从备案管理要求的“华彩联盟网”。

推进政务信息化发展。完成自治区连接14个设区市、113个县（市、区）的电子政务外网广域骨干网建设，逐步推进市县级电子政务外网横向网络建设；司法、法院、质监、教育、卫计、人社、民政等15个部门利用政务外网实现与下属单位之间联网。推动放管服改革，简化群众办事环节，目前政府部门对社会提供网上全流程在线办理的政务事项643项。普及教育信息化，全区90%的中小学（不含教学点）接入互联网，超过2/3的普通教室配备多媒体教学设备，广西教育数据中心完成基本建设。推进网络文化工程，建成文化共享工程2个省级分中心、18个地市级支中心、100个县级支中心和1068个乡镇基层服务点。推进全民健康信息化建设，先后建立广西卫生计生综合管理信息、健康信息业务应用等子平台和广西远程医疗监管中心。

推动网络扶贫工作。开展广西电子政务工作发展情况调研，联合自治区发展改革委、扶贫办起草印发了《广西壮族自治区网络扶贫行动实施方案》。推出“党旗领航·电商扶贫”行动计划，借用“互联网+”电商企业的平台技术和商业模式助力精准扶贫。举办广西“壮族三月三”国际电商节，对贫困地区特色物产进行挖掘包装、集中促销。启动“2017电商精准扶贫促销活动”，组织苏宁、乐村淘、村邮乐购、赶街网、百姓乐淘、利农商城等平台和各市县20多个线上线下特色馆，与贫困村及贫困户进行对接。

推动信息经济发展。实施“电商广西、电商东盟”工程，通过制造业与互联网融合发展专项资金和信息服务业发展专项资金。协调推进中国—东盟信息港项目建设，建成并投入运行中国—东盟信息港项目展示中心，南宁信息技术核心产业园引入国内多家IT企业入驻，北斗产业基地挂牌成立，引资招企等建设工作进展顺利。

推进网络文化建设。举办第三届广西网络文学大赛、第三届网络安全技术大赛、第三届广西网络知识竞赛、广西新媒体采风活动、2017“壮美广西·网播天下”原创网络视听节目征集推选展播、第八届广西网络媒体峰会等系列文化节活动。举办第八届广西网络媒体峰会，邀请网络安全专家、中国工程院院士沈昌祥为大会作主题演讲。

加强网信干部队伍建设。组织人民网广西频道、广西新闻网等 59 家中央驻桂新闻网站、区直重点新闻网站等广西互联网新闻信息服务单位的 117 名业务骨干人员进行培训。组织干部赴国家网信办和北京市、陕西省和贵州省等地网信办开展工作对接和学习调研。

（二）工作亮点

1. 举办“脱贫攻坚看广西”新闻采访活动

2017 年 2 月 25 至 3 月 1 日，“迎接党的十九大”系列网络主题活动之“脱贫攻坚看广西”活动举办。来自中央重点新闻网站、部分商业网站以及广西本地主流媒体的采编人员深入广西南宁市、百色市的脱贫攻坚第一线，挖掘、发现当地脱贫攻坚先进经验和鲜活典型，讲好壮乡人民携手互助、勇战贫困的生动故事。

2. 组织“第五届全国重点网络媒体广西行”新闻采访活动

2017 年 7 月 2 日至 8 日，自治区党委宣传部、自治区网信办主办，广西日报传媒集团广西新闻网、广西网络文化协会承办的“活力桂东南　崛起新高地”——第五届全国重点网络媒体广西行大型新闻采访活动成功举办。此次活动以“活力桂东南崛起新高地”为主题，着眼桂东南优势产业品牌，着力展示玉林向海发展、梧州实施东向战略的生机和活力。采访团在为期一周的行程中强势聚焦桂东南，围绕“一带一路”“三大生态”“深化改革”“特色优势”“产业发展”等主题对玉林、梧州两地进行集中采访报道，通过文字、图片、视频、H5、720 度全景、微博、微信、手机报等多种传播手段，大力宣传玉林、梧州两市在促进文化、产业、生态、环境融合发展方面的特色、亮点和成果，大力宣传广西深度参与“一带一路”建设，加快推进开放型经济升级发展，为党的十九大胜利召开营造了良好的舆论氛围，为营造“三大生态”、实现“两个建成”、谱写建党百年广西发展新篇章凝聚强大的正能量。

3. 举办第三届广西网络文化节

2017 年 3 月 29 日，第三届广西网络文化节暨第三届广西网络文学大赛启动仪式在南宁举行。由广西互联网信息办公室牵头举办的第三届广西网络文化节，致力于弘扬主旋律，激发正能量，凝聚合力，同护共筑健康向上的网络生态，推动“网络文化强区”建设。本届文化节以“繁荣发展网络文化　构建清朗网络空间”为主题。在为期 9 个月的活动期间，广西互联网信息办公室联合其他有关单位在全区举行贴近网民实际、贴近网民生活的第三届广西网络文学大赛、第三届广西网络知识大赛、第三届广西网络安全技术大赛、广西新媒体采风活动、2017“壮美广西·网播天下”原创网络视听节目征集推选展播等形式多样的系列网络文化活动。

二十二、海南省

（一）工作综述

2017 年，海南省网信办认真学习宣传贯彻习近平新时代中国特色社会主义思想，以学习宣传贯彻十九大精神为主线，推进网络宣传工作，开展网络空间净化行动，落实重点网站主体责任和属地管理责任，提高网络安全保障和意识，推动网络社会组织同心圆工程，加强海南网信系统队伍建设。

推进网络宣传工作。党的十九大召开期间，开设十九大新闻宣传专栏，采用 H5、微视频、时间轴等多种形式推出一批原创报道作品。期间，南海网发稿总量 3774 篇，海南广播电视总台发稿总量 1131 篇，通过视听海南客户端和海南 IPTV 集成播控平台向全省用户播出。推动党的十九大精神“进网络”，在南海网开办“海南省学习宣传贯彻党的十九大精神网上学校”，要求全省 50 万党员定期“入学”，将网校平台纳入基层党员教育总体安排，使其成为全省干部群众学习宣传贯彻党的十九大精神的重要平台。

开展网络空间净化行动。开展以“严格清理政治类有害信息、坚决打击谣言和虚假信息、严肃处理低俗庸俗信息、坚决治理商业网站违规采编”为重点任务的“净化网上舆论环境专项整治”行动。配合海南省“扫黄打非”办公室开展“净网 2017”专项行动，聚焦网络直播平台、“两微一端”、弹窗广告及网络文学作品四个领域，严打制售传播淫秽色情信息行为。

落实重点网站主体责任和属地管理责任。在全省范围内开展“省内重点网站落实主体责任专项检查”，在各网站自查基础上，对重点网站进行复核，将网站管理中存在的问题逐一列出清单，建立属地网站落实主体责任长效工作机制。负责属地内网站行政审批工作，全年为省内 1 家互联网应用商店、13 家网络直播服务企业办理备案手续。

提高网络安全保障和意识。对“永恒之蓝”勒索病毒事件进行有效防范，指导督促省内重要信息系统及时安装安全防护软件，升级操作系统和各种应用的安全补丁，设置高安全强度口令并定期更换，备份重要数据，并组织省内信息系统单位举行了应对重大网络安全事件的业务培训。举办网络安全宣传周体验活动，引导人们意识到身边存在的网络安全隐患和风险，提高人们网络安全意识，掌握基本防范技能，并组织海南广播电视台、海南特区报、南国都市报、南海网、海口日报、海口广播电视台等主要媒体集中报道。为宣传《网络安全法》，策划制作《网络安全法》动漫视频，在海口、三亚、琼海、东方、五指山等市中心商业区的 LED 大屏以及省内各电信营业厅、各政务窗口单位、银行、高校和旅游景点的数百个电子阅报栏进行滚动播放。承办国家网信办在海口开展的“网信普法进校园”活动，组织海南大学、海南师范大学的师生和海南地区相关专家学者参加报告会和网信法制论坛。

推动网络社会组织同心圆工程。微信公众号“网信海南”全年发布微信 500 多条，成为海南省网信办政策和服务信息的发布窗口。成立天涯社区党支部，完成了省内有新闻资质网站和两家主要商业网站成立党组织的任务。组织开展网络公益工作，协调各网站开辟专栏并开展爱心助学等活动，海口网开展“以爱之名圆梦微心愿”、海疆在线举办“南海书城电子书免费阅读”等网络公益活动。开展“争做中国好网民”活动，与省总工会、省妇联、团省委等联合开展“争做巾帼好网民”“凝聚职工正能量”“向上向善·海南好青年”等一系列主题活动。完成第三次网络社会组织基础信息调研，推动成立了海南省网络安全协会。

（二）工作亮点

1. 成立海南省网络安全协会

为推动海南网络安全工作，加强行业自律，规范网络安全行为，提高海南省的网络安全防护水平，经海南省民政厅批准，海南省网络安全协会正式成立。9 月 22 日上午，海南省网络安全协会筹备大会暨第一次全体会员大会在海口召开。海南省网络安全协会将为网络安全监管部门、高等学校、研究机构、网络安全企业、专家学者搭建平台，充分发挥管理者、专家学者和网络安全人才的智慧，形成合力，共同为海南省网络安全事业作出贡献。海南省网络安全协会的成立，有助于推进海南省网络安全行业健康发展，有助于推进我省网络安全事业整体发展，成为维护我国网络安全、加强网络安全交流合作的重要力量。

2. 召开省网络安全和信息化领导小组（扩大）会议

2017 年 4 月 17 日，海南省网络安全和信息化领导小组（扩大）会议召开。会议就做好服务保障党的十九大网络安全工作、宣传贯彻《网络安全法》等进行部署。会议指出，各部门各单位要紧紧围绕迎接宣传贯彻党的十九大这条主线，全力做好网络服务保障工作。强化依法治网，全面从严管理，狠抓责任落实，着力发现和防范网络安全风险，着力加强网络基础管理，着力维护网络意识形态安全，着力保障关键信息基础设施安全，全面提升网络安全服务保障能力和水平。会议要求，各部门、各单位要树立牢固的政治意识、大局意识、核心意识、看齐意识，严格落实党委（党组）意识形态工作责任制、党委（党组）网络意识形态工作责任制、网络安全责任制，主要负责同志要坚持靠前指挥，推动重点工作落实。

3. 组织网信系统学习贯彻党的十九大精神宣讲活动

2017 年 11 月 16 日起，国家网信办分别在海口、三亚等地为海南网信系统的从业人员宣讲十九大精神。海南省网信办全体同志、海口及三亚市网信办有关同志、省内重点新闻网站、主要商业网站、中央重点新闻网站海南分支机构的从业人员、省网络安全协会有关代表共 240 人参加。宣讲会要求，海南网信工作从业者要继续深入学习，紧密联系工作实际和个人思想实际，在学懂弄通做实上下功夫。要加大宣传力度，迅速兴起学习宣传十九大精神的热潮。要加强调查研究，不断探索新形势下网信事业发展的新思路新方法新举措，结合学习深入调研规划明年的工作。要抓好党的建设，切实增强责任感、紧迫感、使命感，以更大决心、更实措施、更高标准，打造忠诚、干净、担当的网络铁军。

二十三、重庆市

（一）工作综述

2017 年，重庆市网信办紧紧围绕迎接学习宣传贯彻党的十九大这一主线，坚持“重双基、强双责”，纵深推进“大网宣、大网管、大舆情”格局，网上正能量更加响亮，网络空间更加清朗，网络安全保障更加有力，为全市改革发展稳定营造了良好网络环境和舆论氛围。

加强网上正面宣传引导。推出“喜迎十九大”“十九大时光”“十九大代表回基层”“把党的十九大精神全面落实在重庆大地上”等专题专栏，十九大精神解读作品《图解精读十九大报告（珍藏版）》总阅读量达 245 万人次。大力推动线下精彩宣讲网上传播，学习贯彻党的十九大精神中央宣讲团宣讲报告会网络直播圆满成功，130 万人在线观看，围绕报告会推出的《宣讲报告会上的这些话温暖人心》等 4 件新媒体作品点击量达 176.6 万人次。做好习近平总书记“4·19”重要讲话一周年、“习近平总书记来渝视察一周年”、“网信事业新成就”、“脱贫攻坚进行时”等重大主题宣传。承办“共舞长江经济带——探访长江经济带区域协同生态发展之路”网络主题活动，媒体合计刊发新闻报道 720 余篇，由华龙网发起的新浪微博话题 # 共舞长江经济带 # 总阅读量达 479 万人次。组织开展“争做中国好网民工程”“网络公益工程”“网络中国节”等 18 项网络文化活动，“智重庆 · 慧生活——网络名人重庆行”暨“做一回重庆人——‘两微’达人重庆行”活动网上阅读量超 2.1 亿人次。推进以移动互联网为核心的现代传播体系建设，建成“1+39”的市、区县级官方APP集群，下载量882万，做大做强“重庆”“上游新闻”“理论头条”“第1眼”等新媒体，与人民网共建1000万政务微信矩阵。

提升网络安全保障能力。坚持依法管网治网，强化属地管理责任和网站主体责任，出台《重庆市互联网新闻信息服务许可管理实施办法（试行）》，对全市9万余家网站备案信息进行核查，提升网站备案信息准确率。建设网络安全保障体系，制发《“十三五”重庆市网络安全规划》等文件，构建网信、公安、通信管理等部门的协调配合机制，与腾讯就共同推进重庆网络安全和信息化事业发展签订《战略合作框架协议》，共建重庆市网络信息反诈骗平台、重庆·腾讯网络安全大数据实验室，提升网络安全发现、预警和防御能力。加强网络安全检查与监管，开展全市关键信息基础设施网络安全检查，对全市4000余家重点网站开展全天候监测保护；开展党政机关网站清查整顿，关停不合格党政机关网站337个，规范党政机关网站域名使用。开展《网络安全法》主题宣传、全国网信普法进校园等网络宣传教育活动，举办“重庆市2017年网络安全千人培训”。

强化信息化驱动引领作用。制定《重庆市“十三五”信息化规划》。出台《关于推进公共信息资源开放的实施意见》，建设全市公共信息资源统一开放平台。统筹推进网络扶贫工作，制定《网络扶贫行动计划实施方案》，全市1425个贫困村建立了电商扶贫站点。进一步完善信息基础设施，加快推进农村光纤网络由行政村向自然村延伸，实现行政村4G网络全覆盖，城市光纤到户家庭全覆盖。重庆国家级互联网骨干直联点主要工程目标任务全面完成，实现省际直联城市达29个。云服务能力进一步提升，两江国际云计算产业园服务器运营支撑能力达到15万台。全市一体化网上政务服务平台基本建成，全市网上行政审批平台覆盖38个区县、2个开发区、34个市级审批职能部门和全市800多个乡镇，所有行政审批事项（除涉密和涉及公共安全事项外）均实现统一平台办理。加快推进军民融合步伐，与12家军工央企集团签署战略合作协议，成立首支军民融合创投基金。

（二）工作亮点

1. 开展党的十九大精神“进网站”活动

党的十九大精神“进网站”活动于 2017 年 11 月启动，主要任务为：在中央宣讲团和市委宣讲团、“六进”宣讲队及各区县、行业部门开展面对面宣讲基础上，利用网络和新媒体，将宣讲内容、宣传重点等进行集纳、加工，制作融媒体产品，推动党的十九大精神家喻户晓。截至 2017 年 12 月底，共刊发转载推送学习贯彻党的十九大精神相关新闻信息 1.3 万余篇（条），点击浏览量 1.74 亿人次。人民网总网头条刊发《重庆宣讲十九大：带着感情进村入户，真抓实干落地开花》；华龙网融媒体系列专题报道《一个不能少：绝壁上的“天路”》，总点击量达 1.25 亿人次。组织发动全市网信系统开展“1+6”宣讲活动，截至 2017 年 12 月底，全市网信系统累计有 1300 余人次开展宣讲 1700 余场，直接受众 21 万余人，实现全市网信干部队伍、新闻网站、重点互联网企业、重点网络社会组织全覆盖。

2. 开展争做中国好网民工程

2017 年 4 月 8 日，“重庆好网民 · 天天正能量”2017 重庆市争做中国好网民工程正式启动，启动仪式在中央电视台《新闻联播》播出。该活动由重庆市委宣传部、市网信办、市文明办等单位联合主办，重庆市互联网界联合会协办，华龙网对活动启动仪式进行了视频直播。该工程推出系列活动，包括重庆好网民“面孔”系列图片展、“梦想 100”人生规划网络大赛、好网民系列网络文创 IP 打造、好网民微视频制作、重庆好网民标识系统征集、“文明说”周播报、好网民评论平台打造、校园好网民培养选树计划、“青年之声 · 榜样的力量”正能量寻访活动、“网聚女性正能量争做巾帼好网民”等 11 项重点活动。活动着重从开展系列网络文化活动、加强网络素养、分系统分领域培育“重庆好网民”等方面，大力推进争做中国好网民工程。

3. 举办重庆网络安全宣传周

2017 年 9 月 18 日，由重庆市网信办、市经济信息委、市教委、市公安局、市总工会、团市委、人行重庆营管部、市通信管理局等共同举办的

“2017 年重庆网络安全宣传周”正式启动。宣传周的主题为“网络安全为人民，网络安全靠人民”。活动现场，重庆市网络安全法治研究中心、重庆市网络安全技术咨询中心同步揭牌成立。主办单位对“2017 年重庆市网络信息安全技能大赛”优秀团体和优秀个人、2017 年重庆市网络安全优秀企业和优秀人才进行了表彰。宣传周期间，举办了“高峰论坛”“知识竞赛”“网络安全主题节目”以及校园日、电信日、法治日、金融日、青少年日、个人信息保护日等系列活动。全市共组织线上线下活动 4414 场次，发放宣传资料 221 万份，发放公益短信 6330 万条，线下 230 万人次参与，活动覆盖 1144 万人次，并通过进学校、进商圈、进企业、进机关、进乡村等“八进”活动，引发全社会广泛关注。

二十四、四川省

（一）工作综述

2017 年，四川网信战线以习近平新时代中国特色社会主义思想为指导，围绕迎接服务保障党的十九大和学习宣传贯彻党的十九大精神主题主线，贯彻落实省第十一次党代会的部署，把握稳中求进工作总基调，坚持围绕中心、服务大局，主动担当作为，奋力开拓创新。网上主流思想舆论巩固壮大，网络空间更加清朗，网络安全得到保障，信息化驱动引领作用发挥，为决胜全面小康、建设经济强省提供网络舆论支持、安全保障和信息化支撑。

巩固网上主流思想舆论。一是党的十九大精神网上宣传成效明显。抓好党的十九大精神和习近平新时代中国特色社会主义思想网上宣传。丰富完善“治国理政进行时”专题。组织省内网站和客户端开设十九大专题专栏 100 多个，推出系列报道 2 万余篇。川报观察、四川观察制作微视频《总书记说四川话　你听过吗?》《总书记说了这一句大家都在喊“安逸”!》，全网点击量累计超过 8000 万次。组织三场学习贯彻党的十九大精神全国网信系统宣讲报告会，覆盖全省网信干部、网络企业员工、网络媒体编辑记者 1.2 万余人。二是新媒体精品形成网上热点。省第十一次党代会期间，通过 APP 开屏广告、新浪头条、微信朋友圈等方式，推送相关新闻信息，推出《王东明原音全国媒体带你听报告、瞰四川》等新媒体产品，覆盖网民 3720 万。策划制作推介四川旅游的 H5 产品“说走就走的旅行在这里——天府四川 · 熊猫故乡”，总访问量突破 1.2 亿人次。组织开展“全国主流新媒体瞰四川”大型航拍活动，40 余家全国重点新闻网站、知名商业网站推出报道 600 余篇、新媒体作品 300 余条。

推进网络综合治理。一是基础管理更加细化。定期开展专项巡查，进一步规范资质审核、备案、年检等互联网信息服务工作。二是实施网络社会组织同心圆工程。落实习近平总书记关于“加快网络社会组织建设”和“网上网下要形成同心圆”的要求，抓好网络社会组织组建与管理。目前全省网络社会组织达 149 家。组织召开新媒体新春座谈会、“喜迎十九大 · 共筑同心圆”网络大 V 及商业网站负责人座谈会，开展“网络大 V 看绵阳绿色农业”“跟着网红游广元”“网眼看达州”等主题风采活动。加强互联网企业党建、团建和青年工作，开展网信领域企业党建工作调研，组织互联网企业党组织开展“两学一做”学习教育。开展互联网企业团建工作试点，召开互联网企业党建工作现场推进会。

做好网络安全保障。一是强化网络安全保障。开展网络安全执法检查，开展关键信息基础设施安全防范，组织对重点行业关键设施开展技术检查检测，实时掌握网络安全态势。落实网络安全等级保护要求，对相关网络和系统进行定期备案，开展符合性评测和风险评估。网络安全检查督查和风险隐患排查实现常态化。推进落实网络实名登记制度和个人信息保护制度。二是举办网络安全宣传教育活动。开展《网络安全法》等主题宣传教育，组织 2017 年国家网络安全宣传周活动，重点开展“公众体验展”“网络安全职业技能竞赛暨大学生信息安全技术大赛”“金融日主题宣传”“网络安全知识竞赛”等活动，发放宣传手册 100 万余册，线上线下活动参与人数超过 500 万，发送网络安全短信 6000 余万条，举办网络安全讲座 300 多场。

推进信息化建设。一是优化信息化发展环境。制定实施《四川省“十三五”信息化规划》，编制实施《四川省“十三五”信息化和工业化融合发展指导意见》等，信息化发展政策体系和统筹推进机制进一步完善。信息基础设施加速升级，推进“光网四川”“无线四川”建设。二是创新发展信息经济。深化两化融合发展，新增32家国家级、61家省级试点企业开展两化融合管理体系贯标。三是整体推进电子政务建设。制定实施《四川省电子政务内网建设和管理工作“十三五”规划》《四川省电子文件管理“十三五”规划》。抓好省级政务云建设，已有42个部门320余个信息系统在云上平稳运行。依托党政网开展公共办公应用和时政信息共享。加快“互联网+政务服务”平台建设，开通四川政务服务网，推动20个部门64个专用业务系统与平台对接融合。政务微博账号达9000多个、政务微信账号达5000多个，政务微博微信矩阵效应凸显。四是发展电子商务。实施全企入网、全民触网、电商示范、电商扶贫“四大工程”。全年全省网络交易额突破2.7万亿元、网络零售额突破3000亿元，直接和间接带动就业人数超过800万人。全省服务业电商企业达4.7万家，市场规模达2000亿元。五是开展网络扶贫行动。制定《四川省网络扶贫行动计划》，建立35个网络扶贫重大项目台账，系统部署、整体推进“五大工程”。组织实施“宽带乡村”试点工程，实现全省88个贫困县“宽带乡村”工程全覆盖。组织召开“农村电商+精准扶贫”现场会，组织41个县1500余种农特产品在“四川省扶贫特产馆”上线销售，实现贫困户户均增收590元。全省9298个偏远农村山区教学点实现数字教育资源全覆盖。

（二）工作亮点

1. 扎实推进网络扶贫工作

四川省网信办和省发展改革委、省扶贫移民局联合印发《四川省网络扶贫行动计划》，并根据省直相关部门实际和任务分工，统筹相关部门制定各自的网络扶贫重点工作方案。结合四川实际，确定重点工作，推进全省网络扶贫工作落到实处。2017年年初，四川被纳入全国首批网络扶贫试点省。四川省锁定网络覆盖、农村电商、网络扶智、信息服务和网络公益五大工程，全力助推脱贫攻坚。网络覆盖持续提升，2017年3700个计划退出贫困村通信网络实现全覆盖，有效弥合数字鸿沟；农村电商不断发展，“四川省扶贫特产馆”组织 41 个县 1500 余种农特产品上线销售，贫困户户均增收 590 元；网络扶智扎实推进，全年新增互联网学校 200 余所，目前阿坝互联网接入率为 87.5%，甘孜、凉山为 70%；信息服务广泛开展，2017 年四川省要建成 17121 个益农信息社，覆盖全省贫困县八成以上行政村。

2. 大力发展电子商务以新动能推动新发展

四川省进一步聚焦农业供给侧结构性改革、脱贫攻坚和创新创造，全面服务经济转型和民生改善。一是紧扣农业供给侧结构性改革，大力发展农村电商。力争新增 20 个国家级电商进农村综合示范项目，推进县、乡、村三级电商服务体系建设，积极推进电商进社区，打造“一刻钟便民服务圈”。二是紧扣脱贫攻坚，深入实施电商扶贫工程。大力推广“农村电商 + 精准扶贫”模式，在产品特色化、主体规模化、应用多元化、人才专业化上下功夫，建设 20 个电商脱贫奔康示范县，举办第二届贫困地区农特产品展销活动，推动“四川特产扶贫馆”覆盖全部贫困县。三是紧扣创新创造，加快培育壮大电商主体队伍。进一步释放电商“双创”活力，重点建设一批电商创新孵化中心，打造 3—5 个全国领先的全产业链电商垂直平台，建设 10 个以上有重要影响力的电商集聚区，更大范围催生平台经济、分享经济等新经济发展。四是紧扣自贸区建设，持续优化电商营商环境。落实好四川自贸区建设改革事项，探索建立适应跨境电商特点的通关机制。举办第三届电商发展峰会，提升四川对全球电商创新创业资源的集聚力，加快建设中西部电子商务创新创业创意中心，力争电子商务交易额、网络零售额增长 20% 以上。

3. 举行网络新媒体人才孵化培养分享会

2017 年 7 月 2 日，“锋芒初露——四川省网络新媒体人才孵化培养分享会暨四川企鹅新媒体学院签约仪式”在四川成都举行。四川企鹅新媒体学院是四川省网信办在促进本省网络新媒体发展、加快新媒体人才培养、探索新媒体管理和扶持路径的一个重要举措，主要依托腾讯公司的技术、平台优势，四川大学的学术资源、教育体系，构建起线上线下的多维度学习交流平台，输出以大数据为底层的腾讯核心能力。新媒体学院成立后，将面向政府机关、传统媒体、企业机构，围绕社会舆情、内容生产、产品研发等领域进行经验分享和技术交流。通过一系列的课程培训，为四川各级政府、传统媒体以及新媒体运营者提供新媒体建设、转型、人才培养等方面的经验借鉴和技术支持。同时，注重发掘有潜力的新媒体项目和人才进行扶持，共同推动舆论环境和媒体行业的健康有序发展，促进四川新媒体领域的整体进步。

4. 加快构建“互联网 + 政务服务”体系

四川省政府印发《四川省加快推进“互联网 + 政务服务”工作方案》，计划用两到三年时间，构建集行政审批、公共服务、阳光政务、效能监察、互动交流等功能为一体，覆盖全省、整体联动、部门协同、省级统筹、一网办理的“互联网 + 政务服务”体系，最大限度提供利企便民服务。为确保 2020 年年底建成完善的“互联网 + 政务服务”体系，实现与国家政务服务平台的互联互通、无缝衔接，该工作方案明确要求优化再造政务服务，创新网上服务模式，推进政务信息资源互认共享，积极探索移动政务服务，全面公开服务信息等。通过加强平台渠道建设，构建一体化网上政务服务平台，为构建完善的“互联网 + 政务服务”体系提供有力支撑。

二十五、贵州省

（一）工作综述

2017 年，贵州网信系统把学习宣传贯彻习近平新时代中国特色社会主义思想和党的十九大精神作为首要政治任务，围绕网络强国战略部署，按照国家网信办和省委要求，推动贵州网信事业迈上新台阶。

做好党的十九大网络宣传。宣传贯彻党的十九大精神和习近平总书记在贵州省代表团重要讲话精神，大会期间推出贵州相关网络新闻报道 2.7 万余篇，总阅读量超 10 亿次。开展“牢记嘱托　感恩奋进——贵州省学习宣传贯彻党的十九大精神‘七进’系列网络主题活动”。开展党的十九大精神进网信企业宣讲会、省直部门网络评论工作培训会、网络人士学习座谈会、互联网领域党建工作推进会等。组织全省网络新媒体大力开展网上宣传，开展“党的十九大知识问答”网上活动、贵州省网络正能量作品创作大赛和“好网民”主题活动等。

加强网信工作顶层设计和战略规划。制定出台《关于推进公共信息资源开放的若干意见》《贵州省互联网新闻信息服务许可管理实施办法（试行)》等，编制《贵州省网络空间治理和发展中长期规划》《贵州省大数据信息传播业发展规则》等。加强对贵州省互联网发展专项资金的管理和监督，印发《2017 省级互联网发展专项资金申报指南》，组织开展评审工作。

做好网上重大主题宣传。组织省第十二次党代会、2017 中国国际大数据产业博览会等重要会议和活动的网上宣传，承办“温暖中国”网络媒体新春走基层、“共舞长江经济带——探访长江经济带区域协同生态发展之路”“喜迎十九大 · 文脉颂中华”非物质文化遗产网络传播等活动。开展“脱贫攻坚看贵州”“大数据发展看贵州”“司法改革看贵州”“学习践行十九大助力决胜全面小康——全国网络名人看贵州”等四次“看贵州”系列网络传播活动，扩大“看贵州”品牌影响力。指导多彩贵州网开设“黔哨”评论专栏，指导新华网贵州频道举办“2017 年黔茶说”活动，举办“政在发声 · 数聚贵州”2017 腾讯互联网政务大会，今日头条“多彩贵州”算数发布会等活动，组织拉美国家网络建设与传播研修班贵州考察。

加强网上宣传阵地建设。加强“贵州发布”微信平台建设，入驻腾讯企鹅平台、澎湃新闻政务号平台，集纳省市政务微信 189 个、政务微博 55 个，完善传播矩阵。开通“贵州辟谣”政务号和微信公众账号，通过机器识别 + 人工审核机制，及时发布真实信息，回应社会关切。

推动网络文化发展。指导成立贵州省网络文化发展协会，启动“争做中国好网民”工程，开展“奔向百姓富生态美多彩贵州新未来”——贵州好网民城市马拉松、“走好新时代的长征路”——中外青年学者交流会、互联网企业庆七一“青春喜迎十九大 · 共筑网络强国梦”等系列活动，策划制作《互联网改变生活惠及百姓——数据的故事》等网络文化产品。

筑牢网络安全防线。建立网络与信息安全监测预警平台。组织2017年国家网络安全宣传周贵州省活动，开展校园日、电信日、法治日、金融日、青少年日、个人信息保护日等主题宣传，提升全社会的网络安全意识和安全防护技能。

推动大数据发展。坚定不移推进大数据战略行动，省网信办加强与省大数据发展管理局的协调配合，在国家网信办等部委支持下，贵州获批建设首个国家大数据（贵州）综合试验区，成功举办2017数博会。精心做好2017数博会承办工作，省网信办组织的“数据的价值与网络多元化构建”分论坛，发出“共享数据应用·共创绿色空间”倡议。推动“贵谷”项目建设，推动贵州籍企业家创办的全国知名互联网企业落户创业，形成产业聚集。建设贵阳大数据安全产业园，已入驻十余家网络安全企业。

推进网络扶贫试点。作为全国网络扶贫试点，贵州加快推进网络覆盖，加快数字乡村建设。实现全省行政村4G网络、广电云全覆盖，98%通光纤。推进农村电商，建设48个国家级、37个省级电商进农村示范县，建成56个县级电商服务中心、10220个电商服务站（点）、8875个快递物流站点。推进网络扶智，“互联网+教育”实现95%共计9630所中小学校宽带接入，“互联网+医疗”实现公立医疗机构的远程医疗服务平台覆盖省、市、县、乡四级。推进信息服务，借力中国社会扶贫网打造“互联网+社会扶贫”五大功能平台，助力“数字村寨”，助推乡村振兴。推进网络公益，开通扶贫济困“直通车”，发放线上线下“善行卡”，协调网络新媒体按月推出农特产品、民族民间工艺品免费扶贫广告。

（二）工作亮点

1. 出台《贵州省数字经济发展规划（2017—2020年）》

贵州省印发《贵州省数字经济发展规划（2017—2020年）》，提出用3年时间探索形成具有数字经济时代鲜明特征的创新发展道路。贵州省把发展数字经济作为贵州省实施大数据战略行动、建设国家大数据（贵州）综合试验区的重要方向，作为贵州省转型发展的新引擎、服务社会民生的新途径、促进创业创新的新手段。通过加快发展资源型、技术型、融合型、服务型“四型”数字经济，构建数字流动新通道，释放数据资源新价值，激发实体经济新动能，培育数字应用新业态，拓展经济发展新空间，推动全省经济实现弯道取直、后发赶超、同步小康。规划提出了贵州数字经济发展的方向和重点，按照数据资源、数字技术产业本身以及对其他产业的融合渗透，对数字经济的类型作了界定，首次创新提出了资源型、技术型、融合型和服务型“四型”数字经济，并明确若干工作任务。

2. 贵州发布大数据十项工程

贵州省梳理出全年大数据发展十大重点工程，其内容是：产业培育、项目裂变、融合升级、数据融通、数字政府、数据扶贫、基础设施攻坚、安全铁壁、万千人才、首选实验田。打造全国智能终端产品生产制造基地。2017 年，贵州电子信息制造业规模以上工业总产值突破 600 亿元，软件和信息技术服务业收入 260 亿元，计划引进 2 家以上国际大数据核心企业、10 家以上国内知名大数据龙头企业、50 家以上国内有影响力的大数据优强企业。通过“大数据 +”三次产业的深度融合，2017 年贵州省建设 100 个以上典型示范项目，引进扶持一批解决方案服务商，推动传统产业数字化、智能化，促进产品创新、技术创新、经营模式创新，全省信息化发展指数达到 72。加快建设“数字政府”。贵州省、市两级政府部门非涉密应用系统 100% 接入云上贵州体系，省直部门绿色数据全部上架开放，在扶贫、旅游、医疗、教育等方面建设 50 个典型示范应用，打造全国领先的政务民生 APP 品牌，并建设汇聚全省扶贫大数据的扶贫主体共享数据库。打响信息基础设施攻坚战，把贵州打造成全国信息高速公路的南方枢纽。2017 年贵州省投资 180 亿元，基本建成全光网省，新增 2800 个行政村电信光纤网络全覆盖，基本消除乡镇以上城镇建成区移动网络盲点盲区，出省带宽能力突破 6000Gbps，率先实现国家北斗导航位置服务数据中心贵州分中心，与国家北斗导航位置服务数据中心的互联互通。

3. 举办“大数据发展看贵州”网络主题宣传活动

2017 年 5 月 23 日，“砥砺奋进的五年——聚焦大数据产业发展”之“大数据发展看贵州”网络主题宣传活动启动仪式在贵阳举行。来自中央重点新闻网站、著名商业网站、中央驻黔主要新闻机构、贵州省主要新闻单位、新闻网站、新媒体等50余家媒体的60余名记者齐聚贵阳，深入贵阳市、贵安新区等地，实地感受、深入了解、集中报道贵州在落实国务院《促进大数据发展行动纲要》，实施大数据战略行动的成果；讲述贵州探索大数据在产业、政府、民生等领域的显著变化；重点做好“数博会”宣传，展示“数博会”盛况，反映贵州坚持以大数据引领和推动经济社会发展的积极举措、显著成就和特色亮点。

4. 推出“多彩宝”“互联网+”益民服务平台

为贯彻以人民为中心的发展思想，贵州省推出自主研发建设的互联网综合便民服务平台“多彩宝”。“多彩宝”“互联网+”益民服务平台作为贵州省最大的便民缴费平台，致力于为用户提供便捷、高效、安全的一站式民生服务，实现了“数据多跑路，百姓少跑腿”，用户可通过该平台PC端网站和手机APP，完成全省电视费、燃气费、电费、全国话费（包含移动、联通、电信）、交通违章、水费等项目的缴费。

二十六、云南省

（一）工作综述

2017年，云南省网信办加强整体谋划和工作协调，以“一张网、一体化、一盘棋”推进网信工作，加强网络意识形态学习宣传工作，提高网络安全保障能力，推进省内电子政务建设，做好脱贫攻坚网上宣传报道工作。

加强网络意识形态学习宣传工作。把学习宣传贯彻党的十九大精神和习近平新时代中国特色社会主义思想作为首要政治任务。指导省内重点网站推出“学习进行时”“治国理政进行时”等专题专页，深入宣传阐释习近平新时代中国特色社会主义思想的历史地位、丰富内涵、精神实质、实践要求和指导作用，增强全省网民对以习近平总书记为核心的党中央的政治认同、思想认同、情感认同。指导省内新闻网站先后开设“砥砺奋进的五年”“双百三同”驻村蹲点调研、“扶贫攻坚”“党的光辉照边疆　边疆人民心向党”“跨越发展、争创一流，比学赶超、奋勇争先”等 12 个大型专栏专题，宣传党中央统筹推进“五位一体”总体布局和协调推进“四个全面”战略布局，引导全省网民坚定道路自信、理论自信、制度自信、文化自信。

提高网络安全保障能力。建设云南省网络安全应急协调联动平台。收集涉及省内重要网络设施、信息系统的网络安全信息，通报行业主管部门和属地网信部门督促整改，加强指导监管。2017 年 9 月 16 日至 24 日，举办以“网络安全为人民、网络安全靠人民”为主题的“云南省 2017 年国家网络安全宣传周”活动，各州（市）同步组织开展本地区的网络安全宣传周活动。开展校园日、电信日、法治日、金融日、青少年日、个人信息保护日系列主题日活动；举办主题为“共筑网络安全防线、共促安全产业发展”的首届“滇峰对决”网络安全沙龙；举办为期一个月的网络安全在线知识竞答等系列活动。

推进省内电子政务建设。云南省大理白族自治州、保山市、丽江市正式成为国家电子政务外网州市及注册服务点，截至 2017 年 11 月，共计颁发了数字证书 10.1 万张。2017 年 1 月，云南省首个党建大数据指挥中心“官渡智慧党建云”平台上线。平台设置党组织管理、党员管理、三会一课管理、谈心谈话管理、党员积分管理、党费管理等多个功能。各级党组织可利用平台对党员群众关注的、涉及切身利益的事项进行网上发布、网上公示、网络监督；普通群众也可以通过平台及时反映诉求、寻求帮助，实现线上线下联动。

做好脱贫攻坚网上宣传报道工作。推出“脱贫攻坚看云南”“打好脱贫攻坚战全民共圆小康梦”“网络扶贫助力脱贫攻坚”“脱贫攻坚致富带头人”“稳增长促发展”等专题专栏，刊发全省脱贫攻坚宣传报道 1263 篇，“稳增长促跨越”宣传报道 2891 条，刊发《深化体制改革推进生态文明建设　绘就云南最美底色》《以从严治党护航跨越发展》等一系列重要稿件。

（二）工作亮点

1. 开展“温暖中国·我在云南过春节”网络主题宣传活动

由云南省互联网信息办公室主办，云南网、云南省各州、市网信办承办，开展“温暖中国”为主题的网络媒体新春走基层——“温暖中国·我在云南过春节”活动。该活动以网媒新春走基层活动为契机，将云南省每年都开展的“温暖的互联网——我在云南过春节”全国网友互动活动与“温暖中国”活动有机融合，在辞旧迎新之际为广大网友献上网络文化盛宴。活动推出“温暖中国”“民俗文化活动大展播”“乘坐高铁来云南过春节啦”“大家来找碴——金鸡版”“记忆中的年味”等系列网络宣传专题，集纳“温暖中国”宣传报道内容的同时，展示云南各地春节文化、美食美景、人文风情，以及外地人在云南过春节的暖人故事和温馨画面，形成系列网络人文专题故事展播。同时，利用新媒体覆盖面大、传播速度快、交互性强等特点，将云南的好山好水好人好事传播出去，生动展现云南之美、云南之彩、云南之情、云南之变。

2. 举办宣传贯彻《网络安全法》系列培训

为深入学习贯彻落实《网络安全法》，按照国家网信办的安排部署，云南省网信办于 2017 年 3 月至 7 月，先后举办了五次面向省级有关部门、企事业单位、高校、网络社会组织和全省网信系统的宣传贯彻《网络安全法》培训班。通过培训，进一步提高了对《网络安全法》的理解和掌握，进一步认识到维护网络空间安全的重要性和紧迫性，进一步意识到当前网络安全形势的严峻性，为结合工作实际，切实贯彻落实好《网络安全法》，筑牢网络安全屏障发挥了积极作用。

3. 光纤宽带网络实现行政村全覆盖

2017 年，云南省城市住宅光纤网络覆盖率达 96.5%，行政村光纤宽带网络实现 100% 全覆盖，近 1/3 的行政村实现百兆接入。云南省电话用户达 4493 万户，移动互联网用户达 3538.4 万户，固定宽带接入用户达 778.9 万户；4G 网络覆盖全省所有行政村和超过 60% 的自然村。

二十七、西藏自治区

（一）工作综述

2017 年，西藏自治区网信战线认真学习贯彻党的十九大精神和习近平新时代中国特色社会主义思想，贯彻落实全国网信办主任会议和自治区第九次党代会、区党委九届三次全委会精神，树立“四个意识”，凝聚共识、防范风险、争取人心、保障安全、促进发展，为西藏长足发展和长治久安提供网上舆论支持、网络安全保障、信息化支撑。

把迎接宣传服务保障党的十九大作为主题主线，为十九大的胜利召开营造安定祥和的涉藏网络环境。加大正能量推送力度，完善区市县三级新闻网站、官方微信微博联动推送平台。开办运营以藏语为主的“幸福西藏”微信公众号，组织区内重点新闻网站开设“四讲四爱”等专题专栏，发布相关稿件 8.4 万余篇。组织区内主要新闻网站开设“治国理政进行时”“砥砺奋进的五年”等专题专栏。展示习近平总书记系列重要讲话精神特别是关于治边稳藏的重要论述在西藏的实践。

加强顶层设计和战略规划。编制完成“十三五”时期网信规划《西藏自治区“十三五”时期信息化发展规划》，研究制定十余份重要政策文件，全区网信工作“四梁八柱”基本确立。

推进网络空间法治建设。制定出台网络新闻宣传和网络信息内容管理行政执法程序、属地违法违规网站关闭程序、新媒体管理办法等规范性文件。制定《西藏自治区互联网新闻信息服务许可申请指南》《西藏自治区互联网信息办公室互联网新闻信息服务许可联审联批暂行办法》，推动互联网新闻信息服务许可证换证及其他新闻单位的申请受理工作。推动落实网络实名制，推进网络执法规范化建设，贯彻落实国家网信办“重双基、强双责”的部署，积极推进网络举报工作。

强化网络安全意识。宣传《网络安全法》，制定实施《西藏自治区〈网络安全法〉宣传贯彻工作方案》，向全区手机用户推送网络安全法宣传短信，编发《网络安全法》藏汉文宣传手册 2 万册，组织开展网络安全有奖知识竞赛；举办“学习贯彻《网络安全法》专题报告会”。举办2017年西藏网络安全宣传周活动，围绕校园日、电信日、法治日、金融日、青少年日、个人信息保护日等主题日活动进行宣传，累计发放宣传册110万份，展示主题海报和展板5000余块，悬挂横幅1500余条，播放网络安全公益广告、宣传标语和主题音视频2万余次，现场讲解网络安全知识及防范技巧9000人次，发送公益短信1160余万条，开展网络安全知识讲座200余次，举办“西藏云计算、大数据发展与网络安全论坛”“西藏自治区网络安全人才培养研讨会”“全区网络安全技能大赛”等活动。

推动网络扶贫。制定《2017年西藏自治区网络扶贫试点工作方案》和《西藏自治区网络扶贫行动计划》，推进“五大工程”，推动涉农信息资源整合共享，完善精准脱贫信息服务体系，推进农牧区信息化精准扶贫。配合国家网信办完成“砥砺奋进的五年”大型成就展西藏网络扶贫专题板块工作。

促进信息化建设。研究制定《关于推进公共信息资源开放的若干意见》《西藏自治区政务信息资源共享管理办法》，推进政务信息资源共享工作评价体系建设，推进重点领域公共信息资源有序开放。协调西藏自治区通信管理局出台《“宽带西藏”战略实施方案》，推动建设适应西藏经济社会发展的基础设施，提升互联网与社会保障、教育、卫生等领域融合发展水平，培育开发“互联网+高原特色”“互联网+农牧区”等新业态。

巩固拓展网络党建工作。督促落实党委（党组）网络意识形态工作责任制，对西藏自治区1182家网站实现网络党建工作动态全覆盖。推动网络党建工作向新媒体领域延伸，把区内主要微信公众账号、微博账号纳入党组织领导范围。组织全区互联网系统参加党建党史知识挑战赛，开展表彰先进、重温学习、参观寻访、集中观影、结对帮扶、环保公益、趣味运动等各类主题活动，探索网络党建活动新形式。

（二）工作亮点

1. 举办网络名人联谊活动

西藏网信办在拉萨举办西藏网络名人联谊活动，活动现场举行了“争做中国西藏好网民（微动漫）”宣传片首发仪式。47 位受邀网络名人代表及重点新闻网站和主流新媒体负责人以“争做好网民，喜迎十九大”为主题各抒己见深入讨论。网络名人充分运用自身影响力和自媒体工具，宣传西藏，点赞西藏，引导网上正面舆论，传播网上正能量，营造良好网络风气，在全社会形成争做好网民的良好氛围。活动最后还发表了《西藏网络名人关于“争做好网民喜迎十九大”的倡议书》，在网络社会引起强烈反响和共鸣。

2. 举行“拍遍西藏”网络影像节颁奖仪式

2017 年 5 月 20 日，西藏网信办在拉萨举办“拍遍西藏”网络影像节颁奖仪式。“拍遍西藏”网络影像节于 2016 年 8 月正式启动，历时近 10 个月，共征集图文、音视频作品 210 篇。通过初评、复审、终审和公示，最终遴选出了 26 件优秀作品（其中视频类作品 10 条，组图类作品 6 组，单图作品 10 幅）。其中，《雪域寻梦》《飞鸟》等 15 篇优秀作品被全国全网推送，累计点击量超过 1000 万次。这些获奖作品从不同角度、全方位展示了西藏经济、政治、文化、社会、生态文明等方面取得的发展成就和西藏大美的自然人文风光。

3. 举办“喜迎党的十九大·全国网络媒体西藏行”活动

2017 年 8 月 10 日，在国家网信办的指导支持下，西藏网信办举办“喜迎党的十九大·全国网络媒体西藏行”活动。为深入贯彻习近平总书记系列重要讲话精神和喜迎党的十九大胜利召开，此次“全国网络媒体西藏行”记者编辑深入基层、深入一线、深入群众，倾听西藏各族群众心声，了解基层发展变化，大力宣传十八大以来党中央治国理政新理念新思想新战略特别是习近平总书记关于治边稳藏的重要论述在西藏的成功实践，讲好西藏发展进步的故事。50 余家区内外网络媒体参与了本次“喜迎党的十九大·全国网络媒体西藏行”活动，他们奔赴西藏日喀则市、林芝市 12 个县区 40 多个乡镇村开展为期一周的采访工作，充分运用 VR、动漫、微音视频、图文等多种形式，向海内外网民展现神秘美丽、真实幸福的西藏。

二十八、陕西省

（一）工作综述

2017 年，陕西网信系统以迎接服务保障党的十九大和学习宣传贯彻十九大精神为首要政治任务，认真学习宣传习近平新时代中国特色社会主义思想，落实陕西省十三次党代会精神，围绕“追赶超越”主题主线，维护网络意识形态安全，提高网络安全保障能力，加快网络经济和信息化发展，为全省经济社会发展营造良好的网上舆论氛围、提供网络安全保障和信息化支撑。

做好网上正面宣传。加强习近平总书记系列重要讲话精神网上宣传，推出“治国理政新实践”“砥砺奋进的五年”“喜迎十九大”等专题专栏。十九大期间，开设“聚焦十九大”“十九大时光”“大会评论”“头条新观察”“头条新视点”“代表面对面”等专栏专题，推出 H5、图说、数说、微视频等移动端新闻产品，相关报道总阅读量突破 4.8 亿次。十九大闭幕后，又陆续开设“十九大精神在三秦”“理上网来・辉煌十九大”“改革再出发”等专栏专题，确保十九大精神充盈网络空间。围绕“追赶超越”主题主线，指导网络媒体开设“聚焦省第十三次党代会”专题，推出“陕西发展故事”“我看这五年”“陕亮这五年”等策划，全程直播“奋力‘追赶超越’主题系列新闻发布会”和大会开幕式。组织“两会”“丝博会”“农高会”等重大活动宣传，策划开展“追赶超越进行时”“脱贫攻坚倒计时”“全面深改正当时”三项重大主题宣传和“中华文明寻根溯源之旅”2017 全国网络媒体主题采访、“见证陕西追赶超越”CRI 中外记者看陕西主题采访等 10 场宣传活动，组织境内外数百名记者来陕采访报道，发布各类稿件近万篇，总阅读量超过 5.3 亿次。开展 2017“聚焦‘五新’战略奋力追赶超越争做陕西好网民”活动。

夯实网络安全基础。建立省级网络安全技术服务保障队伍，开展网络安全事件应急预案演练。加强省域内网站网络安全监管，有效处置“WannaCry”和“Petya”两种勒索病毒突发事件。采取自查、远程检测、联合抽查等方式，对全省 1200 多个关键信息基础设施开展专项检查，发现并整改安全风险点 800 多个。开展《网络安全法》学习宣传贯彻工作，举办“第二届陕西高校法治文化节”、陕西省第四届国家网络安全宣传周等系列活动，提升全社会网络安全意识。

提高网络治理能力。编制并印发《关于加强高校网络文明建设的意见》《陕西省加强移动互联网管理工作实施意见》《陕西省网站落实主体责任考核办法（暂行）》和《陕西省互联网信息服务提供者属地管理工作制度（试行）》；集中开展“净化网上舆论环境”等 33 个专项整治工作，强化落实属地管理和网站主体责任，进一步强化网络行政执法工作；推进全省互联网新闻信息服务业务审批、备案工作及互联网新闻信息许可证换证工作，审批 5 家、备案 2 家、换证 5 家。

推进信息化建设。统筹推进全省通信基础设施建设，全省新增光缆 25.58 万公里，新增光纤到户端口 292.06 万个，新建基站物理站址 4722 个，城区、重点区域及公共场所 4G 网络覆盖率基本达到 100%。电信普遍服务试点村竣工 10288 个，竣工率 96.73%。编制完成《陕西省电子政务总体方案及发展规划》《推进公共信息资源开放的实施意见》，启动建设省级公共数据开放平台工程，加快建设全省电子政务平台 2.0 版，新增业务系统 55 个、扩容业务系统 33 个。

促进网络经济发展。探索推动信息丝绸之路建设，策划推动“丝路云平台”“丝路信息港”等项目，开展数字经济示范区试点，举办“首届丝绸之路网信产业创新发展高峰论坛”等活动，成立西部数字经济研究院。推进网络扶贫试点省建设，完成 3381 个建档立卡贫困村光纤网络全覆盖，贫困县区中小学校宽带网络接入率超过 95%。在 49 个县（其中国家级贫困县 34 个）开展国家电子商务进农村综合示范，建成县级电子商务运营服务中心 89 个、镇村电商服务站点 6464 个、县级物流配送中心 109 个、镇村快递服务站点 5538 个，培训电商学员累计开设网店 232 个，学员实现销售额达 300 万元。

（二）工作亮点

1. 举行“见证陕西追赶超越”CRI中外记者看陕西主题采访活动

2017年4月，来自21个国家20个语种的70余名中外媒体记者，深入西安、宝鸡、咸阳等地，行程1000多公里，用多元化、国际化视角聚焦陕西发展，共同见证了陕西追赶超越的新征程新成果。

2. 举办首届丝绸之路网信产业创新发展高峰论坛

2017年9月21日，由国家网信办指导，陕西省网信办、西北工业大学和西安市政府联合主办的“首届丝绸之路网信产业创新发展高峰论坛”成功举办。此次论坛以“汇聚融合各方资源共建信息丝绸之路”为主题，受邀嘉宾围绕网信产业发展、网信领域技术创新、网信领域军民融合等内容开展研讨交流。论坛同期举行了共建“丝路信息港”签约仪式、金融资本战略合作框架协议签约仪式。

二十九、甘肃省

（一）工作综述

2017年，甘肃省网信办围绕服务保障和学习宣传贯彻党的十九大主题主线，坚持“抓统筹、拓平台、强基础、求创新”工作思路，落实网络意识形态工作责任制，构筑“三级体系”，加强内容建设，推进网络安全，推动信息化发展，抓实纪律作风，加强党务业务双促双进，全省网信工作实现跨越式发展。

开展网络意识形态宣传工作。党的十九大期间，做好习近平总书记系列报道宣传和重要讲话精神的宣传阐释，推出“治国理政新实践”“践行八个着力·共建幸福美好新甘肃”等重点专题40余个。策划开展“新时代新气象新作为”暨“我为新甘肃打Call”网络媒体大型采访活动，组建4支融媒体采访创作分队，深入14个市州近300个采访点开展调研采访，推出PC端稿件210余篇，联动创作H5、VR、图解新闻等融媒体作品120多件。举办“十九大精神网络陇原大讲堂”系列讲座6场、全省网信系统“四进”活动4场，推出“十九大时光甘肃篇系列网评”30余篇。

省第十三次党代会召开期间，开设“甘肃砥砺奋进的五年”等十多个专题网页，策划组织“温暖中国”甘肃网络媒体新春走基层、“我是家乡代言人”“贯彻党代会精神各族群众话发展”“中国梦·大国工匠篇”等网络主题活动。

加强网络内容建设与管理。打造“甘肃微媒体矩阵”，组织 1.1 万多公众号集体入驻今日头条。实施“争做中国好网民”工程，分领域培育“青年好网民”“网上好职工”“巾帼好网民”“校园好网民”。成立甘肃省网络文化协会，开通专用电话和邮箱以畅通网络举报渠道。加强网络生态综合治理，对 142 个单位党委（党组）落实网络意识形态工作责任制、属地管理责任和网站主体责任等情况进行督导检查。

完善网信制度框架体系。制定出台《甘肃省党委（党组）网络意识形态工作责任制实施细则》《关于建立甘肃省电子政务工作统筹协调机制的实施意见》《甘肃省网络空间安全纲要》《甘肃省网络扶贫行动实施方案》等近二十个规划性、制度性文件。推动全省各级党政机关落实网络意识形态责任制和网络安全工作责任制，逐步建立电子政务工作统筹协调、网络安全联合通报、网络扶贫等工作机制。加强网络社会组织党建团建工作，成立省网络文化协会党总支，推进全省互联网企业党建“同心圆”工程。

构建网络安全保障体系。开展 2017 年甘肃省网络安全宣传周活动，宣传贯彻《网络安全法》。推进网络安全人才队伍和智库建设，加快兰州大学、兰州理工大学等高校网络安全一级学科建设，推进网络安全人才培养和创新基地建设。

推动信息基础设施建设。建立电子政务工作统筹协调机制，推动信息基础设施集约化建设，推进信息资源和业务应用开放协同共享。组建甘肃省电子政务专家咨询委员会和甘肃省电子政务专家库，协调推进“宽带中国”“宽带乡村”基础网络完善工程和农村电信普遍服务建设，建成“全光网省”，全面实现光纤到户，全省 95% 以上行政村实现 4G 网络覆盖，有效承载云计算、大数据、物联网和“互联网 +”等新兴技术应用。

助推网络精准扶贫精准脱贫。完善甘肃精准扶贫大数据管理平台、“12316 三农”服务平台、三维数字社会服务管理系统等信息服务平台功能，持续开展“书香陇原·启智书屋”“万企万村”结对帮扶等网络公益扶贫活动，与今日头条合作开展“山货上头条·我为甘肃农产品代言”活动，10名三农领域网红“大咖”走进10个贫困县，在7亿用户的平台上直播销售本地农产品，推介当地生态、旅游、民俗等资源，带动贫困县特色产业发展。

促进网信领域军民融合发展。制定促进网信军民融合深度发展的实施意见，组织全省党政军有关部门、科研院所和网信企业召开网信领域军民融合座谈会，研究部署网信领域军民融合工作。

（二）工作亮点

1. 举办“网聚职工正能量　争做陇原好网民”主题活动

2017年3月，甘肃省网信办、甘肃省总工会、中国甘肃网组织甘肃全省职工参与“网聚职工正能量　争做中国好网民”网络主题活动，旨在弘扬工会网上正能量，提高工会网上舆论传播力、引导力、影响力，积极推进工会网上工作创新，着力弘扬工匠精神，积极推进产业工人队伍建设；引领全省广大职工和工会工作者学好网，用好网络技术，提升网络文化素养；凝聚全省职工实现中华民族伟大复兴中国梦的网络力量。该活动分为“科技创新·劳模展示微视频”征集活动、“网络好职工”读书征文活动及“网言网语”征集活动。

2. 打造“全民阅读”网络新途径

2017年4月23日，由甘肃省网信办与省委宣传部、省新闻出版广电局共同主办的“书香陇原”全民阅读网络频道正式上线。该频道推出“书香陇原·启智书屋”网络公益行动，通过线上广泛发动爱心网友捐助，线下动员省内知名出版社和爱心企业积极捐赠书籍，线上线下联动为“大爱甘肃·启智书屋”网上公益行动助力；还举办了“书香陇原·启智书屋”捐赠少儿书籍仪式，将重点新闻网站的网络品牌和公益优势与传统出版业的图书品牌和产品优势有机结合起来，让互联网和传统出版业真正相融合。同日，“书香陇原·启智书屋”捐赠少儿书籍仪式在兰州举办，甘肃人民出版社、甘肃民族出版社等捐赠了总价值12万元的爱心书籍，用于启智书屋的配建。该活动通过推出“大爱甘肃·启智书屋”网上公益行动，落实“互联网＋精准扶贫”的号召，助力全民阅读在甘肃省乡村广泛开展，为脱贫攻坚注入力量。

3. 举办“十九大精神网络陇原大讲堂”活动

2017 年 11 月 9 日起，甘肃省网信办策划组织了“十九大精神网络陇原大讲堂”活动，邀请党代表、知名专家学者和省直部门主要领导进行专题讲座。此举是甘肃省网信办策划组织学习十九大精神系列活动之一，其目的是通过邀请部分十九大代表、领导、专家教授开展专题辅导讲座，帮助广大党员干部群众深刻领会把握党的十九大精神实质；深刻领会把握党的十九大主题、主要成果，以及党的十八大以来，党和国家事业取得的全方位、开创性的历史性成就和深层次、根本性的历史性变革；深刻领会把握习近平新时代中国特色社会主义思想的重大意义、重大历史贡献和丰富内涵。

三十、青海省

（一）工作综述

2017 年以来，青海省网信办认真学习贯彻习近平新时代中国特色社会主义思想和党的十九大精神，特别是习近平总书记视察青海时的重要讲话精神，严格落实“四个扎扎实实”重大要求，以迎接学习宣传贯彻党的十九大和省第十三次党代会为主线，网上正面宣传和舆论引导工作整体稳步推进。

加强网上正面宣传。一是做好全国性网上重大主题宣传报道工作。组织开展习近平总书记系列重要讲话精神宣传、“治国理政进行时”“砥砺奋进的五年”、网络中国节系列网络文化活动、“一带一路”系列专题等 20 余项网上重大主题宣传活动。二是做好党的十九大宣传报道工作。围绕十九大报告和网民关心的话题，协调属地各网站、各市州网信办制作喜迎十九大、十九大时光、直通会议等 30 个专题专栏。十九大期间，省属新闻网站、新媒体等各类平台发布稿件近 1.2 万余篇。省内主要藏语网站、新媒体发布十九大民族语言新闻报道稿件500余篇，藏语手机报推动信息近160万条，将十九大声音传给偏远地区的藏族群众。三是举办全国网信系统学习贯彻党的十九大精神宣讲青海报告会专场。

提升舆论引导水平。组织青海新闻网、青报新媒、青海网络广播电视台、各市州网络新媒体以及“青海藏族”“网信青海”等网络宣传平台，通过音视频、H5、动漫、图解等形式，推出《牧民代表说“天上”和“地下”》《习近平总书记视察青海一周年：把最新最美的变化写在高原大地上》《“四个扎扎实实”旗帜引领我们奋力前行》等20余篇可视化网评产品。“网信青海”微信平台编发稿件90期，受众达6万多人；“青海藏族”微信平台编发稿件近300期，累计阅读达25万余人次；“青海藏族”头条号编发稿件120余篇，累计阅读达18万余人次。实施“同心圆”工程，加强与属地互联网社会组织的联系。印发《青海省网络社会组织“同心圆”工程实施方案》，组织省属重点新闻网站、中央新闻网站地方频道记者和网宣员开展青海网界青年座谈会、媒体下基层等10余项线上线下活动，形成合力，取得实效。

开展网络管理工作。一是遏制负面有害信息传播。开展整治违法违规涉军网站和新媒体账号、扫黄打非、打击网上暴恐音视频、清理涉民族宗教有害信息、网络弹窗等20余次专项行动。二是组织属地互联网新闻信息服务从业人员深入学习贯彻党的十九大精神。起草下发《关于开展互联网新闻信息服务相关从业人员深入学习宣传贯彻党的十九大精神的通知》。对属地重点新闻网站44名从业人员进行了培训。

强化网络安全工作。一是开展网络安全宣传周活动。9月18日至24日，由青海省网信办牵头，联合省教育厅等十部门开展全省网络安全宣传周活动。宣传周期间，发送公益短信2008万条，开展专题授课1762次，组织观看专题教育片927场，开展知识技能竞赛2场，协调省属各网站制作专题页面5个、编发原创和转载相关稿件300余篇，两微一端转载相关稿件100余篇。各市州共举办宣传活动10余场，参与人数近万人，悬挂标语横幅2791条，发放宣传资料1.3万余份。二是大力宣传贯彻《网络安全法》。青海省网信办组织召开《网络安全法》培训会，共有来自全省各地各单位领导干部 156 人参加培训。同时，协调省总工会、团省委等部门在官方微博、微信平台，开设学法专题专栏，微博话题 # 青少年网络安全教育 # 话题累计点击量达 97 万余次。三是加强网信技术人才培养与储备。2017 年 3 月中旬至 6 月，青海省委宣传部、省委组织部、省网信办共同在山东大学软件学院举办了第三期全省网络安全和信息化技术人才培训班。

（二）工作亮点

1. 做好青海省网上重大主题宣传报道工作

组织开展习近平总书记视察青海一周年、“温暖中国”网络媒体新春走基层、“四个扎扎实实”系列专题、涉藏正面宣传等 20 余项网上正面主题宣传活动。全省两会期间，属地各网站共发布稿件 3930 条，两微一端发稿 121 篇、视频 108 条、图片 2232 张，总点击量达 42.4 万次，手机直播观看数达 300 万余人次。做好省第十三次党代会宣传报道工作。组织属地各网站开设“新进展新成就”“讲述我们的故事”等 30 余个专题专栏，省属各新闻网站 PC 端和两微一端原创及转发相关稿件 7075 篇，点击量共计 1000 余万次，青海藏语手机报累计向 16.4 万藏区群众发送彩信 172 万余次，微信公众号、政务头条号发布宣传解读文章 300 余篇。

2. 加强对属地网站、账号的管理

对全省微博账号、属地重点新闻网站、重点监管网站和属地新闻客户端平台账号进行摸底梳理。协调省通信管理局对问题网站进行清理，提供僵尸网站、虚假备案网站、无法浏览网站 1350 余家，注销网站 20 余家。在全省开展属地网站主体责任专项检查工作，结合“落实网站主体责任专项检查 60 项清单”，对属地 170 余家新闻、政务网站进行检查。截至 2017 年 4 月底，全省属地各网站已完成自查自纠全面清理工作。起草《关于加强移动新闻客户端规范管理的有关要求》，进行规范管理。6 月在全省开展了“综治暨平安青海建设宣传月”网上宣传活动。

三十一、宁夏回族自治区

（一）工作综述

2017 年，宁夏回族自治区网信办坚持用习近平新时代中国特色社会主义思想武装头脑、指导实践、推动工作，开展迎接宣传贯彻落实党的十九大等重大主题网上宣传，着力营造网上舆论强势，推进网络宣传和内容建设，深化互联网生态治理，加强网络安全保障体系建设，推进信息化产业建设和应用。

推进网络宣传和内容建设。一是开展贯彻落实党的十九大、中共宁夏回族自治区第十二次代表大会等重大主题宣传。设置“治国理政新理念新思想新战略”“不忘总书记嘱托——贯彻落实习近平总书记来宁视察重要讲话精神”“砥砺奋进的五年”“一带一路”“4・19”讲话一周年等议题，累计发稿 6700 多篇。围绕“贯彻落实习近平总书记东西部扶贫协作座谈会重要讲话精神”“脱贫攻坚看宁夏”“新春走基层”等主题，组织各级各类新闻网站、传统媒体“两微一端”、政府网站开设专题专栏，组织人民网宁夏频道、新华网宁夏频道、宁夏新闻网等网络媒体对开幕式进行现场直播，累计刊发各类稿件 3000 余篇。组织开展第十三届全国网络媒体宁夏行大型主题采访活动，刊发稿件 1600 余篇。二是深化网络文化建设，开展“争做中国好网民工程”“从小争做中国好网民”网上系列活动、“我是家乡代言人”“网络公益工程”等主题活动，开展大型直播活动 60 余场，600 多万人次参与互动。

深化互联网生态治理。一是夯实属地管理责任和网站主体责任。开展新闻网站排查统计、属地网站主体责任检查、互联网新闻信息服务许可管理、互联网用户真实身份信息注册，落实互联网用户实名管理。二是强化网络内容管理，严肃处理违法违规行为。约谈涉嫌违规网站 30 家，协调有关部门依法关闭假冒的“兴庆区教育网”等 5 家网站、“宁医大微生活”等 6 个违规发布信息的微信公众号。三是开展各类专项治理行动。打击网上侵权假冒、淫秽色情信息传播、招聘网站严重违规失信、电信网络新型违法犯罪、银行卡信息非法买卖等行为。加大举报工作力度，发动社会力量积极参与网络空间治理，及时处理网民举报。

加强网络安全保障体系建设。一是深入开展关键信息基础设施网络安全检查工作，对自治区 325 家党政机关、重要行业主管部门、企事业单位的网站和重要信息系统开展安全检查。二是加强网络安全宣传，举办第四届宁夏“网络安全宣传周”。召开宁夏《网络安全法》专题学习班，400 余人参加培训。三是 2017 年首次编制发布《宁夏 2016 年网络安全保护状况白皮书》，提出了加强宁夏网络安全保护工作的具体建议。

推进信息化产业建设和应用。一是开展网络民生信息化建设，按照“3+X”总体架构，推动“一网一库一平台”建设，打造政务民生信息化的“宁夏模式”。加快推进贫困地区政务民生信息化服务全覆盖，加快推进电信普遍服务试点项目建设，推进宽带普及普惠以及优化提速降费政策落实。二是发展大数据、云计算产业，重点推动中卫市西部云基地骨干网络建设和银川大数据中心建设。三是推进数字经济和网络扶贫工作，印发实施《加快新型智慧城市建设的实施意见》，举办 2017 全球（银川）TMF 智慧城市峰会。贯彻落实《网络扶贫行动计划》，推进“宽带宁夏”和“电信普遍服务试点项目”，实施“千村电商工程”，与阿里、京东合作建设“地方特产馆”和“特色产品专区”。统筹开展网络扶智、信息服务和网络公益等工作，开展贫困村电商技能培训 3300 多人次，组织新建 116 个贫困村级电商服务站。四是推动网上丝绸之路建设，宁夏网信办、发改委、信建办共同推进“中阿网上丝绸之路经济合作试验区暨宁夏枢纽工程”规划编制工作。成功举办 2017 网上丝绸之路大会，积极推动各方共建“网上丝绸之路”。

（二）工作亮点

1. 首次发布区域性、综合性网络安全“白皮书”

2017 年，宁夏回族自治区公安厅（宁夏回族自治区网络安全等级保护工作领导小组办公室）编制发布《宁夏 2016 年网络安全保护状况白皮书》。白皮书系地方首次编制区域性、综合性网络安全权威指导文件，全文共 5 章 6 万余字，从理论和技术层面，有效地阐述了宁夏网络安全保护的现状、有效性以及与国家网络安全等级保护要求的差距，提出了加强宁夏网络安全保护工作的具体建议，对保障宁夏重点网络、信息系统和网站安全平稳运行，深入推动网络社会现实化管理，保护公民个人信息，服务宁夏信息化建设和网络安全协调发展、社会安全稳定、经济社会繁荣具有积极促进意义。

2. 正式启动大数据立法工作

为了更好地推进大数据产业发展，填补自治区在大数据立法方面的空白，2017 年 2 月 16 日，宁夏回族自治区第十一届人大常委会第 85 次主任会议审议通过了 2017 年立法工作计划，将自治区一体化大数据发展条例列为制定地方性法规的第一项任务重点推进。2017 年 3 月，宁夏网信办和自治区信建办组织召开《宁夏回族自治区大数据产业发展促进条例(草案)》立法论证会，标志着宁夏回族自治区大数据立法工作正式启动。

3. 举办全区网信系统学习贯彻党的十九大精神专题报告会

2017 年 11 月 14 日，宁夏举办全区网信系统学习贯彻党的十九大精神专题报告会。报告会对全区网信系统提出要求，强调要提高政治站位，深刻认识党的十九大的重大意义，以高度的政治自觉做好党的十九大精神的学习宣传贯彻；要创新方式方法，掀起学习宣传贯彻党的十九大精神的热潮，推动党的十九大精神在宁夏落地生根；要学以致用，用党的十九大精神武装头脑指导实践，更好地思考、谋划和创新推动全区网信工作。

三十二、新疆维吾尔自治区

（一）工作综述

2017 年，新疆网信办深入贯彻落实中央和自治区党委决策部署，树牢社会稳定和长治久安总目标，有力推进新址搬迁、三级体系、平台开发、舆情引导、安全保障、网站党建等各项工作。

做好党的十九大网上服务保障工作。落实“新疆各族干部群众心向党”“喜迎十九大落实总目标”“学习宣传贯彻党的十九大”等 30 多项主题传播和重大议题设置，策划两项大型主题网络传播活动，在网上传播解读习近平新时代中国特色社会主义思想和党的十九大精神。

强化互联网领域党建工作。出台《关于加强全区互联网领域党建工作的实施意见》《全区互联网领域党组织管理办法》《全区互联网领域党建工作指导员制度》；召开重点行业系统互联网领域党建工作协调会、推进会等会议，开展民营性质网站党组织建设攻坚专项行动；培训党务工作者200余人，示范带动各地州市、县市区开展培训40余班次，参训人数达到3000余人，建立互联网领域党组织2005个，选派党建指导员2810名，覆盖网站主体6445个，覆盖率达99.86%。

确保网络生态积极正向。重点开展“争做中国好网民工程”“我是一颗石榴籽”“网络安全宣传周”等10余项网络文化传播活动。借助“言江”微信公众号新媒体传播优势，围绕自治区党委重大决策部署、重要会议及重大活动，运用网言网语进行权威政策解读。“言江”围绕学习宣传贯彻党的十九大精神、民族团结、新疆历史发展、社会进步、民生改善、宗教和谐、文化传承、生态保护等主题，发布稿件565篇，总阅读量超过3231万，平台粉丝超过20万。

提高网络安全保障能力。对全区重要网站进行动态监测，进行“DDoS攻击”“勒索病毒感染”全程模拟实战操作，通过“监测与发现、分析研判、现场救援、实施处置、恢复与解除预案”五个环节对演练科目进行实战操练。组织开展网络安全自查和风险评估工作，加强网络安全应急演练，开展关键信息基础设施网络安全检查。加强网络安全宣传教育，开通“新疆网络安全”微信公众号，开展网络安全宣传周活动，印制发放宣传海报2万份、宣传手册50万册、公益短信2000万条、相关稿件1900余篇。

提高依法治网水平。制定、出台《新疆维吾尔自治区电话和互联网用户真实身份登记管理条例》《新疆维吾尔自治区防范和惩治网络传播虚假信息条例》《新疆维吾尔自治区网络安全管理条例》等地方性法规，严格行政执法标准。公开曝光利用互联网等平台存储和传播涉暴力恐怖、宗教极端、民族分裂及虚假谣言等违法违规信息典型案例9批96起。互联网违法和不良信息举报中心共受理网民和网络文明监督员举报各类有害信息137万余件。

（二）工作亮点

1. 举办“争做中国好网民工程——万名大学生说新疆”活动

2017年6月至10月，“万名大学生说新疆”作为2017年新疆“争做中国好网民工程”的一项重要活动在新疆举办。活动以“争做中国好网民”为主题，以“大力培育‘四有’中国好网民”为目标，包括“校园接力说新疆”“大学生暑期返乡说新疆”“共同感恩祝福新疆”“海外大学生说新疆”和“中国红·和田枣”五大环节，凸显五大亮点：一是创新活动形式，充分利用互联网特点，首次举行2017年“新疆争做中国好网民工程暨万名大学生说新疆”网上启动仪式。二是实现疆内高等院校全覆盖。活动首次实现在全疆高等院校各族大学生群体中同步进行。三是创新宣传模式，做到正能量持续报道推送。四是联动新疆内外71所高校，共同参与“万名大学生说新疆”。五是激发疆内疆外、国内国外新疆籍大学生广泛参与。鲜活生动的故事展示了第二次中央新疆工作座谈会以来新疆经济、政治、文化、社会、生态等方面的新发展、新变化、新面貌，教育引导大学生热爱党、热爱祖国、热爱中华民族大家庭，不断增强“五个认同”，积极践行中国好网民理念，弘扬社会主义核心价值观，传播正能量。

2. 举办“全国网信普法进校园——新疆站”活动

2017年11月6日至7日，由国家网信办联合教育部、司法部等国家相关部委发起、新疆网信办承办的“全国网信普法进校园——新疆站”活动在乌鲁木齐举办。活动中，疆内外十余名专家学者围绕网络安全、网络安全法等主题在新疆农业大学、新疆警察学院先后开展了专题讲座、专家论坛、模拟法庭等6场普法活动，全区1200余名师生现场参加了普法活动，校内发放普法手册5000余册。其间，新疆网信办还联合教育工委、教育厅、依法治区办等单位从高等院校中选拔了一批普法志愿者借机同步开展“新疆大学生普法志愿者校园行”活动。启动仪式上，大学生普法志愿者发起了“依法上网　文明上网　争做中国好网民”的倡议，开展了模拟法庭等活动。活动取得积极成效，增强了师生“网络空间不是法外之地”的意识，凝聚和培养一批网信法律人才，发挥了高校网信普法宣传主阵地和主渠道作用。

3. 举办“新疆网信智库成立暨首批百名专家聘任仪式”活动

2017 年 12 月 18 日，旨在助力新疆网络安全和信息化事业发展的——“新疆网信智库”在乌鲁木齐顺利落成，同日举行首批百名专家聘任仪式。新疆网信智库分网络安全、信息化、意识形态、网络传播、反恐与民族宗教、互联网法治 6 大领域，首批从中科院、中国社科院、中央党校、军事科学院、北京大学、清华大学、国防大学、新疆大学、新疆社科院等疆内外知名科研机构、高等院校聘任专家 108 名，包括中国工程院院士 10 名。

三十三、新疆生产建设兵团

（一）工作综述

围绕服务保障好党的十九大胜利召开这一首要政治任务，做好党的十九大服务保障和网上宣传工作，在兵团主要网站及主流媒体开设特色专栏专题，不断拓展网站传播渠道，形成正面宣传强势。

维护网络意识形态安全。组织召开兵团网络安全与发展工作座谈会，建立健全网络安全及内容管理机制，重点落实网络管理属地责任和主体责任，推进政务网站网络内容发布审核规范化建设；在兵团范围内组织开展专项行动，清理有害信息。

提升网络安全保障能力。将网络安全检查工作列为一项常态化工作，定期督导检查兵团辖区网站和关键信息基础设施；完善关键信息基础设施认定工作，提升兵团关键信息基础设施的容灾备份能力，抵御网络安全风险。

发挥信息化驱动引领作用。完善信息基础设施建设、“宽带入户”等惠民工程顺利实施，光纤网络和移动通信网络基本覆盖兵团各师、团场、连队；兵师团政务内网、外网投入使用，实现政务网站技术平台大集约；持续开展“互联网 +”行动，统筹协调推进“互联网 + 政务”“互联网 +

教育”“互联网＋医疗”服务。

（二）工作亮点

1. 召开兵地网信工作座谈会

2017 年 1 月 13 日，新疆网信办与新疆生产建设兵团党委宣传部、网信办及主要媒体召开兵地网信工作座谈会。会议明确了 2017 年工作重点、任务和目标，进一步加强与新疆网信办的工作协调、业务交流，建立联合管控机制。建立兵地网信工作沟通会商机制、舆情监测应对合作机制，加强双方在网络安全管理、网络文化建设等方面合作，共同营造清朗的网络空间。

2. 开展专项清理行动

开展“清理整治违法违纪网站、新媒体账号专项整治专项行动”。对辖区体制内网站、“两微一端”等各类网络平台进行摸底统计，排查清理整治辖区内违法违规、存在安全隐患、长期无运维人员管理的网站及各类网络平台，对网络平台长期不更新、审核发布不完善、涉及违法违规信息等问题，采取相关处理措施，有效净化兵团网络空间。

三十四、大连

（一）工作综述

2017 年，大连市网信系统在中央、辽宁省委网信办和大连市委、市政府的统一部署指导下，对标“重双基、强双责”的工作要求，坚持“正能量是总要求，管得住是硬道理”开展网信工作。

做好党的十九大网上宣传。部署属地各媒体网站按照会前会中会后三个阶段设置议题，迎接十九大召开，学习宣传贯彻十九大精神。在网站首页重要位置开设“领航新征程”等系列专题专栏对十九大报告及相关内容进行诠释解读。安排市属各新媒体在微信公众号菜单栏设置“十九大”专栏，下设“央媒发布”“本地报道”“微博话题”“领航新征程”等子菜单，并在微博发布 # 学习贯彻十九大大连振兴绘蓝图 # 话题。组织开展“学思践悟十九大·微宣讲”网络互动活动，并开设#新时代有话说#微话题，进行作品征集、网络宣讲和实践活动。

正面引导网上舆论。做好习近平总书记系列重要讲话精神和治国理政新理念新思想新战略的网上宣传，以习近平总书记系列重要讲话精神引领网上舆论。围绕学习习近平总书记参加辽宁代表团审议时的重要讲话精神、东北全面振兴、营商环境建设、自贸区挂牌、“2017夏季达沃斯”、上海市与大连市对口合作等重大主题，运用网站、双微、移动客户端、直播平台进行多维传播，提升正面宣传的到达率、阅读率、点赞率。关注中央媒体、省级媒体对大连经济社会发展和施政亮点的宣传，借力《光明日报》《经济日报》《辽宁日报》《瞭望新闻周刊》等中央、省级媒体对大连经济工作的正面报道，组织部署市属各网站、各新媒体做好再编辑和微传播，做好全面深化改革、老工业基地振兴和经济形势政策的网上宣传。

组织专题活动促进正能量传播。策划实施“全城发现‘大·海·红’大连城市形象网络代言评选”活动，组织召开东北主播实训基地揭牌暨网红主播文化观摩研讨会，结合官方主办、媒体策划、平台推广、市场化运作等多元手段塑造大连网上城市形象，提升影响力。组织开展“网络中国节”之春节、清明、端午、中秋等传统节日的网上宣传，弘扬中国优秀传统文化。2017年1月11日至13日，国家网信办组织的“直击东北经济”主题采访活动在大连市进行。活动期间，中央、省市各网媒发布采访活动新闻稿件60余篇，微博话题#直击东北经济·中央采访团在大连#集纳微博43条，阅读量86.9万。2017年5月，制定《大连市深入实施“网络公益工程”工作方案》，推进“爱+”公益梦想行动，策划开展“大连·城记——我的大连我的家”系列主题活动。

筑牢网络安全屏障。成立大连市网络安全和信息化协会，加强全市网络安全工作。宣传贯彻实施《网络安全法》，通过展览、论坛等多种形式组织网站、报刊、电台、电视台等媒体广泛参与，通过普及网络安全知识，营造全面参与的网络安全宣传氛围。2017年9月，举办主题为“网络安全为人民，网络安全靠人民”的2017大连网络安全宣传周活动。中山区、军分区、工商银行等60余家机关、部队、金融企业，共32万余人次参与主题日等活动；网络安全专家普及网络安全知识吸引4万余人次参加；22家网络安全企业积极布展网络安全科技成果展，3万余人次参观体验了网络安全“黑科技”。

（二）工作亮点

1. 推进网络公益活动

2017年5月，制定《大连市深入实施“网络公益工程”工作方案》，扎实推进“爱+”公益梦想行动，策划开展“大连·城记——我的大连我的家”系列主题活动，线上线下凝聚起城市文明进步发展的磅礴力量，取得了良好的社会效益。

2. 举办城市形象网络代言评选活动

2017年9月，市委宣传部、市网信办在全市启动了“全城发现‘大·海·红’——大连城市形象网络代言评选”活动。运用大连新闻传媒中央厨房集本市主流媒体于一体的属地宣传资源，借助新浪、网易等知名商业网站推广平台，发挥媒体融合综合技术效应，相互借力、联动配合，对活动进行全方位、立体式的宣传推广。

三十五、青岛

（一）工作综述

宣传党的十九大精神。一是深入开展学习十九大精神活动宣传。开展“每周一测·一起来学习十九大精神”知识答题、“‘数’说十九大奔向新时代”知识闯关赛、“新时代，由我来发声！”十九大报告金句朗读、“镜头里的你我”学习十九大精神风采基层采访、“青岛，我的美好生活”手机随手拍摄影大赛、“十九大说文解字”系列短视频展示等六项网上宣传活动。二是举办学习报告会扩大宣传。配合中央、省委网信办举办网信系统宣讲报告会，区市网络办及网站中层以上负责人、采编业务骨干共200余人参加。三是运用新媒体深化宣传。通过微信、图说、H5、微视频、动漫等形式，制作推送新媒体稿件100多篇。四是组织网站开设专题、互动专栏宣传。设置“喜迎十九大”“党的十九大”“领航新征程　学习贯彻十九大精神”等专题，集纳转载重要报道、评论 60 余期，转发推送十九大重要新闻稿件 1000 多篇。五是做好重点电视专题片推介宣传。大力推介《法治中国》《大国外交》《辉煌中国》等专题片，累计发稿 600 多篇次、点击量 10 万余人。

强化网上正面宣传。一是主题宣传。大力开展以习近平同志为核心的党中央治国理政新理念新思想新战略，以及全面从严治党、“一带一路”“两学一做”等主题活动宣传，累计开设专题专栏 20 多个，集纳转载重要报道评论 150 余篇。二是活动宣传。举办“印象青岛之旅”“新旧动能转换——全国网络媒体行”，开展“畅安青岛大家行”“有教养的细节”网上宣传教育活动，进一步打造“网事如歌”网络文化品牌，推进“微美青岛”“友善青岛”等六项活动。三是新媒体宣传。利用图文、动漫、微视频、H5 等形式生产制作《1000 字读懂市政府工作报告》《动新闻：5 分钟看懂青岛今年要干的 17 件事》等新媒体产品 70 多件。

推进网络法规宣传贯彻。举办《网络安全法》专题讲座，分层次对各部门、各区市及相关从业人员开展培训。举办普法咨询专场，指导区市开展主题宣传，开展《网络安全法》宣传“五进”活动。组织市属网站在 PC 端开设专题专栏，在“两微一端”集中转发 H5 作品，形成线上线下呼应态势。启动青岛市“净网”工作，开展市内关键信息基础设施网络安全检查，设立青岛市互联网违法信息举报中心。

（二）工作亮点

1. 青岛市互联网违法信息举报中心上线运行

2017 年 5 月 31 日，青岛市互联网违法信息举报中心正式上线运行。该中心由市网络办、市公安局网警支队联合国内最大第三方网络安全数据共享交换平台“安全联盟”共同开设，举报受理范围涵盖网上谣言类和虚假、色情、低俗庸俗类等违法违规有害信息，全年受理违法信息举报 2 万余次。

2. 开展“青岛，我的美好生活”手机随手拍摄影大赛

鼓励市民围绕青岛的城市变化、父母亲人的笑容等内容进行拍摄，精选优秀作品在活动官网展出，通过网络投票、结合专家评议进行评选。共有200多名拍客报名，提交精美相片1000余张，宣传展示普通百姓的美好生活。

三十六、宁波

（一）工作综述

2017年，宁波市网信战线深入学习贯彻习近平新时代中国特色社会主义思想，按照中央和省委、市委决策部署，树立“四个意识”，坚持稳中求进工作总基调，加强网络内容建设，推进信息化建设，提升网络安全与保障，为建设国际港口名城、打造东方文明之都作出贡献。

引导网络空间正能量。一是做好党的十九大精神网上宣传工作。指导中国宁波网、宁波广电网、甬派等属地重点新闻网站和客户端持续做好“新时代新作为”“领航新征程——学习贯彻十九大精神”“砥砺奋进的五年”“砥砺奋进勇立潮头”“治国理政进行时”等重大网上主题宣传。二是网络议题传播影响广泛。设置“宁波，常有新变化”“甬往直前，冲刺十三五”“中东欧牵手宁波”“相约宁波文博会”“宁波——国际港口名城”“宁波——东方文明之都”“我在宁波”“阿拉宁波美”等网络议题10余个，新浪微博相关话题阅读量累计超过10亿人次。策划“俞复玲上春晚”“2017陪你过除夕”“我的祖国我歌唱”三大网络议题，一周时间内阅读量超过3000万人次。#宁波小学生向国旗敬礼#微博话题引起全网转发。三是网络文化活动推陈出新。开展十九大精神进高校，先后走进宁波大红鹰学院、宁波工程学院、宁波大学等10所高校，就党的十九大精神学习、自媒体发展、网络文明、网络安全等话题与大学生进行互动分享。组织开展第十届网络文化节，策划“剿灭劣V类水”随手拍、网络邻里节等各具特色的活动25项，参与网民超过20万人次。全面开展绿色网络文明进校园活动，绿色网络文明讲师团老师围绕网络诈骗、隐私保

护、网瘾预防等内容与听众进行现场互动，活动共走进中小学 50 余所，影响覆盖 8 万多学生。联合武汉大学、宁波出版社编辑全国首套六本青少年网络素养读本。

推进网络社会组织工作。一是加强市网络文化协会机构和人员管理，优化会员组成结构，增补调整部分理事名单。二是制定与完善宁波自媒体联盟、青少年分会、微爱网络公益联盟三家分支机构的管理制度、运营机制。三是加强协会对外宣传工作，运营好“宁波网上文化家园”协会微信公众号、官方微博，组建宁波市网络文化协会微信群。四是联合宁波电大、新浪微博成立微博城市新媒体学院。

加强依法管网治网。开展网站落实主体责任专项检查。成立属地网站落实主体责任专项检查工作领导小组，深入中国宁波网、宁波广电网、东方热线、凤凰宁波、网易宁波、新浪宁波等属地重要新闻和商业网站进行检查，并对其所属“两微一端”进行规范。组织属地网站、论坛、“两微一端”负责人学习《网络安全法》和《互联网新闻信息服务许可管理实施细则》，督促会员单位依法依规开办网站。

加强网络安全防护工作。一是做好关键信息基础设施网络安全排查工作，进一步明确网站安全主体责任，并建立责任追究制度。二是做好网络安全预警通报工作，督促各地各单位及时落实整改高危漏洞并上交整改报告。三是做好网络安全宣传周工作。印发《2017 年宁波市网络安全宣传周活动实施方案》，建立参与单位的合作联动机制，协调组织全市网络安全专题培训和应急演练，普及网络安全相关知识，涉及 20 余万人次。

促进信息化产业提质增效。一是培育新兴动能。编制发布《宁波市智能经济发展中长期规划（2016—2025 年）》，确定了智能制造、智能城市、智能港航三大重点领域，努力构建新一代智能技术、智能装备及产品、智能应用系统解决方案、智能服务平台和海陆空网络体系五大生态体系。二是探索发展新模式。推动“制造业 + 互联网”工程，已建成纺织服装云、家电创新云、生意帮协同制造云等行业云平台，积极培育网络化协同制造、大规模个性化定制和服务型制造新模式，引导企业从销售产品向“制造 + 服务”转变，激发制造业转型升级新动能。

提升智慧城市建设水平。一是谋划新型智慧城市。制定出台《宁波创建新型智慧城市三年行动计划（2017—2019）》，推进政务数据开放平台、基层社会综合治理信息系统等一批项目建设。推进智慧城市试点工作，全市共13个项目列入2017年智慧城市试点。召开第七届智博会，累计展出的产品、应用和解决方案等达3000多项。二是发展大数据应用。积极推动5G、窄带物联网等关键技术研发和试验工作，至2017年9月底已完成城区NB-IoT网络覆盖。政务大数据加快发展，市政务云已归集了14169万条有效数据记录，形成“集中共享”“交换共享”“接口共享”等多种共享方式，全力支撑“最多跑一次”改革。全面实施“企业上云”工程，共新增上云企业超过20000家。三是推动“两化”深度融合。出台市级“两化”示范企业认定标准和扶持政策，开展“两化”示范企业评选工作。推进工业物联网产业发展，制定《宁波市工业物联网三年攻坚行动计划（2017—2019）》，启动“工业物联网专项人才政策”的编制工作，制定工业物联网投资目录。组织召开工业物联网现场会，推进工业物联网产业基地建设，开展工业物联网龙头骨干企业培育，推动工业物联网技术应用。

（二）工作亮点

1. 开展绿色网络文明进校园活动

围绕“争做中国好网民”工程建设，着眼容易受网络舆论影响的青少年群体，制定“绿色网络文明进校园三年行动计划”，成立了一支由67名各领域专家组成的讲师团，组建了19个绿色网络文明家长团，通过课堂讲座、主题班会、自媒体论坛等形式，聚焦网络诈骗、网瘾预防、网络创业、网络安全等内容，在全市8所高校和50多所中小学开展绿色网络文明进校园活动，积极倡导“绿色上网、文明上网、安全上网”的新理念，直接覆盖青少年学生8万余名，得到广大师生和社会各界的一致好评。

2. 大力实施正能量“红网工程”

2017年除夕夜，市网信办策划“为一线值守者送饺子”的“陪你过除夕”公益活动，组织爱心网友包了几万个饺子，送给一线值守不能回家过节的公安民警、消防战士、环卫工人、医生护士等群体，通过网民自发参与的网络直播、H5 制作、微视频传播等形式，把“爱心宁波”传遍网络，此次活动网上浏览量 3000 余万，入围国家网信办选的“2017 年度网络公益传播力”十强。2017 年国庆前，网信办干部制作发布“宁波小学生止步敬礼”的微博迅速刷爆网络，成为“现象级”网络正能量作品，激起了广大网友的爱国热情，被 @ 人民日报、@ 人民网、@ 央视新闻、@ 央视网、@ 中国日报、@ 中国之声、@ 美国侨报网、北美 e 生活等国内外数百家媒体、政务“两微一端”和知名自媒体转载，覆盖人群 1 亿多。2017 年，宁波创新实施“小切口讲大道理”的正能量“红网工程”，推送 20 余个网络好故事被全国媒体及网友高频报道和广泛关注。

三十七、厦门

（一）工作综述

2017 年，在国家网信办和福建省网信办的指导下，厦门市全面落实属地网站管理责任，加强网站内容建设，净化网络舆论环境，维护网络安全运行，实施“横到边、竖到底”的网格化网络宣传管理工作格局，为“五大发展示范市”建设营造清朗网络空间。

加大网上主题宣传。一是提升重大主题宣传影响力。组织指导属地网站开设“学习宣传贯彻党的十九大”“治国理政新实践”“中国正在说”“砥砺奋进的五年”“一带一路高峰论坛”“厦门会晤”等专题专栏，厦门网等新闻网站共刊发各类稿件 3 万多篇，总阅读量达到 1200 万次。二是属地新媒体宣传逐步规范。新浪微博、今日头条、小鱼网、厦门快讯、yes 厦门、厦门大城小事等新媒体平台，围绕鼓浪屿申遗、厦门城市新形象、文明城市创建、喜迎金砖、点赞厦门会晤等一系列主题，推出《金砖 · 厦门》《金砖故事 · 魅力厦门》《魅力金砖 · 我为厦门代言》“100 个微笑拥抱世界”“厦门有礼——国际礼仪知识 100 点”《鼓浪屿申遗成功了！我是第 ×× 位为她点赞的》等一系列专题和微话题，各类网络作品转发量、阅读量累计突破上亿人次。举办第六届厦门网络文化节，组织 14 家市属网站、驻厦网站、网络运营商和文创企业等，围绕展示厦门文明风采、服务和宣传会晤、喜迎党的十九大等主题，共产生各类网络征文及演讲作品等百余篇、视频作品近 400 个、摄影作品 4000 余篇，VR 作品、城市微纪录等十多个，线上线下参与网民数 310 万人次，各项活动关注度、点击率、曝光量突破 2 亿人次。开展“新时代·新征程——新媒体厦门行”采访活动。

加强属地网站管理。落实属地网站管理责任。开展属地网站落实主体责任专项检查和网站信息内容安全管理专项检查，督促各属地网站切实履行主体责任。推进属地网络账号备案登记和互联网用户真实身份信息注册工作，及时登记换发互联网新闻信息许可证。组织属地具有互联网直播服务功能的网站和属地互联网应用商店进行备案，规范网上传播秩序和应用商店行业秩序。

推进统筹协调工作。协调开展网信领域各项调研。加强网络社会组织建设和管理工作，组织开展全市网络社会组织专题调研，会同市民政部门摸清全市网络社会组织基本情况。组织开展全市级融媒体中心和新媒体平台建设情况专题调研。

（二）工作亮点

1. 举办第六届厦门网络文化节

2017 年 4 月 27 日，第六届厦门网络文化节启动仪式举行。本届厦门网络文化节以“金砖你我他　厦门 e 风采”为主题，紧紧围绕迎接党的十九大和厦门会晤，策划一系列线上线下网络互动活动，共包括“城之风采”“城之韵味”“城之温度”“党建红云”4 个篇章 19 项活动。截至 2017 年 11 月 26 日，第六届厦门网络文化节圆满结束，共组织 14 家市属网站、驻厦网站、网络运营商和文创企业等，围绕展示厦门文明风采、服务和宣传会晤、喜迎党的十九大等主题，产生各类网络征文及演讲作品等百余篇、视频作品近 400 个、摄影作品 4000 余篇，VR 作品、城市微纪录等十多个，线上线下参与网民数 310 万人次，各项活动关注度、点击率、曝光量突破 2 亿人次，充分展示厦门城市新形象和新风采。

2. 组织全国部分新媒体厦门采访活动

2017 年 11 月 25 日至 27 日，厦门市委宣传部（网信办）组织新华社新媒体中心、澎湃新闻、一点资讯、成都全搜索等 11 家全国知名新媒体，在厦门开展“新时代 · 新征程——新媒体厦门行”采访活动。活动期间，先后探寻申遗成功后的鼓浪屿，观摩第六届厦门网络文化节成果展，考察云创智谷、华美文创园区、高新技术园区、五缘湾一号小区、两岸金融中心以及厦门市规划展览馆，福建自贸区（厦门）片区等，深入了解了厦门城市规划建设蓝图和近五年厦门各项事业取得的发展成果以及厦门在“智慧之城”“生态之城”创新探索方面的经验做法。

三十八、深圳

（一）工作综述

2017 年，深圳市网信办以“重双基、强双责”为着力点，以服务保障党的十九大胜利召开、宣传贯彻党的十九大精神为重点任务，加强网络意识形态宣传，注重网络意识形态引导，推进属地网络安全治理，加强政务新媒体阵地建设，提升舆情应对处置水平，保障基础设施网络安全，推动媒体行业自治，形成有创新、有亮点的深圳网信工作格局。

加强网络意识形态宣传。出台《党委（党组）网络意识形态工作责任制实施细则》。党的十九大期间，指挥全市网络阵地以全媒体姿态传播十九大权威声音，开设“聚焦十九大，共筑中国梦”等专题。十九大胜利闭幕后在深圳新闻网等平台推出《深圳大咖邀你入群为深圳“打Call”》等移动传播作品，为全面贯彻落实十九大精神营造了良好舆论氛围。围绕深圳市“两会”、文明城市创建、城市文化菜单等重点工作，推出主题宣传作品超过 14430 篇，持续发出深圳好声音。通过组织开展“习近平总书记考察深圳 5 周年”专题网络系列宣传、“民生二维码”系列网络访谈、“我的中国梦”正能量短视频大赛、“深圳红”自媒体高峰论坛、“微美瞬间 · 我为深圳代言”暖视频直播等活动，催生了一批“互联网 + 民生服务”新举措和“互联网 + 社会主义核心价值观”的新风尚。

推进属地网络综合治理。建立和完善约谈制度，先后约谈了“小密圈”“红歌会”等49家违规属地网站以及有关微信公众号负责人，取得了良好管理效果。加强网络有害信息举报受理处置，新增开一条移动举报热线，完善非工作时间的举报电话接听工作。

加强政务新媒体阵地建设。出台《关于进一步强化我市政务新媒体工作的通知》，推动建立政务新媒体主编制度、值班制度、重要信息通报制度、工作联系制度。打造深圳发布厅#辟谣#品牌专栏，及时与相关部门政务微博联动澄清网络谣传。

推动媒体行业自治。发布《深圳市互联网发展状况研究报告》，提供互联网产业详尽数据，为政府决策提供参考，为行业发展提供辅助分析。成立深圳市自媒体联盟，由政务、机构和个人三类自媒体组成，致力于探索加强网络空间共建、共享、共治的治理模式。成立深圳市网络媒体协会，由深圳地区从事网络媒体行业的企事业单位、个人，以及关心和有志于推动互联网信息事业发展的单位和社会各界人士组成，推行网络媒体行业规范和自律公约，开展行业调研，加强行业交流，传递新技术，发挥网络舆论力量，向全世界宣传深圳、介绍深圳，有力推动深圳互联网健康有序发展。

（二）工作亮点

1. 举行“习近平总书记考察深圳5周年”专题网络系列宣传活动

紧扣习近平总书记考察深圳5周年的重要时间节点，创作推出了一批形式灵活、内容精彩的原创新媒体作品，再现习近平总书记考察深圳的足迹，聚焦深圳5年来“牢记嘱托、勇当尖兵”成就。相关宣传报道全网推荐总阅读量近9000万，营造了深圳改革创新发展成效显著、气势如虹、未来可期的浓厚舆论氛围。

2. 举办“我的中国梦”——正能量短视频大赛

2017年11月27日，由深圳市网信办主办，“看了吗”短视频平台、深圳新闻网、壹深圳客户端共同承办的“我的中国梦”——正能量短视频大赛正式启动。活动把握短视频推动网络传播的新趋势，发动深圳市民和全国网友以随手拍、剧情短片等形式展现“中国梦”的深圳注脚，从而助力学习宣传贯彻党的十九大精神，践行社会主义核心价值观，探索新时代媒体融合创新的新途径。

第九章　行业机构

一、研究机构

（一）获得 2017 年度国家科学技术进步奖的网信领域研究机构[①]

国家科学技术进步奖，是国务院设立的国家科学技术 5 大奖项（国家最高科学技术奖—个人奖项、国家自然科学奖—个人奖项、国家技术发明奖—个人奖项、国家科学技术进步奖—组织奖项、国际科学技术合作奖—外国组织奖项）之一，国家科学技术进步奖授予在技术研究、技术开发、技术创新、推广应用先进科学技术成果、促进高新技术产业化，以及完成重大科学技术工程、计划等过程中作出创造性贡献的中国公民和组织。以下是获得 2017 年度国家科学技术进步奖的网信领域研究机构简介。

1. 中国电子信息产业集团有限公司
2. 解放军信息工程大学
3. 北京天融信科技有限公司
4. 郑州信大捷安信息技术股份有限公司
5. 北京数字认证股份有限公司
6. 西安交通大学
7. 税友软件集团股份有限公司
8. 上海交通大学
9. 北京智芯微电子科技有限公司

---

① 2017 年度国家科学技术进步奖网信领域获奖项目的主要完成单位。

10. 上海华虹集成电路有限责任公司
11. 上海市信息安全测评认证中心
12. 上海观源信息科技有限公司
13. 中国电力科学研究院

表 9–1 获得 2017 年度国家科学技术进步奖的网信领域研究机构简介

研究机构规范名称	主要研究领域	官网网址	二维码
中国电子信息产业集团有限公司	以网络安全作为主营业务和核心能力，业务范围涵盖网络安全、新型显示、集成电路、高新电子、信息服务等国家战略性、基础性、先导性电子信息产业领域。 2017 年“中国电子网络安全与信息化科技创新工程”获得国家科学技术进步奖一等奖。在网络安全方面，该项目推出兼容 ARM 标准和指令集的 4 核、16 核 CPU 和全球首款 64 核飞腾 CPU，自主研制 DDR4 低功耗内存缓冲控制器、“智桥”万兆网络交换芯片，其研发的麒麟操作系统成为国内安全等级最高的操作系统；在信息化方面，研发为 G20 峰会保驾护航的国家级聚合式网络安全平台，以及可同时为 80 万税务干部、3500 万纳税法人、5 亿自然人提供 7×24 小时税费服务金税三期等一系列国家重大信息化工程。	http：//www.cec.com.cn/	

研究机构规范名称	主要研究领域	官网网址	二维码
解放军信息工程大学	主要研究领域为网络空间安全、时空大数据、人工智能、可见光通信、拟态防御、量子信息等。 2017 年“面向互联网开放环境的重要信息系统安全保障关键技术研究及应用”获得国家科学技术进步奖二等奖。项目瞄准基于互联网重要信息系统安全保障国家重大战略需求，在动态安全模型、网络防护体系架构及关键技术等方面取得创新。为北京奥运会、上海世博会、抗战胜利 70 周年阅兵、G20 杭州峰会、天宫神舟交会对接等重大活动提供了安全保障。	http：//www.81.cn/jwgz/2017-06/13/content_7636741.htm	
北京天融信科技有限公司	应用 EA 模型，选择合适的技术和管理手段，为用户构建实用的安全防护体系、安全管理体系和安全运维体系，从防护能力、监管能力、运维能力三个方面，为客户提供全方位安全保障。 2017 年“面向互联网开放环境的重要信息系统安全保障关键技术研究及应用”获得国家科学技术进步奖二等奖（项目介绍同上）。	http：//www.topsec.com.cn/	
郑州信大捷安信息技术股份有限公司	从事安全芯片创新设计、云安全服务平台研发，提供移动・物联安全服务保障。 2017 年“面向互联网开放环境的重要信息系统安全保障关键技术研究及应用”获得国家科学技术进步奖二等奖（项目介绍同上）。	http：//www.xdja.com/	

研究机构规范名称	主要研究领域	官网网址	二维码
北京数字认证股份有限公司	主要业务为电子认证服务、电子认证产品及可管理的信息安全服务。 2017 年“面向互联网开放环境的重要信息系统安全保障关键技术研究及应用”获得国家科学技术进步奖二等奖（项目介绍同上）。	http：//www.bjca.org.cn/	
西安交通大学	打造改革试点探索与评估协同创新中心、丝绸之路经济带研究协同创新中心等一批高端智库和研究平台，全面实施提升国际竞争力战略，以教育国际化推动区域国际化。 2017 年“税务大数据计算与服务关键技术及其应用”获得国家科学技术进步奖二等奖。该项目结合国家金税工程需求，针对税务数据面临点多线长难验真、省际孤岛难共享、高维特征难建模、偷逃骗税难发现、纳税诚信难评价等难题，研制出国家税务大数据分析平台软件系列产品，包括：个人税收管理系统、指标管理系统、风险管理系统、信用管理系统等技术与业务模块，提出“纳税人利益关联网络”概念并攻克相关技术，将复杂网络理论应用于税务数据分析，应用于发现偷、逃、骗税疑点及纳税信用管理领域。该项目总计获国家发明专利 25 项；获软件著作权 122 项；登记软件产品 88 项；制定行业规范 15 项。在国税总局和所有省级国、地税局应用，为 5000 万法人纳税人提供服务。	http：//www.xjtu.edu.cn/index.htm	

研究机构规范名称	主要研究领域	官网网址	二维码
税友软件集团股份有限公司	专注于税务信息化，向各级税务部门提供从税收征管、网上办税到决策支持全方位的产品与解决方案，提高税收征管效率，降低征税成本。为全国企业、个人、财税中介提供涉税咨询、培训与服务。 2017年“税务大数据计算与服务关键技术及其应用”获得国家科学技术进步奖二等奖（项目介绍同上）。	http：//www.jdlssoft.com.cn/	
上海交通大学	建设面向世界基础科学前沿和国家战略需求的研究机构，如李政道研究所、中国城市治理研究院、中国质量发展研究院、中国海洋装备工程科技发展战略研究院等。	https：//www.sjtu.edu.cn/	
北京智芯微电子科技有限公司	主营业务覆盖电力、信息通信、节能环保、金融、市政和现代服务业等领域，致力于成为以智能芯片为核心的整体解决方案提供商。	http：//www.sgitg.sgcc.com.cn/html/xcjt/col2018072556/2018-08/18/20180818145136244691979_1.html	
上海华虹集成电路有限责任公司	主营业务为智能卡、物联网等信息安全应用领域，专注于智能卡和信息安全芯片的研发，产品广泛应用于金融支付、政府公共事业、身份识别、电信等领域。在智能电网、智能交通、智能家居、工控安全等领域，为网络安全提供技术保障。	http：//www.shhic.com/	
上海市信息安全测评认证中心	从事信息技术产品、信息系统安全测评及相关资质认证等业务的第三方专业机构。	http：//www.shtec.org/	

研究机构规范名称	主要研究领域	官网网址	二维码
上海观源信息科技有限公司	从事计算机、电子信息领域数据安全分析及相关产品开发。从事针对智能卡、USBKEY、加密卡等密码系统的安全测试评估，对移动终端等嵌入式设备中操作系统和应用软件的安全分析和代码审计，密码算法的分析和设计。拥有自主研发的测试仪器和软硬件平台。	http：//www.viewsources.com/	
中国电力科学研究院	从事超/特高压交直流输变电技术、电网规划分析及安全控制技术、输变电工程设计与施工技术、配用电技术以及新能源、新材料、电力电子、信息与通信、能效测评及节能等技术的研究，研究范围涵盖电力科学及其相关领域的各个方面。	http：//www.epri.sgcc.com.cn/	

（二）部（委、办、局）内设或直属的网信领域研究机构（部分）

网信领域研究机构隶属于不同部委，主要有国家发改委的国家信息中心，国家网信办的中国网络空间研究院、中国互联网络信息中心、国家计算机网络应急技术处理协调中心，公安部第三研究所，科技部的中国科学技术信息研究所，工信部的中国赛宝实验室、中国电子技术标准化研究院、国家工业信息安全发展研究中心、中国电子信息产业发展研究院、中国信息通信研究院，中国科学院信息工程研究所等单位，研究领域各有侧重，各具特色。现择要列表简介如下。

1. 国家信息中心

2. 国家计算机网络应急技术处理协调中心

3. 中国网络空间研究院

4. 中国互联网络信息中心

5. 公安部第三研究所

6. 中国科学技术信息研究所

7. 中国赛宝实验室（工业和信息化部电子第五研究所）

8. 中国电子技术标准化研究院

9. 国家工业信息安全发展研究中心

10. 中国电子信息产业发展研究院（赛迪智库）

11. 中国信息通信研究院

12. 中国科学院信息工程研究所

13. 中国现代国际关系研究院

14. 解放军陆军工程大学

表 9–2　各部（委、办、局）内设或直属的网信领域的研究机构（部分）简介

研究机构规范名称	主要研究领域	官网网址	二维码
国家信息中心	负责国家发展改革委政务信息化建设及技术支持，承担“智慧发改”建设实施管理和国家发展改革委政务大厅日常运转工作。负责国家电子政务外网建设、运维及相关管理工作，为国家政务信息系统整合共享工作提供技术支撑。承担宏观经济监测预测与国民经济和社会发展重大问题研究，开展定量分析模型开发和宏观政策仿真模拟。研究国民经济和社会发展战略及中长期趋势，为国家和各级政府部门制订中长期规划和区域发展战略提供决策支持和政策咨询。开展信息化战略规划、顶层设计与制造业等产业的决策咨询，主要包括数字经济、共享经济、智慧城市、战略性新兴产业、汽车产业等领域的战略规划和咨询服务。开展大数据决策支持服务，研究大数据发展战略与总体规划，推动数据共享、开放与应用。开展大数据领域关键共性技术、核心算法模型等基础研究。承担信息安全政策咨询、安全风险评估和等级保护、信息安全监测以及数据安全服务等，开展信息系统和网络安全相关理论和应用研究。协调指导全国经济信息系统和国家电子政务外网系统相关业务发展。开发建设“中国经济信息网”、承担“信用中国”网站、中国“一带一路”官网运行维护和技术支持工作。	http：//www.sic.gov.cn/index.htm	

研究机构规范名称	主要研究领域	官网网址	二维码
国家计算机网络应急技术处理协调中心	国家计算机网络应急技术处理协调中心（中文简称“国家互联网应急中心”，英文简称“CNCERT”或“CNCERT/CC”）成立于 2002 年，是国家网络安全应急体系的核心技术协调机构。开展互联网网络安全事件的预防、发现、预警和协调处置等工作，维护国家公共互联网安全，保障基础信息网络和重要信息系统的安全运行，开展以互联网金融为代表的“互联网 +”融合产业的相关安全监测工作。目前，CNCERT 已经在全国 31 个省、自治区、直辖市设有分支机构。同时，作为中国非政府层面开展网络安全事件跨境处置协助的重要窗口，CNCERT 开展国际合作，致力于构建跨境网络安全事件的快速响应和协调处置机制。	www.cert.org.cn	
中国网络空间研究院	中国网络空间研究院是中央网络安全和信息化委员会办公室（国家互联网信息办公室）直属事业单位，旨在打造国内顶尖、世界知名的网络空间领域新型高端智库，为国家在网络安全和信息化领域的重大战略规划、政策决策、工程建设、技术创新等提供思想理论、科学研究、人才智力、技术保障等方面支撑。研究院下设多个研究机构，研究领域包括网络内容建设、网络安全、信息化、网络空间国际治理等。	http：//www.cac.gov.cn/	
中国互联网络信息中心	中国互联网络信息中心是我国域名注册管理机构和域名根服务器运行机构，致力于构建全球领先、服务高效、安全稳定的互联网基础资源服务平台，支撑多层次、多模式公益的互联网基础资源服务；负责开展中国互联网络发展状况等多项互联网络统计调查工作，描绘中国互联网络的宏观发展状况，记录其发展脉络；跟踪互联网政策和技术的最新发展，与相关国际组织以及其他国家和地区的互联网络信息中心进行业务协调与合作。	http：//www.cnnic.net.cn/	

研究机构规范名称	主要研究领域	官网网址	二维码
公安部第三研究所	主要从事网络安全与智慧警务科研创新与技术支撑，在警务信息智能感知、警务数据安全共享、违法犯罪监测预警等优势研究领域有着长期的积累，在网络攻防、网络侦察、技术侦察、国产密码、电子取证、等级保护、大数据分析、智能安防、毒品检测等领域着力部署，提供核心关键技术支撑与系统解决方案，在公共安全领域具备强大的智能装备制造和系统集成的产业化能力。业务涵盖公共安全产品研发、检测评估、系统集成多领域。	http：//hr.trimps.ac.cn/introduction.jhtml	
中国科学技术信息研究所	主要从事以“科技决策支持”为特色的信息分析研究、科技信息服务、新技术研发推广和先进服务平台管理、科技信息领域高级人才培养和继续教育培训、社团管理、媒体出版等业务，同时肩负着国家科技管理信息系统、国家科技报告服务系统、国家科技信息资源综合利用与公共服务中心、国家工程技术图书馆建设与发展的重任。	http：//www.istic.ac.cn/	
中国赛宝实验室（工业和信息化部电子第五研究所）	提供从材料到整机设备、从硬件到软件直至复杂大系统的认证计量、试验检测、分析评价、数据服务、软件评测、信息安全、技术培训、标准信息、工程监理、节能环保、专用设备和专用软件研发等技术服务。具有多项认证、检测资质和授权，建立了良好的国际合作互认关系，可在世界范围内开展认证、检测业务，代表中国进行国际技术交流、标准和法规的制订。为工业和信息化部、地方政府提供技术支撑，为电子信息企业提供技术支持与服务。	https：//www.ceprei.com/	

研究机构规范名称	主要研究领域	官网网址	二维码
中国电子技术标准化研究院	以电子信息技术标准化工作为核心，通过开展标准科研、检测、计量、认证、信息服务等业务，面向政府提供政策研究、行业管理和战略决策的专业支撑，面向社会提供标准化技术服务。承担55个IEC、ISO/IEC JTC1的TC/SC国内技术归口和17个全国标准化技术委员会秘书处的工作，与多个国际标准化组织及国外著名机构建立了合作关系。	http：//www.cesi.cn/page/index.html	
国家工业信息安全发展研究中心	业务体系为以工业信息安全和两化融合为核心，军工电子、知识产权、数字资源建设等共同发展。参与国家重大战略、规划、政策编制，服务对象包括工业和信息化部、国家网信办、国防科工局、科技部、发改委、中央军委装备发展部等政府和军队领导机关，以及相关科研院所、企业和高等院校等各类主体。	http：//www.etiri.com.cn/	
中国电子信息产业发展研究院（赛迪智库）	面向政府、面向企业、面向社会提供研究咨询、评测认证、媒体传播与技术研发等专业服务。形成了政府决策与软科学研究、传媒与网络服务、咨询与外包服务、评测与认证服务、软件开发与信息技术服务五业并举发展的业务格局。	http：//www.ccidgroup.com/sdyj/index.htm	
中国信息通信研究院	围绕国家“网络强国”和“制造强国”建设，强化电信业和互联网研究优势，在4G/5G、工业互联网、智能制造、移动互联网、物联网、车联网、未来网络、云计算、大数据、人工智能、虚拟现实/增强现实（VR/AR）、智能硬件、网络与信息安全等方面进行了深入研究与前瞻布局，在国家信息通信及信息化与工业化融合领域的战略和政策研究、技术创新、产业发展、安全保障等方面发挥了重要作用，有力支撑了“互联网+”、中国制造2025、宽带中国等重大战略与政策出台和各领域重要任务的实施。	http：//www.caict.ac.cn/	

研究机构规范名称	主要研究领域	官网网址	二维码
中国科学院信息工程研究所	主要研究领域为密码理论与安全协议、信息智能处理、数据安全、通信与电磁安全、网络与系统技术、信息系统测评等。	http：//www.iie.ac.cn/	
中国现代国际关系研究院	主要研究领域为综合性国际问题研究。	http：//www.cicir.ac.cn/NEW/index.html	
解放军陆军工程大学	以陆军通信兵、工程兵、军械装备等领域为基础，辐射陆军工程保障和新型作战力量全领域；以本科高等教育、研究生教育、士官职业技术教育、外军留学生教育为主要培训类型，主要承担陆军通信兵、工程兵、无人机、武器装备保障（步兵、炮兵、防空兵等领域）和部分新兴专业军官培养，以及陆航飞行员、航空机务生长军官本科基础教育等任务。		

（三）首批一流网络安全学院建设高校

1. 西安电子科技大学网络与信息安全学院

2. 东南大学网络空间安全学院

3. 武汉大学国家网络安全学院

4. 北京航空航天大学网络空间安全学院

5. 四川大学网络空间安全学院

6. 中国科学院大学网络空间安全学院

7. 解放军信息工程大学国家网络安全学院

表 9–3　首批一流网络安全学院建设高校简介

研究机构规范名称	主要研究领域	官网网址	二维码
西安电子科技大学网络与信息安全学院	面向国家重大需求和学科前沿，促进基础研究，推进国防装备发展，拓展优势领域，主动谋划大项目和大系统，产生“能引领技术发展的基础理论和能推动行业发展的技术创新”为代表的一流科研成果，促进成果在国防和民用领域的转化和应用。为国家重大需求、国民经济建设、区域特色发展提供技术和人才支持，建成国际一流的网络空间安全学科和国内一流世界知名的科学研究与高层次人才培养基地。	http：//ce.xidian.edu.cn/	
东南大学网络空间安全学院	开展网络空间安全研究工作，主要研究领域为网络空间监测与防护、网络空间匿名通信与隐私、无线通信网安全技术、工业控制系统安全、物联网安全、大规模复杂网络安全等。	http：//cyber.seu.edu.cn/main.htm	
武汉大学国家网络安全学院	主要研究领域为可信计算与系统安全、网络威胁感知与安全保障、数据隐私保护、密码专用芯片设计与开发等。	http：//cse.whu.edu.cn/	
北京航空航天大学网络空间安全学院	在空天信息网络高速数据加密、卫星网络通信系统安全、移动互联网安全、大数据与云计算安全、区块链安全、安全操作系统、网络舆情分析与监管、车联网安全、空管信息网络安全、工业控制系统安全、集成电路安全等研究领域，积极开展与国内知名网信企业的战略合作，建成一批网络安全联合实验室和实践实训基地。承担了国家 863、973 计划、国家自然科学基金重大研究计划、国家重点研发计划等项目。	http：//cst.buaa.edu.cn/index.htm	

研究机构规范名称	主要研究领域	官网网址	二维码
四川大学网络空间安全学院	主要研究领域为网络空间数字虚拟资产保护基础科学问题，从数字虚拟资产的基础数学模型、安全管理和交易技术、安全威胁感知方法、动态风险控制机制等方面进行基础理论性研究，构造一个数字虚拟资产安全管理与交易原型系统。	http：//ccs.scu.edu.cn/	
中国科学院大学网络空间安全学院	拥有网络空间安全、计算机科学与技术、信息与通信工程等一级学科博士培养点，拥有密码学与信息对抗、智能信息处理、数据安全与网络空间信任体系、电磁与移动通信安全、网络与系统安全、网络空间安全评测 6 个教研室。	http：//scs.ucas.ac.cn/index.php/zh-cn/	
解放军信息工程大学国家网络安全学院	主要研究领域为国家网络安全。		

（四）29 所获网络空间安全一级学科博士点的学校（排名不分先后）

1. 清华大学
2. 北京交通大学
3. 北京航空航天大学
4. 北京理工大学
5. 北京邮电大学
6. 哈尔滨工业大学
7. 上海交通大学
8. 南京大学
9. 东南大学
10. 南京航空航天大学
11. 南京理工大学

12. 浙江大学
13. 中国科学技术大学
14. 山东大学
15. 武汉大学
16. 华中科技大学
17. 中山大学
18. 华南理工大学
19. 四川大学
20. 电子科技大学
21. 西安交通大学
22. 西北工业大学
23. 西安电子科技大学
24. 中国科学院大学
25. 解放军国防科学技术大学
26. 解放军信息工程大学
27. 解放军陆军工程大学
28. 解放军电子工程学院（2017 年并入国防科学技术大学）
29. 解放军空军工程大学

二、全国性网络社会组织（部分）

据统计，截至 2017 年 12 月，我国网络社会组织 1950 家，比 2016 年 12 月增加 616 家，增长 46.2%。其中，全国性网络社会组织 47 家，与 2016 年 2 月相比未变化；地方网络社会组织 1903 家，比 2016 年增加 616 家，增长 47.9%。

从业务类型看，综合类（主要包括互联网协会，网络社会组织联合会、促进会等业务领域较全面的网络社会组织）525 家、网络文化与传播类（主要包括网络文化、网络传播、新媒体等方面网络社会组织）336 家、网络安全类 67 家、信息化发展类（主要包括计算机、软件、电子、通信、创新创业、新兴网络技术等方面网络社会组织）394 家、网络公益类 109 家、网信经济类 519 家。

目前，我国共有全国性网络社会组织 47 家，主要包括：中国互联网发展基金会、中国网络空间安全协会、中国互联网协会、中国网络视听节目服务协会、中国互联网上网服务行业协会、中国青少年新媒体协会、中国互联网金融协会、中国信息协会、中国电子商会、中国电子信息行业联合会、中国信息产业商会、电信终端产业协会、中国通信学会、中国电子学会、全国高等院校计算机基础教育研究会、中国信息经济学会、中国移动通信联合会、中国通信标准化协会、中国电子商务协会、中国电子教育学会、中国软件行业协会、国际数字地球学会等。

其中，注册地在北京的 43 家，注册地在天津的 1 家，注册地在上海的 1 家，注册地在重庆的 1 家，注册地在西安的 1 家。从主管单位① 来看，工业和信息化部主管的网络社会组织最多，有 19 家，中国科学技术协会主管的有 6 家，教育部主管的有 4 家，国家互联网信息办公室主管的有 3 家，国务院国有资产监督管理委员会主管的有 2 家，中国人民银行等其他 13 部门主管的各有 1 家。从业务类型看，综合类 3 家、网络文化与传播类 5 家、网络安全类 1 家、信息化发展类 35 家、网络公益类 1 家、网信经济类 2 家。从成立时间上看，2000 年以前成立 32 家，2000 年至党的十八大成立 9 家，党的十八大后成立 6 家。从组织类型看，社会团体 45 家、基金会 1 家、社会服务机构 1 家。

（一）中国互联网发展基金会

中国互联网发展基金会（China Internet Development Foundation, CIDF），是经国务院批准，由国家互联网信息办公室主管，在民政部登记注册，具有独立法人地位的全国性公募基金会。宗旨是让互联网发展成果惠及 13 亿中国人民。业务范围是支持社会组织、单位和个人参与网络正能量传播；支持社会组织、单位和个人参与网络安全和信息化建设；开

① 主管单位名称为社会组织登记注册时的上级主管部门。

展或支持社会组织、单位和个人参与互联网领域国际及港澳台地区交流与合作；对为发展我国互联网公益事业作出突出贡献的社会组织、单位和个人进行奖励；依法组织实施符合互联网发展基金会宗旨的资助、服务、扶贫、救灾援助等公益项目；资助其他推动互联网健康发展的公益活动等。

基金会成立于 2015 年 8 月，自成立以来，基金会紧紧围绕网信中心工作，服务网信大局，开展网上正能量传播、网络安全、信息化发展、互联网领域国际和港澳台交流以及网络扶贫等方面的公益项目。开展的主要活动有：

一是围绕中心工作，弘扬网上正能量。主办首届“两微一端”百佳评选活动、2016 年度“五个一百”网络正能量精品评选活动、第三届中国网络正能量—江山论坛、2017 金融信息服务发展高峰论坛、汉藏双语应用程序开发大赛等公益项目，吸引更多网民参与网上正能量传播，助力营造天朗气清的网络环境。

二是成立“网络安全专项基金”，服务国家网络安全大局。“网络安全专项基金”成立以来，每年评选网络安全人才奖、优秀教师奖等奖项，相关获奖人员在每年举办的国家网络安全宣传周上予以表彰。专项基金发起“网络安全万人培训资助计划”，充分发挥专项基金对国家网络安全的服务和支撑作用。

三是开展网络扶贫，促进信息化发展。主办第四届世界互联网大会“共享红利：互联网精准扶贫”分论坛，参与承办“2017 中国扶贫日‘互联网 +’精准社会扶贫论坛”，组织网信企业与地方政府结对帮扶签约。支持陕西佛坪县扶贫工作，成立佛坪县高考激励基金。

四是积极参与互联网国际及港澳台交流，深化务实合作。连续主办三届“港澳台大学生网信企业实习计划”，组织港澳台大学生到京沪深等地的知名网信企业实习，感受祖国互联网与科技创新发展成果与传统文化，深化内地与港澳台地区互联网领域的交流合作，该项目获得“因爱同行”2017 网络公益年度总结评选——年度公益项目奖。主办、支持多届香港国际创客节、香港互联网经济峰会、内地与香港互联网代表人士交流会等活动。

五是不断加强自身建设，夯实党建思想基础。扎实推进党员队伍的思想建设、组织建设、作风建设和制度建设，不断增强“四个意识”，认真学习贯彻党的十九大精神、习近平新时代中国特色社会主义思想以及习近平总书记关于网络强国的重要论述。日常工作中，注重党建学习与开展公益项目相结合，将学习的成效转换为推动网络公益事业发展的动力，不断创新思路举措，以党建带业务，以业务促党建，2017 年共组织专题党组织活动 29 次，有力推动了党建和公益事业的共同发展。

办公地址：北京市朝阳区向军南里甲 5 号

官方网站：http：//www.cidf.net

微信公众号：中国互联网发展基金会 CIDF

联系方式：85640100，传真 85640102

（二）中国网络空间安全协会

中国网络空间安全协会（Cyber Security Association of China，CSAC）是由中国国内从事网络空间安全相关产业、教育、科研、应用的机构、企业及个人共同自愿结成的全国性、行业性、非营利性社会组织，2016 年 5 月 25 日由民政部正式批准成立，协会旨在发挥桥梁纽带作用，组织和动员社会各方面力量参与中国网络空间安全建设，为会员服务、为行业服务、为国家战略服务，促进中国网络空间的安全和发展。

中国网络空间安全协会是我国首个网络安全领域的全国性社会团体，

接受国家互联网信息办公室的业务指导和民政部社团登记管理机关的监督管理。

中国网络空间安全协会现有会员单位 300 个，个人会员 353 人，囊括了国内主要互联网和网络安全企业、权威科研机构及网络安全领域的权威专家。协会现有理事 192 位，常务理事 60 位。协会成立以来，着力于促进网络安全行业自律，引导网络环境下各类企业履行网络安全责任。一方面，协会在学术上始终关注技术的最新动态：依托广泛的学术基础深入研究网络空间发展规律和特点，组织起草了《2016 年世界互联网发展乌镇报告》；围绕网络安全能力建设，协会以研讨会、高峰论坛、座谈会等形式组织各会员单位为我国网络安全建设献计献策；促进院校网安学术研究与教学实践发展，协会开设了“网安大讲堂”，首创以院校和网安企业为主体的“网安沙龙”，有效支持了网络法治建设；并承担了网信办多个研究项目，如“网络安全社会评议”等。

另一方面，协会通过实际行动推动我国网络信息安全建设落地：协会当前正在着力打造“网安中国行”品牌活动，2017 年已分别在浙江、天津、贵州、黑龙江、广东成功组织“网安中国行（2017）”系列活动，总计约有 2.5 万人次参加；通过携手各界力量、汇集各方智慧推行网络安全普法、网络安全社会评议、网络安全自查、网安竞评演练等活动，共助我国网信事业健康快速发展。

协会在组织推动国内网络安全事业发展的同时，也不断开展与俄、美、欧等国家和地区网络安全领域的国际交流合作。传播互联网发展优秀案例，面向全球开展“2017 年世界互联网发展最佳实践”征集和发布活动；助力我国在国际舞台上展示大国风范，参与了 G20《数字经济合作与发展倡议》的起草；承办网络安全宣传周网络安全技术高峰论坛主论坛，邀请了来自美国、俄罗斯、芬兰、韩国等国家的企业高管和专家出席会议并作主题演讲。

中国网络空间安全协会将继续坚决贯彻习近平总书记“自主创新推进网络强国建设”重要指示精神，在国家互联网信息办公室的指导下，与各网络社会组织、网络安全从业者及广大网民一道，学习、宣传、贯彻《网络安全法》，共同维护我国网络空间的健康、安全和可持续发展；在尊重主权和安全的基础上，与全球各界有识之士、研究机构、企业、政府与非政府组织一道，推动和平、安全、开放、合作、有序的网络空间国际秩序的建立，共同构建网络空间人类命运共同体。

办公地址：北京市东城区朝内大街288号凯德华玺1502

官方网站：https：//www.cybersac.cn/

微信公众号：中国网络空间安全协会

联系方式：010-65228906

（三）中国互联网协会

中国互联网协会（Internet Society of China，ISC）成立于2001年5月25日，是经原信息产业部和民政部批准的全国一级协会，是中国互联网行业及与互联网相关的企事业单位、社会组织自愿结成的全国性、行业性、非营利性社会组织。

协会业务主管单位是工业和信息化部，下设27个分支机构、11个办事部门，并与全国31个省级互联网协会建立密切工作联系；现有会员单位1200余家，遍及北京、上海、广州、深圳、杭州等全国100多个城市。

2017年，协会深入学习领会党的十九大精神，立足服务建设网络强国、制造强国战略全局，切实秉承“创新、协调、绿色、开放、共享”发展理念，紧紧围绕为会员需要服务、为行业发展服务、为政府决策服务，开展了大量工作：

一是持续开展行业交流与合作，积极参与互联网全球治理。举办“2017（第十六届）中国互联网大会”“2017 中国互联网企业领袖座谈会”等各类活动 90 余次；参与“第四届世界互联网大会”“联合国互联网治理论坛（IGF）”等对外双边、多边国际会议 17 场次，在国际舞台积极主动发声，表明中国治理主张，推动中国在互联网治理领域的国际话语权提升。

二是推进互联网与产业深度融合发展，服务实体经济振兴。举办第十届（2017）全国大学生网络商务创新应用大赛等大学生创新创业活动，着力搭建互联网“双创”平台；深入开展产业互联网体系架构研究，明确“互联网 + 工业”“互联网 + 农业”“互联网 + 服务业”三个维度，完成 122 个产业细分领域、13 种新兴模式、26 个实施路径梳理，助力普及融合发展新模式。

三是搭建开放协同研究平台，深入开展行业研究。聚焦前沿领域，推出《2017 年中国互联网企业 100 强分析报告》《金砖国家数字经济发展研究报告与案例分享（中英文版本）》等研究成果 25 项；聘请国际互联网名人堂入选者、互联网之父、院士、高级专家、青年专家在内的 600 余位专家，打造行业高端智库，充分发挥专家集体智慧和集聚效应，服务国家重大战略决策。

四是倡导增强社会责任意识，务实推进行业自律工作。研究制定《移动智能终端应用软件分发服务自律公约》等自律文件 3 份，调解互联网行业纠纷 4 起，引导企业维护公平有序的市场环境；完成网络不良与垃圾信息举报受理、打击通信信息诈骗等专项支撑服务 10 项，有效支撑政府部门行业监管。

五是不断加强自身建设，努力打造一流行业协会。深入学习贯彻党的十九大精神，积极开展基层党建工作；新发展会员 200 余家，夯实协会工作基础；新建标准工作委员会、信息无障碍工作委员会和个人信息保护工作委员会 3 个分支机构，进一步增强专业领域服务能力；为丰富员工文化生活，不断提升员工综合能力和团队凝聚力，开展员工读书和培训活动 11 期，组织工会活动 20 余次。

2017年，协会“中国互联网大会”“中国互联网企业100强评价分析”“安全百店”行动、“中国互联网产业年会”“中美互联网论坛”“中国互联网企业社会责任论坛”六个项目入选国家网信办首批全国网络社会组织一类品牌项目，“中国政务信息无障碍服务体系”被国际电信联盟（ITU）授予2017年信息社会世界峰会项目大奖（Champion of WSIS Prizes 2017），该奖项是协会首个国际奖项。

办公地址：北京市海淀区万寿路27号院8号楼5层

官方网站：www.isc.org.cn

微信公众号：中国互联网协会

联系方式：010-68209004

（四）中国网络视听节目服务协会

中国网络视听节目服务协会（China Netcasting Services Association，CNSA），成立于2011年8月19日，是民政部批准成立的网络视听领域唯一的国家级行业组织（一级协会），也是我国互联网领域规模最大的行业协会之一，受业务主管单位国家广播电视总局的业务指导和监督管理。

协会现有会员单位747家，包括中央广播电视总台、湖南电视台、浙江电视台等广电播出机构，人民网、新华网等主流新媒体机构，阿里巴巴、腾讯、百度等互联网企业，优酷、爱奇艺等视听节目服务机构，中影、华策、慈文等影视节目制作公司以及华为、中兴等网络技术公司，涵盖了网络视听行业全产业链。

协会的宗旨是努力开创新时代网络视听工作新局面，牢牢把握建设社会主义文化强国的目标，激发会员单位创造活力的要求，积极推动网络文艺创新、网络传播创新，提高行业服务水平，更好地满足人民群众对美好生活的新期待。

协会自成立以来，维护会员单位合法权益，在政府与企业间发挥桥梁与纽带作用；积极推动网络文化建设，不断推进行业自律，组织会员单位树立媒体责任，抵制不良和有害内容；积极开展节目评议工作，以评优和文艺评论为工作抓手，引领网络视听作品创作方向，促进网络传播秩序规范，弘扬社会主义核心价值观；积极开展网络视听节目审核员培训、行业研究，深入调研，为政策制定建言献策，为行业发展提供权威数据和研究成果；积极开展行业交流，推动经验分享和思想互动，推动媒体融合发展；积极推动版权保护，打击盗版盗链等违法侵权行为。

为进一步推动网络视听专业领域的研究与发展，协会先后成立了“公益广告委员会”“网络剧微电影委员会”“网络视听节目版权保护委员会”“互联网电视工作委员会”等二级机构，以及“专家评议委员会”“网络视听学术委员会”等咨询机构。同时，协会还与北京、上海、山东、广东、湖南、浙江和湖北等地方网络视听协会建立了沟通协调机制和协作关系。

协会主办的“中国网络视听大会”是国家广播电视总局主导的、国内唯一聚焦网络文艺内容建设和媒体融合发展的国家级综合性行业活动。

办公地址：北京市海淀区车公庄西路 19 号外文文化创意园 8 号楼二层

邮编：100048

官方网站：http：//www.cnsa.cn/

联系方式：010-68739271

传真：010-68739310

（五）中国青少年新媒体协会

中国青少年新媒体协会，原名中国青少年网络协会，成立于2004年，是经民政部审核登记的国家一级社团，全国青联的全国性会员团体。业务主管单位是共青团中央。2013年10月，为适应时代进步、更好地运用新媒体推动青少年事业发展，经民政部批准，协会正式更名为中国青少年新媒体协会。目前协会共有团体及个人会员461名。

中国青少年新媒体协会是凝聚新媒体力量，致力于传播正能量、服务青少年健康成长的工作平台。2017年，协会在国家网信办和团中央指导下，认真贯彻落实网络社会组织“同心圆”工程各项要求，积极广泛团结凝聚新媒体企业及其从业人员，努力为广大青少年营造健康向上的清朗网络空间。

一是着眼学习宣传贯彻习近平新时代中国特色社会主义思想和党的十九大精神，开展“新时代青年说”主题网络活动。联合大批在青少年中拥有广泛影响力的网络平台和网络自媒体，推出一系列图文、漫画、短视频产品，润物无声地传播主旋律。

二是脚踏实地服务青少年成长需求，助力提升青少年网络素养。向青年网友发出“清朗网络空间看我青年力量”的倡议，大力开展“青年网络文明志愿行动”，带动青少年网民依法上网、理性上网、文明上网。开展“阳光跟帖”行动，倡导广大网民以社会主义核心价值观为标尺，理性评论、文明跟帖；制作推出了《青年网络公开课》《青春25小时》《出彩“90”后》等一系列网络文化产品；开设“网络安全小课堂”，向网友普及网络安全知识和防范网络诈骗的技巧；持续开展“中国青年好网民优秀故事评选活动”，引领广大青少年争做“中国好网民”。

三是坚持加强负面监督，与危害未成年人成长的网络信息作斗争。协会长期开展“清朗网络·我来护苗”主题活动，对网络上的有害信息进行严格监督、有力引导。先后揭露曝光诱导青少年自杀的“蓝鲸游戏”、披着卡通动漫外衣的“邪典视频”、向青少年传递不健康信息的网络直播等问题，并积极配合政府相关主管部门对具体问题进行处置。

办公地址：北京市前门东大街 10 号

联系方式：010-85212129

（六）中国互联网金融协会

中国互联网金融协会（National Internet Finance Association of China，NIFA）是按照 2015 年 7 月 18 日经党中央、国务院同意，根据人民银行、银监会、证监会、保监会、工信部、公安部、工商总局等 10 部委联合发布的《关于促进互联网金融健康发展的指导意见》（银发〔2015〕221 号）要求，由人民银行会同银监会、证监会、保监会等国家有关部委组织建立的国家级互联网金融行业自律组织。2016 年 3 月 25 日，协会在上海黄浦区召开成立会议暨第一次全体会员代表大会。

协会是我国行业协会脱钩改革后第一个承担特殊职能的全国性行业协会。协会旨在通过自律管理和会员服务，规范从业机构市场行为，保护行业合法权益，推动从业机构更好地服务社会经济发展，引导行业规范健康运行。

截至 2017 年年末，协会单位会员共计约 500 家，包括银行、证券、保险、基金、期货、信托、资产管理、消费金融、征信服务以及互联网支付、投资、理财、借贷等机构，还包括一些承担金融基础设施和金融研究教育职能的机构，基本覆盖了互联网金融的主流业态和新兴业态。协会设有 10 个部门，成立 9 个专业（专门）委员会、2 个工作组。

2017 年，协会紧紧围绕“服务监管、服务行业、服务社会”的职责定位，配合互联网金融风险专项整治工作，在行业风险监测、标准规则制定、市场舆情引导及消费者教育等方面发挥重要作用。成立国家互联网金融监测中心，以旬、月、季、年为频次编制发布监测产品。启动运行全国互联网金融登记披露服务平台及其登记子系统，营造行业统一规范、公平公开的信息披露环境。加快推进互联网金融信息共享，推动解决互联网金融行业“过度多头借贷”“诈骗借贷”“逾期违约”等痛点问题。建立互联网金融举报信息平台，为监管部门提供违法违规线索。牵头组建市场化个人征信机构百行征信有限公司。成立互联网金融标准研究院，发布个体网络借贷信息披露、互联网消费金融信息披露、个体网络借贷资金存管业务规范和系统规范、个体网络借贷合同要素 5 项团体标准。成功举办首届中国互联网金融论坛，发布《中国互联网金融年报 2017》。加强互联网金融教育培训，累计培训从业机构 650 余家，学员 2000 余人次。及时针对虚拟货币、网络小额现金贷款、ICO、变相 ICO 活动等进行风险提示。加强国际交流合作，分别与卢森堡互联网金融之家、德意志交易所集团、英国创新金融协会签署合作备忘录。

注册地址：上海市黄浦区中山东一路 15-1 号（暂未启用）

办公地址：北京市海淀区丹棱街 号互联网金融中心 301

官方网站：www.nifa.org.cn

微信公众号：中国互联网金融协会（NIFA_InternetFinance）

（七）中国电子商会

中国电子商会（China Electronics Chamber of Commerce，CECC）于 1988 年成立，在民政部登记注册。是全国电子信息行业从事生产、经营、科研、服务及与互联网有关的企事业单位和团体自愿组成的行业性社会组织，具有独立法人资格。

中国电子商会内设机构：综合管理部、会员与分支机构管理部、商务发展部、政策调研与培训部、国际合作部、法律事务部。

目前，中国电子商会有 21 家地方电子商会、22 家专业委员会和 6 家产业联盟，会员单位近万家，会员企业覆盖 31 个省市自治区。

中国电子商会的主要服务功能如下：

一是制定行业标准，规范市场行为。商会坚持以制定、贯彻产品质量标准、服务标准来规范企业的市场经营行为，目前已完成了十多项团体标准的编制，其中“电子信息产品交易市场资质标准”，“手机售后服务标准”等被纳入部颁标准进行宣贯。

二是完善电子信息流通领域服务体系。商会目前已在流通领域成立了电子专业市场、通信营销、商业信息化、跨境电商、网商、微商、售后服务等多个专委会，全面覆盖了电子信息产业流通领域及相关联的细分业态，完善了流通领域全渠道服务体系。密切关注跨界领域的发展动向，并在新兴领域建立了智慧城市、智能电动车、军民融合、人工智能、网信安全生态、区块链等专委会。

三是举办会展交流活动。商会是商务部第一批审定的有外展权的单位，2017 年举办各种会展等 70 多场次。2018 年将举办首届“国际数字经济博览会”，助力数字雄安建设。

四是建立行业智库和人才培训体系。商会组建了专家咨询委员会，汇聚了 20 多名相关行业的资深人士、专家、学者，为商会和行业发展献计献策。商会已建立职业技能培训中心及商学院，搭建了中高端行业人才培养平台。

五是构建广泛的国际合作关系。商会与 40 多个国家和地区的商协会保持密切联系，是世界电子信息行业商协会组织（World Electronics Forum，WEF）的核心成员。通过参与国际组织活动，助推会员企业开拓“一带一路”市场。

2017 年商会重点活动有：

1. 2017 年 11 月 1 日，发布 T/CECC1-2017《电子烟雾化类器具通用规范》；2017 年 12 月 20 日，发布 T/CECC2-2017《电子烟雾化液规范》。

2. 2017 年，新成立了电子烟、军民融合、智慧三农、投融资专委会。

3. 国际半导体设备与材料展览会（6 万平米，参观人次 9 万）。

4. 中国国际光电博览会（10 万平米，参观人次 10 万）。

5. 中国国际电子商务博览会（5 万平米、参观人次 13 万）。

6. 亚洲电子论坛（2017 年 6 月菲律宾、推选亚洲创新奖）。

7. 世界电子论坛（2017 年 10 月法国）。

8. 2017 中国国际数字经济峰会（2017 年 11 月石家庄）。

9. 截至 2017 年，商会在呼叫中心行业、新能源车维修等领域累计培训人员过万人。

办公地址：北京市海淀区翠微中里 15 号楼

官方网站：www.cecc.org.cn

联系方式：010-68256762、68252761

（八）中国通信学会

中国通信学会（China Institute of Communications，CIC）成立于 1978 年，是在民政部注册登记、具有社团法人资格的国家一级学会，隶属于工业和信息化部，业务主管单位为中国科学技术协会。学会下设 28 个分支机构，与全国 30 个省级通信学会建立了密切的业务联系和指导关系，拥有会员 5 万余人。

学会秉持为科技工作者服务、为创新驱动发展服务、为提高全民科学素质服务、为党和政府科学决策服务的职责定位。

一是搭建高水平学术交流平台。学会利用平台和人才优势，紧紧围绕战略性、前瞻性信息通信技术发展方向开展学术交流活动。2017 年，学会组织大型学术交流活动 30 余次，参与的科技工作者逾万人。

二是打造信息通信领域科普品牌。学会面向科技工作者、青少年以及社会公众提供差异化的科普服务。2017 年，学会承办“世界电信日”主题活动，组织“科普教育基地青少年开放日”、知识竞赛等活动。

三是提升国际话语权和影响力。学会已加入 ITU、APCC、IEEE ComSoc 并成功推荐我国专家在国际组织担任职务，2017 年举办中国国际通信大会，*China Communications* SCI 影响因子达到 1.514。

四是开展科技奖励举荐优秀人才。学会自 2002 年设立的“中国通信学会科学技术奖”连年开展国家科技奖励推荐组织工作，取得了直接向国家奖励办提名资格。

五是建设高端智库服务重大决策。学会积极发挥 28 名两院院士会员和各专委会专家作用，2017 年承接并完成科协和工信部重大课题，进入了工信部智库名录。学会主办的《中国通信年鉴》，汇聚业界专家智慧。

通信地址：北京市海淀区万寿路 27 号院 8 号楼

邮政编码：100036

官方网站：http：//www.china-cic.cn

联系方式：010-68209089、68209078

传　真：010-68209074

（九）中国电子学会

中国电子学会（Chinese Institute of Electronics，CIE）成立于 1962 年，现拥有个人会员 10 万余人，在 26 个省、自治区、直辖市设有地方学会组织，目前学会拥有 600 多个团体会员，47 个专业分会，12 个专家委员会，8 个工作委员会，1 个编委会和一个近 200 人的秘书处。中国电子学会是 5A 级全国学术类社会团体。

中国电子学会的主要工作是促进国内外学术、技术交流；开展继续教育和技术培训；普及电子信息科学技术知识，推广电子信息技术应用；编辑出版电子信息科技书刊；提供决策、技术咨询，举办科技展览；研究和推荐电子信息技术标准；接受委托评审电子信息专业人才技术人员技术资格，鉴定和评估电子信息科技成果；发现、培养和举荐人才；奖励优秀电子信息科技工作者。

中国电子学会的 47 个专业分会覆盖了半导体、计算机、通信、雷达、导航、微波、广播电视、电子测量、信号处理、电磁兼容、电子元件、电子材料等电子信息科学技术的领域。中国电子学会编辑出版学术类、技术类、科普类和产品信息类等各种类型的期刊十余种。

经国家科学技术奖励工作办公室批准，中国电子学会设立了“中国电子学会科学技术奖”，奖励优秀人才和优秀科技成果的研究者，鼓励发明创造，激励创新精神。

中国电子学会是国际信息处理联合会（IFIP）、国际无线电科学联盟（URSI）、国际污染控制学会联盟（ICCCS）、国际医药信息联合会（IMIA）的成员单位。发起成立亚洲智能机器人联盟、中德智能制造联盟。世界工程组织联合会（WFEO）创新专委会秘书处、联合国咨商工作信息通信技术专业委员会秘书处、世界机器人大会秘书处、亚洲智能机器人联盟秘书处均设在中国电子学会。中国电子学会与电气和电子工程师学会（IEEE）、英国工程技术学会（IET）等建立了会籍关系。

办公地址：北京市海淀区玉渊潭南路普惠南里 13 号

官方网站：http：//www.cie-info.org.cn

微信公众号：中国电子学会（cieinfo）

联系方式：010-68277281

（十）全国高等院校计算机基础教育研究会

全国高等院校计算机基础教育研究会（Association of Fundamental Computing Education in Chinese Universities，AFCEC）成立于 1984 年，

由高等院校进行计算机基础教育的教学单位和教学工作者自愿结成，也吸收热心计算机教育的科技人员和企业家代表参加，研究会在民政部登记注册。接受业务主管机关教育部、社团登记管理机关民政部的指导和监督管理，目前已拥有 500 多家会员单位，42 个常务理事，12 个专业委员会。主要活动如下：

一是举办两岸学术交流活动。研究会积极举办海峡两岸学术交流活动，2017 年由研究会主办的第六届海峡两岸高等学校计算机教育交流研讨会，来自海峡两岸 30 所高校和企业的代表围绕 MOOCs 交流与合作及 STEM ／ STEAM 教育中的计算思维以及程式教育等主题展开交流和研讨。

二是建立专业委员会主题论坛。目前研究会下设财经、文科、农林、理工、师范、医学、高职电子信息、高职电子商务、独立学院与民办高校、数字创意、数据科学、网络科技与智能媒体设计 12 个专业委员会。各专业委员会紧跟国家科技战略部署，积极开展对口领域学术交流活动。

三是研究会教改立项。研究会积极组织会员投入计算机基础教学研究工作，推动计算机基础教育的改革，并为会员提供研究成果的交流、展示及发布平台，促进成果的共享与推广。在出版社的支持下，2017 年共有 128 项教改立项项目顺利结项。

办公地址：北京市朝阳区定福庄东街一号 31 号楼

官方网站：www.afcec.com

（十一）中国信息经济学会

中国信息经济学会（China Information Economics Society，CIES）成立于 1989 年，是由从事信息经济学科研、教学的人员与从事信息经济的实际工作者组成的全国性非盈利学术团体、全国一级学会。自 2001 年至今，中国信息经济学会秘书处设在中国人民大学信息学院，主管部门是教育部。

中国信息经济学会的使命是“推动中国信息经济及管理的思想与知识创新”，特色是“信息经济与信息管理的研究交叉融合”，社会责任是“打造中国信息经济与信息管理领域的国家智库”。

近年来，中国信息经济学会完成了中国国际经济交流中心委托的课题“国家信息生产力提升战略研究”，国家发改委高技术司委托的课题“信息生产力推动生产关系变革研究”，国资委研究中心委托的课题“信息时代深化国有经济改革的重大理论问题研究”等主要研究课题。出版了专著《中国经济向何处去——基于信息经济学的研究》。组织了一系列学术研讨会，对国家信息化政策产生重要影响。

中国信息经济学会设立基础理论、青年学者、电子商务、信息管理与信息系统、互联网金融、电子政务、实践教学创新等专业委员会。

办公地址：中国人民大学理工配楼 401

官方网站：www.cies.org.cn

联系方式：010-62511264

（十二）中国移动通信联合会

中国移动通信联合会（China Mobile Communications Association，CMCA）成立于 2000 年，是民政部登记注册的移动通信领域的全国性社会团体（简称“中国移联”）。

中国移联现有团体会员 250 余家，包括中国移动、中国联通、中国电信三大运营商及华为、中兴、中国普天、大唐、贝尔等全国移动通信骨干制造企业，小米、奇虎等移动互联网企业，摩托罗拉、西门子、爱立信等海外移动通信公司，以及关心和推动中国移动通信事业发展的企事业单位及社会各界人士。

中国移联奉行如下宗旨：(1) 团结和组织与移动通信相关的企业、事业单位和学术团体、民间组织，对外代表中国参与国际组织的交流活动，参与移动通信技术标准的研究、移动互联网相关产业发展的探索，对内组织制定行约、行规，维护移动通信产业整体利益、促进行业自律；(2) 组织行业与政府主管部门的交流沟通，宣传贯彻政府的政策法规，配合政府进行行业管理，成为政府、企业与消费者之间以及国内外企业和行业之间交流的桥梁纽带；(3) 促进提高中国移动通信技术的应用水平和服务质量，保障国家利益和消费者利益，保障国家信息安全；(4) 促进移动通信与金融、科技手段的结合，拉动我国民族通信制造业的进步，推动我国移动通信业和国民经济的快速发展。

中国移联创始单位为中国移动、中国联通、华为、中兴、中国普天、东方通信、大唐电信、上海贝尔、巨龙通信、泛亚太研究所 8 家单位。

中国移联下设战略研究中心和七个工作部，即论坛工作部、国际工作部、消费者工作部、法律工作部、财务工作部、市场工作部、会议展览部；同时，推动建立 WiFi 产业联盟、国际区块链创新应用联盟、教育与考试中心、自然智能专委会、移动互联网安全信用认证中心等更加贴近市场、贴近会员的分支机构，组织开展 TD-SCDMA 技术论坛、国产手机企业首脑论坛等一系列常设活动。

中国移联在脱钩前隶属工信部，脱钩后成立了党支部，在中央国家机关党工委的主持推动下，移联与工信部信息通信发展司开展联学联建党务工作建设。中国移联党支部把党建工作和业务开展相结合，创新工作模式，积极发挥行业协会基层党组织的战斗堡垒作用。

2017 年中国移联多次举办大型会展活动，其中，9 月 23 日由工信部和甘肃省政府联合主办，中国移联与工信部软件司、甘肃省工信委共同承办的“数字丝绸之路大数据高峰会”在宏大的敦煌国际会议中心隆重开幕。论坛致力于推动构建丝绸之路大数据生态体系，打造丝绸之路信息港，促进大数据产业发展成为推动甘肃经济增长的新的绿色引擎。

办公地址：北京市海淀区蓝靛厂南路 25 号 1 幢 7 层 07-1 号

官方网站：www.cmca.org.cn

微信公众号：中国移动通信联合会

联系方式：010-88452630

联系邮箱：wjl@cmca.org.cn

（十三）中国软件行业协会

中国软件行业协会（China Software Industry Association，CSIA）是经民政部批准，代表中国软件产业并具有全国一级社团法人资格的非营利社会组织，简称“中国软协”。

中国软协致力于汇聚产业资源，维护会员利益，反映企业诉求，加强行业自律，是本领域开放型、枢纽型、平台型的现代一流行业组织。中国软协设有专业领域分支机构30余家，在全国40多个省市、计划单列市设有地方性软件行业协会。本协会能够为会员提供政府对接、战略咨询、行业自律、市场辅导、资源汇聚、法律援助、业务培训、能力展示、国际交流、资格认证等多项服务。

协会重点工作为宣传、贯彻国家鼓励软件产业的政策，向政府业务主管部门提出本行业发展的咨询意见和建议；围绕新技术、新模式、新业态，组织举办本行业国内外研讨会和展览会，开拓国内外市场；积极开展团体标准的制定，努力参与行业标准，国家标准的制定，推动各项标准的贯彻执行；做好行业信息咨询工作，调查、研究、预测产业与市场发展趋势，汇集企业要求，反映行业发展呼声；开展国际交流与合作。发展与国外团体的联系，推动中国软件产业走向国际；维护会员合法权益，反对不正当竞争，尊重、保护知识产权，促进和组织订立行规行约，推动市场机制的建立和完善；依照有关规定，编写出版《中国软件和信息技术服务业发展报告》和专用刊物；组织行业各类专用技术人员、管理人员的培训；推荐优秀软件产品，培育中国优秀软件品牌；开展中国软件服务业企业信用评价工作；开展企业个人信息保护体系评价工作。

办公地址：北京市海淀区学院南路 55 号中软大厦四层

官方网站：www.csia.org.cn

微信公众号：中国软件行业协会（csia_org）

联系方式：010-62178228

（十四）国际数字地球学会

国际数字地球学会（International Society for Digital Earth，ISDE）是由中国科学院联合数字地球领域国内外机构、学者发起成立的，总部设在中国的国际学术组织。该学会以推动和传播“数字地球”理念发展为宗旨，旨在打造数字地球国际交流合作平台，促进数字地球科学技术提升，推动数字地球应用，服务全球可持续发展。学会开展主要活动如下：

一是主办国际数字地球会议及数字地球峰会两大系列会议。在 10 个国家召开 17 次会议，打造数字地球领域的重要学术阵地，促进数字地球学科发展。

二是积极与国际学术组织开展多种合作。学会先后与国际科技数据委员会（CODATA）、全球空间数据基础设施协会（GSDI）等国际组织签订合作协议。2009 年，学会申请并正式加入地球观测组织（GEO）。2016 年，学会成为国际科学理事会（ICSU）的正式成员，是 ICSU 系统中首个由我国发起成立的国际组织。

三是承接国际合作项目。2016 年，承接“中国科协‘一带一路’国际科技组织合作平台建设”项目。项目结合国家“一带一路”倡议，充分利用空间地球信息和数字地球领域专家智库和国际合作资源，成立“数字丝路”国际科技联盟。

四是建设国际学术期刊。《国际数字地球学报》（International Journal of Digital Earth，IJDE）是国际数字地球学会主办的学术刊物。创刊于 2008 年，该刊物创刊仅 18 个月即被 SCI-E 数据库收录，目前被 12 个国际大型期刊检索机构收录。2017 年《国际数字地球学报》影响因子达到 2.746，在全球 30 个遥感类期刊中排名第 13 位，49 个地理学期刊中排名第 20 位，均跻身 Q2 区。《地球大数据（英文）》（Big Earth Data）创刊于 2017 年 12 月，是一本跨学科的开放获取期刊，由国际数字地球学会、中国科学院 A 类战略性先导科技专项“地球大数据科学工程”共同主办，为地球大数据的采集、管理、处理、分析和可视化提供高质量的学术平台。

办公地址：北京市海淀区邓庄南路九号中国科学院新技术基地（学会秘书处和期刊编辑部设在中国科学院空天信息研究院）

邮编：100094

官方网站：www.digitalearth-isde.org

联系方式：010-82178912/8902　传真：010-82178916

联系邮箱：ISDE@radi.ac.cn，IJDE@radi.ac.cn，BEDJ@radi.ac.cn

第十章　网信企业

网信企业的蓬勃发展是网信事业繁荣发展的重要基础和标志。本章按照一定的标准和原则收录了截至 2017 年年底获得互联网新闻信息服务许可的单位名单，以及具有代表性的信息化企业、网络安全企业和互联网企业，从不同侧面反映我国网信事业发展情况。

一、互联网新闻信息服务许可单位

根据《互联网新闻信息服务管理规定》（国家互联网信息办公室令第 1 号），截至 2017 年 12 月 31 日，国家互联网信息办公室及各省、自治区、直辖市互联网信息办公室依法批准 271 家单位从事互联网新闻信息服务。

序号	单位名称	许可证编号	服务类别
1	人民网股份有限公司	10120170001	互联网新闻信息采编发布服务、传播平台服务
2	新华网股份有限公司	10120170002	互联网新闻信息采编发布服务、传播平台服务
3	央视国际网络有限公司	10120170003	互联网新闻信息采编发布服务、传播平台服务
4	中国互联网新闻中心	10120170004	互联网新闻信息采编发布服务
5	国广国际在线网络（北京）有限公司	10120170005	互联网新闻信息采编发布服务
6	中报国际文化传媒（北京）有限公司	10120170006	互联网新闻信息采编发布服务

序号	单位名称	许可证编号	服务类别
7	中青网新媒体科技（北京）有限公司	10120170007	互联网新闻信息采编发布服务、传播平台服务
8	中经网传媒有限公司	10120170008	互联网新闻信息采编发布服务
9	北京海峡文化交流有限公司	10120170009	互联网新闻信息采编发布服务
10	中国西藏杂志社	10120170010	互联网新闻信息采编发布服务
11	光明网传媒有限公司	10120170011	互联网新闻信息采编发布服务
12	央广新媒体文化传媒（北京）有限公司	10120170012	互联网新闻信息采编发布服务
13	解放军报社	10120170013	互联网新闻信息采编发布服务、传播平台服务
14	中国新闻社	10120170014	互联网新闻信息采编发布服务
15	北京中青在线网络信息技术有限公司	10120170015	互联网新闻信息采编发布服务、传播平台服务
16	中国石油报社	10120170016	互联网新闻信息采编发布服务
17	检察日报社	10120170017	互联网新闻信息采编发布服务、传播平台服务
18	中国石化报社	10120170018	互联网新闻信息采编发布服务
19	中国水利报社	10120170019	互联网新闻信息采编发布服务
20	法制日报社	10120170020	互联网新闻信息采编发布服务、传播平台服务
21	中国电力传媒集团有限公司	10120170021	互联网新闻信息采编发布服务、传播平台服务
22	中国消费者报社	10120170022	互联网新闻信息采编发布服务
23	中国工商报社	10120170023	互联网新闻信息采编发布服务
24	中国教育报刊社	10120170024	互联网新闻信息采编发布服务、传播平台服务
25	中国汽车报社有限公司	10120170025	互联网新闻信息采编发布服务、传播平台服务
26	中国民航报社	10120170026	互联网新闻信息采编发布服务
27	健康报社	10120170027	互联网新闻信息采编发布服务
28	中国体育报业总社	10120170028	互联网新闻信息采编发布服务

序号	单位名称	许可证编号	服务类别
29	人民法院新闻传媒总社	10120170029	互联网新闻信息采编发布服务、传播平台服务
30	中国交通报社	10120170030	互联网新闻信息采编发布服务
31	消费日报社	10120170031	互联网新闻信息采编发布服务
32	中国质检报刊社	10120170032	互联网新闻信息采编发布服务
33	中国医药报社	10120170033	互联网新闻信息采编发布服务
34	中国税务报社	10120170034	互联网新闻信息采编发布服务
35	绿色中国杂志社	10120170035	互联网新闻信息采编发布服务
36	中华全国新闻工作者协会	10120170036	互联网新闻信息采编发布服务
37	小康杂志社	10120170037	互联网新闻信息采编发布服务、传播平台服务
38	中国工会网络中心	10120170038	互联网新闻信息采编发布服务、传播平台服务
39	环球时报在线（北京）文化传播有限公司	10120170039	互联网新闻信息采编发布服务
40	中国新闻周刊杂志社	10120170040	互联网新闻信息采编发布服务
41	中国精神文明网网站	10120170041	互联网新闻信息采编发布服务
42	中国文化传媒集团有限公司	10120170042	互联网新闻信息采编发布服务
43	人民公安报社	10120170043	互联网新闻信息采编发布服务
44	中共中央党校报刊社	10120170044	互联网新闻信息采编发布服务
45	中国商报社	10120170045	互联网新闻信息采编发布服务
46	中国经济导报社	10120170046	互联网新闻信息采编发布服务
47	人民论坛杂志社	10120170047	互联网新闻信息采编发布服务
48	中青未来（北京）网络科技有限公司	10120170048	互联网新闻信息采编发布服务、传播平台服务
49	中国海洋报社	10120170049	互联网新闻信息采编发布服务
50	中国经济周刊杂志社	10120170050	互联网新闻信息采编发布服务
51	北京金盾出版社	10120170051	互联网新闻信息采编发布服务
52	民主与法制杂志社	10120170052	互联网新闻信息采编发布服务
53	中国艺术报社	10120170053	互联网新闻信息采编发布服务

序号	单位名称	许可证编号	服务类别
54	中国搜索信息科技股份有限公司	10120170054	互联网新闻信息采编发布服务
55	半月谈杂志社	10120170055	互联网新闻信息采编发布服务
56	环球人物杂志社	10120170056	互联网新闻信息采编发布服务
57	海外网传媒有限公司	10120170057	互联网新闻信息采编发布服务、传播平台服务
58	中国人民解放军电视宣传中心	10120170058	互联网新闻信息采编发布服务
59	求是杂志社	10120170059	互联网新闻信息采编发布服务
60	中经社控股有限公司	10120170060	互联网新闻信息采编发布服务
61	中国人事报刊社	10120170061	互联网新闻信息采编发布服务
62	中国农村杂志社	10120170062	互联网新闻信息采编发布服务
63	中国改革报社	10120170063	互联网新闻信息采编发布服务
64	中国信息报社	10120170064	互联网新闻信息采编发布服务
65	紫光阁杂志社	10120170065	互联网新闻信息采编发布服务
66	深圳证券时报社有限公司	10120170066	互联网新闻信息采编发布服务
67	国家发展和改革委员会宏观经济管理编辑部	10120170067	互联网新闻信息采编发布服务
68	中国劳动保障报社	10120170068	互联网新闻信息采编发布服务、传播平台服务
69	人民邮电报社	10120170069	互联网新闻信息采编发布服务
70	华声报（电子版）社	10120170070	互联网新闻信息采编发布服务
71	全国人大信息中心	10120170071	互联网新闻信息采编发布服务
72	华夏经纬信息科技有限公司	10120170072	互联网新闻信息采编发布服务
73	金融时报社	10120170073	互联网新闻信息采编发布服务
74	中国财经报社	10120170074	互联网新闻信息采编发布服务
75	中国旅游报社	10120170075	互联网新闻信息采编发布服务
76	国际商报社	10120170076	互联网新闻信息采编发布服务
77	中国有色金属报社	10120170077	互联网新闻信息采编发布服务
78	农民日报社	10120170078	互联网新闻信息采编发布服务

序号	单位名称	许可证编号	服务类别
79	人民政协报社	10120170079	互联网新闻信息采编发布服务
80	人民铁道报社	10120170080	互联网新闻信息采编发布服务
81	中国教育电视台	10120170081	互联网新闻信息采编发布服务
82	北京国科传媒文化有限公司	10120170082	互联网新闻信息采编发布服务
83	党建杂志社	10120170083	互联网新闻信息采编发布服务
84	中国税务杂志社	10120170084	互联网新闻信息采编发布服务
85	中国人民解放军国防大学防务学院	10120170085	互联网新闻信息采编发布服务
86	北京华建新媒科技发展有限公司	10120170086	互联网新闻信息采编发布服务
87	中国安全生产报社（中国煤炭报社）	10120170087	互联网新闻信息采编发布服务
88	中央人民广播电台	10120170088	互联网新闻信息采编发布服务
89	北京千龙新闻网络传播有限责任公司	11120170001	互联网新闻信息采编发布服务、传播平台服务
90	北京青年报网际传播技术有限公司	11120170002	互联网新闻信息采编发布服务
91	天津北方网新媒体集团股份有限公司	12120170001	互联网新闻信息采编发布服务、传播平台服务
92	天津津报传媒网络发展有限公司	12120170002	互联网新闻信息采编发布服务
93	今晚传媒集团有限公司	12120170003	互联网新闻信息采编发布服务
94	滨海时报社	12120170004	互联网新闻信息采编发布服务
95	河北日报报业集团（河北日报社）	13120170002	互联网新闻信息采编发布服务
96	石家庄日报社	13120170005	互联网新闻信息采编发布服务
97	河北省新闻出版广电局监管中心	13120170006	互联网新闻信息采编发布服务
98	唐山劳动日报社	13120170003	互联网新闻信息采编发布服务
99	河北长城传媒集团有限公司	13120170001	互联网新闻信息采编发布服务、传播平台服务

序号	单位名称	许可证编号	服务类别
100	廊坊广播电视台	13120170004	互联网新闻信息采编发布服务
101	中国共产党河北省委员会共产党员杂志社	13120170007	互联网新闻信息采编发布服务
102	张家口日报社	13120170008	互联网新闻信息采编发布服务
103	承德广播电视台	13120170009	互联网新闻信息采编发布服务
104	秦皇岛日报社	13120170010	互联网新闻信息采编发布服务
105	衡水日报社	13120170011	互联网新闻信息采编发布服务
106	邢台日报社	13120170012	互联网新闻信息采编发布服务
107	邯郸日报社	13120170013	互联网新闻信息采编发布服务
108	内蒙古日报社	15120170001	互联网新闻信息采编发布服务
109	通辽日报社	15120170002	互联网新闻信息采编发布服务
110	辽宁东北网络台	21120170001	互联网新闻信息采编发布服务
111	辽宁北国传媒网络科技股份有限公司	21120170002	互联网新闻信息采编发布服务
112	沈阳日报社	21120170003	互联网新闻信息采编发布服务
113	大连天健信息技术有限公司	21120170004	互联网新闻信息采编发布服务、传播平台服务
114	辽宁党刊集团	21120170005	互联网新闻信息采编发布服务
115	吉林新闻网站	22120170001	互联网新闻信息采编发布服务
116	吉林网络广播电视台	22120170003	互联网新闻信息采编发布服务
117	江城日报社	22120170005	互联网新闻信息采编发布服务
118	延边晨报社	22120170006	互联网新闻信息采编发布服务
119	吉林人民广播电台	22120170004	互联网新闻信息采编发布服务
120	黑龙江东北网络台	2312017001	互联网新闻信息采编发布服务
121	黑龙江日报报业集团	2312017002	互联网新闻信息采编发布服务
122	哈尔滨日报报业集团有限责任公司	2312017003	互联网新闻信息采编发布服务
123	黑龙江广播电视台	2312017004	互联网新闻信息采编发布服务
124	黑龙江新闻社	2312017005	互联网新闻信息采编发布服务

序号	单位名称	许可证编号	服务类别
125	上海东方网股份有限公司	31120170005	互联网新闻信息采编发布服务、传播平台服务
126	新民晚报社	31120170003	互联网新闻信息采编发布服务
127	上海广播电视台	31120170004	互联网新闻信息采编发布服务、传播平台服务
128	解放日报社	31120170001	互联网新闻信息采编发布服务
129	上海东方报业有限公司	31120170006	互联网新闻信息采编发布服务、传播平台服务
130	界面（上海）网络科技有限公司	31120170007	互联网新闻信息采编发布服务
131	文汇报社	3112017002	互联网新闻信息采编发布服务
132	江苏中江网传媒股份有限公司	32120170001	互联网新闻信息采编发布服务
133	新华日报社	32120170002	互联网新闻信息采编发布服务、传播平台服务
134	江苏扬子晚报有限公司	32120170004	互联网新闻信息采编发布服务、传播平台服务
135	江苏龙虎网信息科技股份有限公司	32120170005	互联网新闻信息采编发布服务、传播平台服务
136	苏州市广播电视总台	32120170006	互联网新闻信息采编发布服务、传播平台服务
137	扬州日报社	32120170008	互联网新闻信息采编发布服务、传播平台服务
138	无锡日报报业集团	32120170007	互联网新闻信息采编发布服务、传播平台服务
139	镇江报业网络传媒有限公司	32120170009	互联网新闻信息采编发布服务、传播平台服务
140	江苏省广播电视总台	32120170003	互联网新闻信息采编发布服务
141	常州日报社	32120170011	互联网新闻信息采编发布服务、传播平台服务
142	徐州报业网络传播有限公司	32120170012	互联网新闻信息采编发布服务
143	苏州日报社	32120170010	互联网新闻信息采编发布服务

序号	单位名称	许可证编号	服务类别
144	浙江在线新闻网站有限公司	33120170001	互联网新闻信息采编发布服务、传播平台服务
145	杭州网络传媒有限公司	33120170003	互联网新闻信息采编发布服务、传播平台服务
146	宁波甬派传媒股份有限公司	33120170004	互联网新闻信息采编发布服务、传播平台服务
147	温州日报报业集团	33120170005	互联网新闻信息采编发布服务
148	浙江新蓝网络传媒有限公司	33120170002	互联网新闻信息采编发布服务
149	安徽新媒体集团有限公司	34120170002	互联网新闻信息采编发布服务、传播平台服务
150	合肥报业传媒集团	34120170003	互联网新闻信息采编发布服务
151	安徽广播电视台	34120170001	互联网新闻信息采编发布服务
152	芜湖日报报业集团	34120170004	互联网新闻信息采编发布服务、传播平台服务
153	安庆日报社	34120170005	互联网新闻信息采编发布服务
154	福建东南网传媒股份有限公司	35120170001	互联网新闻信息采编发布服务
155	泉州晚报社	35120170007	互联网新闻信息采编发布服务、传播平台服务
156	福州日报社	35120170004	互联网新闻信息采编发布服务
157	厦门日报社	35120170005	互联网新闻信息采编发布服务、传播平台服务
158	中国华艺广播公司	35120170003	互联网新闻信息采编发布服务
159	闽南日报社	35120170006	互联网新闻信息采编发布服务
160	闽东日报社	35120170008	互联网新闻信息采编发布服务
161	福建省广播影视集团	35120170002	互联网新闻信息采编发布服务
162	江西大江传媒网络股份有限公司	36120170002	互联网新闻信息采编发布服务、传播平台服务
163	江西大江高科有限责任公司	36120170001	互联网新闻信息采编发布服务、传播平台服务
164	江西网络广播电视台	36120170004	互联网新闻信息采编发布服务

序号	单位名称	许可证编号	服务类别
165	江西省文明网络传播有限责任公司	36120170003	互联网新闻信息采编发布服务、传播平台服务
166	南昌日报社	36120170005	互联网新闻信息采编发布服务、传播平台服务
167	赣州客家新闻网管理中心	36120170006	互联网新闻信息采编发布服务
168	山东省互联网传媒集团股份有限公司	37120170001	互联网新闻信息采编发布服务、传播平台服务
169	山东广播电视台	37120170002	互联网新闻信息采编发布服务
170	济南伊特网络信息有限公司	37120170003	互联网新闻信息采编发布服务
171	济南日报报业集团（济南日报社）	37120170005	互联网新闻信息采编发布服务、传播平台服务
172	青岛日报报业集团（青岛日报社）	37120170006	互联网新闻信息采编发布服务、传播平台服务
173	烟台广播电视台	37120170007	互联网新闻信息采编发布服务、传播平台服务
174	走向世界杂志社	37120170004	互联网新闻信息采编发布服务
175	泰安日报社	37120170008	互联网新闻信息采编发布服务
176	烟台日报社	37120170009	互联网新闻信息采编发布服务
177	大河网络传媒集团有限公司	41120170001	互联网新闻信息采编发布服务、传播平台服务
178	郑州报业集团	41120170002	互联网新闻信息采编发布服务、传播平台服务
179	河南广播电视台	41120170005	互联网新闻信息采编发布服务
180	洛阳日报社	41120170003	互联网新闻信息采编发布服务、传播平台服务
181	开封日报社	41120170004	互联网新闻信息采编发布服务
182	湖北日报传媒集团	42120170001	互联网新闻信息采编发布服务、传播平台服务
183	武汉长江互动传媒网	42120170003	互联网新闻信息采编发布服务、传播平台服务
184	湖北广播电视台	42120170002	互联网新闻信息采编发布服务

序号	单位名称	许可证编号	服务类别
185	宜昌三峡日报传媒集团有限责任公司	42120170004	互联网新闻信息采编发布服务
186	湖南红网新闻网络传播有限责任公司	43120170001	互联网新闻信息采编发布服务、传播平台服务
187	湖南星辰在线新媒体有限公司	43120170004	互联网新闻信息采编发布服务
188	华声在线股份有限公司	43120170002	互联网新闻信息采编发布服务、传播平台服务
189	湖南快乐阳光互动娱乐传媒有限公司	43120170003	互联网新闻信息采编发布服务、传播平台服务
190	湖南尚一网络传播有限责任公司	43120170005	互联网新闻信息采编发布服务、传播平台服务
191	中国衡阳新闻网站	43120170006	互联网新闻信息采编发布服务、传播平台服务
192	湘潭日报社	43120170007	互联网新闻信息采编发布服务、传播平台服务
193	岳阳日报社	43120170008	互联网新闻信息采编发布服务、传播平台服务
194	广西日报社	45120170001	互联网新闻信息采编发布服务、传播平台服务
195	南宁日报社	45120170002	互联网新闻信息采编发布服务
196	广西人民广播电台	45120170003	互联网新闻信息采编发布服务
197	广西电视台	45120170004	互联网新闻信息采编发布服务、传播平台服务
198	海南南海网传媒股份有限公司	46120170001	互联网新闻信息采编发布服务、传播平台服务
199	海口日报社	46120170003	互联网新闻信息采编发布服务
200	海南广播电视总台	46120170002	互联网新闻信息采编发布服务
201	海南农垦报社	46120170006	互联网新闻信息采编发布服务
202	海口广播电视台	46120170004	互联网新闻信息采编发布服务、传播平台服务
203	三亚日报社	46120170005	互联网新闻信息采编发布服务

序号	单位名称	许可证编号	服务类别
204	重庆华龙网集团有限公司	50120170001	互联网新闻信息采编发布服务
205	重庆广播电视集团（总台）	50120170002	互联网新闻信息采编发布服务
206	四川新闻网传媒（集团）股份有限公司	51120170002	互联网新闻信息采编发布服务
207	四川日报网络传媒发展有限公司	51120170001	互联网新闻信息采编发布服务、传播平台服务
208	乐山新闻网	51120170009	互联网新闻信息采编发布服务、传播平台服务
209	成都全搜索科技有限责任公司	51120170006	互联网新闻信息采编发布服务、传播平台服务
210	四川广播电视台	51120170003	互联网新闻信息采编发布服务、传播平台服务
211	雅安日报社	51120170012	互联网新闻信息采编发布服务、传播平台服务
212	宜宾新闻网	51120170011	互联网新闻信息采编发布服务、传播平台服务
213	四川封面传媒有限责任公司	51120170004	互联网新闻信息采编发布服务、传播平台服务
214	南充日报社	51120170010	互联网新闻信息采编发布服务、传播平台服务
215	遂宁日报社	51120170008	互联网新闻信息采编发布服务、传播平台服务
216	泸州新闻网文化传播有限公司	51120170007	互联网新闻信息采编发布服务
217	贵阳日报传媒集团	52120170003	互联网新闻信息采编发布服务
218	中共贵州省委当代贵州杂志社	52120170002	互联网新闻信息采编发布服务
219	贵州多彩贵州网有限责任公司	52120170001	互联网新闻信息采编发布服务、传播平台服务
220	贵州日报社	52120170004	互联网新闻信息采编发布服务
221	贵州广播电视台	52120170005	互联网新闻信息采编发布服务
222	贵阳广播电视台	52120170006	互联网新闻信息采编发布服务

序号	单位名称	许可证编号	服务类别
223	遵义日报社	52120170007	互联网新闻信息采编发布服务
224	安顺日报社	52120170008	互联网新闻信息采编发布服务
225	毕节日报社	52120170009	互联网新闻信息采编发布服务
226	铜仁日报社	52120170010	互联网新闻信息采编发布服务
227	黔南日报社	52120170011	互联网新闻信息采编发布服务
228	黔西南日报社	52120170012	互联网新闻信息采编发布服务
229	云南网际科技有限公司	53120170002	互联网新闻信息采编发布服务、传播平台服务
230	云南日报报业集团	53120170001	互联网新闻信息采编发布服务
231	云南广播电视台	53120170003	互联网新闻信息采编发布服务
232	昆明信息港传媒有限责任公司	53120170004	互联网新闻信息采编发布服务
233	云南春晚传媒有限公司	53120170005	互联网新闻信息采编发布服务
234	中共云南省委云岭先锋杂志社	53120170006	互联网新闻信息采编发布服务
235	云南法制报传媒有限责任公司	53120170007	互联网新闻信息采编发布服务
236	迪庆日报社	53120170008	互联网新闻信息采编发布服务
237	云南信息报社有限责任公司	53120170009	互联网新闻信息采编发布服务
238	怒江傈僳族自治州广播电视台	53120170010	互联网新闻信息采编发布服务
239	普洱人民广播电台	53120170011	互联网新闻信息采编发布服务
240	怒江报社	53120170012	互联网新闻信息采编发布服务
241	文山日报社	53120170013	互联网新闻信息采编发布服务
242	昆明都市报传媒有限责任公司	53120170014	互联网新闻信息采编发布服务
243	昆明日报社	53120170015	互联网新闻信息采编发布服务
244	昆明掌上春城文化传播有限公司	53120170016	互联网新闻信息采编发布服务
245	普洱电视台	53120170017	互联网新闻信息采编发布服务

序号	单位名称	许可证编号	服务类别
246	普洱日报社	53120170018	互联网新闻信息采编发布服务
247	西藏日报社	54120170001	互联网新闻信息采编发布服务
248	西藏人民广播电台	54120170002	互联网新闻信息采编发布服务
249	陕西广播电视台	61120170002	互联网新闻信息采编发布服务
250	西安广播电视台	61120170004	互联网新闻信息采编发布服务、传播平台服务
251	陕西日报社	61120170001	互联网新闻信息采编发布服务
252	中共陕西省委当代陕西杂志社	61120170003	互联网新闻信息采编发布服务
253	西安日报社	61120170005	互联网新闻信息采编发布服务
254	甘肃日报社	62120170002	互联网新闻信息采编发布服务
255	甘肃中甘网传媒有限责任公司	62120170001	互联网新闻信息采编发布服务
256	兰州互联网新闻中心	62120170004	互联网新闻信息采编发布服务
257	青海省互联网新闻中心	63120170001	互联网新闻信息采编发布服务
258	宁夏新传媒有限公司	64120170001	互联网新闻信息采编发布服务
259	银川市新闻传媒集团	64120170002	互联网新闻信息采编发布服务
260	新疆新媒体中心	65120170001	互联网新闻信息采编发布服务、传播平台服务
261	伊犁日报社	65120170004	互联网新闻信息采编发布服务
262	乌鲁木齐红山网	65120170005	互联网新闻信息采编发布服务
263	新疆日报社	65120170002	互联网新闻信息采编发布服务
264	乌鲁木齐晚报社	65120170006	互联网新闻信息采编发布服务、传播平台服务
265	新疆亚心网网络有限公司	65120170003	互联网新闻信息采编发布服务、传播平台服务
266	喀什日报社	65120170007	互联网新闻信息采编发布服务
267	北京一点网聚科技有限公司	11220170010	互联网新闻信息转载服务、传播平台服务
268	长春羿尧网络股份有限公司	22220170001	互联网新闻信息转载服务

序号	单位名称	许可证编号	服务类别
269	上海观察者信息技术有限公司	31220170001	互联网新闻信息转载服务
270	山东三联电子信息有限公司	37220170001	互联网新闻信息转载服务
271	海南海疆在线网络传媒有限公司	46220170001	互联网新闻信息转载服务

二、网络安全企业①

名称	官网链接	二维码
北京安天网络安全技术有限公司	http：//www.antiy.com	
恒安嘉新（北京）科技股份公司	http：//eversec.com.cn	
网神信息技术（北京）股份有限公司	https：//www.legendsec.com	

① 数据来源：《2017 年中国互联网网络安全报告》中第七届 CNCERT/CC 网络安全应急服务支撑国家级单位，排名不分先后。

名称	官网链接	二维码
北京神州绿盟科技有限公司	http：//www.nsfocus.com.cn	
深信服科技股份有限公司	http：//www.sangfor.com.cn	
北京天融信网络安全技术有限公司	http：//www.topsec.com.cn	
北京启明星辰信息安全技术有限公司	https：//www.venustech.com.cn	
长安通信科技有限责任公司	http：//www.chanct.com	
杭州安恒信息技术股份有限公司	http：//www1.dbappsecurity.com.cn	
沈阳东软系统集成工程有限公司	https：//www.neusoft.com/cn	

三、信息化企业①

名称	官网链接	二维码
中国电信集团公司	http：//www.chinatelecom.com.cn	
中国联合网络通信集团有限公司	http：//www.chinaunicom.com	
中国移动通信集团公司	http：//www.10086.cn	
中国电子科技集团公司	http：//www.cetc.com.cn	
中国电子信息产业集团有限公司	http：//www.cec.com.cn	

① 数据来源：中国网信网，http：//www.cac.gov.cn/qy.htm。

名称	官网链接	二维码
中国普天信息产业集团公司	http：//www.potevio.com	
大唐电信科技产业集团暨电信科学技术研究院	http：//www.datanggroup.cn	
华为技术有限公司	https：//www.huawei.com/cn	
中兴通讯股份有限公司	https：//www.zte.com.cn	
联想集团	https：//m.lenovo.com.cn	
浪潮集团	http：//www.inspur.com	
曙光信息产业股份有限公司	http：//www.myprice.com.cn	

名称	官网链接	二维码
东软集团	https：//www.neusoft.com/cn	
亚信集团股份有限公司	https：//www.asiainfo.com/	

四、互联网企业①

排名	中文名称	企业简称	主要品牌
1	深圳市腾讯计算机系统有限公司	腾讯	微信、QQ、腾讯网、腾讯游戏
2	阿里巴巴集团	阿里巴巴	淘宝、天猫、优酷、土豆
3	百度公司	百度	百度、爱奇艺
4	京东集团	京东	京东商城、京东金融
5	网易集团	网易	网易、有道
6	新浪公司	新浪	新浪网、微博
7	搜狐集团	搜狐	搜狐、搜狗、畅游
8	美团点评集团	美团点评	美团、大众点评
9	携程计算机技术（上海）有限公司	携程旅行网	携程旅行网、途风旅行网
10	三六零科技股份有限公司	三六零	360 安全卫士
11	小米通讯技术有限公司	小米	小米、MIUI 系统、小米商城、米家

① 数据来源：中国互联网协会发布的《2017 年中国互联网企业 100 强》。表中所列企业为前 50 强。

排名	中文名称	企业简称	主要品牌
12	苏宁控股集团	苏宁控股	苏宁易购、苏宁金融、苏宁文创、苏宁软件
13	鹏博士电信传媒集团股份有限公司	鹏博士	长城宽带、大麦影视
14	网宿科技股份有限公司	网宿科技	网宿
15	用友网络科技股份有限公司	用友	用友
16	上海东方明珠新媒体股份有限公司	东方明珠新媒体	BesTV 百视通、SiTV、五岸传播
17	新华网股份有限公司	新华网	新华网
18	三七互娱（上海）科技有限公司	三七互娱	37 游戏、37 手游
19	拉扎斯网络科技（上海）有限公司	饿了么	饿了么、蜂鸟即时配送
20	东软集团股份有限公司	东软集团	东软、熙康云医院
21	上海二三四五网络控股集团股份有限公司	二三四五	2345 网址导航、2345 王牌浏览器 2345 贷款王
22	北京天盈九州网络技术有限公司	凤凰网	凤凰新媒体、凤凰网
23	上海钢银电子商务股份有限公司	钢银电商	钢银
24	杭州顺网科技股份有限公司	顺网科技	顺网游戏、氧秀直播、网喵 APP
25	广州多益网络股份有限公司	多益网络	神武、梦想世界
26	同程旅游集团	同程集团	同程国旅、同程金服
27	宜人贷公司	宜人贷	宜人财富、宜人贷借款
28	北京昆仑万维科技股份有限公司	昆仑万维	昆仑万维
29	南京途牛科技有限公司	途牛旅游网	途牛旅游
30	游族网络股份有限公司	游族网络	少年三国志、大皇帝女神联盟
31	联动优势科技有限公司	联动优势	联动信息、联动支付、联动国际

排名	中文名称	企业简称	主要品牌
32	杭州边锋网络技术有限公司	边锋网络	边锋游戏、游戏茶苑
33	北京车之家信息技术有限公司	汽车之家	汽车之家
34	北京搜房网络技术有限公司	房天下	房天下
35	上海找钢网信息科技股份有限公司	找钢网	找钢商城、胖猫物流
36	东方财富信息股份有限公司	东方财富	东方财富网
37	四三九九网络股份有限公司	4399	4399 小游戏
38	北京怡生乐居信息服务有限公司	乐居	乐居
39	美图公司	美图	美图秀秀、美颜相机、美拍
40	竞技世界（北京）网络技术有限公司	竞技世界	JJ 比赛
41	北京字节跳动科技有限公司	今日头条	今日头条
42	深圳市迅雷网络技术有限公司	迅雷网络	迅雷
43	上海东方网股份有限公司	东方网	东方网
44	上海连尚网络科技有限公司	连尚网络	WiFi 万能钥匙
45	咪咕文化科技有限公司	咪咕公司	咪咕音乐、咪咕视讯、咪咕数媒
46	北京中钢网信息股份有限公司	中钢网	中钢网
47	福建网龙计算机网络信息技术有限公司	网龙	魔域、征服、英魂之刃
48	苏州蜗牛数字科技股份有限公司	蜗牛数字	蜗牛网、免商品

排名	中文名称	企业简称	主要品牌
49	黑龙江龙采科技集团有限责任公司	龙采	龙采
50	贵阳朗玛信息技术股份有限公司	朗玛信息	39 健康网、贵阳互联网医院、蜂加

第十一章　统计数据

一、互联网基础数据

（一）互联网基础资源

1. IP 地址

截至 2017 年 12 月，我国 IPv6 地址数量为 23430 块 /32，年增长 10.6%。

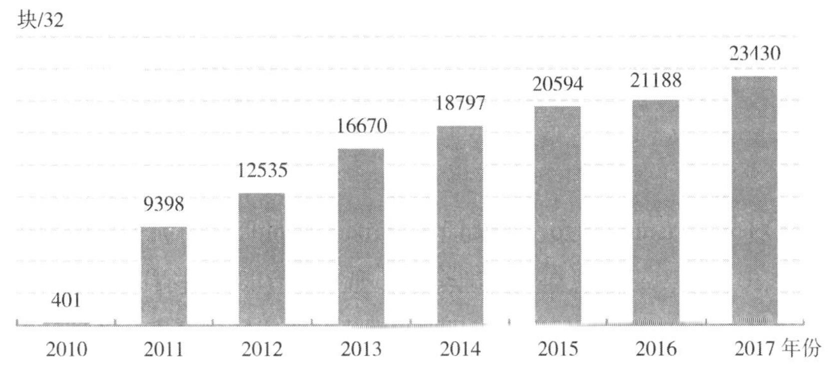

图 11–1　中国 IPv6 地址数量

数据来源：CNNIC

全球 IPv4 地址数已于 2011 年 2 月分配完毕。自 2011 年开始我国 IPv4 地址总数基本维持不变，截至 2017 年 12 月，共计有 33870 万个。

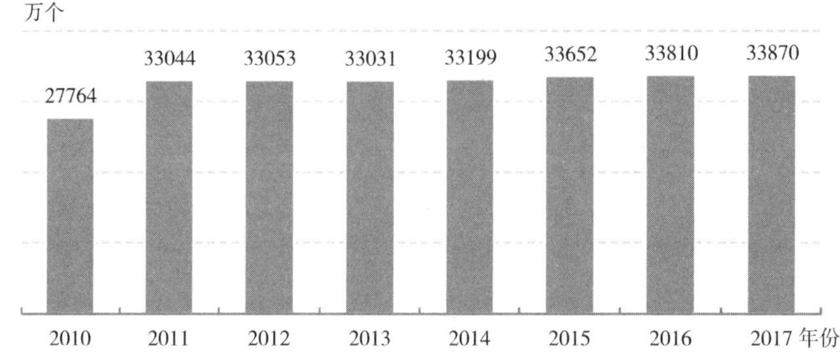

图 11–2　中国 IPv4 地址资源变化情况

数据来源：CNNIC

2. 域名

截至 2017 年 12 月，我国域名总数为 3848 万个，相比去年减少 9.0%。

表 11–1　中国分类域名数

域名	数量（个）	占域名总数比例
CN	20845513	54.2%
COM	11307915	29.4%
中国	1895745	4.9%
NET	1288239	3.3%
INFO	1170601	3.0%
ORG	253819	0.7%
BIZ	154322	0.4%
其他	1564201	4.1%
合计	38480355	100.0%

截至 2017 年 12 月，中国“.CN”域名总数为 2085 万个，年增长率为 1.2%，占中国域名总数比例为 54.2%；“.COM”域名数量为 1131 万个，占比为 29.4%；“中国”域名总数达到 190 万个，年增长率为 299.8%，占比从上年的 1.1% 提高到 4.9%。

3. 网站

截至 2017 年 12 月，中国网站（指域名注册者在中国境内的网站）数量为 533 万个，年增长率为 10.6%。

图 11–3　中国网站数量①

数据来源：CNNIC

截至 2017 年 12 月，“.CN”下网站数量为 315 万个，年增长率为 21.8%。

图 11–4　“.CN”下网站数量②

数据来源：CNNIC

① 数据中不包含“.EDU.CN”下网站。

② 数据中不包含“.EDU.CN”下网站。

4. 网页

截至 2017 年 12 月，中国网页数量为 2604 亿个，年增长 10.3%。

图 11–5　中国网页数

数据来源：百度在线网络技术（北京）有限公司

其中，静态网页数量为 1969 亿个，占网页总数量的 75.6%；动态网页数量为 635 亿个，占网页总量的 24.4%。

5. 互联网宽带接入端口

截至 2017 年年底，互联网宽带接入端口数量达到 7.8 亿个，比上年年底净增 6322 万个。互联网宽带接入端口“光进铜退”趋势持续，xDSL 端口比上年减少 1633 万个，总数下降为 2224 万个，占比由上年年底的 5.5% 降至 2.9%；光纤接入（FTTH/0）端口达到 6.5 亿个，比上年净增 11716 个，占比由上年年底的 75.5% 提高到 84.4%。

图 11–6　互联网宽带接入端口数量及光纤接入端口占比

数据来源：工业和信息化部

6. 国际出口带宽的变化

截至 2017 年 12 月，中国国际出口带宽为 7320180 Mbps，年增长率为 10.2%。

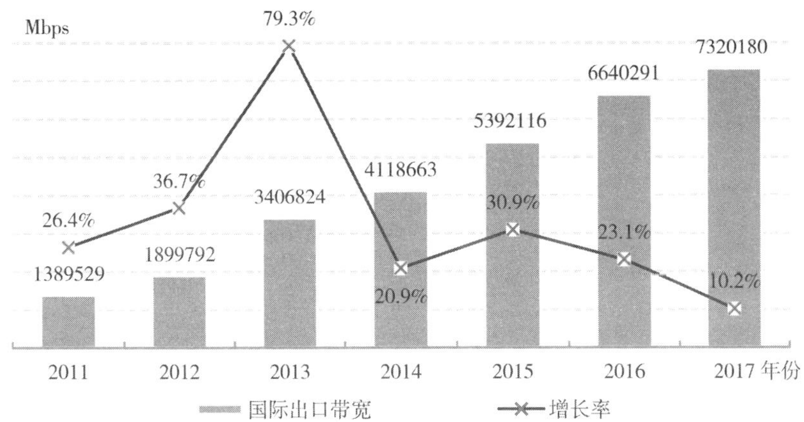

图 11–7 中国国际出口带宽及其增长率

数据来源：CNNIC

表 11–2 主要骨干网络国际出口带宽数

网络	国际出口带宽数（Mbps）
中国电信	3625830
中国联通	2081662
中国移动	1498000
中国教育和科研计算机网	61440
中国科技网	53248
合计	7320180

（二）移动互联网

1. 移动互联网流量

4G 移动电话用户持续高速增长、移动互联网应用不断丰富，推动移动互联网流量持续高速增长。2017 年年底，移动互联网接入流量消费累计达 246 亿 G，比上年同期累计增长 162.7%。

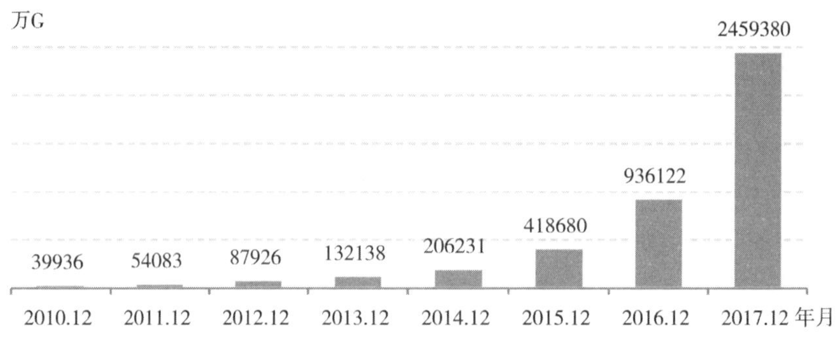

图 11–8 移动互联网接入流量

数据来源：工业和信息化部

2. 应用类型

2017 年，我国个人互联网应用保持快速发展，各类应用用户规模均呈上升趋势，其中网上订外卖用户规模增长显著，年增长率达到 64.6%。

表 11–3 2016.12—2017.12 中国网民各类互联网应用的使用率

应用	2017.12		2016.12		年增长率
	用户规模（万）	网民使用率	用户规模（万）	网民使用率	
即时通信	72023	93.3%	66628	91.1%	8.1%
搜索引擎	63956	82.8%	60238	82.4%	6.2%
网络新闻	64689	83.8%	61390	84.0%	5.4%
网络视频	57892	75.0%	54455	74.5%	6.3%
网络音乐	54809	71.0%	50313	68.8%	8.9%
网上支付	53110	68.8%	47450	64.9%	11.9%
网络购物	53332	69.1%	46670	63.8%	14.3%
网络游戏	44161	57.2%	41704	57.0%	5.9%
网上银行	39911	51.7%	36552	50.0%	9.2%
网络文学	37774	48.9%	33319	45.6%	13.4%
旅行预订	37578	48.7%	29922	40.9%	25.6%

应用	2017.12		2016.12		年增长率
	用户规模（万）	网民使用率	用户规模（万）	网民使用率	
电子邮件	28422	36.8%	24815	33.9%	14.5%
互联网理财	12881	16.7%	9890	13.5%	30.2%
网上炒股或炒基金	6730	8.7%	6276	8.6%	7.2%
微博	31601	40.9%	27143	37.1%	16.4%
地图查询	49247	63.8%	46166	63.1%	6.7%
网上订外卖	34338	44.5%	20856	28.5%	64.6%
在线教育	15518	20.1%	13764	18.8%	12.7%
网约出租车	28651	37.1%	22463	30.7%	27.5%
网约专车或快车	23623	30.6%	16799	23.0%	40.6%
网络直播	42209	54.7%	34431	47.1%	22.6%
共享单车	22078	28.6%	—	—	

二、互联网用户及使用情况数据

（一）网民规模

1. 总体网民规模

截至 2017 年 12 月，我国网民规模达 7.72 亿，全年共计新增网民 4073 万人。互联网普及率为 55.8%，较 2016 年年底提升 2.6 个百分点。

2. 手机网民规模

截至 2017 年 12 月，我国手机网民规模达 7.53 亿，较 2016 年年底增加 5734 万人。网民中使用手机上网人群的占比由 2016 年的 95.1% 提升至 97.5%，网民手机上网比例继续攀升。

3. 农村网民规模

截至 2017 年 12 月，我国农村网民占比为 27.0%，规模为 2.09 亿，

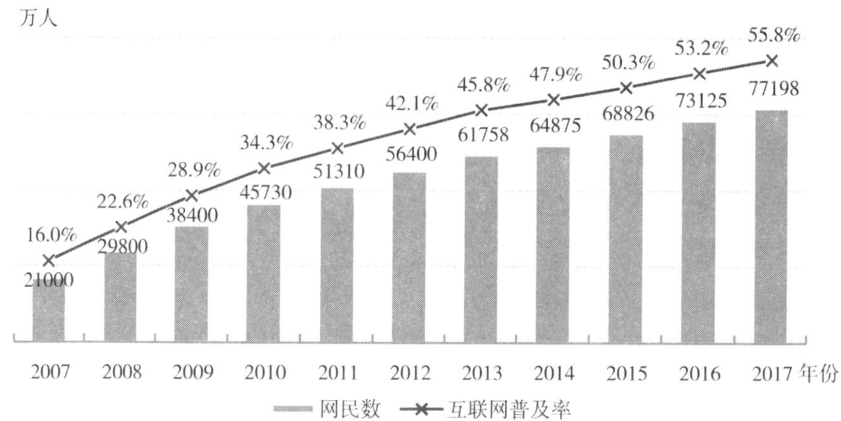

图 11-9　中国网民规模和互联网普及率

数据来源：CNNIC

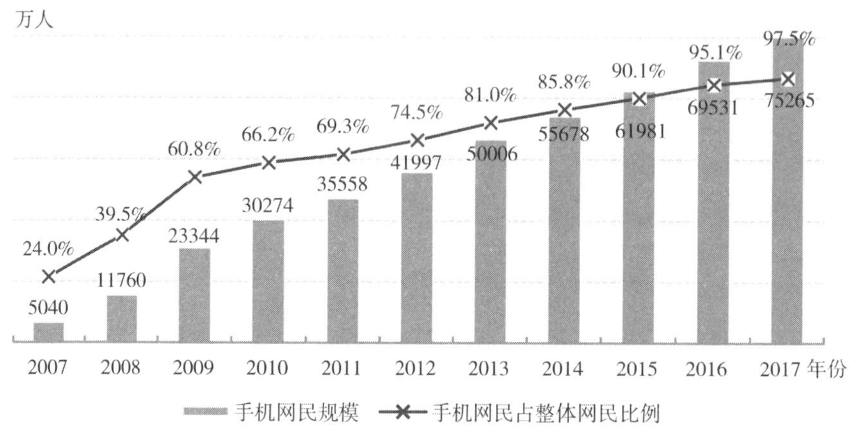

图 11-10　中国手机网民规模及其占网民比例

数据来源：CNNIC

较 2016 年年底增加 793 万人，增幅为 4.0%；城镇网民占比 73.0%，规模为 5.63 亿，较 2016 年年底增加 3281 万人，增幅为 6.2%。

4. 非网民情况

农村人口是非网民的主要组成部分。截至 2017 年 12 月，我国非网民规模为 6.11 亿，其中城镇非网民占比为 37.6%，农村非网民占比为 62.4%。上网技能缺失以及文化水平限制仍是阻碍非网民上网的主要原因。调查显示，因不懂电脑 / 网络、不懂拼音等知识水平限制而不上网的

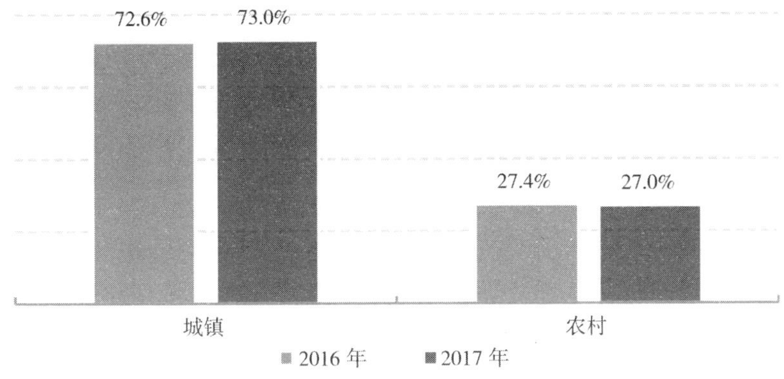

图 11–11 中国网民城乡结构

数据来源：CNNIC

非网民占比分别为 53.5% 和 38.2%；由于不需要 / 不感兴趣而不上网的非网民占比为 9.6%；受没有电脑、当地无法连接互联网等上网设施限制而无法上网的非网民占比为 14.8%。

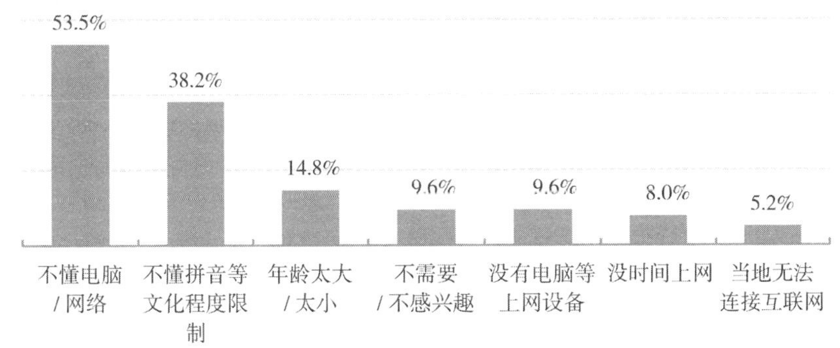

图 11–12 非网民不上网原因

数据来源：CNNIC

（二）网民结构

1. 性别结构

截至 2017 年 12 月，中国网民男女比例为 52.6 : 47.4；截至 2016 年年底，中国人口男女比例为 51.2 : 48.8，网民性别结构进一步与人口性别比例接近。

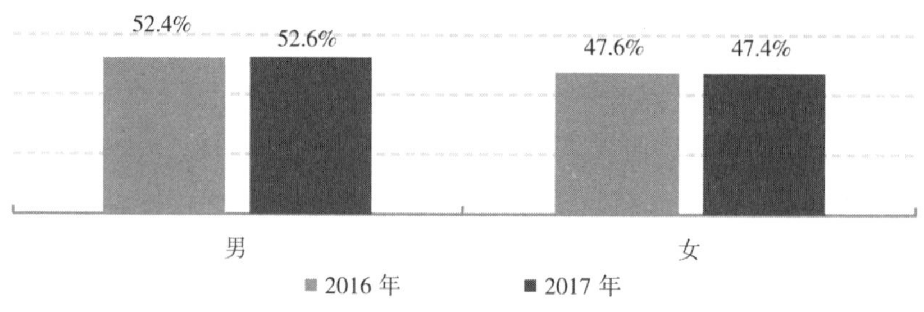

图 11–13　中国网民性别结构

数据来源：CNNIC

2. 年龄结构

我国网民以 10—39 岁群体为主。截至 2017 年 12 月，10—39 岁群体占整体网民的 73.1%。其中 20—29 岁年龄段的网民占比最高，达 30.0%；10—19 岁、30—39 岁群体占比分别为 19.6%、23.5%，与 2016 年年底基本持平。与 2016 年年底相比，60 岁以上高龄群体的占比有所提升，互联网继续向高龄人群渗透。

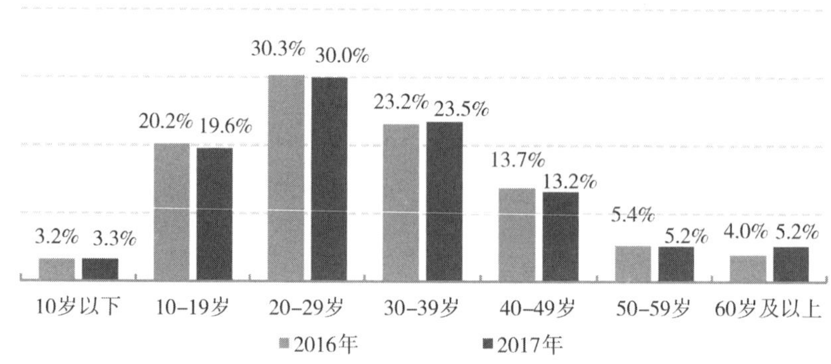

图 11–14　中国网民年龄结构

数据来源：CNNIC

3. 学历结构

网民中具备中等教育水平的群体规模最大。截至 2017 年 12 月，初中、高中 / 中专 / 技校学历的网民占比分别为 37.9%、25.4%，其中，初中学历网民占比较 2016 年年底增长 0.6 个百分点。

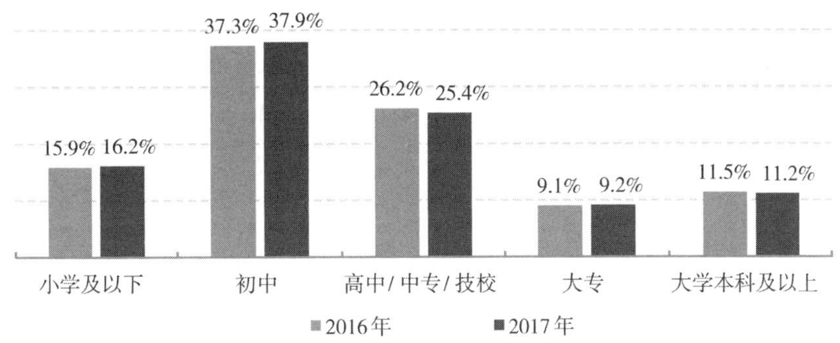

图 11–15　中国网民学历结构

数据来源：CNNIC

4. 职业结构

网民中学生群体规模最大。截至 2017 年 12 月，学生群体占比为 25.4%；其次为个体户 / 自由职业者，比例为 21.3%；企业 / 公司的管理人员和一般职员占比合计达到 14.6%，我国网民职业结构基本保持稳定。

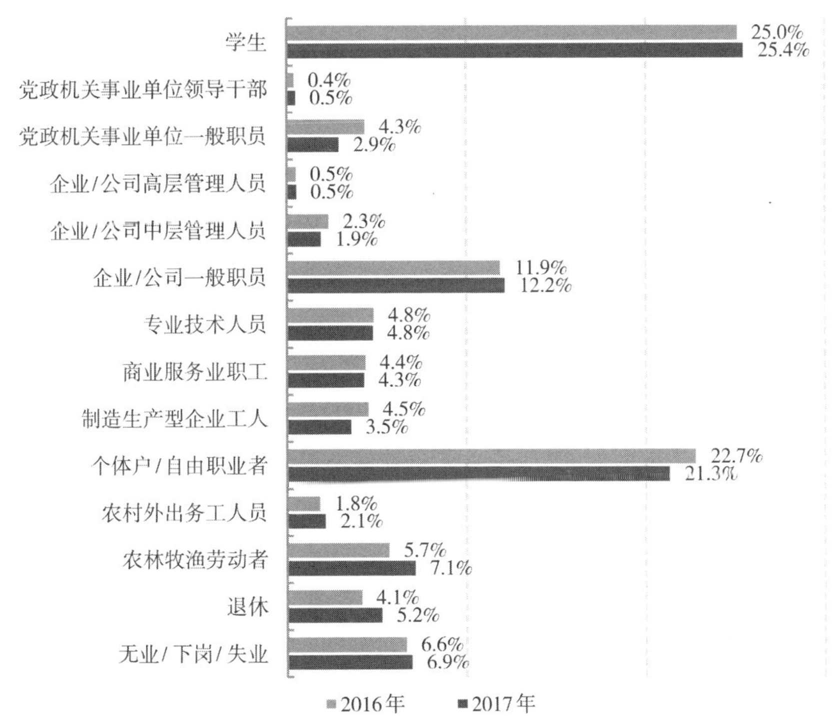

图 11–16　中国网民职业结构

数据来源：CNNIC

5. 月收入结构

月收入在中高等水平的网民群体占比最高。截至 2017 年 12 月，月收入在 2001—3000 元、3001—5000 元的群体占比分别为 16.6% 和 22.4%。2017 年，我国网民规模向高收入群体扩散，月收入在 5000 元以上群体占比较 2016 年年底增长 3.6 个百分点。

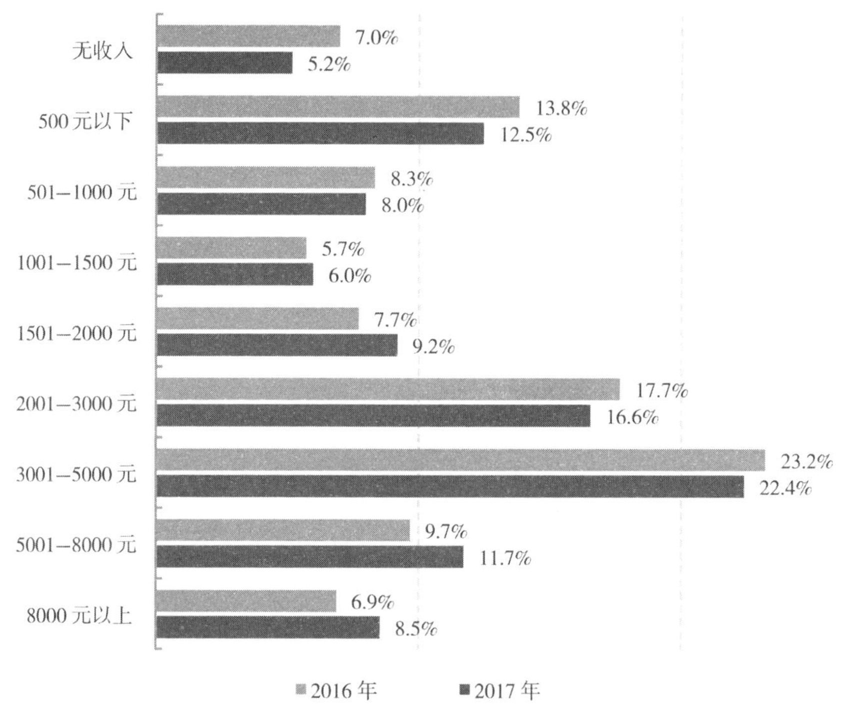

图 11–17　中国网民个人月收入结构

数据来源：CNNIC

（三）互联网接入环境

1. 上网设备

截至 2017 年 12 月，我国网民使用手机上网的比例达 97.5%，较 2016 年年底提升了 2.4 个百分点，使用率再创新高；使用台式电脑、笔记本电脑上网的比例分别为 53.0%、35.8%，较 2016 年年底均有所下降，其中使用台式电脑的比例变化尤为明显，下降了 7.1 个百分点；网民使用电视上网的比例达 28.2%，较 2016 年年底提升了 3.2 个百分点。

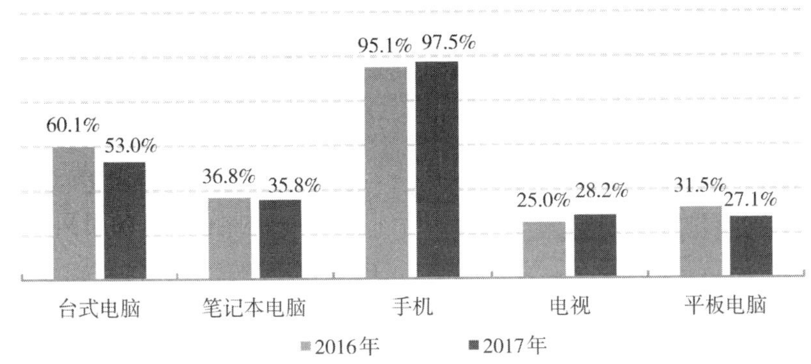

图 11–18　互联网络接入设备使用情况

数据来源：CNNIC

2. 使用场所

截至 2017 年 12 月，我国网民在家里通过电脑接入互联网的比例为 85.6%，与 2016 年年底相比降低了 2.1 个百分点；在网吧、单位、学校、公共场所通过电脑接入互联网的比例均有小幅上升。

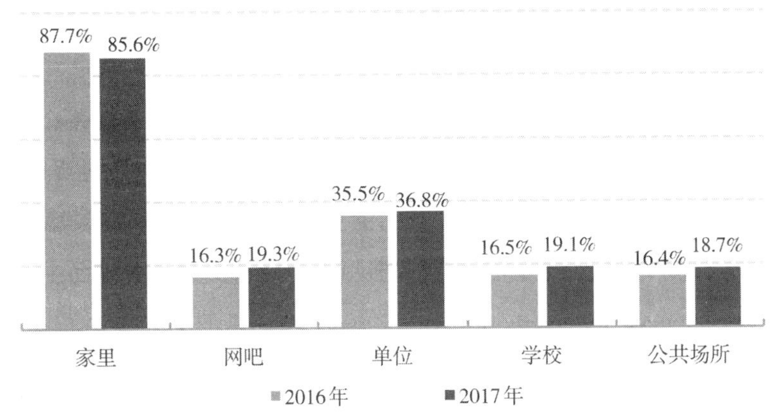

图 11–19　网民使用电脑接入互联网的场所

数据来源：CNNIC

3. 光纤宽带用户规模及占比

2017 年，宽带城市建设继续推动光纤接入（FTTH/0）快速普及。截至 12 月底，光纤接入用户累计净增 6627 万户，总数达 2.9 亿户，占宽带用户总数的比重较 2016 年年底提高 7.7 个百分点，达到 84.3%。

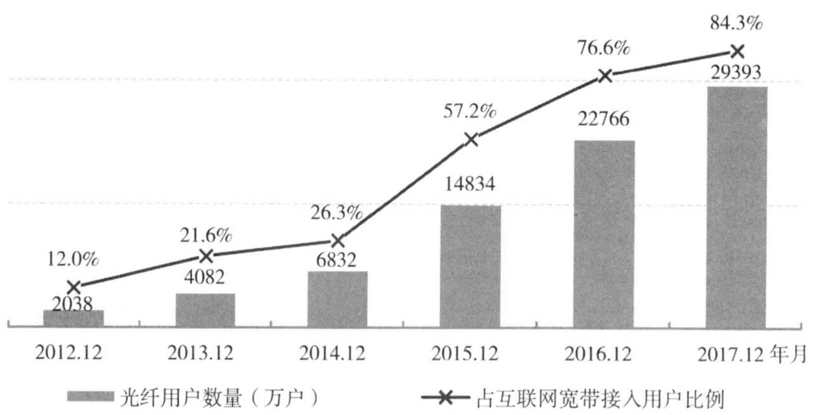

图 11–20　光纤宽带用户规模及占比

数据来源：工业和信息化部

4. 上网时间

2017 年，中国网民的人均周上网时长为 27.0 小时，相比 2016 年提高了 0.6 个小时。

图 11–21　网民平均每周上网时长

数据来源：CNNIC

（四）互联网应用

1. 基础应用

（1）即时通信

截至 2017 年 12 月，即时通信用户规模达到 7.20 亿，较 2016 年年底增长 5395 万人，占网民总体的 93.3%。手机即时通信用户 6.94 亿，较

2016 年年底增长 5562 万人，占手机网民的 92.2%。

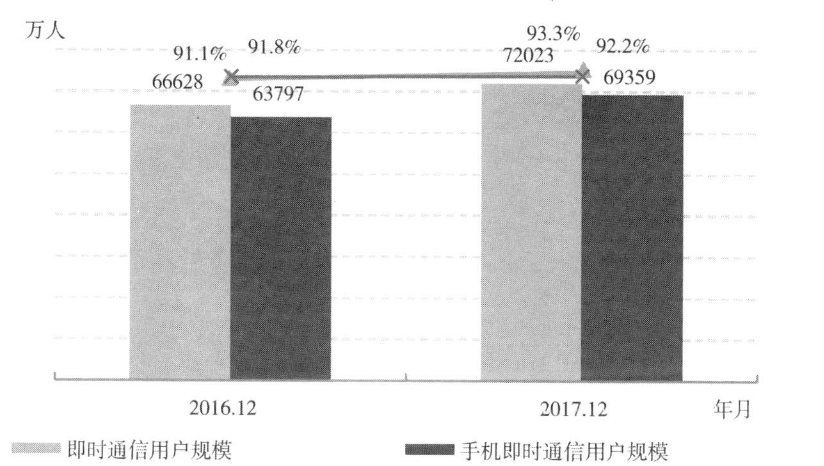

图 11–22　即时通信 / 手机即时通信用户规模及使用率

数据来源：CNNIC

（2）搜索引擎

截至 2017 年 12 月，我国搜索引擎用户规模达 6.40 亿，使用率为 82.8%，用户规模较 2016 年年底增加 3718 万，增长率为 6.2%；手机搜索用户数达 6.24 亿，使用率为 82.9%，用户规模较 2016 年年底增加 4887 万人，增长率为 8.5%。作为互联网基础应用，搜索引擎用户规模增速继续与网民总体规模增速基本保持同步。

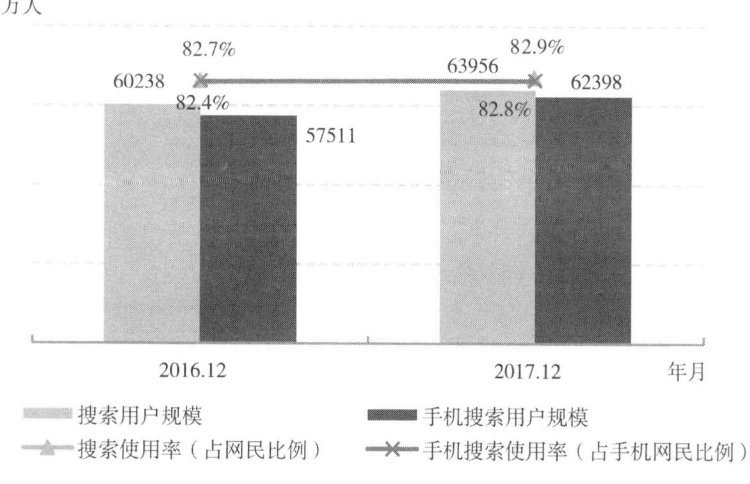

图 11–23　搜索 / 手机搜索用户规模及使用率

数据来源：CNNIC

(3) 网络新闻

截至 2017 年 12 月，我国网络新闻用户规模为 6.47 亿，年增长率为 5.4%，网民使用比例为 83.8%。其中，手机网络新闻用户规模达到 6.20 亿，占手机网民的 82.3%，年增长率为 8.5%。

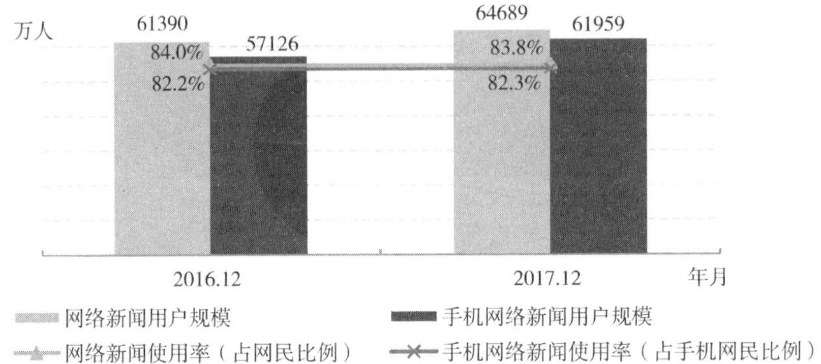

图 11–24　网络新闻 / 手机网络新闻用户规模及使用率

数据来源：CNNIC

(4) 社交应用

截至 2017 年 12 月，微信朋友圈、QQ 空间用户使用率分别为 87.3% 和 64.4%；微博作为社交媒体，2017 年继续在短视频和移动直播上深入布局，推动用户使用率持续增长，达到 40.9%，较 2016 年 12 月上升 3.8 个百分点。知乎、豆瓣、天涯社区使用率均有所提升，用户使用率分别为 14.6%、12.8% 和 8.8%。

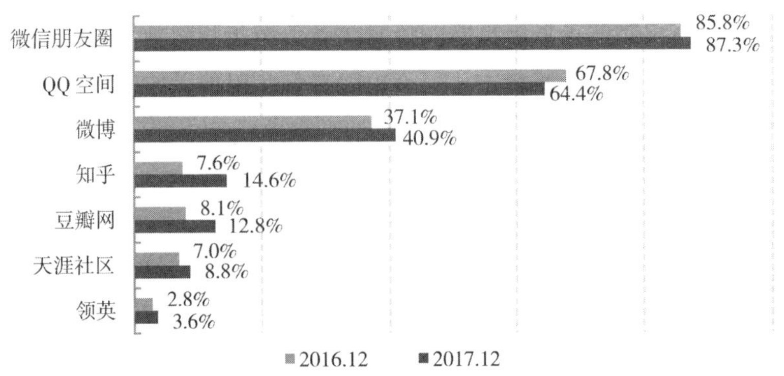

图 11–25　典型社交应用使用率

数据来源：CNNIC

其中，微博、微信用户数量庞大，日活跃、月活跃用户年年持续增长。2017 年，微信用户月活跃用户数达 9.89 亿人，微博日活跃用户数达 1.72 亿人，月活跃用户数达 3.92 亿人。

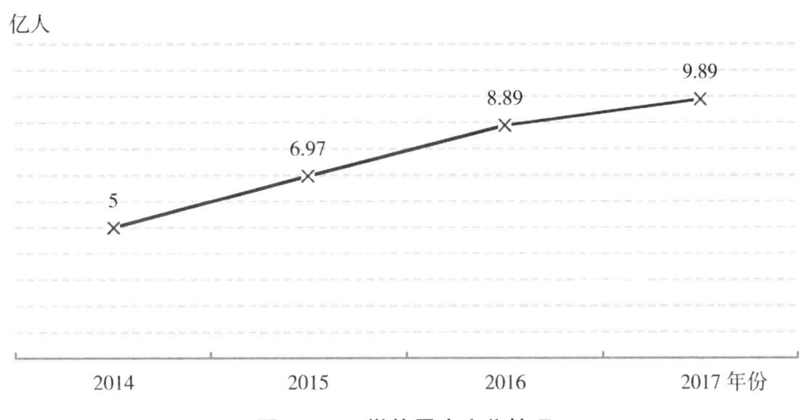

图 11–26　微信用户变化情况

数据来源：腾讯公司

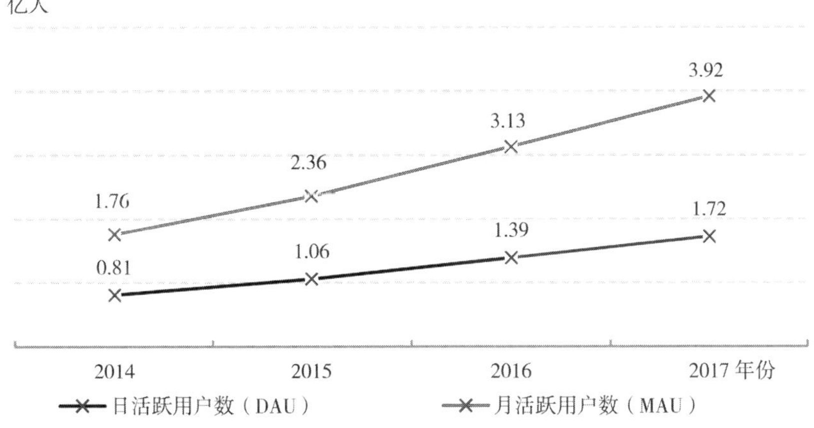

图 11–27　微博用户变化情况

数据来源：新浪公司

2. 商务交易

我国电子商务交易额总量逐年攀升，自 2013 年起电子商务交易发展出现迅猛势头。2013 年至 2014 年，电子商务交易额总量由 10.4 万亿元剧增至 16.4 万亿元，并连续三年（2013 年至 2016 年）保持每年 5 万亿元左右的增长额。2017 年，电子商务服务业市场规模稳步增长，营收规模由

2016 年的 2.45 万亿元增至 2.92 万亿元。

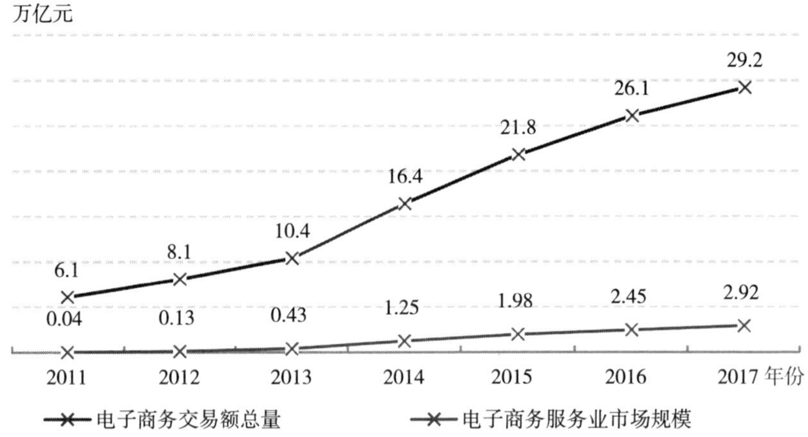

图 11–28　我国电子商务发展状况

数据来源：商务部

（1）网络购物

截至 2017 年 12 月，我国网络购物用户规模达到 5.33 亿，较 2016 年增长 14.3%，占网民总体的 69.1%。手机网络购物用户规模达到 5.06 亿，同比增长 14.7%，使用比例由 63.4% 增至 67.2%。与此同时，网络零售继续保持高速增长，全年交易额达到 71751 亿元，同比增长 32.2%，增速较 2016 年提高 6 个百分点。

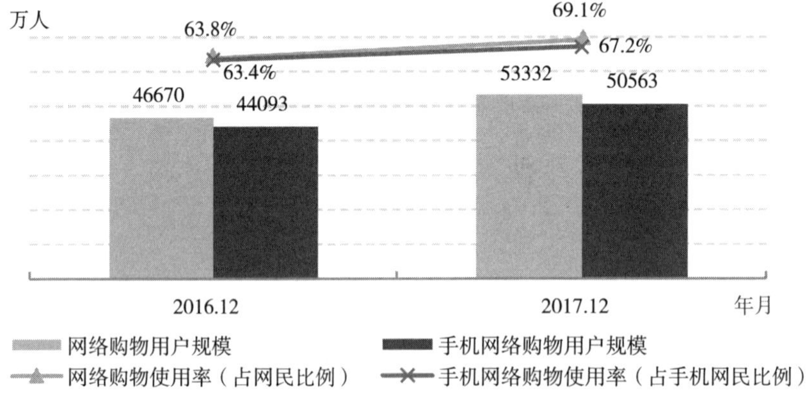

图 11–29　网络购物 / 手机网络购物用户规模及使用率

数据来源：CNNIC

（2）网上外卖

截至2017年12月，我国网上外卖用户规模达到3.43亿，较2016年年底增加1.35亿，同比增长64.6%，继续保持高速增长。其中，手机网上外卖用户规模达到3.22亿，增长率为66.2%，使用比例达到42.8%，提升14.9个百分点。

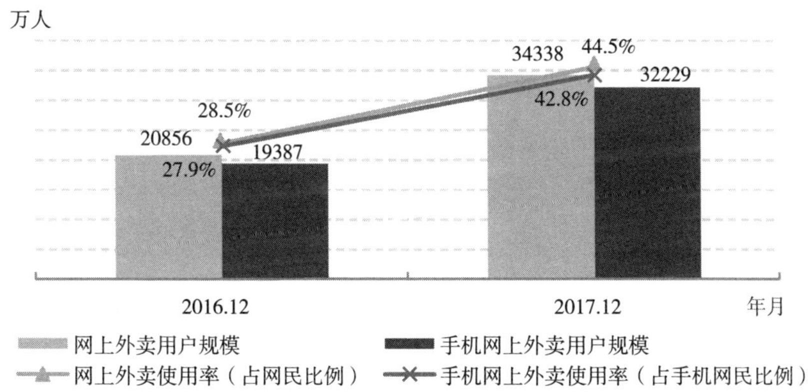

图11–30 网上外卖 / 手机网上外卖用户规模及使用率

数据来源：CNNIC

（3）旅行预定

截至2017年12月，在线旅行预订用户规模达到3.76亿，较2016年年底增长7656万人，增长率为25.6%；在线旅行预订使用比例达到48.7%，较上年提升7.8个百分点。网上预订火车票、机票、酒店和旅游度假产品的网民比例分别为39.3%、23.0%、25.1%和11.5%。

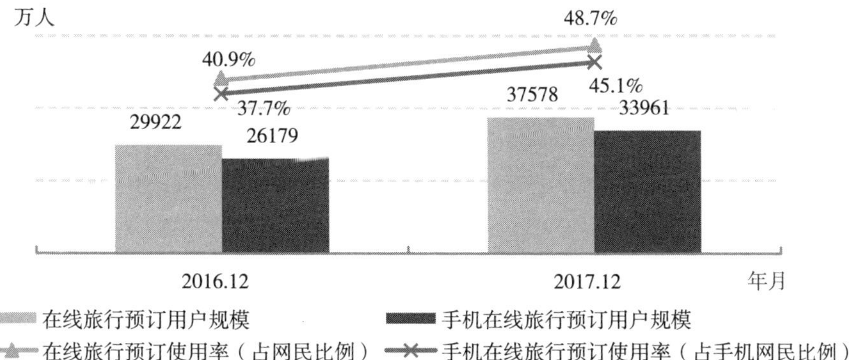

图11–31 在线旅游预订 / 手机在线旅游预订用户规模及使用率

数据来源：CNNIC

3. 网络金融

(1) 互联网理财

截至2017年12月，我国购买互联网理财产品的网民规模达到1.29亿，同比增长30.2%。网民使用率为16.7%，较2016年同期增长3.2个百分点。

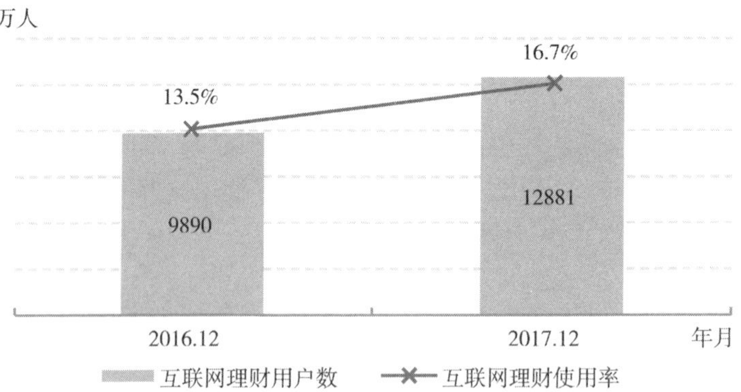

图 11–32　互联网理财用户规模及使用率

数据来源：CNNIC

(2) 网上支付

截至2017年12月，我国使用网上支付的用户规模达到5.31亿，较2016年年底增加5660万人，年增长率为11.9%，使用率达68.8%。其中，手机支付用户规模增长迅速，达到5.27亿，较2016年年底增加5783万人，年增长率为12.3%，使用比例达70.0%。

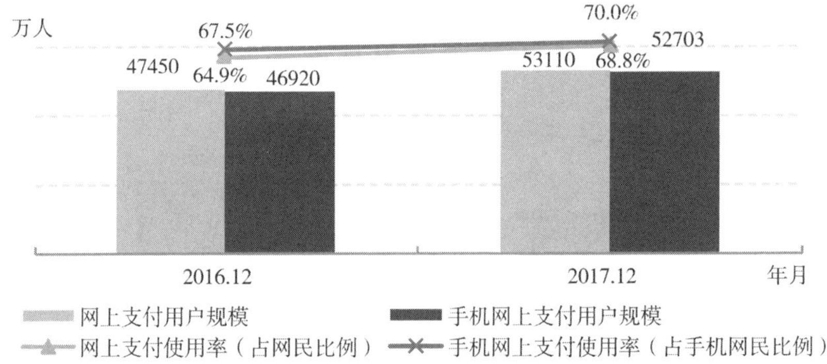

图 11–33　网上支付 / 手机网上支付用户规模及使用率

数据来源：CNNIC

4. 网络娱乐

（1）网络视频

截至 2017 年 12 月，网络视频用户规模达 5.79 亿，较 2016 年年底增加 3437 万，占网民总体的 75.0%。手机网络视频用户规模达到 5.49 亿，较 2016 年年底增加 4870 万，占手机网民的 72.9%。

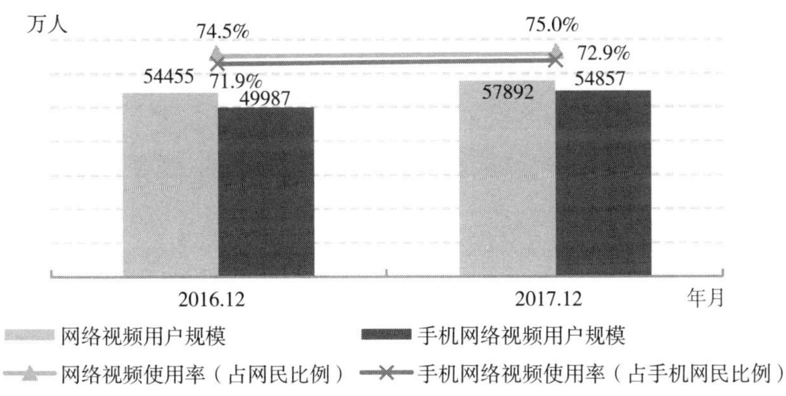

图 11–34　网络视频 / 手机网络视频用户规模及使用率

数据来源：CNNIC

（2）网络音乐

截至 2017 年 12 月，网络音乐用户规模达 5.48 亿，较 2016 年年底增加 4496 万，占网民总体的 71.0%。手机网络音乐用户规模达到 5.12 亿，较 2016 年年底增加 4381 万，占手机网民的 68.0%。

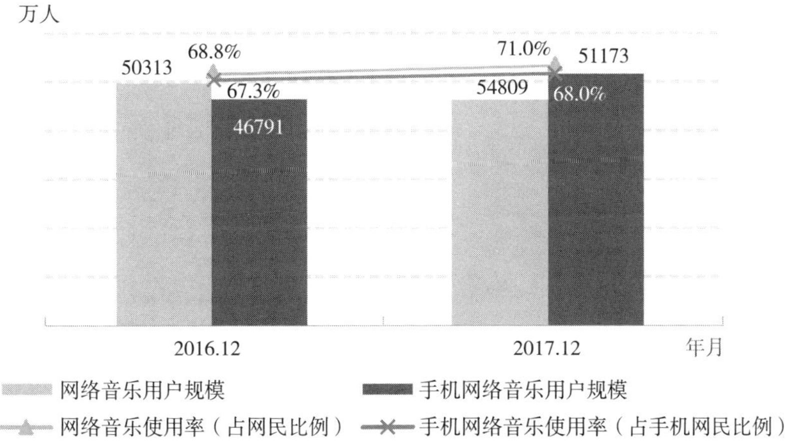

图 11–35　网络音乐 / 手机网络音乐用户规模及使用率

数据来源：CNNIC

（3）网络文学

截至 2017 年 12 月，网络文学用户规模达到 3.78 亿，较 2016 年年底增加 4455 万，占网民总体的 48.9%。手机网络文学用户规模为 3.44 亿，较 2016 年年底增加 3975 万，占手机网民的 45.6%。

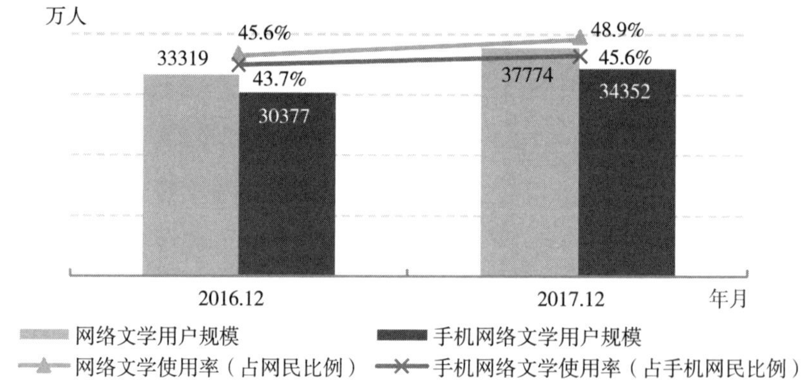

图 11–36　网络文学 / 手机网络文学用户规模及使用率

数据来源：CNNIC

（4）网络游戏

截至 2017 年 12 月，我国网络游戏用户规模达到 4.42 亿，占整体网民的 57.2%，较 2016 年增长 2457 万人。手机网络游戏用户规模较 2016 年年底明显提升，达到 4.07 亿，较 2016 年年底增长 5543 万人，占手机网民的 54.1%。

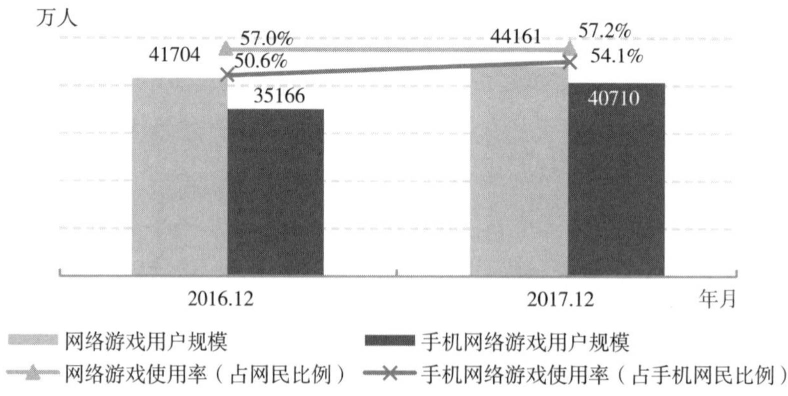

图 11–37　网络游戏 / 手机网络游戏用户规模及使用率

数据来源：CNNIC

（5）网络直播

截至2017年12月，网络直播用户规模达到4.22亿。其中，游戏直播用户规模达到2.24亿，较2016年年底增加7756万，占整体网民的29.0%；真人秀直播用户规模达到2.20亿，较2016年年底增加7522万，占整体网民的28.5%。

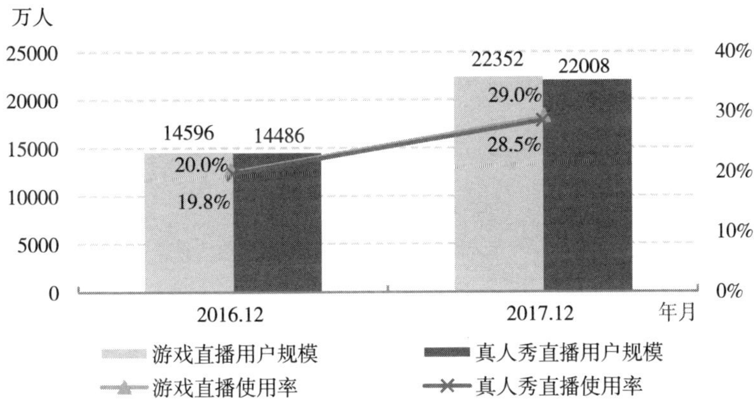

图11–38　游戏直播/真人秀直播用户规模及使用率

数据来源：CNNIC

5. 公共服务

2017年，我国共享经济市场规模继续保持高速增长，市场结构不断改善，市场交易总额达49205亿元，较2016年增长47.2%。其中，知识技能、生活服务领域交易额增长迅速，同比增长分别为126.6%、82.7%。

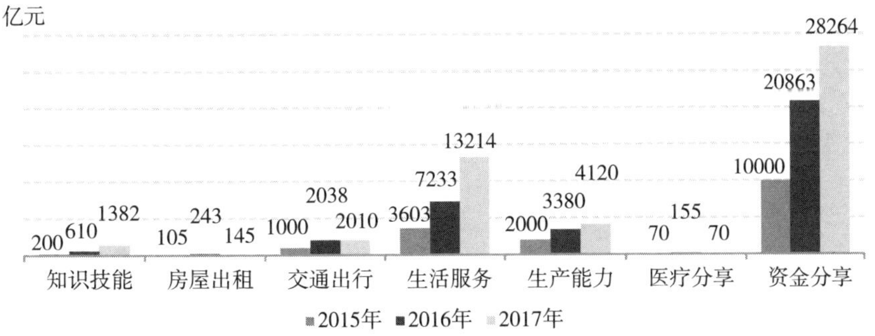

图11–39　共享经济发展状况

数据来源：国家信息中心、中国互联网协会

（1）共享单车

共享单车成为2017年下半年用户规模增长最为显著的互联网应用类型。截至2017年12月，共享单车国内用户规模已达2.21亿，占整体网民的28.6%，用户规模半年增加1.15亿，增长率达到108.1%。从业务覆盖范围上看，共享单车业务在国内已完成对各主要城市的覆盖，并渗透到21个海外国家。

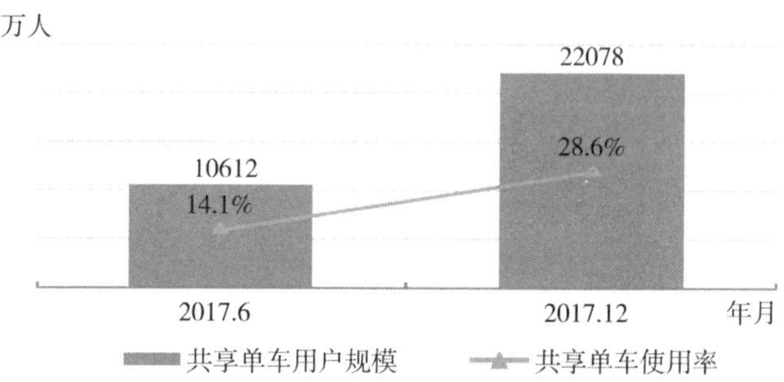

图 11–40　共享单车用户规模及使用率

数据来源：CNNIC

（2）网络约租车

截至2017年12月，我国网约出租车用户规模达到2.87亿，较2016年年底增加6188万人，增长率为27.5%；网约出租车使用比例达到37.1%，较2016年提升6.4个百分点。网约专车或快车用户规模达到2.36亿，增长率为40.6%，用户使用比例由23.0%提升至30.6%，较2016年增长7.6个百分点。

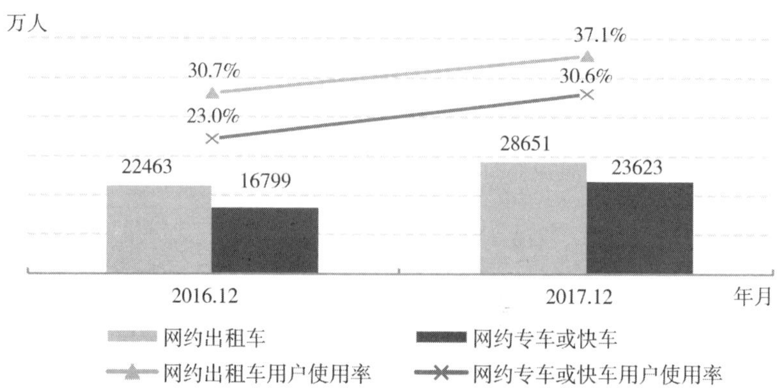

图 11–41　网约出租车 / 网约专车或快车用户规模及使用率

数据来源：CNNIC

三、互联网产业数据

（一）互联网上市企业

截至 2017 年 12 月，我国境内外上市互联网企业① 数量达到 102 家，总体市值为 8.97 万亿人民币。其中腾讯、阿里巴巴和百度公司的市值之和占总体市值的 73.9%。上市企业中的网络游戏、电子商务、文化传媒、网络金融和软件工具类企业分别占总数的 28.4%、14.7%、10.8%、9.8%、5.9%。

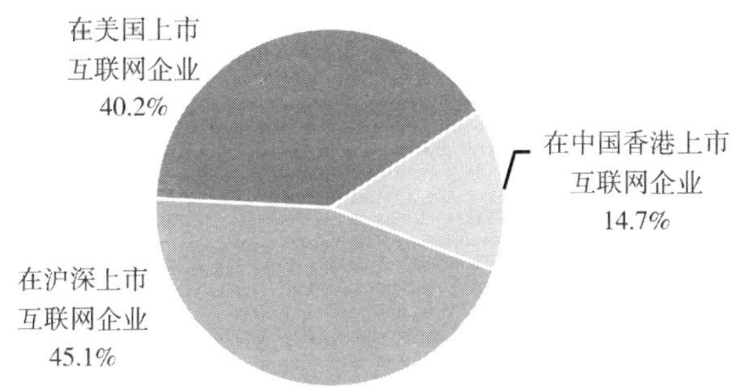

图 11–42　互联网上市企业数量分布

数据来源：CNNIC

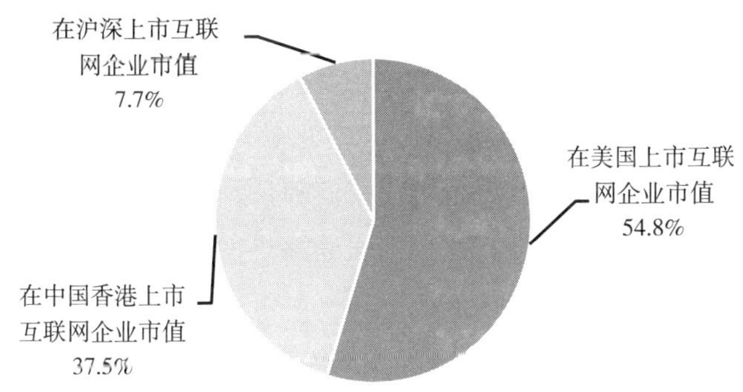

图 11–43　互联网上市企业市值分布

数据来源：CNNIC

---

① 互联网上市企业：在美国、中国香港以及沪深两市上市的互联网业务营收比例达到 50% 以上的上市企业。其中，互联网业务包括互联网广告和网络营销、个人互联网增值服务、网络游戏、电子商务等。该定义的标准同时参考其营收过程是否主要依赖互联网产品，包括移动互联网操作系统、移动互联网 APP 和传统 PC 互联网网站等。

截至 2017 年 12 月，在 102 家互联网上市企业中，工商注册地为北京的互联网上市企业最多，占互联网上市企业总数的 40.2%；注册地为上海和深圳的互联网上市企业比例分别为 18.6% 和 8.8%；注册地为广州和杭州的互联网上市企业比例均为 3.9%。

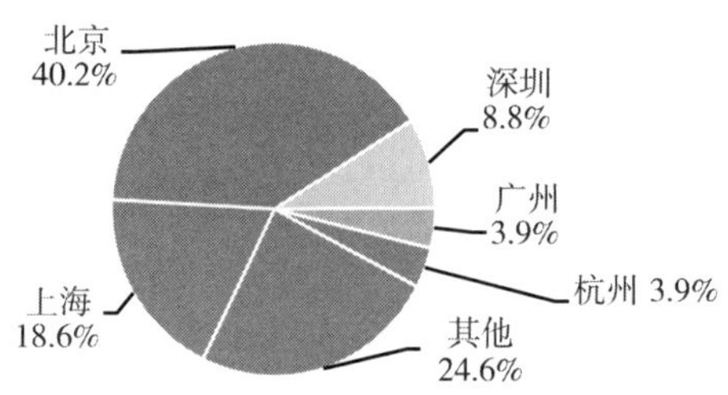

图 11–44　互联网上市企业城市分布

数据来源：CNNIC

互联网上市企业的地区分布也间接反映出各地的互联网产业发展环境。一线城市在人才、产业和投资方面的优势驱动该地区互联网企业上市，随着各地创新创业企业的发展和多层次资本市场的改革推进，未来互联网上市企业会在更多的地区产生。

中国互联网上市企业中，网络游戏类企业最多，占 28.4%；电子商务、文化传媒、网络金融和软件工具类企业分别占总数的 14.7%、10.8%、9.8%、5.9%。中国网络游戏产业发展迅速，成为中国互联网行业的重要组成部分；垂直类电子商务企业与平台类电子商务企业正在形成差异化的发展道路；网络金融行业发展迅速，各类创新的理财形式不断推出。未来，随着金融市场的不断完善和相关政策的出台，上市类型将进一步均衡。

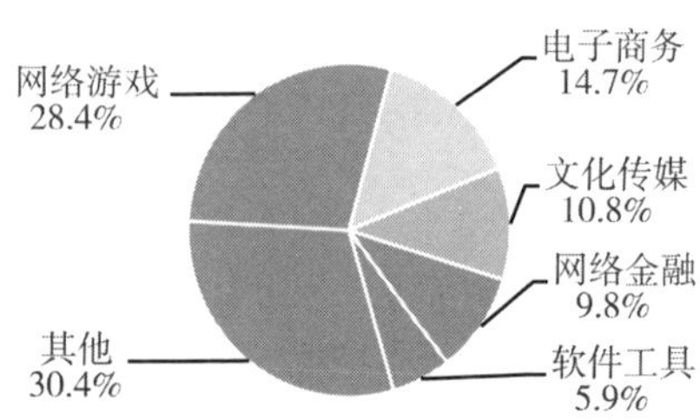

图 11–45　互联网上市企业类型分布

数据来源：CNNIC

（二）数字经济发展

当前，我国数字经济发展已步入黄金期。2017 年，我国数字经济规模总量达到 27.2 万亿，同比增长 20.3%，占 GDP 比重 32.9%，同比提升 2.6 个百分点。

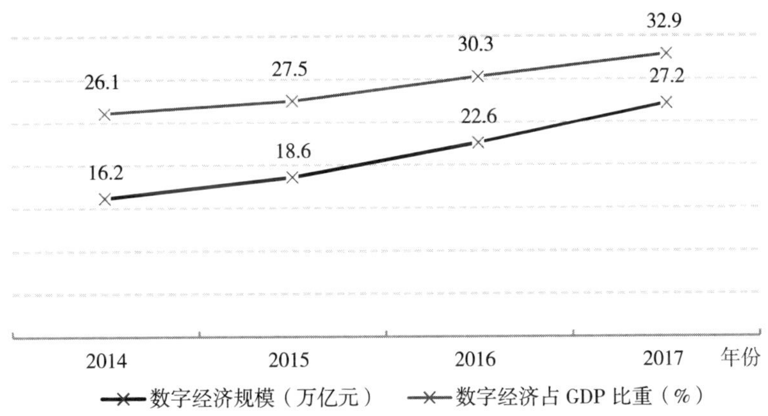

图 11–46　2014—2017 年我国数字经济发展状况

数据来源：工业和信息化部信息通信研究院

四、互联网安全数据

（一）移动互联网恶意程序传播和活动情况

移动互联网恶意程序是指在用户不知情或未授权的情况下，在移动终端系统中安装、运行以达到不正当目的，或具有违反国家相关法律法规行为的可执行文件、程序模块或程序片段。移动互联网恶意程序一般存在以下一种或多种恶意行为，包括恶意扣费、信息窃取、远程控制、恶意传播、资费消耗、系统破坏、诱骗欺诈和流氓行为。

1. 移动互联网恶意程序监测

2017 年，国家互联网应急中心（CNCERT/CC）捕获及通过厂商交换获得的移动互联网恶意程序样本数量为 2533331 个。2013—2017 年，移动互联网恶意程序样本数量持续高速增长。

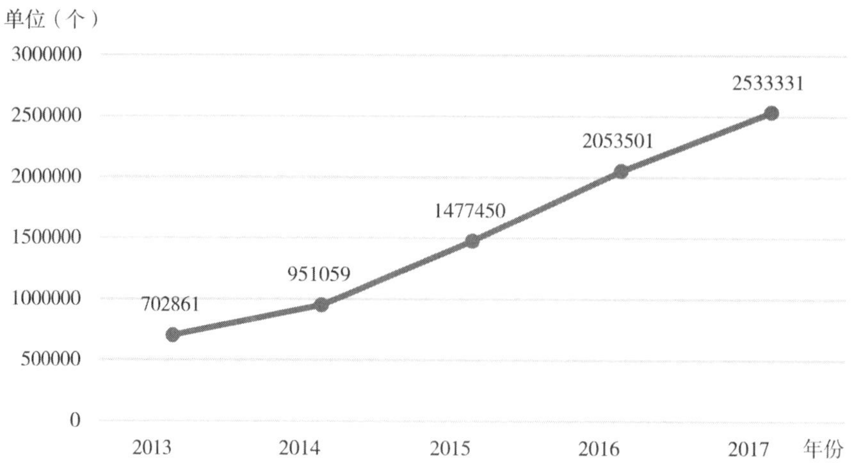

图 11–47　2013—2017 年移动互联网恶意程序样本数量对比

数据来源：国家互联网应急中心

2017 年，CNCERT/CC 捕获和通过厂商交换获得的移动互联网恶意程序按行为属性统计如图 11–48 所示。其中，流氓行为类的恶意程序数量仍居首位，为 909965 个（占 35.9%）；恶意扣费类为 869244 个（占 34.3%）、资费消耗类为 263559 个（占 10.4%），分列第二、三位。

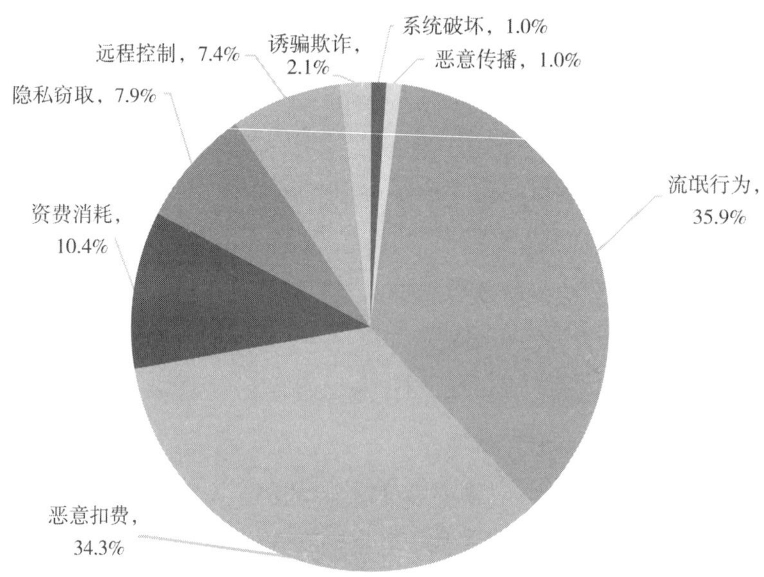

图 11–48　2017 年移动互联网恶意程序数量按行为属性统计

数据来源：国家互联网应急中心

2. *移动互联网恶意程序传播活动监测*

2017 年，CNCERT/CC 监测发现移动互联网恶意程序传播事件 24689923 次，较 2016 年同期 124152425 次减少 80.1%，增长速度有所下降。移动互联网恶意程序 URL 下载链接 2515550 个，较 2016 年同期的 668293 个增长 2.76 倍。进行移动互联网恶意程序传播的域名 34290 个，较 2016 年同期的 222035 个大幅度下降 84.6%；进行移动互联网恶意程序传播的 IP 地址 1133763 个，较 2016 年同期的 31213 个增长 35.32 倍。

随着政府部门对应用商店的监督管理愈加完善，通过正规应用商店传播移动恶意程序的难度不断增加，传播移动恶意程序的阵地已经转向网盘、广告平台等目前审核措施还不完善的 APP 传播渠道。2017 年 1—5 月移动恶意程序传播活动呈逐月上升趋势，6 月后传播事件数量总体呈下降趋势。

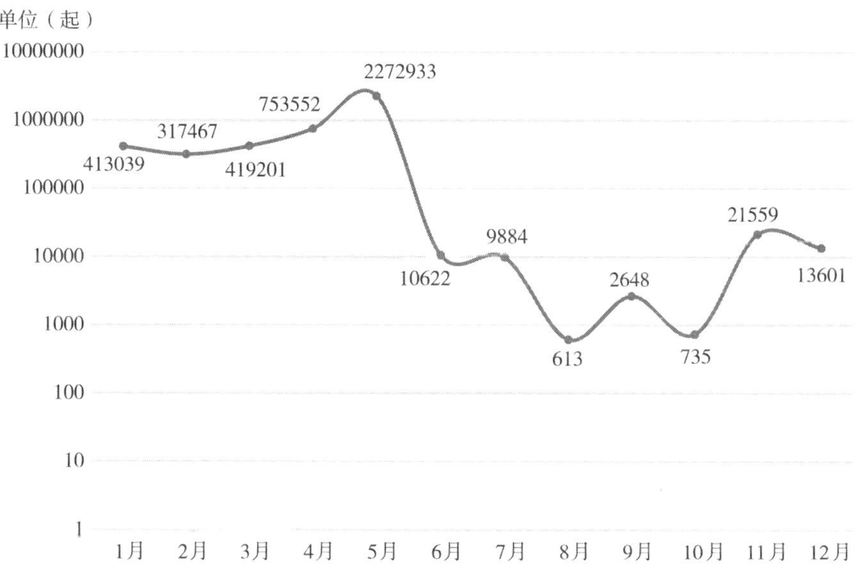

图 11–49　2017 年移动互联网恶意程序传播事件次数按月度统计

数据来源：国家互联网应急中心

（二）网站安全监测情况

1. *网页篡改*

2017 年，我国境内被篡改的网站数量为 20111 个（去重后），较 2016

年的 16758 个增长 20.0%。2017 年我国境内被篡改网站的月度统计情况如图 11–50 所示。2017 年全年，CNCERT/CC 持续开展对我国境内网站被植入暗链情况的治理行动，组织全国分中心持续开展网站黑链、网站篡改事件的处置工作。

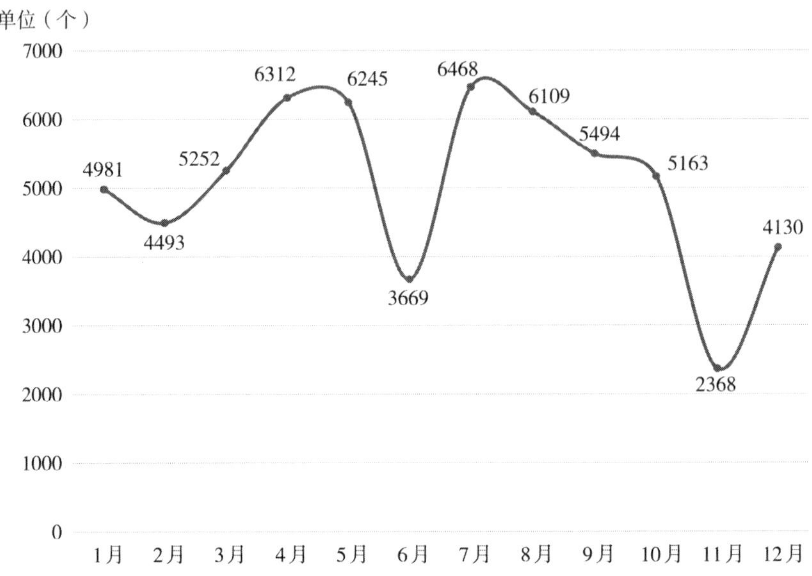

图 11–50　2017 年我国境内被篡改的网站数量按月度统计

数据来源：国家互联网应急中心

从网页被篡改的方式来看，我国被篡改的网站中以植入暗链方式被攻击的达到 68.0%。从域名类型来看，2017 年我国境内被篡改的网站中，代表商业机构的网站（.com）最多，占 65.7%，其次是网络组织类（.net）网站和政府类（.gov）网站，分别占 7.6% 和 3.1%，非营利组织类（.org）网站和教育机构类（.edu）网站分别占 1.9% 和 0.1%。对比 2016 年，我国政府类网站被篡改比例略微上浮，从 2016 年的 2.8% 增长至 2017 年的 3.1%。2017 年我国境内被篡改网站按域名类型分布如图 11–51 所示。

2. 网站后门

网站后门是黑客成功入侵网站服务器后留下的后门程序。通过在网站的特定目录中上传远程控制页面，黑客可以暗中对网站服务器进行远程控制，上传、查看、修改、删除网站服务器上的文件，读取并修改网站数据

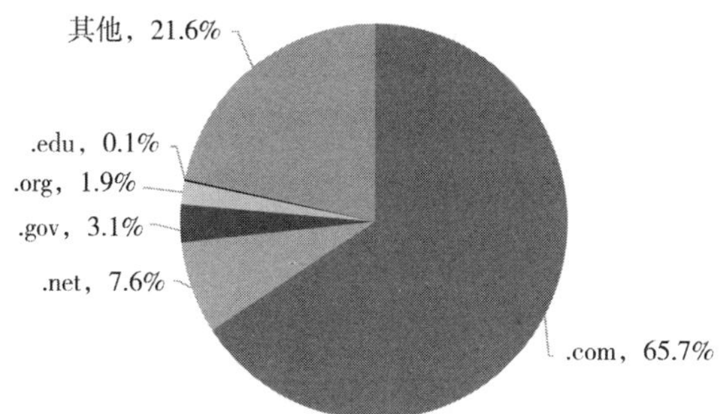

图 11–51　2017 年我国境内被篡改网站按域名类型分布

数据来源：国家互联网应急中心

库中的数据，甚至可以直接在网站服务器上运行系统命令。

2017 年 CNCERT/CC 共监测到境内 29236 个（去重后）网站被植入后门，其中政府网站有 1339 个。我国境内被植入后门网站按月度统计情况如图 11–52 所示。

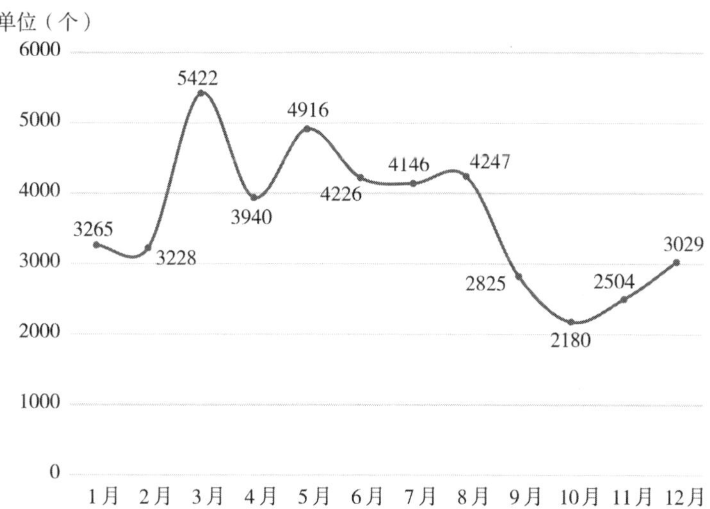

图 11–52　2017 年我国境内被植入后门的网站数量按月度统计

数据来源：国家互联网应急中心

从域名类型来看，2017 年我国境内被植入后门的网站中，代表商业机构的网站（.com）最多，占 54.3%；其次是网络组织类（.net）和政府类（.gov）网站，分别占 6.4% 和 4.6%。2017 年我国境内被植入后门的网站数量按域名类型分布如图 11–53 所示。

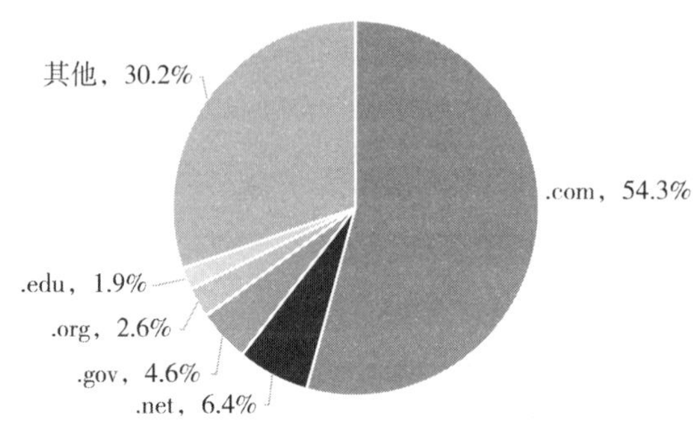

图 11–53　2017 年我国境内被植入后门的网站数量按域名类型分布

数据来源：国家互联网应急中心

位于中国香港地区的 824 个 IP 地址共向我国境内 4017 个网站植入后门程序，侵入网站数量居首位；其次是位于美国和俄罗斯的 IP 地址，分别向我国境内 4013 个和 3831 个网站植入后门程序。2017 年境外通过后门我国境内网站数量（TOP10）如图 11–54 所示。

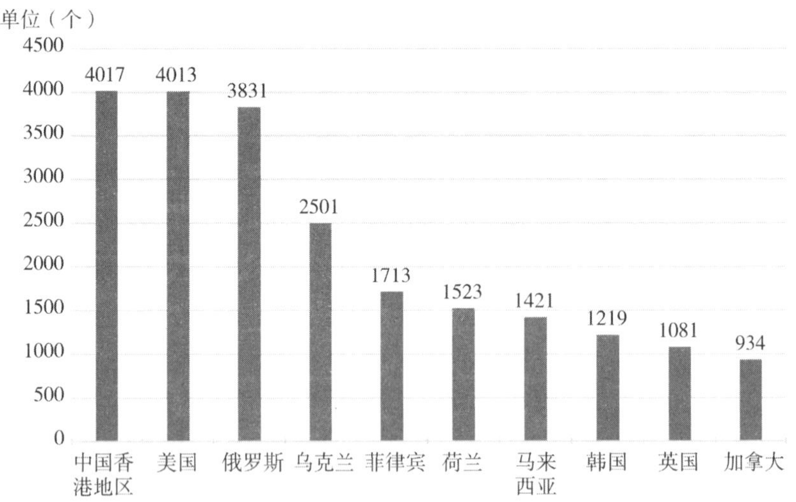

图 11–54　2017 年境外通过植入后门控制我国境内网站数量（TOP10）

数据来源：国家互联网应急中心

3. 网页仿冒

网页仿冒俗称网络钓鱼（Phishing），是社会工程学欺骗原理与网络技术相结合的典型应用。2017年，CNCERT/CC共抽样监测到仿冒我国境内网站的钓鱼页面49493个，涉及境内外25048个IP地址，平均每个IP地址承载两个钓鱼页面。在这些IP地址中，有85.4%位于境外。其中中国香港地区（54.3%）、美国（16.5%）和中国内地（14.6%）居前三位，分别承载13602个、4132个和553个针对我国境内网站的钓鱼页面。仿冒我国境内网站的IP地址分布情况如图11–55所示。

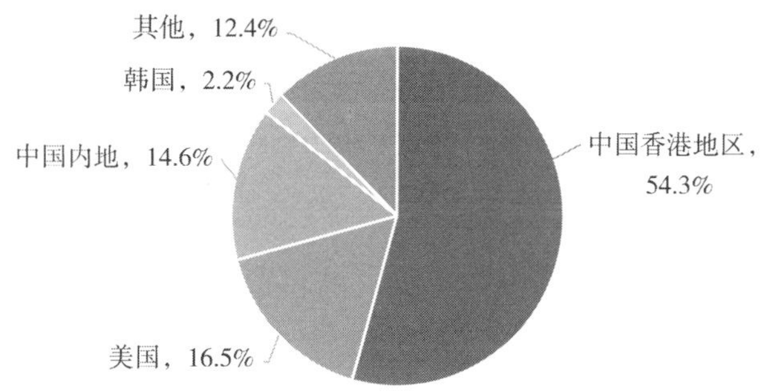

图11–55　2017年仿冒我国境内网站的IP地址按国家和地区分布

数据来源：国家互联网应急中心

从钓鱼站点使用域名的顶级域分布来看，以“.com”最多，占41.1%，其次是“.cc”和“.cn”，分别占16.0%和9.2%。2017年CNCERT/CC抽样监测发现的钓鱼站点所用域名按顶级域分布如图11–56所示。

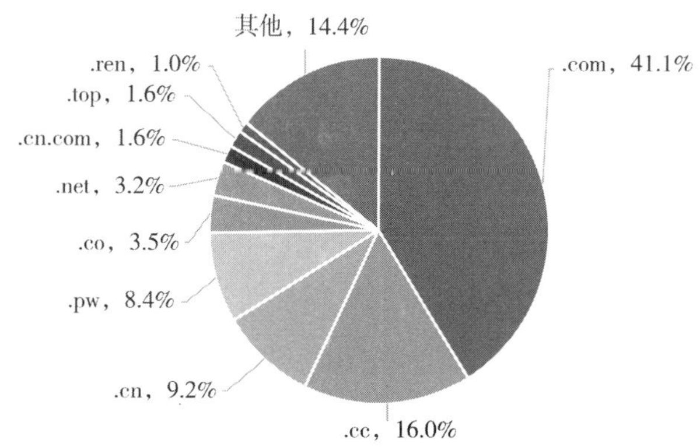

图11–56　2017年抽样监测发现的钓鱼站点所用域名按顶级域分布

数据来源：国家互联网应急中心

（三）安全漏洞收录情况

1. 国家信息安全漏洞共享平台收录总体情况

2017 年，国家信息安全漏洞共享平台（CNVD）共收录通用软硬件漏洞 15955 个。其中，高危漏洞 5615 个（占 35.2%），中危漏洞 9219 个（占 57.8%），低危漏洞 1121 个（占 7.0%），较 2016 年漏洞收录总数（10822 个）增加 47.4%。2017 年，CNVD 接收白帽子、国内漏洞报告平台以及安全厂商报送的原创通用软硬件漏洞数量占全年收录总数的 15.6%。在全年收录的漏洞中，可用于实施远程网络攻击的漏洞有 14158 个，可用于实施本地攻击的漏洞有 1797 个，全年共收录“零日”漏洞 3852 个。

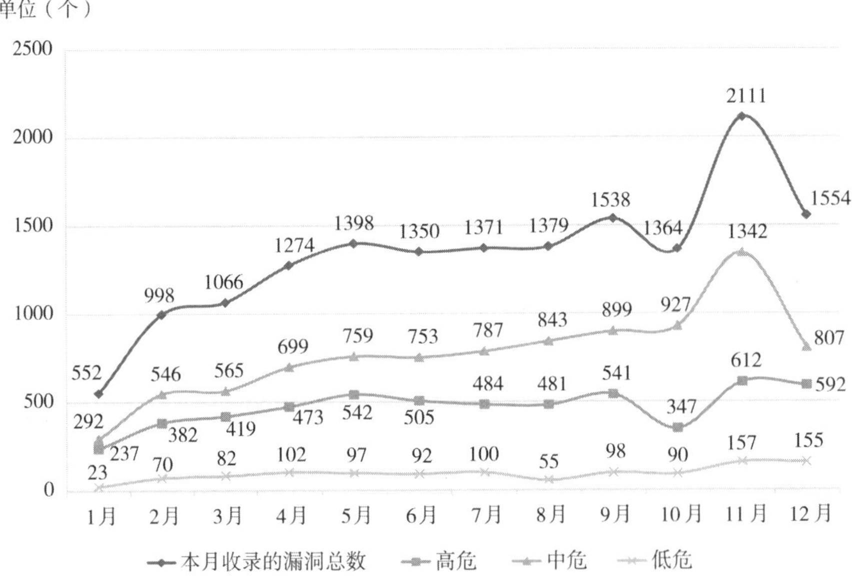

图 11–57　2017 年 CNVD 收录的漏洞数量按月度统计

数据来源：国家互联网应急中心

根据影响对象的类型，漏洞可分为：应用程序漏洞、Web 应用漏洞、操作系统漏洞、网络设备漏洞（如路由器、交换机等）、安全产品漏洞（如防火墙、入侵检测系统等）、数据库漏洞。在 2017 年 CNVD 收录的漏洞信息中，应用程序漏洞占 59.2%，Web 应用漏洞占 17.6%，操作系统漏洞占 12.9%，网络设备漏洞占 7.7%，安全产品漏洞占 1.5%，数据库漏洞占 1.1%。

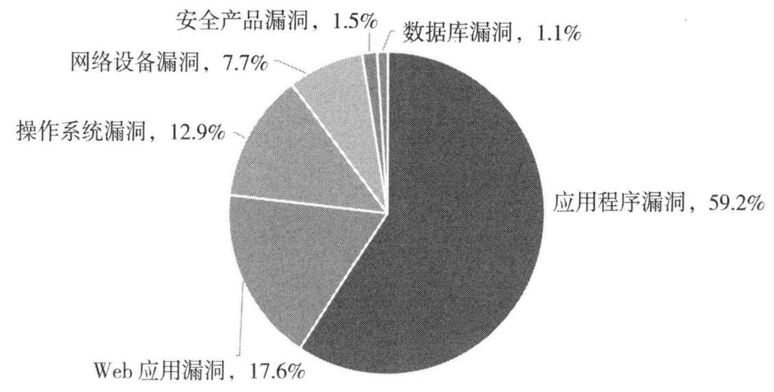

图 11–58　2017 年 CNVD 收录的漏洞按影响对象类型分类统计

数据来源：国家互联网应急中心

2017 年 CNVD 共收录漏洞补丁 12062 个，为大部分漏洞提供可参考的解决方案，提醒相关用户注意做好系统加固和安全防范工作。

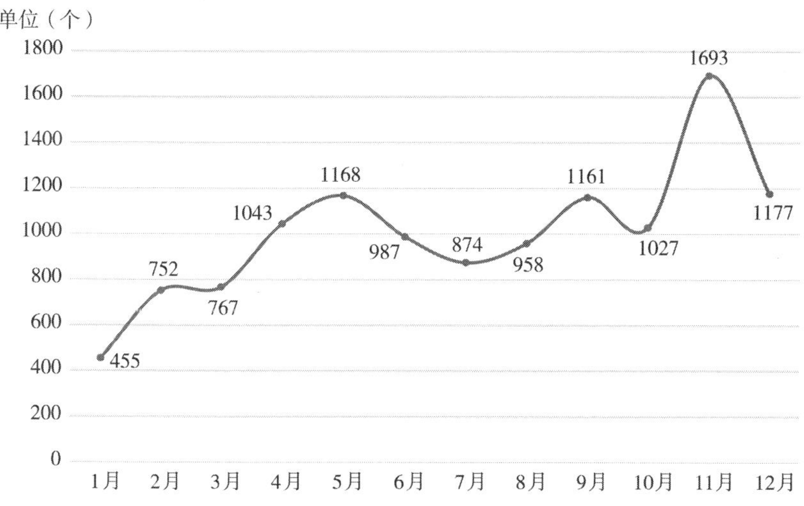

图 11–59　2017 年 CNVD 发布的漏洞补丁数量按月度统计

数据来源：国家互联网应急中心

2. 国家信息安全漏洞库收录总体情况

2017 年，国家信息安全漏洞库（CNNVD）共发布漏洞信息 14158 条，补丁信息 11398 条，与 2016 年漏洞数量（8336 个）相比，增加了 69.8%。从漏洞危害等级情况来看，超危漏洞 1636 个（占 11.6%），高危漏洞 2734 个（占 19.3%），中危漏洞 8383 个（占 59.2%），低危漏洞 1405 个（占 9.9%）。从漏洞类型来看，缓冲区错误类的漏洞占比依旧最高，为

2423 个，占总体漏洞数量的 17.1%。

2017 年 1 月至 12 月新增漏洞数量分布如图 11–60 所示，除个别月份外，2017 年每月新增漏洞 1100 个左右，数量分布基本稳定。

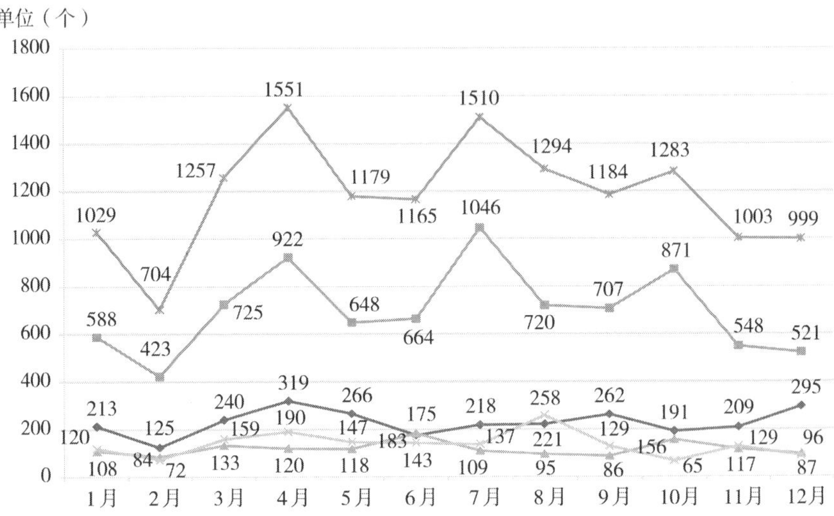

图 11–60　2017 年 CNNVD 发布漏洞数量按月度统计

数据来源：国家互联网应急中心

2017 年漏洞类型分布依旧相对集中，统计的 20 个漏洞类型中，排名前五的漏洞类型一共新增 6916 个漏洞，占 2017 年新增漏洞总数的 48.8%。新增漏洞数量最多的漏洞类型依然为缓冲区错误漏洞，漏洞数量 2423 个，所占比例为 17.1%，远远高于其他漏洞类型。

表 11–4　2017 年 CNNVD 发布漏洞类型统计表

序号	漏洞类型	漏洞数量	所占比例
1	缓冲区错误	2423	17.1%
2	跨站脚本	1276	9.0%
3	信息泄露	1271	9.0%
4	权限许可和访问控制	1153	8.1%
5	输入验证	793	5.6%
6	SQL 注入	472	3.3%
7	资源管理错误	327	2.3%
8	跨站请求伪造	261	1.8%

序号	漏洞类型	漏洞数量	所占比例
9	路径遍历	209	1.5%
10	授权问题	149	1.1%
11	数字错误	144	1.0%
12	命令注入	90	0.6%
13	信任管理	90	0.6%
14	竞争条件	80	0.6%
15	代码注入	79	0.6%
16	加密问题	71	0.5%
17	操作系统命令注入	64	0.5%
18	访问控制错误	32	0.2%
19	后置链接	19	0.1%
20	格式化字符串	14	0.1%

（四）互联网违法和不良信息举报受理

2017 年全国各级网络举报部门共受理网民有效举报 5260.8 万件，较 2016 年的 3023.1 万件增长 74.0%。由于《网络安全法》《互联网新闻信息服务管理规定》等法律法规自 2017 年 6 月 1 日正式实施，有效地调动了广大网民对违法和不良信息举报的积极性，使得 2017 年下半年有效举报数量较上半年显著增长。

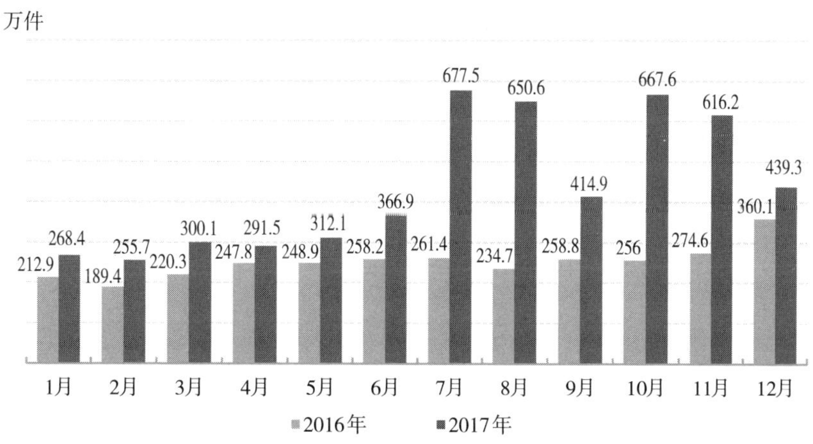

图 11–61　全国网络举报有效受理量情况表

数据来源：中央网信办（国家网信办）举报中心

附录　大事记

（2017 年 1 月 1 日至 2017 年 12 月 31 日）

1 月

1 月 3 日，全国宣传部长会议在京召开。1 月 3 日至 4 日，全国网信办主任会议在京召开。会议强调，要深入学习贯彻习近平总书记系列重要讲话精神和治国理政新理念新思想新战略，牢固树立政治意识、大局意识、核心意识、看齐意识，扎实做好 2017 年网信工作，营造良好网上舆论氛围，提供有力网络安全保障和信息化支撑。

1 月 5 日，中共中央政治局委员、中央书记处书记、中宣部部长刘奇葆出席推进媒体深度融合工作座谈会。

1 月 5 日，中国互联网络信息中心发布，中文域名注册保有量首次超过 100 万，国内外主流浏览器、输入法、搜索引擎大多已实现了对中文域名的技术对接和运维支持。

1 月 5 日，国家发展改革委办公厅、国家网信办秘书局、商务部办公厅印发《促进电子商务发展部际综合协调工作组工作制度及三年行动实施方案（2016—2018 年）的通知》，旨在加快完善电子商务跨部门协调工作机制，全面促进电子商务健康快速发展。

1 月 6 日，国家网信办发布《2016 年互联网新闻信息服务单位年检工作情况通报》，旨在进一步加强监督管理，推动互联网新闻信息服务单位落实主体责任，促进互联网新闻信息服务业健康有序发展。

1 月 6 日，中国互联网协会在北京召开 2017 中国互联网产业年会，发布《2016 年中国互联网产业综述与 2017 年发展趋势》。报告指出，我国互联网产业在引领经济发展、推动社会进步、促进创新等方面发挥了巨大作用。

1月6日，国务院法制办公室就《未成年人网络保护条例（送审稿）》公开征求意见。

1月6—7日，2017中国可信计算与网络安全等级保护高峰论坛在北京召开，论坛主题为“大力发展可信技术，深入落实国家网络安全等级保护制度”。

1月9日，2017年网络媒体“走转改”启动仪式暨“温暖中国”新春走基层活动启动仪式在京举行。

1月10日，国家发展改革委、国家网信办、商务部等部门印发《促进电子商务发展三年行动实施方案（2016—2018）》。

1月12日，国务院办公厅印发《“互联网＋政务服务”技术体系建设指南》，提出了优化政务服务供给的信息化解决路径和操作方法。

1月12日，网络安全（中国）论坛组委会、上海市通信学会和中国网络空间安全协会在上海举办“数据安全与隐私保护高峰论坛”。

1月12—13日，中国现代国际关系研究院与美国战略与国际问题研究中心联合举办的“中美网络安全二轨对话”在北京召开，双方围绕两国网络政策最新进展、网络空间中主权国家权力与责任、提升网络空间安全稳定等议题展开讨论并达成共识。

1月13日，由中国互联网协会、中国网络空间安全协会、中国电子金融产业联盟、中国互联网协会互联网金融工作委员会主办的“首届中国金融科技创新大会暨第十届中国互联网金融年会”在北京召开。

1月13日，中国人民银行发布《关于实施支付机构客户备付金集中存管有关事项的通知》，标志着人民银行对移动支付机构客户备付金实施集中存管机制的建立。

1月15日，中共中央办公厅、国务院办公厅印发《关于促进移动互联网健康有序发展的意见》，进一步明确了推动和规范移动互联网发展的政策方向和原则。

1月16日，国家网信办下发《关于开展互联网应用商店备案工作的通知》，要求各省、自治区、直辖市互联网信息办公室于即日起，正式启动互联网应用商店备案工作。

1月16日，国家发展改革委公布《关于全面加强电子商务领域诚信建设的指导意见》，明确要加强电子商务全流程信用建设，强化消费者权益保障措施。

1月17日，工信部印发《大数据产业发展规划（2016—2020年）》，明确了“十三五”时期大数据产业的发展思路、原则和目标，提出到2020年技术先进、应用繁荣、保障有力的大数据产业体系基本形成。

1月17日，工信部发布《信息通信行业发展规划（2016—2020年）》。

1月18日，国家网信办召开2017年“争做中国好网民”工程专题部署视频会，旨在深入贯彻落实习近平总书记关于“培育中国好网民”的重要指示精神，进一步推进“争做中国好网民”工程。

1月21日，由国家网信办与国家环境保护部联合主办的“治霾·京津冀在行动”网络主题活动在北京、天津、河北三地同时启动。

1月22日，工信部发布《工业和信息化部关于清理规范互联网网络接入服务市场的通知》，决定自即日起至2018年3月31日，在全国范围内对互联网网络接入服务市场开展清理规范工作。

1月22日，中国互联网投资基金在京成立。中国互联网投资基金经国务院批准设立，由国家网信办和财政部共同发起，基金规划总规模1000亿元人民币。

1月30日，工信部印发《信息通信网络与信息安全规划（2016—2020）》，提出重点从建立网络数据安全管理体系、强化用户个人信息保护、建立完善数据与个人信息泄露公告和报告机制三个方面大力强化网络数据和用户信息保护。

1月30日，国家网信办会同相关部门依法关闭了旅游在线、北青旅官方旅游网、伴游网、重庆伴游、龙凤伴游网、广州商务伴游联盟等74家严重违规失信旅游网站。

2月

2月4日，国家网信办起草了《网络产品和服务安全审查办法（征求意见稿）》，向社会公开征求意见，旨在提高网络产品和服务安全可控水平，防范供应链安全风险，维护国家安全和公共利益。

2月6日，工信部与三大基础电信企业集团公司签署完成《电话用户实名登记责任承诺书》，要求三大企业集团公司承诺持续从严做好电话用户实名登记工作，对违反实名登记要求的各级公司和责任人依法依规从严进行问责。

2月7日，国务院办公厅政府信息与政务公开办公室发布《关于2016年第四次全国政府网站抽查情况的通报》，发布了有关结果，并总结2016年政府网站的总体情况。

2月12日，2017中国互联网企业领袖座谈会在北京召开。

2月16日，工信部发布《工业和信息化部办公厅关于组织开展2017年制造业与互联网融合发展试点示范工作的通知》，推动基于互联网的制造业技术、模式、业态等创新和应用示范。

2月16日，商务部联合工信部、公安部、农业部、国家质检总局、国家安全监督管理总局、国家食品药品监督管理总局印发《关于推进重要产品信息化追溯体系建设的指导意见》，部署推进重要产品信息化追溯体系建设工作。

2月17日，中共中央总书记、国家主席、中央军委主席、中央国家安全委员会主席习近平在京主持召开国家安全工作座谈会并发表重要讲话，强调要准确把握国家安全形势，牢固树立和认真贯彻总体国家安全观，以人民安全为宗旨，走中国特色国家安全道路，努力开创国家安全工作新局面，为中华民族伟大复兴中国梦提供坚实安全保障。会议明确要求，要筑牢网络安全防线，提高网络安全保障水平，强化关键信息基础设施防护，加大核心技术研发力度和市场化引导，加强网络安全预警监测，确保大数据安全，实现全天候全方位感知和有效防护。

2月17日，第二次中英高级别安全对话在伦敦举行，双方围绕反恐及打击极端主义、网络安全、打击有组织犯罪等议题深入交换意见。

2 月 18 日，在工信部和国家标准化管理委员会指导下，《工业大数据白皮书》发布会在北京召开。

2 月 20—21 日，由工信部指导，中国信息通信研究院和工业互联网产业联盟联合主办的“2017 工业互联网峰会”在北京召开，会议以“工业互联融合共赢”为主题，聚焦工业互联网发展趋势、政策导向、产业动态等核心话题。

2 月 21 日，中国网络安全产业联盟举办的《网络产品和服务安全审查办法（征求意见稿）》专题研讨会在京举行。

2 月 21 日，中国电子信息行业联合会、中国电子商会、中国软件行业协会在京联合召开 2017 年中国电子信息行业发展大会，会议回顾和总结了 2016 年我国电子信息行业发展情况，围绕制造强国和网络强国战略，共同探讨了“十三五”时期电子信息行业转型升级发展思路。

2 月 22 日，银监会发布《网络借贷资金存管业务指引》，明确网贷资金存管业务应遵循的基本规则和实施标准，鼓励网贷机构与商业银行按照平等自愿互利互惠的市场化原则开展业务。

2 月 22 日，《反不正当竞争法（修订草案）》首次提交全国人大常委会审议，根据互联网领域反不正当竞争的客观需要，增加互联网不正当竞争行为条款等内容。

2 月 22 日，李克强总理主持召开国务院常务会议，专题研究了脱贫攻坚、H7N9 疫情防控、放宽社会领域投资管理、网络提速降费等事项。

2 月 23 日，中国银监会发布《网络借贷资金存管业务指引》，明确了网贷资金存管业务应遵循的基本规则和实施标准，鼓励网贷机构与商业银行按照平等自愿、互利互惠的市场化原则开展业务。

2 月 28 日，国家发展改革委、工信部、住房城乡建设部、交通运输部、水利部、商务部联合印发了《“互联网 +”招标采购行动方案（2017—2019 年）》，大力发展电子化招标采购，促进招标采购与互联网深度融合，提高招标采购效率和透明度，降低交易成本。

3月

3月1日，经中央网络安全和信息化领导小组批准，外交部和国家网信办共同发布《网络空间国际合作战略》。

3月6日，中央第八巡视组“机动式”巡视中央网信办工作动员会召开。

3月8日，提请十二届全国人大五次会议审议的民法总则草案规定，自然人的个人信息受法律保护。在此基础上，民法、刑法和其他法律以及法规、规章可从不同角度，更全面地保护个人信息安全。

3月10日，公安部召开电视电话会议，就进一步开展打击整治黑客攻击破坏和网络侵犯公民个人信息犯罪专项行动进行部署。

3月14日，国家工商总局举办全国“12315”互联网平台上线启动仪式。

3月15日，主题为“信息安全技术助推金融创新规范发展”的“3·15上海金融信息安全论坛”召开，论坛作为2017上海市“3·15”国际消费者权益日系列活动，聚焦金融信息发展与网络信息安全，探讨互联网安全领域前沿话题。

3月15—17日，第六届全球游戏大会在国家会议中心举办，大会主题是“连接未来”。

3月17日，我国第十六次计算机和移动终端病毒疫情调查活动启动。

3月20日，最高人民法院召开审判委员会全体会议，审议并原则通过《最高人民法院、最高人民检察院关于办理侵犯公民个人信息刑事案件适用法律若干问题的解释》。

3月21日，工信部软件与集成电路促进中心在北京丰台正式启动“网络工坊”（国家软件与集成电路公共服务平台——智能硬件双创平台）项目。

3月，全国“扫黄打非”办公室开展“净网2017”专项行动，聚焦网络直播平台、“两微一端”、弹窗广告及网络文学作品等四个领域，严打制售传播淫秽色情信息行为，并督促网络企业落实主体责任。

3月28日，国务委员、公安部部长郭声琨在京召开专题会议，研究部署防范打击整治跨境网络赌博活动工作。

3 月 29 日，由中国科学院计算技术研究所承建的“大数据分析系统国家工程实验室”在京正式揭牌。

3 月 30 日，全国政协在京召开第六十三次双周协商座谈会，围绕“优化电子商务监管”建言献策。全国政协主席俞正声主持会议并讲话。

4 月

4 月 7 日，国家主席习近平在美国佛罗里达州海湖庄园同美国总统特朗普举行中美元首第二场正式会晤。习近平强调，中方愿同美方加强执法合作，共同打击贩毒、拐卖儿童、洗钱、网络犯罪、有组织犯罪等各种形式的跨国犯罪。中美在维护网络安全方面拥有重要共同利益。双方要利用好执法及网络安全对话机制，共同推动和建设和平、安全、开放、合作、有序的网络空间。

4 月 8 日，全国信息安全标准化技术委员会 2017 年第一次工作组会议周在武汉召开，发布了《大数据安全标准化白皮书》。

4 月 9 日，作为中国新一代信息技术产业的唯一国家级展示平台，亚洲规模最大的电子信息综合性博览会——第五届中国电子信息博览会在深圳会展中心开幕。

4 月 10 日至 13 日，由香港特别行政区政府主办、中国互联网发展基金会支持的“2017 互联网经济峰会”在香港举行。

4 月 14 日至 15 日，2017 中国数字阅读大会在杭州举行，大会发布《2016 年度中国数字阅读白皮书》。

4 月 17 日至 18 日，主题为“创新合作共赢，引领未来发展”的“2017 全球未来网络发展峰会”在南京举行。

4 月 18 日，中国与菲律宾两国执法部门密切协作，同步收网，成功侦破一起特大跨国网络赌博案，摧毁架设在菲律宾的“KONE 娱乐”等四个赌博网站，在境内外共抓获涉案人员 99 人，冻结账户 1100 余个，查冻资金 7000 余万元。

4 月 19 日，国家互联网应急中心（CNCERT）在北京发布了《2016

年我国互联网网络安全态势综述》。

4 月 24 日，最高人民法院举行新闻发布会，发布《中国知识产权司法保护纲要（2016—2020）》，并启动 2017 年知识产权宣传周活动。该纲要中强调，“积极探索移动互联环境下司法公开的新途径，强化知识产权审判对中国裁判文书网、中国审判流程信息网、中国庭审公开网等平台的广泛应用，推进知识产权司法公开的信息化、数据化、精细化”。

4 月 25 日，国务院新闻办公室举行 2016 年中国知识产权发展状况新闻发布会，指出当前我国商标注册电子化、信息化水平不断提升，商标信用监管、大数据监管稳步开展，有效推进了商标注册便利化，强化了商标行政执法机制建设。

4 月 27 日，十二届全国人大常委会第二十七次会议表决通过新修订的测绘法。新测绘法的一大亮点是个人信息保护入法，明确规定互联网地图服务提供方等地理信息生产、使用单位收集使用个人信息时，要遵守相应的法律法规和个人信息保护规定。

5 月

5 月 2 日，国家网信办公布《互联网新闻信息服务管理规定》，加强互联网信息内容管理，促进互联网新闻信息服务健康有序发展。

5 月 2 日，国家网信办公布《互联网信息内容管理行政执法程序规定》。

5 月 2 日，国家网信办公布《网络产品和服务安全审查办法（试行）》。

5 月 3 日，由中国科技大学、中国科学院—阿里巴巴量子计算实验室、浙江大学、中国科学院物理所等协同完成研发的世界首台超越早期经典计算机的光量子计算机诞生。

5 月 4 日，中国—土耳其跨境电子商务试点项目介绍会在土耳其中南部城市开塞利举行，中土两国政府和企业界代表就深化跨境电商合作、搭建“网上丝绸之路”展开深入交流。

5 月 5 日，国家网信办和全国妇联联合主办的“争做巾帼好网民”主题活动启动仪式在京举行。

5 月 9 日，最高人民法院、最高人民检察院发布《最高人民法院、最高人民检察院关于办理侵犯公民个人信息刑事案件适用法律若干问题的解释》，对侵犯公民个人信息犯罪的定罪量刑标准和有关法律适用问题进行了全面系统规定。这是“两高”首次就打击侵犯公民个人信息犯罪出台司法解释。

5 月 13 日，国家互联网应急中心发布勒索软件情况通报，互联网上出现针对 Windows 操作系统的勒索软件（WannaCry）攻击案例。

5 月 14 日，国家主席习近平出席“一带一路”国际合作高峰论坛开幕式，并发表题为《携手推进“一带一路”建设》的主旨演讲，指出：“我们要坚持创新驱动发展，加强在数字经济、人工智能、纳米技术、量子计算机等前沿领域合作，推动大数据、云计算、智慧城市建设，连接成 21 世纪的数字丝绸之路。”

5 月 17 日，2017 年世界电信和信息社会日大会在北京召开，来自国家相关部委，电信运营、设备制造、互联网企业以及科研院校的 400 余名代表参加大会。

5 月 18 日，京津冀国家绿色数据中心试点工作交流会在河北廊坊召开。

5 月 18 日，2017 中国云计算技术大会（CCTC）在京召开。

5 月 18 日，中国互联网金融协会开发的互联网金融监测系统正式上线，首批 209 家互联网金融机构全部完成数据入库，为行业监管与行业自律提供数据支撑。

5 月 20 日，由中国网络空间安全协会、中国信息产业商会信息安全产业分会主办，杭州安恒信息技术有限公司承办的 2017“西湖论剑”中国网络安全创新分享大会在浙江乌镇举办，大会主题为“智引新安全，数领大未来”。

5 月 22 日，国家网信办发布《互联网新闻信息服务许可管理实施细则》。

5 月 23 日，科技部会同北京市和上海市人民政府组织召开国家科技重大专项“极大规模集成电路制造装备及成套工艺”成果发布会。集成电路芯片22–14纳米先导技术研发取得突破，形成了自主知识产权。

5月22—24日，以“融合促进发展，协作共建安全”为主题的2017中国网络安全年会在青岛召开。

5月24日，由国家网信办指导，中国社会科学院数量经济与技术经济研究所、中国互联网发展基金会联合主办，中国经济网承办的“2017金融信息服务发展高峰论坛”在北京召开，论坛的主题为“创新服务引领发展”。

5月25日，由两院院士、高校学者、企业界专家等组成的国家大数据专家咨询委员会正式成立。专家咨询委将重点开展实施国家大数据战略相关重大问题的前提研究，为出台相关政策措施提供研究支撑，为大数据发展应用及相关工程实施提供决策咨询。

5月25日，国家工商总局、国家发展改革委、工信部、公安部等10部委决定于5月至11月，联合开展2017网络市场监管专项行动，重点打击侵权假冒、虚假宣传、虚假违法广告、刷单炒信等违法行为，进一步规范网络市场秩序，优化网络消费环境。

5月26日，由国家发展改革委、工信部、国家网信办、贵州省人民政府主办，中国互联网协会、贵阳市人民政府等单位承办的“2017中国国际大数据产业博览会”在贵阳开幕。

5月27日，国家测绘地理信息局召开新闻发布会，宣布全国卫星导航定位基准服务系统建成启用，国家现代测绘基准体系基础设施建设一期工程竣工。

5月28日，由大数据战略重点实验室编著，社会科学文献出版社出版的全国首部《大数据蓝皮书：中国大数据发展报告No.1》正式发布。

5月30日，国家计算机网络应急技术处理协调中心发布《2016年中国互联网网络安全报告》电子版全文。

6月

6月1日，《网络安全法》正式施行，这在中国网络安全历史上具有里程碑意义。

6月1日，《互联网新闻信息服务管理规定》正式施行。

6月2日，由国家网信办指导，天津市网信办、中国网络空间安全协会主办的首届“网安中国行”系列活动启动仪式在天津举行，系列活动在浙江、黑龙江、贵州、广东、陕西、上海等地相继开展。

6月2日，国家网信办印发《网络社会组织“同心圆”工程实施方案》。

6月5日，由中国互联网金融协会主办的第十一届中国企业国际融资洽谈会“金融科技发展与安全”论坛在天津召开。协会后台基地落地天津项目正式签约，宣布全国互联网金融登记披露服务平台上线。

6月5日，国家互联网金融安全技术专家委员会在北京启动“全国互联网金融阳光计划”，旨在促进互联网金融企业透明化运营、阳光下发展。

6月7日，2017年全国网络社会组织工作推进会在江苏省镇江市召开。

6月7日，信息化和工业化融合管理体系国家标准发布会在北京召开，正式发布GB/T 23000-2017《信息化和工业化融合管理体系基础和术语》和GB/T 23001-2017《信息化和工业化融合管理体系要求》两项国家标准。

6月7日，北京市网信办依法约谈微博、今日头条、腾讯、一点资讯、优酷、网易、百度等网站，责令网站切实履行主体责任，加强用户账号管理，积极传播社会主义核心价值观，营造健康向上的主流舆论环境，采取有效措施遏制渲染演艺明星绯闻隐私、炒作明星炫富享乐、低俗媚俗之风等问题。

6月8日，国务院办公厅发布《政府网站发展指引》，对全国政府网站的建设发展作出明确规范。

6月8日，由国家工业信息安全发展研究中心等45家单位联合发起的国家工业信息安全产业发展联盟成立。

6月10日，中央第八巡视组向中央网信办反馈“机动式”巡视情况。

6月12日，IMT-2020（5G）推进组主办的“2017年IMT-2020（5G）峰会”举行，启动5G技术研发试验。

6月13日，国际电信联盟（ITU）举办的“2017年信息社会世界峰会”（WSIS）在日内瓦举行。国际电信联盟授予中国互联网协会“中国政务信息无障碍服务体系”2017年信息社会世界峰会项目大奖（Champion of WSIS Prizes 2017）。

6月13日，由赛可达实验室、国家计算机病毒应急处理中心、国家网络与信息系统安全产品质量监督检验中心、首都创新大联盟共同举办的第五届中国网络安全大会（NSC2017）在北京国家会议中心举行。

6月15日，中国航天科工集团在“工业互联网高峰论坛”上发布国内首个工业互联网云平台——INDICS。论坛以“智·造价值，联·创未来”为主题。

6月17日，由中国保密协会、浙江省网信办、浙江省经济和信息化委员会指导，浙江华途信息安全技术股份有限公司承办的“2017首届中国数据安全峰会”在中国杭州召开。大会以“共建数据安全共享安全数据”为主旨，发表数据安全宣言，发布首个中国数据安全险。

6月19日，新一期全球超级计算机500强榜单发布，中国超级计算机“神威·太湖之光”与“天河二号”连续第三次占据榜单前两位。

6月19—20日，“亚欧数字互联互通高级别论坛”在青岛举行。这次会议是李克强总理在2016年乌兰巴托亚欧首脑会议上提出的倡议。来自亚欧会议各成员的政府官员、工商界人士、学界和智库代表600余人以“创新释放增长潜力”为主题，共同探讨推进亚欧成员合作的新机遇。

6月20日，全国公安科技信息化工作会议在京召开。

6月21日，全国信息安全标准化技术委员会2017年第二次主任办公会在京召开。

6月24日，中国首个5G基站在广州大学城正式开通。

6月25日，第三代半导体发展战略发布会在京举行，提出第三代半导体的“中国梦”：力争2030年全产业链进入世界先进行列。

6月26日，习近平主持召开中央全面深化改革领导小组第三十六次会议，通过《关于设立杭州互联网法院的方案》等重要文件。设立杭州互联网法院，是司法主动适应互联网发展大趋势的一项重大制度创新。

6月26日，以“共享·智能·移动”为主题的《中国新媒体发展报告（2017）》发布暨新媒体发展研讨会在京举行。

6 月 27 日，国家网信办发布《国家网络安全事件应急预案》，其中将网络安全事件分成四级，并提出对应的预警和应急响应。

6 月 28 日，国务院总理李克强同出席 2017 年夏季达沃斯论坛的国际工商企业界代表举行对话会，强调深入实施创新驱动发展战略，通过推进双创适应时代创新需要，促进了大中小企业融通发展，提供了大量就业岗位，为包容性增长打下了基础。中国的“互联网 +”是面向全球的，我们将努力吸引更多外国企业以网络为平台开展对华合作，为中国经济助力，为中国民众生活提供更多便利，实现共同发展、互利共赢。

6 月 28 日，银监会、教育部、人力资源社会保障部联合下发《关于进一步加强校园贷规范管理工作的通知》，要求“一律暂停网贷机构开展在校大学生网贷业务，逐步消化存量业务”。

6 月 29 日，世界经济论坛在夏季达沃斯年会期间发布白皮书《实现区块链的潜力》，指出区块链即将开创更具颠覆性与变革性的互联网时代。

6 月 29 日，“共舞长江经济带——探访长江经济带区域协同生态发展之路”网络主题活动启动仪式在重庆举行，活动由国家网信办网络新闻信息传播局主办、长江经济带沿线 11 个省市网信办承办，中央和地方新闻网站等数十家网络媒体参与。

6 月 29 日，由工信部和北京市政府共同主办的第二十一届中国国际软件博览会在京举行，中共中央政治局委员、国务院副总理马凯出席并讲话。博览会的主题是“软件定义世界，智能引领未来”，这是我国软件和信息技术服务领域持续举办时间最长、影响最大的专业展览。

6 月 29—30 日，首届世界智能大会在天津梅江会展中心举行。来自全球 17 个国家和地区的多名中外政要、著名企业家和院士专家共同探讨智能科技前沿趋势，展望智能产业与智能社会发展前景。

6 月 30 日，“互联网 + 她时代：创新与发展——2017 年北京论坛”在北京大学举行，来自国内外知名专家学者围绕“互联网 + 时代女性发展”问题展开讨论。

6 月 30 日，中国网络视听节目服务协会在京召开常务理事会，审议通过《网络视听节目内容审核通则》，旨在进一步指导各网络视听节目机构开展网络视听节目内容审核工作，提升网络原创节目品质，促进网络视听节目行业健康发展。

6月，中国人民银行印发《中国金融业信息技术“十三五”发展规划》，明确提出了“十三五”金融业信息技术工作的指导思想、基本原则、发展目标、重点任务和保障措施。

7月

7月3日，2017年金砖国家网络大学年会在郑州落下帷幕，中国、俄罗斯、南非、巴西、印度等“金砖五国”的5位代表签署了《2017年金砖国家网络大学年会郑州共识》。

7月3日，国家发展改革委等八部门联合印发《关于促进分享经济发展的指导性意见》，这是贯彻落实创新驱动发展战略、促进“互联网+”行动的战略部署，是从中央层面再次明确表态大力发展分享经济的重要文件。

7月5日，由国家网信办主办的第三届全国网络诚信宣传日活动在全国范围内启动。

7月5日，国务院新闻办公室举行新闻发布会，国务院扶贫办介绍“互联网+”社会扶贫有关情况，并答记者问。

7月7日，由中国互联网协会和金砖国家工商理事会放松管制与投资支持小组联合主办的首次金砖国家数字经济研讨会在深圳召开，研讨会以金砖国家数字经济发展的经验分享为主题。

7月15日，为进一步治理网络直播乱象，加强对网络直播平台的规范管理，国家网信办通知要求全国互联网直播服务企业向属地互联网信息办公室进行登记备案工作。

7月11日，由中国互联网协会主办的2017（第十六届）中国互联网大会在北京国家会议中心开幕，大会以“广连接·新活力·融实业”为主题。

7月11日，“共舞长江经济带——探访长江经济带区域协同生态发展之路”网络主题活动总结会在上海举行。

7 月 12 日，由中国互联网协会、清华大学、中国互联网络信息中心（CNNIC）共同主办的“互联网治理研究论坛”首次亮相中国互联网大会，论坛的主题是“治理互联共享发展”，旨在为政策制定者、学术研究者、行业践行者搭建一个交流与共享的平台。

7 月 12 日，由中国 IMT-2020（5G）推进组和欧盟 5GPPP 共同举办的中欧 5G 发展研讨会在比利时布鲁塞尔召开。大会以“构建 5G 技术生态”为主题，全面展示全球 5G 最新研发进展，探讨 5G 发展核心关键问题，推动 5G 领域国际交流与合作，引导全球统一 5G 技术标准形成，促进全球 5G 产业及应用发展。

7 月 13 日，2017 中国大数据应用大会及中国电子展在成都召开，大会聚焦“大数据、大智能、大健康”。同期举行的 2017 中国（成都）电子展以“推动智能制造促进军民融合”为主题。

7 月 13 日，2017（第十六届）中国互联网大会“中国云计算大数据发展创新论坛”在国家会议中心召开，围绕物联网、农业互联网、互联网教育、互联网金融、电子竞技、信息消费、互联网法治、云计算等热点领域，共举办 22 场论坛。

7 月 20 日，国务院印发《新一代人工智能发展规划》，提出了面向 2030 年我国新一代人工智能发展的指导思想、战略目标、重点任务和保障措施，部署构筑我国人工智能发展的先发优势，加快建设创新型国家和世界科技强国。

7 月 22 日，由国家行政学院、国家信息中心联合主办的“2017（第十二届）中国电子政务论坛”在国家行政学院召开，论坛上发布了《中国电子政务发展报告（2017）》（蓝皮书）。

7 月 25 日，以“创新驱动，媒体变革”为主题的中国和坦桑尼亚网络新媒体圆桌会议在坦桑尼亚达累斯萨拉姆举行。会议由中国国家互联网信息办公室和坦桑尼亚新闻、文化、艺术和体育部联合主办，来自中坦两国政府、企业界、传媒及学术界的数十位嘉宾就推动两国新媒体合作进行交流。

7 月 26 日，在国家网信办网络安全协调局、工信部网络安全管理局、公安部网络安全保卫局的指导下，由中国互联网协会、中国网络空间安全协会、阿里巴巴集团、蚂蚁金服集团联合主办的“2017 网络安全生态峰会”在北京国家会议中心举行。会议主题是“新安全共担当”。

7 月 26 日，由工信部指导，中国信息通信研究院、中国通信标准化协会主办，数据中心联盟承办的 2017 可信云大会在北京召开。

7 月 27 日，国家网信办、工信部、公安部、国家标准委等四部门联合召开“个人信息保护提升行动”启动暨专家工作组成立会议，启动隐私条款专项工作，对微信、淘宝等十款网络产品和服务的隐私条款进行评审。

7 月 28 日，在国家网信办指导下，由武汉市人民政府、中国互联网发展基金会、中国信息安全认证中心、中国信息安全测评中心、国家计算机网络应急技术处理协调中心共同发起的“网络安全万人培训资助计划”备忘录签署仪式在北京举行。

7 月 30 日，民政部公布《慈善组织互联网公开募捐信息平台基本技术规范》《慈善组织互联网公开募捐信息平台基本管理规范》两项推荐性行业标准，并于 2017 年 8 月 1 日起实施。

7 月 31 日，网络扶贫行动部际协调工作组在北京召开 2017 年网络扶贫工作推进视频会议。

8 月

8 月 8 日，国家网信办和教育部联合印发《一流网络安全学院建设示范项目管理办法》的通知，旨在贯彻习近平总书记关于加强一流网络安全学院建设的重要指示精神，落实《网络安全法》《关于加强网络安全学科建设和人才培养的意见》明确的工作任务。

8 月 10 日，《最高人民法院关于进一步加强金融审判工作的若干意见》印发。该意见提出，依法认定互联网金融所涉具体法律关系，据此确定各方当事人之间的权利义务；依法严厉打击涉互联网金融或者以互联网金融名义进行的违法犯罪行为，规范和保障互联网金融健康发展。

8 月 11 日，以“网络正能量、文学新高峰”为主题的首届中国“网络文学 +”大会开幕式暨中国网络文学高峰论坛在北京亦创国际会展中心举行。

8 月 15 日，中共中央总书记、国家主席、中央军委主席习近平给第三届中国“互联网 +”大学生创新创业大赛“青年红色筑梦之旅”的大学生回信，勉励大学生扎根中国大地了解国情民情，在创新创业中增长智慧才干，在艰苦奋斗中锤炼意志品质，在亿万人民为实现中国梦而进行的伟大奋斗中实现人生价值，用青春书写无愧于时代、无愧于历史的华彩篇章。

8 月 15 日，国家新闻出版广电总局下发《关于加强网络视听节目领域涉医药广告管理的通知》，要求加强网络视听节目领域涉医药广告的管理。

8 月 15 日，以“安全新秩序连接新机遇”为主题的第三届中国互联网安全领袖峰会在京召开。峰会以“安全新秩序、连接新机遇”主题，聚集了超过 500 家机构和企业的 5000 余位代表参会，共同探讨全新环境和形势下网络安全的新秩序构建、安全连接数字经济的新发展机遇。

8 月 18 日，全国首家互联网法院——杭州互联网法院正式揭牌成立。该法院定位于用互联网方式审理互联网案件，集中管辖杭州市辖区内基层人民法院有管辖权的涉互联网案件，当事人通过互联网足不出户即能完成诉讼。

8 月 19—25 日，2000 多名全球人工智能研究人员齐聚澳大利亚墨尔本，参加第二十六届国际人工智能联合会议，会议主题为“全自主的人工智能系统”。中国参会人数接近参会总人数的 1/4，大会展示和交流的科研成果约有 1/3 来自中国，超过了美国和欧洲的总和。

8 月 23 日，以“创新创业创造，迎接智能社会”为主题的 2017 世界机器人大会在北京亦创国际会展中心开幕。

8 月 23 日，国家网络安全学院项目在武汉临空港经济技术开发区动工开建，标志着国家网络安全人才与创新基地进入实质性建设阶段。

8 月 24 日，国家网信办、工信部、公安部、国家标准委等四部门组成的专家工作组结束对首批10款网络产品和服务的隐私条款评审，规范其收集、保存、使用、转让用户个人信息的行为，督促整改不合法的条款。

8月24日，国家发展改革委正式印发《"十三五"国家政务信息化工程建设规划》，提出全面贯彻落实党的十八大和十八届三中、四中、五中、六中全会精神，深入学习贯彻习近平总书记系列重要讲话精神，推动政务信息化工作迈入"集约整合、全面互联、协同共治、共享开放、安全可信"的新阶段，构建形成满足国家治理体系与治理能力现代化要求的政务信息化体系。

8月25日，国家网信办公布《互联网跟帖评论服务管理规定》，自2017年10月1日起施行。

8月25日，国家网信办公布《互联网论坛社区服务管理规定》，自2017年10月1日起施行。

8月25日，全国人大常委会《网络安全法》、全国人大常委会《关于加强网络信息保护的决定》执法检查组第一次全体会议在京举行，正式启动"一法一决定"执法检查。

8月25日，中国银监会发布《网络借贷信息中介机构业务活动信息披露指引》。

8月25日，中国两化融合大会在北京举行。会议研讨了制造业发展动力转换和模式转型路径，交流两化融合及制造业与互联网融合发展创新实践和主要做法，助力制造强国和网络强国建设。

8月25日，科技部、军委科技委联合印发《"十三五"科技军民融合发展专项规划》，部署"十三五"期间推进科技军民融合发展有关工作。

8月29日，以"以密之约，芯守安全"为主题的中国手机网络安全高峰论坛在京举行。

9月

9月1日，工信部公布了修订后的《互联网域名管理办法》，以规范互联网域名服务，推动中文域名和国家顶级域名发展应用，新规自11月

1 日起施行。

9 月 1 日，由工信部、浙江省人民政府指导，中国互联网协会、浙江省经济和信息化委员会、杭州市人民政府主办，中国产业互联网（浙江）研究院、浙江省企业信息化促进会、余杭区人民政府承办的 2017（第二届）中国产业互联网大会在杭州市余杭区召开。

9 月 4 日，中国人民银行、国家网信办、工信部、工商总局、银监会、证监会、保监会联合发布公告，要求即日起各类代币发行融资活动应立即停止，已完成代币发行融资的组织应作出清退安排，合理保护投资者权益，妥善处置风险，并表示将依法查处拒不停止的代币发行融资活动以及已完成代币发行融资项目中的违法违规活动。

9 月 4 日，工信部首次发布《中国电子信息产业综合发展指数研究报告》。

9 月 6 日，由国家网信办、国家发展改革委、工信部、宁夏回族自治区人民政府联合主办的 2017 网上丝绸之路大会在宁夏银川开幕。

9 月 7 日，国家网信办印发《互联网群组信息服务管理规定》，并于 2017 年 10 月 8 日正式施行。

9 月 7 日，国家网信办印发《互联网用户公众账号信息服务管理规定》，并于 2017 年 10 月 8 日正式施行。

9 月 8 日，国家网信办、上海市委网信办在北京举办 2017 年国家网络安全宣传周新闻发布会。

9 月 10 日，工信部、公安部、江苏省人民政府共建的国家智能交通综合测试基地在无锡揭牌。

9 月 12 日，第五届中国互联网安全大会（ISC2017）在京开幕，大会主题为“万物皆变，人是安全的尺度”。

9 月 12 日，国内首个商用量子通信专网——济南党政机关量子通信专网在济南通过专家评审，保密性、安全性、成码率的测试均达到设计目标，完成全网验收。

9 月 12 日，第七届中国—东盟工程项目合作与发展论坛暨第四届中国—东盟网络信息安全研讨会在广西南宁举行。来自中国、缅甸、泰国、越南、印度尼西亚，以及香港、澳门地区的专家与会，共同探讨工业控制领域的信息安全问题。

9 月 14 日，由国家网信办、司法部、全国普法办公室共同主办的全国“网信普法进校园”活动启动仪式暨首场“全国校园网信普法大课堂”在清华大学举行。

9 月 15 日，由国家网信办网络新闻信息传播局和文化部非物质文化遗产司共同主办的“喜迎十九大 · 文脉颂中华”非物质文化遗产大型网络活动在北京启动。

9 月 16 日，2017 年国家网络安全宣传周开幕式在上海西郊会议中心举行。中共中央政治局常委、中央书记处书记、中央网络安全和信息化领导小组副组长刘云山在开幕式上发表讲话，并参观网络安全博览会暨网络安全成就展。

9 月 17—20 日，由国家网信办、上海市人民政府指导，上海市网信办主办的“2017 年网络安全博览会暨网络安全成就展”在国家会展中心（上海）举行，博览会暨成就展以“网络安全为人民，网络安全靠人民”为主题，主要展示中央网络安全和信息化领导小组成立以来网络安全工作取得的重大成就、宣传普及网络安全知识和技能。

9 月 18 日，由国家网信办和上海市人民政府指导、上海网信办主办的“2017 年国家网络安全宣传周网络安全技术高峰论坛”主论坛在上海举行。

9 月 18 日，中国工程院院士吴建平入选国际互联网协会“互联网名人堂”。

9 月 19 日，由国家民委、国家网信办联合主办的“喜迎十九大 · 兴边富民行动边境行”宣传活动启动仪式在北京民族文化宫举行。

9 月 24 日，个人信息保护倡议书签署仪式在京举行，公布了个人信息保护提升行动之隐私条款专项工作对微信、新浪微博、淘宝、京东商城等十款产品和服务隐私条款的评审结果，十家互联网企业共同发起并签署个人信息保护倡议书。

9 月 25 日，2017 中俄网络媒体年会暨中俄青年媒体创新营在俄罗斯南部城市顿河畔罗斯托夫开幕。

9月25日，以“砥砺奋进的五年”为主题的大型成就展在北京展览馆正式开放。此次大型成就展经党中央批准，由中央宣传部、国家发展改革委、中央军委政治工作部、中共北京市委联合主办，共开设十个主题内容展区与一个特色体验展区，许多国之重器、前沿科技精彩亮相。

9月27日，由工信部和中国贸促会共同主办的“2017年中国国际信息通信展览会”在国家会议中心开幕。展会以“促融合创新，筑网络强国”为主题，展出规模约4万平方米，全面展示我国信息通信业在网络设施、信息消费、数字经济等方面取得的最新进展，以及在支撑双创、融通发展方面的热点、亮点。

9月29日，世界首条量子保密通信干线——“京沪干线”正式开通，结合“京沪干线”与“墨子号”的天地链路，我国科学家成功实现了洲际量子保密通信。

9月30日，2016年度“五个一百”网络正能量精品评选活动结果正式揭晓。评选活动由国家网信办指导，中国互联网发展基金会主办，人民网、央视网、中国青年网、中国新闻网、环球网五家中央新闻网站承办。

10月

10月4日，首轮中美执法及网络安全对话在华盛顿举行。双方回顾总结了近年来中美两国在执法及网络安全领域合作取得的成效，并就反恐、禁毒、打击网络犯罪、追逃追赃、遣返非法移民等议题进行深入交流，达成了广泛共识。

10月12日，《中国农村电子商务发展报告（2016—2017)》在浙江丽水召开的第二届中国农村电子商务主题会议上发布。报告显示，2016年中国农村网络零售额达8945.4亿元，农村网店带动就业人数逾2000万，农村电商在社会经济中正发挥着日益重要的作用。

10月12日，第二届中日韩网络安全二轨对话会在北京举行。

10月13日，由全国200余家企业机构共同发起的中国人工智能产业发展联盟在京成立。

10月15日，第二届“内地—香港网络安全论坛”在厦门市举办。

10月23日，中国自主研发的物联网安全协议关键技术TRAIS-X，被国际标准组织正式发布，成为国际标准技术规范。

10月26日，以“人工智能改变世界”为主题的2017中国计算机大会（CNCC）在福州海峡国际会展中心开幕。

10月26日，“关键信息基础设施保护论坛”在京举办，探讨新形势下的网络安全挑战与应对策略。

10月30日，国家网信办公布《互联网新闻信息服务单位管理从业人员管理办法》。

10月30日，国家网信办发布《互联网新闻信息服务新技术新应用安全评估管理规定》。

10月30日，国家总理李克强主持召开国务院常务会议，通过《深化“互联网＋先进制造业”发展工业互联网的指导意见》，促进实体经济振兴，加快转型升级。

11月

11月2—3日，国家网信办负责人分别深入互联网企业，开展党的十九大精神宣讲活动，并就贯彻落实工作进行调研。

11月2日，落户在华中师范大学的教育大数据应用技术国家工程实验室正式启动，这是我国首个面向教育行业、专门从事教育大数据研究和应用创新的国家工程实验室。

11月6日，国家食品药品监督管理总局制定颁布《网络餐饮服务食品安全监督管理办法》。该办法将于2018年1月1日起施行。

11月7日，以“网络安全创新驱动”为主题的首届“全球网络安全产业创新论坛”在上海召开，该论坛是2017全球城市信息化论坛的分论坛之一。

11月8—9日，2017国际反病毒大会在天津召开。会议由公安部、国家网信办、工信部、国家外专局、天津市政府指导，天津市公安局、天津市外专局、天津经济技术开发区管委会主办。大会以“万物互联背景下反病毒的新挑战”为主题，旨在积极推进技术革新，阐明我国在网络安全、移动安全和反病毒领域的工作主张。

11 月 9 日，以“智能物联　共创智慧社会”为主题的 2017 中国物联网大会在福州开幕。

11 月 9 日，全国网信系统学习宣传贯彻党的十九大精神培训班（第一期）正式开班。

11 月 13 日，新一期全球超级计算机 500 强榜单发布，中国超级计算机“神威·太湖之光”和“天河二号”连续第四次分列冠亚军。

11 月 16—17 日，GMIC+2017 全球移动互联网青岛峰会暨中国传媒融合发展年会在青岛举行。

11 月 16—17 日，由中国现代国际关系研究院（CICIR）和美国国际战略研究中心（CSIS）共同主办的第 11 届“中美网络安全二轨对话”在华盛顿举行。

11 月 18 日，互联网法律大会在杭州召开。大会分为“未来论坛”、“检察论坛”两个论坛，先后在浙江大学之江校区和余杭区良渚文化村召开。

11 月 19 日，由中央军委政治工作部网络舆论局指导、中国军网负责运维的网络涉军举报平台正式上线运行。

11 月 21 日，互联网金融风险专项工作领导小组办公室紧急下发文件，叫停网络小贷公司牌照发放，并禁止新增批小贷公司跨省开展小贷业务。

11 月 23 日，工信部印发《公共互联网网络安全突发事件应急预案》，明确了事件分级、监测预警、应急处置、预防与应急准备、保障措施等内容。

11 月 24 日，由中央网信办、中央军委政治工作部指导，国防大学主办的首届“中国军事网络媒体高峰论坛”开幕，论坛以“强军兴军与新时代网络媒体责任担当”为主题。

11 月 26 日，中共中央办公厅、国务院办公厅印发《推荐互联网协议第六版（IPv6）规模部署行动计划》，提出要用 5 年到 10 年时间，形成下一代互联网自主技术体系和产业生态，建成全球最大规模的 IPv6 商业应用网络，实现下一代互联网在经济社会各领域深度融合应用。

11 月 27 日，国务院发布《关于深化“互联网 + 先进制造业”发展工业互联网的指导意见》，要求完善工业互联网规则体系，明确工业互联网网络的基础设施地位，建立涵盖工业互联网网络安全、平台责任、数据保护等的法规体系。

11 月 30 日，第五届中国网络视听大会在四川省成都市开幕，大会主题为“新视界 · 新使命 · 新动能。”

12 月

12 月 2 日，第四届世界互联网大会 · 互联网之光博览会在浙江乌镇拉开帷幕，博览会以“发展数字经济促进开放共享——携手共建网络空间命运共同体”为主题。

12 月 3 日，第四届世界互联网大会在浙江乌镇开幕，国家主席习近平发来贺信，中共中央政治局常委、中央书记处书记王沪宁出席开幕式并发表主旨演讲。大会以“发展数字经济，促进开放共享——携手共建网络空间命运共同体”为主题，在全球范围内邀请来自政府、国际组织、企业、技术社群和民间团体的互联网领军人物，围绕数字经济、前沿技术、互联网与社会、网络空间治理和交流合作等五个方面进行探讨交流。

12 月 4 日，由中国网络空间研究院编写的《世界互联网发展报告 2017》和《中国互联网发展报告 2017》蓝皮书在第四届世界互联网大会上正式发布。这是世界互联网大会举办以来，首次面向全球发布互联网领域最新学术研究成果。

12 月 8 日，中共中央政治局就实施国家大数据战略进行第二次集体学习。中共中央总书记习近平在主持学习时强调，大数据发展日新月异，我们应该审时度势、精心谋划、超前布局、力争主动，深入了解大数据发展现状和趋势及其对经济社会发展的影响，分析我国大数据发展取得的成绩和存在的问题，推动实施国家大数据战略，加快完善数字基础设施，推进数据资源整合和开放共享，保障数据安全，加快建设数字中国，更好服务我国经济社会发展和人民生活改善。

12 月 12 日，由工信部、北京市政府共同指导的首届“中国网络安全产业高峰论坛”在北京开幕。论坛以“做强网络安全产业，服务网络强国建设”为主题，共同探讨我国网络安全产业高端化、自主化、体系化发展，并启动国家网络安全产业园区建设。

12 月 13 日，工信部印发《促进新一代人工智能产业发展三年行动计划（2018—2020）》。

12 月 14 日，中国互联网协会标准工作委员会成立大会在北京召开。

12 月 15 日，由中华全国总工会、国家网信办联合主办，浙江省总工会、嘉兴市总工会联合承办的“网聚职工正能量　争做中国好网民”主题活动总结会暨第二届论坛在乌镇举行。

12 月 15 日，由中国互联网协会主办的 2017（第三届）中国互联网法治大会在京召开，大会以“建设网络强国　共建法治生态”为主题。

12 月 15 日，由中国信息安全法律大会组委会主办的第八届中国信息安全法律大会在北京举行。大会同时发布了《中国云计算安全政策与法律蓝皮书（2017）》。

12 月 17 日，中央宣传部、国家网信办、教育部、文化部、国家新闻出版广电总局、共青团中央联合印发通知，要求通过加强网上主旋律宣传、深化网上主题教育活动等进一步加强社会主义核心价值观网上传播。

12 月 19 日，在第十二届“联合国互联网治理论坛”（IGF）上，中国互联网协会联合中国科协举办“人工智能发展带来的政策挑战”分论坛。

12 月 21 日，中国信息无障碍公益行动启动暨中国互联网协会信息无障碍工作委员会成立大会在京召开。

12 月 27 日，国家网信办、国家发展改革委会同有关部门联合印发《关于开展国家电子政务综合试点的通知》，确定在北京、上海、浙江、福建、陕西等基础条件较好的省（自治区、直辖市），开展为期二年的国家电子政务综合试点。

编 后 记

2017 年 5 月，国家网信办安排编纂《中国网信年鉴 2018》，以收集、整理和记录全国网信工作内容、工作成果、重要事项和基础数据，并将这一重要任务交给了中国网络空间研究院。中国网络空间研究院与北京大学互联网发展研究中心联合成立编辑部，承担具体编辑任务。在《中国网信年鉴 2018》编辑修改过程中，国家网信办各局各单位、地方网信办、中国航天十二院等单位给予了大力支持。

参与编写人员主要有：杨树桢、侯云灏、方欣欣、李欲晓、李长喜、刘少文、冯明亮、徐运红，田丽、高新民、谢新洲、张力、李凤华、钱莲生、陆小华、潘柱廷、黄宁、张志安，刘冰、赵彦伟、姜伟、龙宁丽、田友贵、刘岩、王晓帅、马腾、李博文、高珂、吴晓璐、肖铮、杨舒航、张琪苑、陈静、沈瑜、邓珏霜、张鹏飞、虎嘉瑞、龙超泽，耿瑞林、张竞颖、胡璇、夏坤、陈曦、李蓓蓓、刘晶晶、刘宁宁、邓筱、刘倩、金雨双，胡坚波、许志远、周剑、杨春立、单志广、鲁传颖、崔光耀、周亚超、李艳、唐岚、方师师等。对上述单位和个人在编纂过程中所付出的劳动和心血，在此一并表示衷心的感谢！

这是网信工作的第一部年鉴，是一项极具挑战性的工作。由于时间紧、任务重，加之编者水平有限，疏漏之处在所难免，敬请各界专家批评指正，以便我们在今后的工作中改进完善。

中国网络空间研究院

2018 年 11 月 20 日